理工院校国学通识教育系列教材

总主编　冯希哲
主　审　张新科

诸子经典导读

王晓鹃　冯希哲　主编

北京师范大学出版集团
BEIJING NORMAL UNIVERSITY PUBLISHING GROUP
北京师范大学出版社

图书在版编目（CIP）数据

诸子经典导读 / 王晓鹃，冯希哲主编. —北京：北京师范大学
出版社，2014.6
理工院校国学通识教育系列教材
ISBN 978 - 7 - 303 - 15643 - 6

Ⅰ.①诸… Ⅱ.①王… ②冯… Ⅲ.①先秦哲学－高
等学校－教材 Ⅳ.①B22

中国版本图书馆 CIP 数据核字（2012）第 269278 号

出版发行：北京师范大学出版社　www.bnup.com
　　　　　北京新街口外大街 19 号
邮政编码：100875
印　　刷：北京易丰印捷科技股份有限公司
经　　销：全国新华书店
开　　本：170 mm×230 mm
印　　张：21.5
字　　数：360 千字
版　　次：2014 年 6 月第 1 版
印　　次：2014 年 6 月第 1 次印刷
定　　价：35.00 元

策划编辑：马佩林　　责任编辑：刘乐新
美术编辑：焦　丽　　装帧设计：毛　佳
责任校对：李　菡　　责任印制：陈　涛

《理工院校国学通识教育系列教材》编委会

目 录

第一章 儒 家 ……………………………………………… 1

　第一节 儒家简介 ……………………………………… 1

　第二节 儒家代表人物 ………………………………… 20

　第三节 儒家著作选读 ………………………………… 30

第二章 道 家 ……………………………………………… 55

　第一节 道家简介 ……………………………………… 56

　第二节 道家代表人物 ………………………………… 68

　第三节 道家著作选注 ………………………………… 81

第三章 墨 家 ……………………………………………… 104

　第一节 墨家简介 ……………………………………… 104

　第二节 墨子 …………………………………………… 116

　第三节 《墨子》选释 ………………………………… 130

第四章 法 家 ……………………………………………… 148

　第一节 法家简介 ……………………………………… 148

　第二节 法家代表人物 ………………………………… 166

　第三节 法家作品选讲 ………………………………… 180

第五章 名 家 ……………………………………………… 196

　第一节 名家简介 ……………………………………… 197

　第二节 名家代表人物 ………………………………… 210

　第三节 名家著作选解 ………………………………… 223

第六章 纵横家 …………………………………………… 240

　　第一节　纵横家简介 ……………………………………… 240

　　第二节　纵横家代表人物 ………………………………… 259

　　第三节　纵横家作品选介 ………………………………… 267

第七章 兵　家 …………………………………………… 287

　　第一节　兵家简介 ………………………………………… 287

　　第二节　兵家代表人物 …………………………………… 305

　　第三节　兵家作品选析 …………………………………… 319

后　记 …………………………………………………… 335

第一章 儒　家

儒家是先秦时期孔子所创立的一个重要学派。在先秦诸子百家中，它高居"显学"的首位，在漫长的封建社会一直是上层建筑及其意识形态的正统思想，也是中国传统文化的主流。

"儒"的名称在商代即出现，是指从巫、史、祝、卜等宗教职业人员中分化出来并专为贵族人家主持礼仪的知识分子，在春秋时期则演变为以传统礼仪知识谋生的自由职业者。"儒学"一词产生较"儒"稍晚，是指由孔子创立的，以"仁、义、礼、智"等为主要内容的一种学术思想。儒学经千百年的发展，逐步演变成为我国传统文化的主体思想，是我国绵延时间最长、思想体系发展最完备、对我国文化与民族精神影响最为深远的一个学派。

春秋时期，由于周王室日渐衰落，"礼崩乐坏"，原来由王室控制的文化逐步下移，形成诸侯国多元文化并肩发展的局面，即所谓"天子失官，学在四夷"，由此产生许多不同学术派别。在楚国，形成了以老聃为创始人的道家学派；在鲁国，形成了以孔子为创始人的儒家学派；在宋国，形成了以墨翟为创始人的墨家学派。以后各家并起，形成了百家争鸣的局面，儒学也就在与各家的争鸣中发展，并未能凌驾于诸学之上。儒学成为我国占统治地位的思想是在汉武帝"罢黜百家，独尊儒术"之后。

中国儒学从产生至今，大体经历了先秦儒学、两汉经学、魏晋玄学、宋明理学到明清的实学与考据学等不同的发展阶段。

第一节　儒家简介

一、先秦儒家发展概况

先秦儒学是儒学发展的第一个阶段，其主要代表人物是孔子、孟子和荀子。孔子是中国历史上第一位进行公开教学的大教育家,他把古代为贵族专有的礼仪和其他各种知识传播到民间,并整理了诗书礼乐一类的古代文化资料,成为儒家经典。孔子的学说是继承与发展西周社会"以德配天"文化传统的产物,其基本特征是以"仁"为核心,以"礼"为行为规范,以"天命"为哲学根据的理论体系。孔子的部分学生相继设教讲学,逐渐形成儒家学派。孔子死后,儒分为八派,称为儒家八派。其中对后世影响最大的是经曾子、子思三传至孟子的一支,被尊为儒家正宗。孙氏之儒即以荀子为代表的一派,荀子长期在稷下学宫,接触各家思想较多,因此其思想中吸收了不少其他学派的思想,与孔孟的思想有所不同,长期以来,他的思想不为正统儒家所重视,被看作是儒家的别派。

孔子、孟子、荀子各自的理论建构有所不同。孔子继承传统的"仁"的观念,提出了与仁相关的若干概念,并将其熔铸于一炉,建构起一个内容极为丰富的仁学体系,对中国古代仁学思想有开创之功。孟子对孔子的仁学体系进行了性善论证,对孔子提出的与仁相关的众多命题进行了系统规范,提出了内容更加全面的性善论、仁德修养论和仁政学说。因此,孟子的学说重在丰富与完善。而荀子则一方面继承孔子的仁学主张,另一方面又广泛吸纳各家思想,特别是法家的人性论和礼法思想,对孔子的仁学进行人性新论证,构筑了仁礼、德刑、赏罚、王霸并用的新体系,其学说重在改造,而改造后的儒学对中国传统政治思想文化影响更大。荀子本人就培养出两位高徒:韩非子是法家学说的集大成者,他的君主专制理论直接成为秦王朝治国理天下的指导思想;李斯则成为著名的政治家,直接推动着秦的统一,规范着秦统一后的大政方针,对秦代政治有重大影响。在后来整个封建社会里,统治者兼用儒家和法家思想。下面分别对孔子、孟子、荀子的思想做一介绍。

二、孔子的思想

孔子生活在社会动荡的年代,社会关系处于新旧交替之中,他不满意这种"天下无道"的局面,一心要加以改变,变"天下无道"为"天下有道",他的全部言行都是为了这个目标。他认为,要使社会恢复安定,根本的途径是进行道德教化,使百姓能自觉遵守"礼"所规定的社会秩序,这就是他的"为政以德"的思想。为了实现这一点,他提出了以"仁"为核心的道德思想体系。

他提倡"克己复礼为仁"，认为"一日克己复礼，天下归仁焉"(《论语·颜渊》)。① 他提倡孝悌，认为"其为人也孝悌，而好犯上者，鲜矣，不好犯上而好作乱者，未之有也"(《论语·学而》)，也是为了实现这一点。他重视教育，把教育当作实现其政治主张的重要手段。《论语·为政》中说："或谓孔子曰：子奚不为政？子曰：书云，孝乎惟孝，友于兄弟，施于有政。是亦为政，奚其为为政？"。可见他设教授徒，正是为了培养一批能够在上位实行统治的人，从而影响政治，实行他的政治主张。这样，政治、道德、教育三位一体，就构成了孔子整个思想体系的主干。

(一)"仁"的学说

仁学，是孔子思想体系的核心，也是孔子在思想史上的主要贡献。仁，不仅是孔子的道德思想，也是孔子的社会理想，仁学有着丰富的内容。孔子谈"仁"最多，一部《论语》讲到"仁"的地方就有 109 处。在不同的场合，他对"仁"的解释往往不同，要准确了解孔子"仁"的含义，要注意把这些不同的解释联系起来，融会贯通。孔子对"仁"的解释，最主要的有以下几条。

1."克己复礼为仁"

这是以礼来规定仁。什么是仁？仁就是要依礼而行，"非礼勿视，非礼勿听，非礼勿言，非礼勿动"。这是对仁的总体的规定。

2."孝悌为仁之本"

孝悌反映了当时宗法等级制度的需要。西周实行分封制，天子为全国之主，按血缘宗法关系分封，整个社会的政治结构便建立在宗法制度的基础上。而在宗法制度中，基本的关系是父子、兄弟之间的关系，天子与诸侯、诸侯与大夫之间的关系，同时也就是父子、兄弟之间的关系。维护这种关系不受破坏，是礼的根本，孝悌的作用也正在这里。所以说其为人孝悌，就不会犯上作乱。孝悌是仁的根本，意义也在于此。

3."爱人"

"樊迟问仁。子曰：'爱人'。"(《论语·颜渊》)爱人，不是具体的规定，而是一种精神，它是仁的基础。然而，这种爱也并不是抽象的普遍的爱。孔子讲爱人，与礼、与孝悌是相联系的。所以爱人首先是亲亲，也即是体现在孝悌上，爱是有差等的。孔子说："弟子入则孝，出则悌，谨而信，泛爱众，而亲仁。"(《论语·学而》)指出了爱的差等、次序。

---

①　以下《论语》引文，皆出自杨伯峻：《论语译注》，北京，中华书局，2007。

山东曲阜孔庙

4."忠恕"

"子曰：'参乎！吾道一以贯之。'曾子曰，'唯。'子出，门人问曰：'何谓也。'曾子曰：'夫子之道，忠恕而已矣。'"（《论语·里仁》）忠恕是待人的态度，是爱人的具体体现。"夫仁者，己欲立而立人，己欲达而达人。能近取譬，可谓仁之方也已。"（《论语·雍也》）这是说的"忠"。《论语》又说："子贡问曰：'有一言而可以终身行之者乎？'子曰：'其恕乎！己所不欲，勿施于人。'"（《论语·卫灵公》）这是说的"恕"。"己欲立而立人，己欲达而达人"，自己要自立，也帮助别人自立，自己要通达，也帮助别人通达，这是从积极的方面来说。"己所不欲，勿施于人"，自己不愿要的，不要加之于别人，这是从消极的方面来说。总的原则是一个，就是推己及人，将心比心，就近以自己的心作比而推及别人。所以说"能近取譬，可谓仁之方也已"。

孔子关于"仁"的这四条规定，有具体的规定，也有一般的原则、精神。"克己复礼"的"礼"是具体的，"孝悌"反映了当时的宗法制度，是礼的基础，也是具体的。这一些具体的内容，随着社会条件的变化，也是变化的。后代的儒家，也并不主张按孔子当时讲的礼去做了。爱人、忠恕，是仁的一般原则和精神。"克己复礼"的具体规定中也包含着一般的原则，这就是"非礼勿视，非礼勿听，非礼勿言，非礼勿动"，自觉地遵守社会的行为规范。仁的学说，是讨论人如何立身处世，是以个人为中心，从个人出发的。但孔子不把个人看作孤立的单独的个人，而是把他看作是处在各种社会关系中的个人。仁，就是要处理好个人与他人，个人与社会的关系。爱人、忠恕、推己及人，自觉遵守社会行为规范，就是处理人与人关系的一般原则，就是仁的基本精神。

孔子所讲的"仁",也不仅是道德思想,还有更广泛的意义。仁又具有政治的意义,代表了一种施政的原则。孔子说能行恭、宽、信、敏、惠五者于天下就可以为仁(《论语·阳货》)。"仁"又还是孔子所追求的理想社会境界。孔子的理想,是要弘扬仁道,使社会上人人都自觉接受仁道,躬行仁道,这样也就达到了理想的社会境界。孔子把这也叫作仁。孔子说:"一日克己复礼,天下归仁焉。"(《论语·颜渊》)这里所说的仁,都是指的这一理想社会境界。所以,仁,既是最高的道德范畴,又是整个道德思想体系的总称;既是为政的指导原则,又是理想的社会境界。仁学既是道德思想,又是政治思想。

(二)孔子的德治思想

为了实现其复兴周道的目标,孔子提出了"为政以德"的思想。他说:"为政以德,譬如北辰,居其所而众星拱之。"(《论语·为政》)孔子又说:"道之以政,齐之以刑,民免而无耻;道之以德,齐之以礼,有耻且格。"(《论语·为政》)这段话集中地说明了孔子为政以德的思想。在这里,孔子提出了两个相互联系的问题:一是德治与法治、道德教化与刑政的关系;二是德和礼、道德自觉与制度、规范的关系。

1. 德与刑的关系

德治与法治,是当时两种主要的、相互对立的政治主张。孔子比较这两种主张,认为依靠法制、刑政,虽然可以使百姓出于害怕而不敢做坏事,却不能使人有知耻之心,自觉不做坏事。而"道之以德,齐之以礼",依靠德治,则可以起到刑政所不能起的作用,使百姓有知耻之心,自觉从善,走上正道。

这一思想是中国古代对于道德的作用、道德与法治的不同特点的最早的说明。从这一点出发,孔子说:"政者,正也。"(《论语·颜渊》)把政治归结为一个"正"字,认为为政就是正己正人。而在这二者中间,关键是在位的统治者能首先正己。他说:"子帅以正,孰敢不正?"(《论语·颜渊》)只要当政者自己能正其身,那么,自己的道德就会像风吹过草地使草倒伏一样,影响百姓自觉从善;相反,如果自身不正,那么就会"虽令不从",靠行政命令也解决不了问题。他对当政者提出道德要求,强调正人先要正己,是很深刻、很重要的;但同时他把为政归结为"正",也是夸大了道德的作用,把政治道德化了。

对于刑杀,孔子也不是完全不讲。他曾经肯定了郑国"尽杀萑苻之盗"的做法,提出过宽猛相济的主张。他说:"政宽则民慢,慢则纠之以猛,猛则民残，残则施之以宽。宽以济猛，猛以济宽，政是以和。"(《左传·昭公二十年》)但他基本的思想是重德轻刑。"季康子问政于孔子曰：如杀无道以就有道，何如？孔子对曰：子为政，焉用杀？子欲善而民善矣。……"(《论语·颜渊》)可见他还是希望用道德教化来代替刑杀，他的理想目标是建立一个消除了残暴行为，既不需要刑杀，又不需要诉讼的社会。只是因为这样的理想境界的实现，需要"善人为邦百年"，非一日之功，退而求其次，才以宽猛相济作为一种过渡办法。在这两方面中，德教始终是基本的，刑杀只是在不得已的情况下采取的一种补充手段。

2. 德与礼的关系

对于德治，孔子把它概括为"道之以德，齐之以礼"，把"道之以德"和"齐之以礼"当作德治思想的两个方面。这就提出并说明了德和礼的关系。孔子所说的德，就是指仁；德和礼的关系，也就是仁和礼的关系。

"齐之以礼"是以礼来统一人们的思想和行为，是孔子的政治目标。《论语》说："颜渊问仁。子曰：克己复礼为仁。一日克己复礼，天下归仁焉。为仁由已，而由人乎哉。颜渊曰：请问其目。子曰：非礼勿视，非礼勿听，非礼勿言，非礼勿动。颜渊曰：回虽不敏，请事斯语矣。"(《论语·颜渊》)要求人们"非礼勿视，非礼勿听，非礼勿言，非礼勿动"，这就是"齐之以礼"，同时也就是仁的要求，仁与不仁，要看视听言动是否符合礼的要求，如果视听言动违礼，也就是违仁。《论语》又说："孟懿子问孝。子曰：'无违'。樊迟御，子告之曰：'孟孙问孝于我，我对曰："无违"。'樊迟曰：'何谓也？'子曰：'生，事之以礼；死，葬之以礼，祭之以礼。'"(《论语·为政》)提倡孝，是道之以德。而孝就是事之以礼，葬之以礼，祭之以礼，可见提倡孝，道之以德的目的是要齐之以礼。

孔子认为，礼制关于玉帛、钟鼓的规定，只是礼乐的形式，而人的道德感情和思想，才是礼乐的真正内容和灵魂。人如果不仁，礼的种种规定，就都徒具形式，失去了意义。所以，也只有道之以德，才能真正做到"齐之以礼"。一方面，孔子说孝就是事之以礼，葬之以礼，祭之以礼；另一方面，在讲到奉养丧祭的时候，又强调了哀和敬，说与其礼仪上非常完备，但是哀、敬不足，不如礼仪上比较简易甚至稍有欠缺而有真诚的哀、敬之情。这就说明了齐之以礼要以道之以德做基础，这正是孔子德治思想与依靠刑政治国的根本不同之处。可见，礼与仁是统一的。仁是内心的道德情感，礼是外在的行为规范。仁是礼的基础、灵魂，礼是仁的体现、落实。没有仁，礼就徒具形式；没有礼，仁就无所依托。道之以德，是要人们"非礼勿视，非礼勿听，非礼勿言，非礼勿动"，是齐之以礼的基础和手段；齐之以礼，又可以使民德归厚，也是道之以德的一种手段。仁与礼互为表里，相得益彰；道之以德与齐之以礼，互为手段，相互促进。这就是孔子德治思想的基础。而在礼和仁这两方面中，关于礼，孔子说："殷因于夏礼，所损益可知也；周因于殷礼，所损益可知也。"（《论语·为政》）虽然有所损益，总体上说，礼是古已有之的。而仁，虽然是"古已有志"，但作为一种系统的道德思想体系，却是孔子首先提出来的。把德和礼联系起来，把道之以德与齐之以礼统一起来的德治思想，也是孔子首先提出的。他认为，当时所以礼崩乐坏，重要的原因就是人们缺乏遵守礼的规定的自觉要求。为了改变这种状况，他提出了以仁为核心的道德思想体系，强调把礼的执行建立在仁的基础上，赋予礼以道德的品格，把外在的强制转化成内在的自我约束。这就是孔子德治思想的实质和它的意义所在。他的这种主张，确实指出了一条保持社会秩序稳定、巩固的合理的途径，使他成为不同于当时一般统治者和政治家的思想家。所以，虽然仁和礼是统一不可分割的，但从思想的发展来看，孔子在思想史上做出的新贡献是他的德治思想和仁的思想。也正因为这样，所以虽然"齐之以礼"是孔子的目标，而孔子所最关心和讲得最多的，却是仁，是道之以德。

孔子这样的政治思想，从"齐之以礼"这方面看，他对当时社会的变革痛心疾首，一心要恢复礼的尊严，他的政治态度是保守的，从"道之以德"这方面看，他提出的主张是合理的，表现出在对社会发展和治国之道的认识方面的很高的智慧，是认识方面的一个很大的进步和革新。

（三）教育思想

孔子是一个伟大的教育家，他创立了我国第一所私学，毕生以他的主要精力从事教育。孔子的弟子中，既有贵族子弟，也有贫穷的庶民的子弟。孔子的教育活动，是文化下移的产物，也进一步促进了文化下移。孔子作为我国历史上第一位伟大的教育家，又被后世尊为"万世师表"，他的教育思想在我国教育史上有着重要的地位，对后世有很大的影响。同时他的教育思想也是他整个思想体系中一个有机的、重要的组成部分。

1. 学以致其道——教育的目的和内容

孔子毕生从事教育，是他整个行道的努力的重要部分。孔子为政是行道，教育也是行道，都是为了弘扬仁道，变天下无道为天下有道。孔子认为：教育是为了培养在上位的实行统治的君子，是为了能使"四方之民襁负其子而至"，这个目的规定了教育的基本内容，就是礼、义、信等为治国为政所需要的政治、道德的知识和修养，耕稼、为圃的生产知识则不在其教学内容的范围之内。这是孔子的根本教育思想。

教育为政治服务这一点，在孔子的教育思想里是非常明确的。孔子甚至说："书云：孝乎惟孝，友于兄弟，施于有政。是亦为政，奚其为为政。"（《论语·为政》）把教育就看成为政。由教育目的就规定了教学的内容，这方面，《论语》说："子以四教：文、行、忠、信。"（《论语·述而》）"弟子入则孝，出则悌，谨而信，泛爱众，而亲仁。行有余力，则以学文。"（《论语·学而》）文，指文献知识；行，指德行；忠、信，是两项重要的道德规范，孔子多次讲到君子要以忠信为主，孝悌、谨信、爱众、亲仁，都是仁的要求。在所列举的这些中，主要是道德教育，并且要在行有余力，道德修养有余力时，才学习文献知识。总之，孔子教学的内容是以道德、政治为主的。

2. 求知和教育的态度和方法

孔子的教育思想里，还包含有关于求知和教育的态度、方法的丰富的思想。学习态度方面，孔子说："学如不及，犹恐失之。"（《论语·学而》）做学问要永远不知足，永远觉得自己还不够充实，而且要有原有的学问修养会退失的危机感，切不可得少为足，沾沾自喜。孔子还强调"敏而好学，不耻下问"、"三人行，必有我师"，做学问要勤奋、谦虚。

关于学习方法，孔子认为"学"、"思"必须结合。只有学问而没有智慧的思想，那么学问便不切实际，没有用处。但若有思想、有天分，却不经过学问的培养、锻炼，思想可能会误入歧途，是很危险的。因而孔子提出"温故知新"，强调书本知识须经自己理解领悟，使之转换成真正属于自己的可以灵活运用的知识，这是为师的前提。为学还需学以致用："君子博学于文，约之以礼，亦可以弗畔矣夫。"（《论语·雍也》）君子能够会通一切诗书礼乐、典章制度的真义，并以此指导自己当前的实务，应该不会与大道相背离了。可见理论与实践是一个相统一的过程，切不可离开实践谈理论，或者离开理论去谈实践。

在教育实践中，孔子循循善诱、循序渐进地对学生进行启发式教育，使学生真正"悟于己心"。他还做到了"因材施教"，根据学生不同的性格给予恰当的教育方式，使学生能够扬长避短。"不愤不启，不悱不发"，"叩其两端，举一反三"的教育方法，旨在引导学生自己思索，这样不但解决了学生的疑惑，而且使他们学会了思考问题的方法。

（四）中庸

中庸，是孔子思想中的一个重要命题。孔子说："中庸之为德也，其至矣乎！"（《论语·雍也》）实际上中庸并不仅仅是一个道德范畴，它反映了孔子对世界及万物的本质和发展规律的认识，也由此而得出了处理问题的基本态度和方法。孔子谈中庸，可以概括为两个基本点。"子贡问："师与商也孰贤？'子曰："师也过，商也不及。'曰："然则师愈与？'子曰："过犹不及。'"（《论语·先进》）"过犹不及"就是对客观事物发展规律的一种认识，由此便得出一种处理问题的基本要求：无过无不及。无过无不及就是中，就是中庸的基本要求。这是第一点。对于"中"，许多人有一种误解，常把它理解成是调和、折中，或者简单地理解成是处在中间的位置，和两端等距离。其实，中是无过无不及，是适度的意思。凡事物都有个度，适度，才能保持其性质。过与不及，就是不适度。从这个意义上说，过与不及是一样的，所以说"过犹不及"。

第二点，和。《论语》说："礼之用，和为贵。"（《论语·学而》）和，和谐，是中庸思想非常重要的一方面。所谓和，就是不同事物、不同方面相互补充、相互调剂，达到总体上的和谐。油、盐、酱、醋与鱼、肉放在一起，加适量的水，用适当的火候来烧，如果各种用料和水火都适度，就可以做出美味的汤来，这是和。如果只是水，一锅水，再加进更多的水，以水济水，就还是水，做不出汤来，这就是同。和是事物存在发展的基础。调味如此，音乐也如此，治国为政也是如此。为政就需要通过君臣之间不同意见的相互补充、相互调节来达到政治的平和。

孔子说："君子和而不同，小人同而不和。"（《论语·子路》）明确地把"和而不同"作为一个重要的政治、道德原则提出来。他又说："政宽则民慢，慢则纠之以猛；猛则民残，残则施之以宽。宽以济猛，猛以济宽，政是以和。"（《左传·昭公二十年》）为政要有宽和猛两个方面，这两方面互相补充、调剂，才能使政治达到"和"的境界。

从"和"可以进一步了解"中"。事物要达到和谐，它的各部分、各方面之间就必须保持一种确定的关系，这种关系就规定了每一部分、每一方面所应有的度。烹调时油、盐、酱、醋等的用量，不能是同样多少，而是按照不同菜肴的要求有一定的配比关系，决定着各种用料的"度"；为政的宽猛相济，也不是各占一半，而是要从达到"和"的要求出发来规定宽猛两方面的度。不同意见之间的和，也不是简单的折中、调和，而是"献其可以去其否，献其否以成其可"等，通过不同意见的相互补充达到正确和完善。所以，中与和，中庸这两个基本点是紧密相连的。中就是和的要求，事物的各个部分、各个方面都能适度，达到"中"的状态，事物总体才能和谐。中的要求，每一个部分、每一个方面的度，也只有在它们的相互关系中，从整体和谐的要求出发，才能把握。所以中与和常连称中和。中和，就是中庸的基本要求。

对中和的追求，是孔子思想的一个基本点。《论语·尧曰》引尧的话："允执其中"，就体现了这一点。这也是孔子"仁"的思想基础。仁的目标，正是为追求人与人之间、个人与社会之间的和谐，仁的各种规范，正是要为各部分人在各种关系中的言行规定其合理的度。孔子说："克己复礼为仁"，这里的"礼"就是这种度的具体的规定。《论语》讲到"礼之用，和为贵"时，又补充说："有所不行。知和而和，不以礼节之，亦不可行也。"（《论语·学而》）也强调要以礼节之。所以，中庸，中和，无过无不及，和以礼节之是一致的。依礼而行，无过无不及，就是仁，就是和，就是中庸。孔子所以说"中庸之为德也，其至矣乎"正可以从这里来理解。

和既要以礼节之，更应该知道这不是无原则的调和、折中。孔子说："惟仁者能好人，能恶人。"（《论语·里仁》）对人有好恶，所以爱人不是无原则的爱，和也不是无原则的"知和而和"。孔子又说："乡原，德之贼也。"（《论语·阳货》）乡原是指那种与世俗同流合污，谁也不得罪的好好先生，孔子认为这种人是败坏道德的。把中庸理解成折中、调和，就近于乡原了，并非中庸的原意。事物各个部分、各个方面的度既是由它们的相互关系和总体和谐的要求所规定，那么，不同部分、不同方面因其所处地位的不同，就有不同的度，对它们就要有不同的要求。孔子谈仁，谈人与人的关系，许多地方体现了这一点。讲君臣关系，孔子说："君使臣以礼，臣事君以忠。"（《论语·八佾》）对君臣分别提出了不同的要求，目的则是一个：求君臣关系的和谐。对人我关系，孔子说："躬自厚而薄责于人，则远怨矣。"（《论语·卫灵公》）对人对己以不同的标准来要求，对己严对人宽。如果以责己的要求去责人，就会太严，就是过；如果以责人的要求来责己，就会太宽，就是不及。所以这不同的度不可混淆，不可颠倒。有这样来把握不同的度，才能达到中和。

所以，中庸有着丰富的内容，它的基本原则渗透在孔子思想的各个方面，构成孔子思想的重要基础。虽然孔子自己对中庸没有做详细的说明和发挥，它在孔子思想中却占有重要的地位，并且对后来中国思想的发展有很大影响。

三、孟子的思想

孟子继承发展了孔子的思想和学说，在儒学的成熟、发展上有重要的地位。宋儒推崇孟子，以孟子为儒学"道统"的传人，以后就把孟子与孔子并提，称儒学为孔孟之道。

（一）性善论

"孟子道性善，言必称尧舜。"（《孟子·滕文公上》）性善论是孟子整个思想的理论基础。不了解性善论，便不能了解孟子的思想。人性问题，在孔子的时代还没有被作为独立的问题提出来讨论。孔子之后的墨子也没有讨论人性问题，而到了战国时期，人性问题却已成为百家争鸣中的一个重要问题，在这个问题上提出了多种不同的意见。在争鸣中，孟子提出了他的性善论。

孟子是在与告子的论争中论证他人性善的主张的：告子主张人性无所谓善，也无所谓不善，正如水可以引向东流，也可以引向西流一样，人也可以为善，也可以为不善，是由条件决定的。孟子反驳说，水确实既可向东也可向西，但对于上下就不能这样说了。水总是向下流，虽然也可以把水引上山，水向上流却不是水的本性。人也是如此，正如水向下流那样，人总是向善，而有的人不善，并不是他的本性决定的。所以，孟子也承认人有善有不善的现实，但他认为，人的善，是其本性的表现，不善是违背人的本性的。

那么，人性的善表现在哪里呢？孟子进一步论证：人性善，就在于仁、义、礼、智这些善的品德，是人性所固有的。只要自己自觉去追求，就可以得到，不自觉则会丢失。所以人有不善，是因为失去其本性，不能完全发挥其本性的缘故。孟子把恻隐之心、羞恶之心、辞让之心、是非之心称为仁义礼智的"四端"，而不是直接称之为仁义礼智，并且强调要"扩而充之"，如不能扩而充之，"不足以事父母"，这就更确切、更清楚地说明了所谓人性善并不是说人人天生就是善人，而是说人性中有善的萌芽，因此人都是向善的，可以为善的。

孟子认为仁义就是良知良能，都是人性所固有，不是后天外加于人的。孟子又提到良心，用以指人天赋的本心，即人心所具有的天赋的善性。良心的观念，是与孟子性善论联系在一起的，在中国人的心理上有广泛深远的影响。孟子对人性善的论证，提出了一个重要的问题，即人与禽兽的区别的问题。孟子是从人之所以为人，人与禽兽的区别上来把握人性的。告子认为性没有分善与不善，只是从人的自然的，或生物的本性来看人性，所以他说："生之谓性"，"食色，性也。"（《孟子·告子上》）孟子反驳这种观点说："然则犬之性，犹牛之性；牛之性，犹人之性欤？"（《孟子·告子上》）明确地指出了，如果像告子那样，以食色、求生等人的自然的、生物的本性为人性，就不能区别人性与犬、牛的兽性。在孟子看来，人与禽兽的区别就在于人有仁义礼智等道德善性。从个人来说,如果丢失本心之善,不知把四端扩而充之,就会同于禽兽,"非人也"。从社会来说,曾经有一个时期是"饱食暖衣逸居而无教",人只是求得了生存,还没有建立起礼乐教化,那时的人,还"近于禽兽",没有真正进入人类的文明时代。所以,孟子所说的善性,实质上是人的某种社会本性,不过孟子把这种社会本性看成了天赋的自然本性罢了。

孟子又说:"口之于味也,有同嗜焉;耳之于声也,有同听焉;目之于色也,有同美焉;至于心,独无所同然乎?心之所同然者何也?谓理也、义也。圣人先得我心之所同然耳。故理义之悦我心,犹刍豢之悦我口。"(《孟子·告子上》)就像人们的耳、目、口有着共同的好恶一样,人心也有共同的好恶。人心的共同所好就是理、义,就是仁义礼智。所以"仁义礼智根于心"。(《孟子·尽心上》)

孟子的性善论,继承和发展了孔子"仁"的思想。孔子说:"为仁由己"、"我欲仁,斯仁至矣"、"未见力不足者",强调了仁的修养全靠自觉修养,只要自觉努力,便可达到仁的境界。但他没有对这一点做出进一步的论证。关于人性,他只说"性相近也,习相远也",没有与仁联系起来,也没有对人性做出他的说明。孟子的性善论明确提出了人性善的命题,在这一基础上对孔子的思想做了阐发。为什么"为仁由己"、"我欲仁,斯仁至矣"呢?孟子用"人性善"来做出了解释:这本来就是天赋的人的本性,"求则得之,舍则失之",自然就是全靠自觉修养,只要自觉努力就可以达到仁的境界了。它的基本思想,与孔子思想是完全一致的,是对孔子思想的继承。而由于性善论的提出,使孔子的仁学获得了一个理论基础,这又是儒学思想的一个重大发展。

(二)仁政学说

孟子以平治天下为己任,积极关心社会现实,曾周游列国,与各国国君讨论治国之道,进一步发展了孔子的德政思想,提出了更加系统、更加全面的仁政学说。

1."定于一"的理想

孔子的理想是恢复"礼乐征伐自天子出"的"天下有道"的局面。到了孟子的时代,周室已经完全无所作为,恢复周天子的权威自然也就毫无意义了。但在大国争雄、各自为政的形势下,孟子还是以中国的统一为理想的目标。孟子见梁襄王,梁襄王问:"天下恶乎定?"孟子回答说:"定于一。"(《孟子·梁惠王上》)明确指出天下的最后安定是在于实现统一。孟子与各国国君谈为政之道，讨论的中心是怎样"王天下"，也就是怎样统一天下的问题。他的仁政学说，也就是他所提出的"王天下"的学说，就是统一天下的学说。

2. 仁政学说的思想基础

孟子把当时人们所主张的治国之道，概括为王道和霸道两种。王道，就是要以德服人，以德服人才能使人心服，才能王天下。孟子解释说："人皆有不忍人之心。先王有不忍人之心，斯有不忍人之政矣。以不忍人之心，行不忍人之政，治天下可运之掌上。"（《孟子·公孙丑上》）可见他的仁政学说实际上是他的性善论在政治上的运用。

仁政学说的另一个思想基础是孟子的重民思想。孟子提出了有名的"民贵君轻"的思想："民为贵，社稷次之，君为轻。是故得乎丘民而为天子，得乎天子为诸侯，得乎诸侯为大夫。"（《孟子·尽心下》）孟子说"民为贵"，主要是强调民心向背是政治统治的基础，即所谓"得乎丘民而为天子"。孟子认为，天下之得失，国之存亡兴废，在于对民的态度，暴虐百姓，就是不仁。如果暴虐百姓，轻则"身危国削"，重则"身弑国亡"。所以孟子说："保民而王，莫之能御也。"（《孟子·梁惠王上》）保民而王，把民心向背，取得百姓拥护当作政治统治的基础，这是一个极重要的政治原则，也就是孟子重民思想的核心内容及其意义所在。孟子民贵君轻的思想是西周以来重民思想的继承和发展，也是对历史经验的总结。

3. 仁政的内容

怎样才能得民心，保民而王呢？孟子说，就是要"所欲与乏聚之，所恶勿施"，具体说来，主要有如下几点。

第一，反对战争。当时大国争雄，战争频繁，给百姓带来极大苦难，孟子反对这种战争，他把主张战争的人称做嗜好杀人的人，当梁襄王问他谁能统一天下时，他回答说："不嗜杀人者能一之。"（《孟子·梁惠王上》）

第二，省刑罚，薄税敛。孟子说，夏、商、周三代的税率"皆什一也"，都是抽十分之一，主张"野九一而助，国中什一使自赋。"（《孟子·滕文公上》）郊野农村用井田，900亩中100亩公田，城市则用十分之一的税率。以上两点，可以说是属于"所恶勿施"的方面。

第三，使黎民不饥不寒。孟子说："无恒产而有恒心者，惟士为能。若民，则无恒产，因无恒心。苟无恒心，放辟邪侈，无不为已。及陷于罪，然后从而刑之，是罔民也。"（《孟子·梁惠王上》）这里他提出了一个重要的问题，就是礼义教化要以百姓能够得到起码的温饱为基础。如果百姓得到了温饱，那么要引导百姓从善就容易了；反之，如果不能使百姓得到温饱，那么礼义教化就会落空。他批评当时一些当政者的做法说:"今也制民之产,仰不足以事父母,俯不足以畜妻子,乐岁终身苦,凶年不免于死亡。此惟救死而恐不赡,奚暇治礼义哉。"(《孟子·梁惠王上》)应该说,在经济与道德教化的关系这个问题上,孟子的这些思想比起孔子来是更全面、更丰富了,这是对孔子思想的一个重要发展。

孟子进一步提出他的主张:"五亩之宅,树之以桑,五十者可以衣帛矣。鸡豚狗彘之畜,无失其时,七十者可以食肉矣。百亩之田,勿夺其时,八口之家可以无饥矣。谨庠序之教,申之以孝悌之义,颁白者不负戴于道路矣。老者衣帛食肉,黎民不饥不寒,然而不王者,未之有也。"(《孟子·梁惠王上》)既有百亩之田解决口粮问题,又有蚕桑和鸡豚狗彘之畜解决衣帛食肉问题,这是一幅自给自足的自然经济的图画。所谓"百亩之田",是一种井田制的思想。孟子说:"方里而井,井九百亩,其中为公田,八家皆私百亩,同养公田,公事毕,然后敢治私事,所以别野人也。"(《孟子·梁惠王上》)在孟子看来,井田制是其仁政的基础。

第四,与民同乐。孟子反对当权者的荒淫无度,但并不否定当权者可以有自己的园囿楼台等享乐,他提出一个原则,就是要"与民同乐"。他说,周文王的猎场纵横各70里,因为与百姓同享,百姓可以进去割草打柴,猎捕野鸡野兔等小动物,所以百姓还觉得太小。而齐宣王的猎场虽然只有纵横40里,因为禁止百姓入内,百姓杀死场内的鹿就按杀人罪论处,所以百姓就都认为太大。他又说,如果与民同乐,那么当你鼓乐和田猎的时候,百姓听到你的乐声,见到你田猎的旌旗时,会高兴地相互转告,看来我们的王身体很健康呀,否则,怎么会奏乐、打猎呢?如果不与民同乐,那么,百姓就会愁眉苦脸地互相说,我们的王这样爱好音乐和打猎,怎么搞得我们这样苦啊!以至于父子不相见,兄弟妻子离散。同样的事情,百姓有着完全不同的反应,原因就在一个是与民同乐,一个是不与民同乐。所以孟子又说,只有与民同乐,才真正能够乐。夏桀荒淫残暴,百姓恨他,说什么时候你灭亡,我和你一起死去。百姓都想与他同归于尽,尽管有亭台楼池,珍禽异兽,又怎能独自享受呢?从与民同乐的思想出发,孟子尖锐地批评了当时一些当权者的所作所为,说他们是"率兽食人"。以上两点,可以说是"所欲与之聚之"方面的内容。

第五,谨庠序之教。在做到了"黎民不饥不寒"的基础上,还需要进行教化。孟子说:"设为庠序学校以教之。庠者,养也,校者,教也,序者,射也。夏曰校,殷曰序,周曰庠,学则三代共之,皆所以明人伦也。"(《孟子·

滕文公上》)庠、序、校是夏、商、周三代对乡里学校的不同名称，学是三代时国家学校的名称。建立这些学校，都是为了"明人伦"，也就是"申之以孝悌之义"（《孟子·梁惠王上》)，使人们做到"父子有亲，君臣有义，夫妇有别，长幼有叙，朋友有信"（《孟子·滕文公上》)。

以上就是孟子仁政的要点。孟子认为，实行这几点，就会得到百姓的拥护，从而无敌于天下。"得民心者得天下"、"得道多助，失道寡助"，这些确实是从历史经验中得出的放之四海而皆准的真理，但孟子把这一点绝对化了，把德与利对立了起来，从而得出结论，似乎一个国家可以不必有山溪之险，兵革之利，甚至只凭木棒就可以战胜秦、楚这样的强国的坚甲利兵，这就失之偏颇了。孔子思想中重德轻利的思想，被孟子进一步发展了。在当时那种社会动荡，战争不断的形势下，孟子想要只凭仁政而"王天下"，实在是极不现实的，难怪要被人称为"迂远而阔于事情"（《史记·孟子荀卿列传》）了。

4. 论君臣关系

孟子的政治思想中，还有一个值得重视的方面，就是他关于君臣关系的思想。他认为，君有君道，臣有臣道，君和臣都要依道而行。他对君和臣两方面都提出要求。对于臣的方面，他把以不正当手段谋求官职，比做与不听父母之命，媒妁之言，私自钻通墙洞窥视，跳墙私奔一样。为臣的不能牺牲了道奉事君主。对于君主，孟子说君主应以道待臣，君主无道，臣可以视君如寇仇，可以离开国君不干。如果国家治理不善，应当追究国君的责任。孟子明确肯定了可以推翻暴君的统治，处置国君。齐宣王认为汤放桀、武王伐纣是"臣弑其君"，应当否定。孟子却认为，桀纣无道，就丧失了做君的资格，所以汤武征伐，只是诛杀了不仁不义的独夫，而不是弑君。（《孟子·梁惠王下》）天子尚且如此，诸侯更不例外。所以孟子又说："诸侯危社稷，则变置。"（《孟子·尽心下》）而变置国君只能是人臣的责任，在必要的时候这样做，也是臣道的一部分。齐宣王问孟子关于卿的问题，孟子回答，有贵戚之卿和异姓之卿，而贵戚之卿对于国君就要："君有大过则谏，反覆之而不听，则易位。"（《孟子·万章下》）孟子的这些思想，是其"民贵君轻"思想中"君轻"这一方面的具体体现，也是其思想中值得注意的一部分。

四、荀子的思想

战国末期，经过两百多年的探索，诸子在各自关心的领域取得了丰硕的思想成果，不同学派和思想的融合成为学术发展的必然趋势，诸子百家的争鸣也逐渐平息下来。荀子是一位眼光敏锐、富有洞察力和创新精神的思想家。他吸收诸子所长，勇敢面对新的社会形势，对传统儒家思想进行创造性地改造，从而丰富了儒家思想体系。

(一)礼法并施的政治思想

1. 王霸兼用

在政治思想上，当时主要是儒家和法家两种主张。儒家主张为政以德，以德服人，法家主张以法为教，实行法治。也就是孟子所说的王道和霸道。荀子基本上是继承了儒家思想，主张隆礼重教，以礼教为主，但也吸取了法家的思想，主张礼法并施，王霸兼用。荀子说："君人者，隆礼尊贤而王，重法爱民而霸，好利多诈而危"。(《荀子·大略》)"义立而王，信立而霸，权谋立而亡。"(《荀子·王霸》)这里，他对王和霸都是肯定的。隆礼尊贤，义立而王，是他的理想，重法爱民，信立而霸，虽不如王道，却也还是可取的，只有好利多诈，依靠权谋，才必然会导致危亡。他批评春秋五霸在德和义上不足，还不足以服人之心，但他肯定了他们在刑赏上和国与国的交往中能取信于人，并且能注意百姓的劳逸，蓄积财物，整修战备，虽然在僻陋之国，却能成就霸业。他把这叫作"信立而霸"。所以他认为，礼与刑、明德和慎罚，这就是治国必备的两手。

2. 德教与刑赏的关系

两手兼用，礼和德是第一位的，荀子把礼看作治国的根本，他说："礼之于正国家也，如权衡之于轻重也，如绳墨之于曲直也。故人无礼不生，事无礼不成，国家无礼不宁。"(《荀子·王霸》)正像绳墨是曲直的标准，规矩是方圆的标准一样，礼是做人、处事、治国所依据的最高标准，离开了礼，国家就不能安宁，以至终于危亡。所以在礼与刑之间，礼是根本。荀子又说："临事接民而以义，变应宽裕而多容，恭敬以先之，政之始也；然后中和察断以辅之，政之隆也；然后进退诛赏之，政之终也……用其终为始，则政令不行而上下怨疾，乱所以自作也。"(《荀子·致士》)这是说，教化是刑赏的基础，必须先施教化，才能在这基础上实行"进退诛赏"，如果颠倒了这个终始的关系，就会招致动乱。荀子把这叫作"先教"。

荀子对于德教和赏罚两者的关系做了分析。他指出单纯依靠赏罚的不足，庆赏刑罚只是雇佣买卖之道，是不足以教化人民、治理国家的。他认为赏罚必须建立在教化的基础之上，首先做到"政令以定，风俗以一，有离俗不顺其上，则百姓莫不敦恶，莫不毒孽，若祓不祥"，形成一种社会风气，有做了坏事的，百姓无不表示反对、痛恨，"然后刑于是起矣。是大刑之所加也，辱孰大焉。"（《荀子·议兵》）在这样的基础上加之以刑，大家都会认为是莫大的耻辱。要使大家都知道重视道德，自觉修养，在这样的基础上加之以赏，大家都会觉得是莫大的荣誉。这样才能真正发挥赏罚的作用。所以，教化是赏罚的基础，而赏罚则是教化的补充。

荀子也指出单纯依靠教化的不足。他说："尧、舜者，天下之善教化者也，不能使嵬琐化。"（《荀子·正论》）尧的儿子丹朱，舜的弟弟象没有在尧、舜的教化下化恶为善，荀子说："是非尧、舜之过，朱、象之罪也"（《荀子·正论》）。因此，对恶人、罪人必须处以刑罚。而且，刑罚必须与罪的轻重相当，重罪轻刑是对恶人的姑息宽大，是致乱的原因。荀子也反对刑罚过罪，爵赏逾德。赏罚二者都不能失当，在二者之间，尤其是刑不可滥。总之，荀子以礼为立国之本，以教化为为政之基础，同时也充分注意赏罚的重要作用，对赏罚问题做了许多讨论。他说："故不教而诛，则刑繁而邪不胜，教而不诛，则奸民不惩。诛而不赏，则勤劳之民不劝，诛赏不类，则下疑，俗险而百姓不一。"（《荀子·富国》）可见，荀子既继承、坚持了儒家德治的基本思想，又吸取了法家关于法治的思想，加以发挥。在德刑关系问题上，他吸取各家之长，达到了比较全面的认识。

(二)性恶论

荀子反对孟子的性善论，提出了人性恶的思想。

1. 性伪之分

荀子首先提出了一个"性伪之分"的问题。他说："凡性者，天之就也，不可学，不可事。……不可学，不可事，而在人者，谓之性；可学而能，可事而成之在人者，谓之伪，是性伪之分也。"（《荀子·性恶》）性伪之分，也就是要区分先天的和后天的，先天就有，不可学，不可事的，属于性；后天人为的，可以经过学习、努力而得到的，叫作"伪"。

根据这样的观点，荀子认为："人之性恶，其善者伪也。"（《荀子·性恶》）人的本性是恶的，而仁、义、礼、智等善的品德，是后天人为的。他认为，人性就是饥而欲食，寒而欲暖，劳而欲息，好利而恶害。如果放纵人们任其本性发展，就会导致争夺、混乱，所以说人性是恶的。荀子又针对孟子的性善论反驳说："今诚以人之性固正理平治邪？则有恶用圣王，恶用礼义哉！虽有圣王礼义，将曷加于正理平治也哉！"（《荀子·性恶》）如果人的本性就是合乎礼义的，那么圣王、礼义还有什么用呢？有了圣王、礼义，对于社会的治理又有什么作用呢？这是揭露了孟子性善论中的一个矛盾：既肯定人性善，又要强调教化的矛盾，也是人性善与现实生活中恶的存在的矛盾。孟子其实也意识到了这个矛盾，所以他说人性善只是可以为善，不是已经做到了善，人若丧失了本心的善性，就会成为恶。

荀子是从另一个相反的途径来解释这个矛盾。即认为恶的现象是由人的本性带来的，而礼义法正的善则是后天才有的。孟子把礼义的起源归于心性，荀子则认为礼义是为了解决人们在物欲上的相争而制定的，孟子把礼义归之于自然天赋，荀子则从社会的原因来加以解释。荀子的认识显然比孟子前进了一步。既然礼义是后天人为的，那么它也就是"伪"而不是性。"凡礼义者，是生于圣人之伪，非故生于人之性也……故圣人化性而起伪，伪起而生礼义，礼义生而制法度。然则礼义法度者，是圣人之所生也。"(《荀子·性恶》)所以，圣人之所以可贵，他之所以不同于常人的，就在于他能化性起伪，制定礼义。

总之，人的本性是好利恶害，如果任由人们依其本性去发展，就必定会引起无休止的纷争，导致天下大乱，于是就有圣人出来制定礼义，规定人们贫富贵贱的地位的差别，这样才能建立起一定的社会秩序，达到天下大治。

2. 论人禽之别

荀子以好利恶害为性，以礼义法正为伪，同时又指出，人之所以为人，不在好利恶害之性，而在后天的礼义之伪。人有礼义，这是人之所以为人的根本，也是人所以"最为天下贵"的根本。没有了礼义，人就不成其为人，同于禽兽了。"……义则不可须臾舍也。为之，人也，舍之，禽兽也。"(《荀子·劝学》)人之所以为人是在于人有礼义，这一思想与孟子是基本相同的，但荀子不以此为性，孟子则以此为性，这是由孟荀两人对人性和礼义二者的不同认识所决定的。对于人性，孟子以人之所以为人者为人性，荀子则以不可学、不可事者为人性；对于礼义，孟子认为源于天赋的人性，荀子则认为是起于后天人为。正是这两点不同，引出了对礼义是性还是伪的不同意见，也引出了性善还是性恶的不同意见。

人之所以为人，人与禽兽的区别的问题，是一个极重要的问题。在先秦百家争鸣中，墨子曾对这个问题提出过一个很有意义的观点。墨子认为：禽兽只是适应自然而人类则要依靠自己的劳动改造世界，他接触到了人区别于禽兽的最本质的一点，可惜的是没有能充分发挥这一思想。这一思想在墨子整个思想体系中只是一个个别的论点。只有儒家孟子、荀子才对人之所以为人这一问题做了比较系统的阐述，并且以此作为其道德，政治学说的基础，也对后世发生了很大的影响。

3. 途之人可以为禹

荀子虽认为人性恶，却仍然肯定人人可以为善。他说："涂之人可以为禹。"(《荀子·性恶》)认为行走于路途的普通人都可以成为禹那样的圣人，这与孟子所说"人皆可以为尧舜"又是一致的。

既然人性是恶的，顺人之性只会导致争夺、混乱，又为什么"途之人也可以为禹"呢？荀子解释说："凡禹之所以为禹者，以其仁义法正也。然则仁义法正有可知可能之理，然而涂之人也，皆有可以知仁义法正之质，皆有能仁义法正之具，然则其可以为禹明矣。"(《荀子·性恶》)这是说，人在本质上具有可以了解仁义法正，并且实行仁义法正的素质。荀子又说："义与利者，人之所两有也。虽尧、舜不能去民之欲利，然而能使其欲利不克其好义也；虽桀、纣亦不能去民之好义，然而能使其好义不胜其欲利也。"(《荀子·大略》)义、利两有，实际上也就承认了义也是人性中所固有的一个方面。善和恶的分界就从性伪之分变成了义胜利还是利克义的问题。

所以，为了肯定途之人可以为禹这个结论，即为了肯定人人都可以为善，荀子实际上也不得不承认在人的本性中有着可以为善的方面，有着对善的追求，而并非只有好利恶害，并非只有恶。这是荀子性恶论中的一个矛盾。荀子批评孟子的性善论，揭露了它的矛盾：既然人性都是善的，那么圣王、礼义还有什么用？现在荀子的性恶论也遇到了自己的矛盾：既然人性都是恶的，那么圣人为什么能够制定出礼义法正，人们又为什么能够接受礼义法正呢？这两个矛盾的根源是一个，就是肯定人对善的追求和为善的可能与现实存在的恶之间矛盾，而无论性善论还是性恶论，都没有能完全解决这个问题。

五、先秦儒学影响的积极方面和消极方面

先秦儒学对后世的影响是多方面的、复杂的，其中有积极的、正面的影响，也有消极的、负面的影响。在很多情况下，这两方面的影响同时存在，一个问题，既有积极影响，又有消极影响。对于这种情况，也需要认真加以分析。先秦儒学重道德的思想，发展养成了我国传统文化的道德精神、道德传统。在长期的发展中，在我们的民族文化中形成了最丰富的道德学说、最完备的封建道德思想体系和最发达的道德教育体系和极丰富的经验。所有这些，在我们民族的长期发展中起着稳定社会秩序，促进民族凝聚的作用，使我们成为闻名世界的礼义之邦和文化传统延续几千年没有中断的唯一的民族。同时，道德传统的形成、发展，也使我们没有走上宗教发展的道路，从

而避免了在一些民族中所见到的宗教战争、教会干政，及近代以来的科学与宗教的冲突等种种问题和困扰。

道德传统也有其另一方面的影响。在中国的传统文化中，存在着过分夸大道德作用的倾向。表现在政治上，就是由"政者，正也"表现出来的政治的道德化。先秦儒家就有忽视法制的偏向。这一偏向的发展，就形成了中国政治中人治的传统，重人不重法，"人存政举，人亡政息"被看作是正常的现象，以致法制不健全，实际上成为专制主义存在和发展的条件。当然，这种情况中也有其积极的合理的一面，即任人唯贤的传统。任人唯贤，作为任人唯亲的对立物，是积极的；作为人治思想的一个方面，作为法制的对立物，就是消极的。这两个方面我们都应该看到，都应该重视。

道德传统的另一个消极影响表现在知识问题上。片面地夸大道德作用的结果，使儒学有一种以为道德即知识的倾向。孔孟谈"知"，都不曾以外物为对象；他们所说的知，基本上没有超出道德、政治的范畴；荀子虽以天官与外物的接触为知的来源，却仍然是主张"凡知说有益于理者为之，无益于理者舍之，夫是之谓中说。"以为与治乱无关的知识是无用的，因而"不求知天"，对探索自然奥秘缺乏兴趣。先秦儒家的这种态度也影响到后世，对于我国自然科学的发展产生了消极的影响。

所有这些，无论是积极的影响还是消极的影响，都影响到今天，成为我们现在进行社会主义现代化建设时所面对的国情，要求我们认真研究，发扬其积极方面，克服其消极方面，才能使传统文化精神得到发展，有利于现代化建设的发展。

第二节　儒家代表人物

一、孔子

孔子，春秋时期鲁国陬邑（今山东曲阜）人，名丘，字仲尼，是我国古代伟大的思想家和教育家，儒家学派的创始人。孔子生于公元前551年（鲁襄公二十二年），卒于公元前479年（鲁哀公十六年），享年七十三岁。

孔子祖先原是宋国的贵族，为宋襄公之后。其六代祖孔父嘉死于宋殇公时的宫廷内乱，其曾祖父孔防叔畏宋国贵族华氏之逼而逃到鲁国，从此为鲁

国人。防叔生伯夏，伯夏生叔梁纥。叔梁纥
孔武有力，因战功被封为鲁国陬邑的大夫，
晚年娶鲁国贵族颜氏之女颜征在为妻，生孔
丘，孔丘为次子，其长兄字孟皮，所以他字
仲尼。

孔子

在孔子三岁时，其父叔梁纥去世，其母
亲颜征在离开夫家独自抚养孔子。鲁国是礼
仪之邦，孔子小时，在其嬉戏玩耍时，常常
模仿祭祀典礼仪式，"陈俎豆，设礼容"（《史
记·孔子世家》），所以从小就养成了好礼的
习惯。孔子十七岁时，其母去世。为了谋生，
孔子曾做过鲁国大夫季氏的委吏和乘田，即
管理仓库和畜牧的办事员，还管理过土木工
程一类的事情。所以孔子后来自述说"吾少也
贱，故多能鄙事。"（《论语·子罕》，以下引自《论语》只注篇名）

孔子非常好学，"吾十有五而志于学"（《为政》），从十五岁就开始发奋为
学，并且学习的范围十分广泛，他曾去周京洛阳向老聃问礼；在他进入太庙
时，曾向祭司详细询问和学习有关礼的知识；又曾向乐官师襄学习音乐技
能；还向鲁国附属国郯国的使臣郯子请教古帝少昊以鸟命官制度的起源和具
体内容。其他如射箭、驾车等技能都在他学习的范围。因为孔子的好学，到
他二十几岁时，已经成为鲁国有名的学者了。在孔子三十四岁时，鲁大夫孟
僖子之嗣孟懿子及南宫敬叔来学礼，从此，孔子开始授徒讲学，成为中国历
史上第一个以教育为专业的私人教育家。他在鲁国通过兴办私学，招收了大
批学徒，传授《诗》《书》《礼》《乐》等古代文化典籍。据说孔子一生有门徒三千
余人，其中成绩突出的有贤人七十二位，这些人除鲁国人外，还有陈、齐、
楚、吴、宋、晋、秦等国人。通过讲学，孔子为社会培养了大批人才。

鲁昭公二十六年（前516年），鲁国内乱。孔子不满以季氏为首的三桓擅
权，离鲁至齐。齐景公曾向孔子问政，孔子回答说："君君、臣臣、父父、
子子。"得到齐景公的赞许。景公欲任用孔子，但遭到晏婴等人的反对。不久
后，孔子返回鲁国。因此时鲁国三桓专权，季氏家臣阳虎、公山不狃的势力
也在膨胀，孔子不愿参加政治，便开始整理《诗》《书》《礼》《乐》等并扩大教育
事业，弟子越来越多，影响也越来越大。

孔子在五十岁以后主要从事一些政治活动。鲁定公九年（前501年），孔

子正式参政，先为中都（今山东汶上县）宰，为政一年，政绩斐然。次年被提升为小司空，主要是管理土地、山林。不久又被提升为大司寇，成为与鲁国三卿（司徒、司马、司空）并列的高级官员。

鲁定公十年（前500年），孔子随鲁定公会齐景公于夹谷（今山东莱芜境内），由于他的努力，事先有所准备，临事兵礼并用，挫败了景公试图以武力胁迫定公而达成齐鲁会盟的企图，并且索回了被齐国侵占的郓、灌及龟阴之地，表现出了出色的政治外交才能。鲁定公十三年（前497年），孔子为加强国君的权威、削弱卿大夫的权力，利用三桓与其家臣的矛盾，以"臣无藏甲，大夫毋百雉之城"为理由，建议公室平毁鲁国大夫季孙氏、孟孙氏和叔孙氏的三个都邑，是为"堕三都"，并使仲由为季氏宰，执行这一计划。在平毁了季孙氏的费邑和叔孙氏的郈邑后，由于孟孙氏的暗中抵抗，孟孙氏的郕邑没能最终平毁，"堕三都"的计划半途而废。鲁定公十四年（前496年），孔子由大司寇摄行相事，不久即以"心达而险、言伪而辩、记丑而博、顺非而泽"（《荀子·宥坐》）诛杀了乱政者鲁大夫少正卯，但这件事的真伪一直存在争议。

孔子只在鲁国行相事三月，就因与"三桓"的矛盾而被迫离开鲁国，率领学生颜渊、子路、子贡、子游、子夏等开始了十四年的"周游列国"生涯，宣扬自己恢复周礼的政治主张。孔子先至卫国，住了十个月，因受到卫灵公的猜疑而离卫去陈。经过匡地时，遭到匡人的围困。解围后抵蒲，不久又回到卫国。然后由卫经曹至宋。宋司马桓魋想害他，他又只好离宋，经郑至陈，在陈国住了三年。因陈经常受到晋、楚、吴等大国的侵犯，孔子便再次经蒲至卫。至卫，卫灵公曾向他请教兵阵，孔子说"俎豆之事则尝闻之矣，军旅之事未尝学也。"在卫不得用，又离卫至陈，一年后由陈迁蔡，在蔡住了三年。楚昭王闻孔子在陈蔡之间，便使人迎孔子。陈蔡大夫害怕孔子去楚对陈蔡不利，便派人围困孔子，致使其断粮于陈蔡之间。因楚昭王兴师相迎，孔子才免遭于难。楚昭王欲封孔子，遭到令尹子西的反对。不久昭王死，孔子不得用，于是又返回卫国。鲁哀公十一年（前484年），季康子迎孔子，孔子最终又返回鲁国，此时已六十八岁。在孔子及其弟子周游列国的十四年之中，始终没有得到机会参与各国的政治活动，也没有一个国君采用他的政治主张。

孔子返回鲁国，仍然没有得到重用，于是便从事于文化典籍的整理工作。据说孔子曾经删《诗》《书》，订《礼》《乐》，并根据鲁国历史删作《春秋》，记载上自鲁隐公元年（前722年），下至鲁哀公十四年（前481年），共二百四十二年之事。又据记载，孔子晚年喜读《易》，以至于"韦编三绝"，并且为《易》作了概说，是为"十翼"。他自己则"述而不作，信而好古"（《述而》），他的言行以及他与弟子之间的谈话，由其弟子及再传弟子整理成书，是为《论语》。

从东汉起，《论语》即被列为儒家经典之一，到南宋经理学大师朱熹集注而成为"四书"之一，是一部经受过两千多年历史考验的权威性名著，人称"中华第一书"。《论语》内容涉及哲学、政治、教育、历史、伦理、文化等各方面，对中华民族的影响横贯古今，不仅在中国的思想史、文化史上产生过重大影响，而且作为一种文化积淀，其中的思想内容、思维方式和价值观等影响着世世代代的华夏子孙。此外，《论语》在世界的许多国家和地区，尤其是东南亚地区，也同样产生了相当深远的影响。

鲁哀公十四年至十五年（前481—前480年），孔子的得意弟子颜渊、宰我、子路等相继去世，孔子因哀恸过度，于次年，即鲁哀公十六年（前479年）四月己丑卒，被葬于县城北泗水之上，后来在那里形成一个村落，名为"孔里"。

二、曾子

曾子（前505—前435年），名参，字子舆，春秋末年鲁国南武城（今山东平邑县）人。曾子的祖先是夏禹的后代，姓姒。禹的第五代孙少康封他的小儿子曲烈于鄫地（今山东苍山县西北），建立鄫国。鄫国故址，原名"鄫邑"，因当地多产丝织品而得名。公元前567年（鲁襄公六年），莒国灭掉了鄫国，鄫太子巫无家可归，在远离莒国的鲁国南武城居住下来。鄫太子巫的曾孙叫曾点，字皙，是曾子的父亲，也是孔子早期的弟子之一。曾子少时，求学于孔子。孔子对曾子的第一印象是比较质朴憨厚，反应迟

曾子

钝（"参也鲁"），但他勤奋好学，举止稳重，为人谨慎，待人谦恭，颇得孔子真传。他积极学习和推行儒家主张，以孝著称，在修身和躬行孝道上颇有建树。《二十四孝》中记载了曾子"啮指痛心"的佳话，对后世影响极其深远。曾子是孔子学说的主要继承人和传播者，在儒家文化中居于承上启下的重要地

位。曾子是孔子之孙子思的老师，而孟子曾受业于子思的门人。战国时期著名的"思孟学派"，其根源在于曾子。

曾子是孔子儒家学说的主要继承人和传播者。据说儒家经典《孝经》《大学》都是曾子的著作。史料记载，曾子在乐正、子春等弟子的协助下著有《曾子》一书。唐朝初年，魏征纂修《群书治要》时，对《曾子》一书作了摘引。《汉书·艺文志》记有"《曾子》十八篇"，并注明作者"名参，孔子弟子"。《大戴礼记》第四十九篇至五十八篇，题目皆冠以曾子，后世称为《曾子十篇》。"五十八篇"、"十篇"都是原《曾子》一书中的篇章。《孝经》出自孔子故居墙壁藏书中。据传孔壁藏书为孔子裔孙孔鲋于秦末时所藏，汉武帝时鲁恭王扩建宫舍，推倒孔子故居墙壁始被发现。关于《孝经》的作者，说法不一。《汉书·艺文志》记载："《孝经》者，孔子为曾子陈孝道也。"是说《孝经》为孔子所作。而《史记·仲尼弟子列传》却记载，《孝经》为曾子所作。元朝人熊禾在为董鼎《孝经大义》一书作序时也说："曾氏之书有二，曰《大学》，曰《孝经》。"

《大学》原为《礼记》第四十二篇。程颢、程颐认为《大学》是"孔氏之遗言也"。朱熹把《大学》重新编排整理，分为"经"一章，"传"十章。认为"经一章盖孔子之言，而曾子述之；其传十章，则曾子之意而门人记之也。"就是说，"经"是孔子的话，曾子记录下来；"传"是曾子解释"经"的话，由曾子的弟子门人记录下来。

曾子在孔学中的地位，很长时间以来未被人们所认识。他上承孔子道统，下开思孟学派的学术地位。曾子效法孔子，收徒讲学，据《孟子·离娄下》记载，他的弟子有七十多人。战国初期著名的军事家吴起（卫国人，今山东定陶）也曾经"学于曾子"。曾子以孝为本的孝道观影响中国两千多年，至今仍具有宝贵的社会意义和实用价值，是当今构建和谐社会的丰富思想道德营养。曾子以他的卓越建树，走进大儒殿堂，与孔子、孟子、颜子、子思比肩并称"五大圣人"。

现在山东济宁嘉祥县南 23 公里的曾子故里南武山，建有曾庙。曾庙，又称曾子庙、宗圣庙，是历代祭祀曾子的庙宇。曾庙始建于公元前 426 年（周考王十五年），原名"忠孝祠"，明重建后改称"宗圣庙"。

三、子思

子思（前 483—前 402 年），姓孔，名伋，字子思，孔子之孙，孔鲤之子。子思是春秋战国时期鲁国人，著名思想家。子思受业于曾子，他继承和发扬了孔子的学说，是先秦儒家在孔子和孟子之间承上启下的重要代表人物。他以"中庸"为理论切入点，开创了先秦时代儒家思想的重要一派——"思孟学派"。

子思幼年时期受到了良好的家庭教育。他的父亲孔鲤，自幼随孔子学诗习礼，恪守庭训。孔子很重视对后代的培养，他曾教诲孔鲤认真学习诗、礼，告诫他："不学诗，无以言；不学礼，无以立。"孔子对子思也同样寄予厚望。《圣门十六子书》记载：孔子晚年闲居，有一次喟然叹息，幼小的子思问爷爷是不是担心子孙不学无术辱没家门。

子思

孔子很惊讶，问他如何知道的，他回答说："父亲劈了柴而儿子不背就是不肖。我要继承父业，所以从现在开始就努力学习丝毫不敢松懈。"孔子听后欣慰地说："我不用再担心了。"孔子去世后，子思成为曾子的学生。《圣门十六子书》记载："子思从曾子学业，诚明道德，有心传焉，乃述其师之意，穷性命之原，极天人之奥，作《中庸》书，以昭来世。"从曾子那里，子思继续学习领悟孔子思想的真谛，阐发孔子的中庸之道。

子思的代表著作主要有《中庸》《子思》。另外，《礼记》中的《表记》《坊记》《缁衣》据说也是子思的作品。

《史记·孔子世家》记载："尝困于宋，子思作《中庸》"。《中庸》后被收入《礼记》，得以流传于世。《中庸》一书阐发儒家思想的地方很多，不仅道理精彩，而且文笔简练，文辞优美，对后世影响很大。虽然其中有讲鬼神和唯心之处，但从哲学范畴来看，《中庸》的思想具有辩证的理念，在中国哲学史上具有很重要的价值，在齐鲁文化中也具有很高的地位。

据《汉书·艺文志》记载，《子思》有二十三篇，可惜该书自秦代以后已经遗失了。但《子思》一书中的篇章散见于《阙里志》《韩非子》、马总《意林》《说苑》《文选注》《中论》《吕氏春秋》。今天所看到的《子思》是由崇川冯氏校刊的《子思》六卷，经过校勘的《子思》在形式上依然是完整的、系统的。

《子思》是极富思辨色彩的儒家经典。《子思》提出的"天人合一"思想。"天人合一"是天道与人道的合一，天道作为人世间的公理，它是由人去把握支配的。人可以在客观规律面前充分发挥主观能动性，做世界的主人。而"天人合一"从美学意义上讲，追求的是一种和谐美。只有人与人和谐、人与物和谐，才能达到社会发展的整体和谐。

子思在儒家学派的发展史上占有重要的地位，他上承孔子中庸之道，下开孟子心性之论，在孔子——曾子——子思——孟子一脉相承的儒家学说发展链条中，发挥了承上启下的重要作用。

子思关于"博学之，审问之，慎思之，明辨之，笃行之"的思想，为我们提供了进行学术研究的科学方法。"故君子尊德性而道问学，致广大而尽精微，极高明而道中庸"，则强调既尊重固有的德性又重视学问的积累，要求达到最高境界又要保持中庸的原则。"至诚之道，可以前知。国家将兴，必有祯祥；国家将亡，必有妖孽。"这一思想，则对汉人董仲舒的"天人感应"学说有直接影响。而其中的鬼神之说，则对宋明理学产生重要影响。他还为人们提出了道德修养的一种方法——"慎独"。意思是在无人监督闲居独处时，自己的言行也应该谨慎，自觉遵守道德规范。

北宋徽宗年间，子思被追封为"沂水侯"。元朝文宗至顺元年（1330 年），又被追封为"述圣公"，后人由此尊称他为"述圣"。

四、孟子

孟子名轲，战国中期邹国（今山东邹县）人。至于孟子具体的生卒年份，大家有不同的看法，通行的说法是孟子生于约公元前 372 年，卒于约公元前 289 年，是春秋时期鲁国公室宗亲孟孙氏的后人。孟子早年丧父，但据说他有一位伟大的母亲，对他的早年教育起了关键作用，流传下来的孟母教子的故事如"迁地教子"、"断机训子"、"烹豚存教"等，至今仍为美谈。可以说，孟母是孟子人生的第一位老师。

至于孟子学问的师承关系却不甚清楚，历代学者有不同的观点。孟子自己讲道："予未得为孔子徒也，予私淑诸人也。"（《孟子·离娄下》）

孟子

他钟情于孔子的学说，却不得为其徒，也没有指明他的老师究竟是谁。司马迁认为孟子"受业于子思之门人"，荀子也曾讲："子思唱之，孟轲和之。"所以我们虽然不能推断出孟子具体的师承关系，但他是子思思想的后继者应该问题不大。子思是孔子之孙，而孟子继承并发挥了子思的思想，从而上契孔子，也可以说是实现了他"乃所愿，则学孔子也"（《孟子·公孙丑上》）

的毕生志愿。

从《孟子》书中的记载我们可以看出，孟子一生最重要的经历就是游历各个诸侯国，以实现自己的政治理想。孟子所处的时代，是各诸侯国争霸天下的时代，为了富国强兵，各诸侯国也广纳有识之士以服务于他们的政治目的。正是在这种情况下，孟子开始了他的游历生涯。最初，孟子是在其父母之邦邹国开始从政的，由于他坚持自己的"王道"、"仁政"理想，在邹国得不到重用，难以实现他的政治抱负，因此他很快便开始了游历他国的历程。他先后曾到过齐、宋、鲁、滕、梁（魏）等国，其间也曾经回过邹国，《孟子》一书的许多思想都是他游说各国期间的言论。孟子首次到齐国是在齐威王之世，但不甚得志，很快便去了宋国。当时宋王偃称王，欲行仁政。但在孟子看来，宋王偃身边的贤人太少，不贤之人又太多，所以并不能使宋王为善而行仁政。孟子在宋之时，曾两次见过还是滕国太子的滕文公，并向他道性善之事，称述尧舜。之后，孟子曾回邹国呆了些时日。鲁平公时，孟子的弟子乐正子得以为政，因此孟子来到了鲁国。但由于臧仓的阻挠，他没能见到国君，发出了"吾之不遇鲁侯，天也"（《孟子·梁惠王下》）的感叹。等到滕文公即位之时，孟子便去了滕国。滕国作为一个小国，在各大国的夹缝之间求生存，孟子为滕文公指出了一些小国的为国之道，并勉励他行仁政。但孟子在滕国终难有大的作为，便去了梁国见梁惠王。《孟子》书中记载了许多孟子和梁惠王之间的对话，可以看出孟子为了劝说梁惠王实行王道仁政，可谓是苦口婆心、循循善诱，但在将见成效之时惠王去世，其子襄王即位。孟子对襄王印象极差，便离开了梁国，二度赴齐。此时，威王已故，宣王嗣位。但是孟子劝说宣王实行王道仁政的难度似乎更大，尽管孟子用心良苦，极尽辩论之能事，但一心想要富国强兵一统天下的宣王似乎并不能欣赏他，更不能采纳他的政治主张。孟子失望至极，只能离开齐国。此时，他年岁已大，看到自己的政治主张难以实现，便不再出游，而是与弟子万章等人"序《诗》《书》，述仲尼之意，作《孟子》七篇"。

《孟子》作为中国传统儒家的重要经典之一，其对后世中国的影响仅次于《论语》，正如孟子被推尊为儒家的"亚圣"，其地位仅次于孔子一样。儒家学说作为传统中国的主流思想，对整个中华民族的性格塑造和文化培育都起了不容置疑的关键作用，而无论是孟子其人还是《孟子》其书都在这一过程中扮演了不可或缺的角色。因此，时至今日，《孟子》作为中国历史大浪淘沙之后存在的经典文本，对我们理解中国文化乃至中华民族的历史形成依然具有重要的启发意义。

五、荀子

荀子，名况，字卿。汉时避宣帝名（询），改称孙卿，战国时期赵国人。他15岁到齐国游学，在齐国都城临淄（今山东淄博市）稷下学宫居留了较长的一段时期。

春秋末到战国时期，伴随着社会的大动荡、大变革，在意识形态领域里出现了中国历史上第一次思想大解放、学术大繁荣的黄金时代。这一时期，受八方诸侯竞强，天下弱肉强食争雄斗争的政治需要，尊贤尚能之风盛行，文人墨客崛起于闾里之中，四处游说，身价倍增。各种学说、各家学派，如雨后春笋，应运而生，形成了亘古未有的百家争鸣局面。在齐国，田氏夺取姜齐政权以后，齐桓公田午为巩固取得的政权和为进一步建功立业，创立了"稷下学宫"。后来，齐威王为"朝问诸侯"而大力发展了稷下学宫；齐宣王为实现"辟土地，朝秦、楚，莅中国而抚四夷"的宏图大志，将稷下学宫发展到了鼎盛时期。人数最多时达"数百千人"，当时著名的学派都有学者在稷下学宫进行学术交流，稷下学宫由此成为战国时期的文化学术中心。稷下学宫是由统治阶级创建并发展起来的一个学术组织。稷下学宫的基本原则是"不治而议论"（《史记·田敬仲完世家》），基本的任务是"各著书言治乱之事，以干世主"（《史记·孟子荀卿列传》）。可以说，这既是一个言论自由的学术组织，也是一个为统治阶级服务的思想工具。

荀子至齐的年份为齐宣王六年，正是稷下学宫处于兴盛时期。荀子来齐以后，恰遇孟子第二次来齐讲学，《史记·儒林传》说："威、宣之际，孟子荀卿之列，咸尊夫子之业而润色之，以学显于当世。"孟子这次来齐大约住了五年之久，在齐宣王八年（前312年）才再次离开齐国。荀子与孟子在这段时间里可能有了大量的学术交流。此时期内，老一代稷下名士淳于髡等人尚在，荀子受到了他们的熏陶，时有"少年英俊"之称。他在稷下学宫游学期间，有机会听取各家各派名师的讲演，多方面地了解和掌握各种不同学派的学术观点，形成自己广博的学问。

公元前286年至前285年，齐湣王灭宋，夸耀武功，不尚德治，荀子进谏无效，离齐适楚。荀子在稷下学宫，伴随着年龄的增长和学识水平的提高，清醒地看到了齐国险象环生的处境，由于自己的政治主张难以为齐国的统治者所接受，愤然离齐来到楚国，但在楚国并没有得到任用。

公元前279年至前278年，荀卿在楚，大约亲身经历了秦将白起攻楚，屈原自投汨罗江这场楚国的战乱，觉得楚国也并非用武之地，于是在战乱中离开楚国再度来到齐国。这时，齐将田单已经率兵击败乐毅，燕师败退，齐襄王返齐复国，荀子正好适应了齐襄王的需要，参加了稷下学宫的恢复工作。史书所载荀子在稷下学宫"最为老师"、"三为祭酒"主要在这一时期。他成了最受欢迎的老师，三次担当学宫领袖的重任，"聚人徒，立师学"在稷下学宫产生了巨大的影响。他的弟子韩非说，孔子死后，儒分为八，"有孙氏之儒"（《韩非子·显学》），即这一时期在稷下学宫形成的荀子学派，也有的称之为稷下儒学。由此可以看出，齐襄王时期的荀子，已经以一个成熟了的思想家的面貌活跃在稷下学宫了。

公元前266年至前262年，荀子应邀游学于秦。由于荀子曾到过秦国，对秦国的政治、军事等形势及自然风俗民情都较熟悉，于是，建议秦昭王采用他所主张的"王道"来代替原来实行的"强道"，以统一中国。但是由于秦昭王喜好征伐，坚持既定的"强道"方针。因此，荀子又回到齐国。

荀子回到齐国以后，齐国朝政由"君王后"控制。荀子曾向齐相论述齐国面临的严重局面，并对"女主乱之宫"、"诈臣乱之朝"、"贪吏乱之官"等现象进行揭露。荀子因此遭到谗言诽谤，遂于公元前225年到楚国，被楚相春申君任命为兰陵令。但是，荀子在任兰陵令时遭到谗言中伤，于是返回老家赵国。

荀子在赵国居留期间，曾与临武君议兵于赵孝成王之前。公元前262年到公元前247年期间，秦赵两国爆发了两次激烈的战争，赵国得而复失。荀子被春申君再度敦请回楚，继续任兰陵令。公元前238年，春申君被杀，荀子也受到牵连，被废而居兰陵，心情抑郁，潜心治学，"序列著数万言"，大约于公元前236年卒，葬于兰陵，享年约94岁。

荀子长期在稷下学宫生活，并由青年学士晋升为"祭酒"。他在教书授徒的过程中，经过刻苦学习和深入研究，对各家各派的思想和学说进行批判、吸收，著述数万言，自成一家。他的这些著述都保存在《荀子》一书中。《荀子》一书绝大部分出自荀子的手笔。他在晚年可能还做过最后一次整理和编次，其中有一小部分是由他的学生记录整理而成。荀子的著述流传到西汉时，经过刘向的整理校订，从三百二十篇中除去重复的，定为三十二篇，取名为《孙卿新书》。唐代中叶，杨倞把荀子的三十二篇重新分为二十卷，把各篇顺序又作了一些变动，并为之作注。梁启超和郭沫若认为，《荀子》中《君子》《大略》《宥坐》《子道》《法行》《哀公》《尧问》《仲尼》八篇，皆非荀子自著，或为弟子杂录，或有后人附益。但总的说来，《荀子》一书是荀子吸收百家之学的结晶，而不是百家之学的拼凑。

第三节　儒家著作选读

论语·为政（节选）

【解题】

《为政》篇包括 24 章。本篇主要内容涉及孔子"为政以德"的思想、如何谋求官职和从政为官的基本原则、学习与思考的关系、孔子本人学习和修养的过程、温故而知新的学习方法，以及对孝、悌等道德范畴的进一步阐述。

子曰："为政以德，譬如北辰[1]，居其所而众星拱之。"

子曰："《诗》三百，一言以蔽之，曰：'思无邪'。"

子曰："道之以政，齐之以刑，民免而无耻；道之以德，齐之以礼，有耻且格[2]。"

子曰："吾十有五而志于学，三十而立，四十而不惑，五十而知天命，六十而耳顺，七十而从心所欲，不逾矩。"

孟懿子问孝[3]，子曰："无违。"

樊迟御，子告之曰："孟孙问孝于我，我对曰：'无违'。"樊迟曰："何谓也？"子曰："生，事之以礼；死，葬之以礼，祭之以礼。"

孟武伯问孝。子曰："父母唯其疾之忧。"

子游问孝。子曰："今之孝者，是谓能养。至于犬马，皆能有养；不敬，何以别乎？"

子夏问孝。子曰："色[4]难。有事，弟子服其劳；有酒食，先生[5]馔。曾[6]是以为孝乎？"

子曰："吾与回言，终日不违，如愚。退而省其私，亦足以发。回也不愚。"

子曰："视其所以，观其所由，察其所安。人焉廋哉？人焉廋[7]哉？"

【注释】

[1] 北辰：北极星。

[2] 格：正道。

[3] 问孝：问怎样做才是孝。

[4] 色：脸色。

[5] 弟子：晚辈。先生：长辈。

[6] 馔：吃喝。曾：难道。

[7] 廋（sōu）：隐藏。

论语·里仁

【解题】

本篇选自《论语》。篇名取"里仁为美"句中的"里仁"两字，重点谈"仁"。"仁"是孔子学说的核心，也是孔子及孔门弟子追求的最高、最完美的道德境界。本篇论证仁者对待环境、苦乐、是非、志向、富贵、过错的态度及方法，强调对"仁"的追求，以及仁者对待真理、利益、礼让、忠恕、孝道、恶衣、恶食以及言行、举止等一系列行为规范的要求。

子曰："里[1]仁为美，择不处仁，焉得知？"

子曰："不仁者，不可以久处约[2]，不可以长处乐。仁者安仁，知者利仁。"

子曰："唯仁者能好人，能恶人[3]。"

子曰："苟志于仁矣，无恶也。"

子曰："富与贵，是人之所欲也；不以其道得之，不处也。贫与贱，是人之所恶也；不以其道得之[4]，不去也。君子去仁，恶乎成名？君子无终食之间违仁，造次[5]必于是，颠沛必于是。"

子曰："我未见好仁者，恶不仁者。好仁者，无以尚[6]之；恶不仁者，其为仁矣，不使不仁者加乎其身。有能一日用其力于仁矣乎？我未见力不足者。盖有之矣，我未之见也。"

子曰："人之过也，各于其党。观过，斯知仁矣。"

子曰："朝闻道，夕死可矣。"

子曰："士志于道，而耻[7]恶衣恶食者，未足与议也。"

子曰："君子之于天下也，无适[8]也，无莫[9]也，义与之比[10]。"

子曰："君子怀德，小人怀土；君子怀刑，小人怀惠。"

子曰："放[11]于利而行，多怨。"

子曰："能以礼让为国乎？何有！不能以礼让为国，如礼何！"

子曰："不患无位，患所以立。不患莫己知，求为可知也。"

子曰："参[12]乎！吾道一以贯之[13]。"曾子曰："唯。[14]"子出。

门人问曰："何谓也？"曾子曰："夫子之道，忠恕[15]而已矣！"

子曰："君子喻[16]于义，小人喻于利。"

子曰："见贤思齐焉，见不贤而内自省也。"

子曰："事父母几[17]谏。见志不从，又敬不违，劳而不怨。"

子曰："父母在，不远游[18]，游必有方。"

子曰："三年无改于父之道，可谓孝矣。"

子曰："父母之年，不可不知也；一则以喜，一则以惧。"

子曰："古者言之不出，耻躬之不逮也[19]。"

子曰："以约[20]失之者鲜矣。"

子曰："君子欲讷[21]于言而敏于行。"

子曰："德不孤，必有邻。"

子游曰："事君数[22]，斯[23]辱矣；朋友数，斯疏矣。"

【注释】

[1] 里：古代百姓聚居的地方，《周礼》记载二十五家为一里。

[2] 约：贫困。

[3] 能恶人：用正确的标准恨人。恶，厌恶。

[4] 得之：应为"去之。"

[5] 造次：仓促、紧迫。

[6] 尚：超过。动词。

[7] 耻：以……为耻，形容词的意动用法。

[8] 适(dí)：原为"適"，引申为绝对正确。

[9] 莫：不可以的，不专一的。引申为绝对错误。

[10] 义之与比(bì)：比之于义，意即怎样恰当、合适就怎样干。义：适宜，合适。比：接近，靠拢。与，通"于"。

[11] 放(fǎng)：依照。

[12] 参(shēn)：曾子的名。

[13] 吾道一以贯之：我的学说用一条根本的原则贯通。一以：即"以一"。贯：贯穿，贯通。

[14] 唯：是的，应答的话。

[15] 忠：尽心竭力为忠。恕：推己及人为恕。

[16] 喻：明白，懂得。义：合乎伦理道德的行为准则。

[17] 几：轻微，婉转。

[18] 远游：远离家乡去求学。古人的"游"有游学的意思。

[19] 耻：以……为耻，形容词的意动用法。躬：指自己。逮：赶上，行动赶不上自己的语言。

[20] 约：俭约，俭朴，简约。

[21] 讷(nè)：说话迟钝，这里指说话谨慎。敏：敏捷。

[22] 数(shuò)：屡次，频繁。

[23] 斯：代词，那。

孟子·公孙丑上

【解题】

本篇选自《孟子》。《公孙丑》上篇共九章，下篇共十四章。上篇主要记述了孟子与学生的对话及自己的一些言论，具体涉及"王霸之辨"、"养气"、"知言"以及"四端"说等重要内容；下篇主要记录了孟子在齐国最后一段时间及离开齐国时的一些经历和言行，内容较广泛，如战争、馈赠礼物、做官的职责、吊丧等方面的内容。此处选其上篇。

公孙丑[1]问曰："夫子当路[2]于齐，管仲、晏子之功，可复许[3]乎?"

孟子曰:"子诚齐人也,知管仲、晏子而已矣。或问乎曾西[4]曰:'吾子[5]与子路孰贤?'曾西蹵然[6]曰:'吾先子[7]之所畏也。'曰'然则吾子与管仲孰贤?'曾西艴然[8]不悦,曰:'尔何曾[9]比予其管仲?管仲得君,如彼其专也;行乎国政,如彼其久也,功烈,如彼其卑也。尔何曾比予于是?'"曰:"管仲,曾西之所不为也,而子为[10]我愿之乎?"

曰:"管仲以其君霸,晏子以其君显。管仲、晏子犹不足为与?"

曰:"以齐王,由[11]反手也。"

曰:"若是,则弟子之惑滋甚。且以文王之德,百年而后崩[12],犹未洽于天下;武王、周公[13]继之,然后大行。今言王若易然,则文王不足法与?"

曰:"文王何可当也。由汤至于武丁,贤圣之君六七作[14],天下归殷久矣,久则难变也。武丁朝诸侯,有天下,犹运之掌也。纣之去武丁,未久也。其故家遗俗,流风善政,犹有存者。又有微子、微仲、王子比干、箕子、胶鬲,皆贤人也。相与[15]辅相[16]之,故久而后失之也。尺地莫非其有也;一民莫非其臣也,然而文王犹方百里起,是以难也。齐人有言曰:'虽有智慧,不如乘势;虽有镃基[17],不如待时。'今时则易然也。夏后、殷、周之盛,地未有过千里者也,而齐有其也矣。鸡鸣狗吠相闻,而达乎四境,而齐有其民矣。地不改辟矣,民不改聚矣,行仁政而王,莫之能御也。且王者之不作,未有疏于此时者也。民之憔悴于虐政,未有甚于此时者也。饥者易为食,渴者易为饮。孔子曰:'德之流行,速于置邮[18]而传命。'当今之时,万乘之国行仁政,民之悦之,犹解倒悬也。故事半古之人,功必倍之,惟此时为然。"

【注释】

    [1]公孙丑:孟子的学生,齐国人。

    [2]当路:当权,当政。

    [3]复许:兴盛,复兴。

[4]曾西：曾子之孙。

[5]吾子：古时对人的尊称，可译为"您"，比子更亲切。相当于"吾兄"、"老兄"之类。

[6]蹵然：不安的样子。

[7]先子：指已逝世的长辈。这里指曾西的祖父曾参。

[8]艴然：恼怒的样子。

[9]曾：副词，竟然、居然。

[10]为：同"谓"，认为。

[11]由：同"犹"，好像。

[12]百年而后崩：相传周文王活了九十七岁。百年泛指寿命很长。

[13]周公：名姬旦，周文王的儿子，武王的弟弟，辅助武王伐纣，统一天下，又辅助成王定乱，安定天下成为鲁国的始祖。

[14]作：在这里为量词，相当于现代口语"起"。

[15]相与：双音副词，"共同"的意思。

[16]辅相：双音动词，辅助。

[17]镃基：农具，相当于今天的锄头之类。

[18]置邮：置和邮都是名词，相当于后代的驿站。

公孙丑曰："夫子加[19]齐之卿相，得行道焉，虽由此霸王不异矣。如此则动心否乎？"

孟子曰："否。我四十不动心。"

曰："若是，则夫子过孟贲[20]远矣。"

曰："是不难，告子[21]先我不动心。"

曰："不动心有道乎？"

曰："有。北宫黝[22]之养勇也：不肤挠[23]，不目逃，思以一豪挫于人，若挞之于市朝；不受于褐宽博，亦不受于万乘之君；视刺万乘之君，若刺褐夫。无严[24]诸侯；恶声至，必反之。孟施舍之所养勇也，曰：'视不胜，犹胜也。量敌而后进，虑胜而后会，是畏三军者也。舍岂能为必胜哉？能无惧而已矣。'孟施舍[25]似曾子，北宫黝似子夏[26]，夫二子之勇，未知其孰贤，然而孟施舍守约也。昔者曾子谓子襄[27]曰：'子好勇乎？吾尝闻大勇于夫子矣。自反而不缩[28]，虽褐宽博，吾不惴焉；自反而缩，虽千万人，吾往矣。'孟施舍之守气，又不如曾子之守约也。"

曰："敢问夫子之不动心，与告子之不动心，可得闻与？""告子曰：'不得于言，勿求于心；不得于心，勿求于气。'不得于心，勿求于气'，可；不得于言，勿求于心，不可。夫志，气之帅也。气，体之充也。夫志至焉，气次焉。故曰持其志，无暴[29]其气。"

"既曰志至焉气次焉，又曰持其志无暴其气者，何也？"

曰："志壹[30]则动气，气壹则动志也。今夫蹶[31]者趋者，是气也而反动其心。"

"敢问夫子恶乎长[32]？"

曰："我知言，我善养吾浩然[33]之气。""敢问何谓浩然之气？"

曰："难言也。其为气也，至大至刚，以直养而无害，则塞于天地之间。其为气也，配义与道；无是，馁也。是集义所生者，非义袭而取之也。行有不慊[34]于心，则馁矣。我故曰告子[35]未尝知义，以其外之也。必有事焉而勿正[36]，心勿忘，勿助长也。无若宋人然：宋人有闵[37]其苗之不长而揠[38]之者，芒芒然[39]归，谓其人[40]曰：'今日病[41]矣，予助苗长矣！'其子趋而往视之，苗则槁矣。天下之不助苗长者寡矣。以为无益而舍之者，不耘[42]苗者也。助之长者，揠苗者也。非徒无益，而又害之。"

"何谓知言？"

曰："诐辞[43]知其所蔽，淫辞[44]知其所陷，邪辞知其所离，遁辞[45]知其所穷。生于其心，害于其政；发于其政，害于其事。圣人复起，必从吾言矣。"

【注释】

[19] 加：位居。

[20] 孟贲：古代有名的勇士。

[21] 告子：名不害，与孟子同时，曾受教于墨子。

[22] 北宫黝：也是古代勇士。

[23] 挠：退却。

[24] 严：畏惧。

[25] 孟施舍：人名，"孟施"为复姓。

[26] 子夏：名卜商，孔子弟子。

[27] 子襄：曾子的弟子。

［28］缩：直，有理。

［29］暴：无节制的使用。

［30］壹：专一。

［31］蹶：跌倒。

［32］这一段系节选公孙丑与孟子的对话。问这句话的是公孙丑。

［33］浩然：盛大而流动的样子。

［34］慊：快，痛快。

［35］告子：名不详，可能曾受教于墨子。

［36］正：止。"而勿正"即"而勿止"。

［37］闵：担心，忧愁。

［38］揠：拔。

［39］芒芒然：疲倦的样子。

［40］其人：指他家里的人。

［41］病：疲倦，劳累。

［42］耘：除草。

［43］诐辞：偏颇的言辞。

［44］淫辞：夸张、过分的言辞。

［45］遁辞：躲闪的言辞。

"宰我[46]、子贡[47]，善为说辞；冉牛[48]、闵子[49]、颜渊[50]，善言德行，孔子兼之，曰：'我于辞命，则不能也。'然则夫子既圣矣乎？"

曰："恶，是何言也！昔者子贡问于孔子曰：'夫子圣矣乎？'孔子曰：'圣则吾不能，我学不厌而教不倦也。'子贡曰：'学不厌，智也。教不倦，仁也。仁且智，夫子既圣矣。'夫圣，孔子不居。是何言也！"

"昔者窃闻之：子夏、子游[51]、子张[52]，皆有圣人之一体；冉牛、闵子、颜渊。则具体而微，敢问所安？"

曰："姑舍是。"

曰："伯夷[53]、伊尹[54]何如？"曰："不同道。非其君不事，非其民不使，治则进，乱则退，伯夷也。何事非君，何使非民，治亦进，乱亦进，伊尹也。可以仕则仕，可以止则止，可以久则久，可以速则速，孔子也。皆古圣人也，吾未能有行焉。乃所愿，则学孔子也。"

"伯夷伊尹于孔子，若是班乎？"

曰："否！自有生民以来，未有孔子也。"

曰："然则有同与？"

曰："有，得百里之地而君之，皆能以朝诸侯、有天下；行一不义，杀一不辜，而得天下，皆不为也。是则同。"

曰："敢问其所以异？"

曰："宰我、子贡、有若[55]，智足以知圣人，污[56]不至阿其所好。宰我曰：'以予观于夫子，贤于尧舜远矣。'子贡曰：'见其礼而知其政，闻其乐而知其德，由百世之后，等百世之王，莫之能违也。自生民以来，未有夫子也。'有若曰：'岂惟民哉！麒麟之于走兽，凤凰之于飞鸟，泰山之于丘垤[57]，河海之于行潦[58]，类也。圣人之于民，亦类也。出于其类，拔乎其萃。自生民以来，未有盛于孔子也。'"

孟子曰："以力假[59]仁者霸，霸必有大国。以德行仁者王，王不待[60]大，汤以七十里，文王以百里。以力服人者，非心服也，力不赡[61]也。以德服人者，中心悦而诚服也，如七十子之服孔子也。《诗》云[62]：'自西自东，自南自北，无思[63]不服，'此之谓也。"

孟子曰："仁则荣，不仁则辱。今恶辱而居不仁，是犹恶湿而居下也。如恶之，莫如贵德而尊士，贤者在位，能者在职，国家闲暇[64]，及是时明其政刑。虽大国必畏之矣。《诗》云[65]：'迨[66]天之未阴雨，彻[67]彼桑土，绸缪[68]牖户。今此下民[69]，或敢侮予。'孔子曰：'为此诗者，其知道乎！能治其国家，谁敢侮之。'今国家闲暇，及是时，般乐怠[70]敖，是自求祸也。祸福无不自己求之者。《诗》云[71]：'永言配命，自求多福。'[72]《太甲》[73]曰：'天作孽，犹可违[74]；自作孽，不可活[75]。'此之谓也。"

【注释】

　　[46] 宰我：孔子弟子宰予。

［47］子贡：孔子弟子，姓端木，名赐。

［48］冉牛：孔子弟子，名耕，字伯牛。

［49］闵子：孔子弟子，名损，字子骞。

［50］颜渊：孔子弟子，名回，字子渊。

［51］子游：孔子弟子，即言偃。

［52］子张：孔子弟子，即颛孙师。

［53］伯夷：古代孤竹国国君之子，与其弟叔齐互相谦让君位，被后世称道。

［54］伊尹：商汤时名相。

［55］有若：孔子弟子。

［56］污：夸大。

［57］垤：小土堆。

［58］行潦：路上的积水。

［59］假：借，凭借。

［60］待：等待，引申为依靠。

［61］赡：充足。

［62］《诗》云：引自《诗经·大雅·文王有声》。

［63］思：助词，无义。

［64］闲暇：指国家安定无内忧外患。

［65］《诗》云：引自《诗经·豳风·鸱鸮》。

［66］迨：趁着。

［67］彻：剥取。桑土：桑树根；土同"杜"，东齐方言说"根"为"杜"。

［68］绸缪：缠结。牖：窗子；户：门。

［69］下民：民义同"人"。这里的诗句是以鸱鸮（一种形似黄雀而身体较小的鸟）的口吻，其巢在上，所以称人为"下民"。

［70］怠：怠惰。敖：同"邀"，指出游。

［71］《诗》云：引自《诗经·大雅·文王》。

［72］永：长久；言：语助同，大义。配：合。命：天命。

［73］《太甲》，《尚书》中的一篇。

［74］违：避。

［75］活："逜"的借字，"逃"的意思。

孟子曰："尊贤使能，俊杰在位，则天下之士，皆悦而愿立于其朝矣。市廛[76]而不征，法而不廛[77]，则天下之商，皆悦而愿藏于其市矣。关讥而不征[78]，则天下之旅，皆悦而愿出于其路矣。耕者助而不税[79]，则天下之农，皆悦而愿耕于其野矣。廛[80]无夫里之布^[81]，则天下之民，皆悦而愿为之氓^[82]矣。信能行此五者，则邻国之民，仰之若父母矣。率其子弟，攻其父母，自有生民以来，未有能济者也。如此，则无敌于天下。无敌于天下者，天吏^[83]也。然而不王者，未之有也。"

孟子曰："人皆有不忍人之心^[84]。先王有不忍人之心，斯有不忍之政矣；以不忍人之心，行不忍人之政，治天下可运之掌上。所以谓人皆有不忍人之心者，今人乍^[85]见孺子将入于井，皆有怵惕^[86]恻隐之心；非所以内交^[87]于孺子之父母也，非所以要誉^[88]于乡党朋友也，非恶其声而然也。由是观之：无恻隐之心，非人也；无羞恶之心，非人也；无辞让之心，非人也；无是非之心，非人也。恻隐之心，仁之端^[89]也。羞恶之心，义之端也。辞让之心，礼之端也。是非之心，智之端也。人之有是四端也。犹其有四体也。有是四端而自谓不能者，自贼者也。谓其君不能者，贼其君者也。凡有四端于我^[90]者，知皆扩而充之矣，若火之始然^[91]，泉之始达。苟能充之，足以保^[92]四海；苟不充之，不足以事父母。"

【注释】

[76] 廛：市中储藏或堆积货物的货栈。征：征税。

[77] 法而不廛：指官方依据法规收购长期积压于货栈的货物，以保证商人的利益。

[78] 讥而不征：只稽查不征税。讥，查问。

[79] 助而不税：指"耕者九一"的井田制只帮助种公田而不再收税。

[80] 廛：这里指民居，与"廛而不征"的"廛"所指不同。

[81] 夫里之布：古代的一种税收名称，即"夫布"、"里布"，大致相当于后世的土地税、劳役税。

[82] 氓：指从别处移居来的移民。

[83] 天吏：顺从上天旨意的执政者。这里的"吏"不是指小官。

[84] 不忍人之心：怜悯心，同情心。

[85] 乍：突然、忽然。

[86] 怵惕：惊惧。恻隐：哀痛，同情。

[87] 内交，内交即结交，内同"纳"。

[88] 要誉：博取名誉。要同"邀"，求。

[89] 端：开端，起源，源头。

[90] 我：同"己"。

[91] 然，同"燃"。

[92] 保：定，安定。

孟子曰："矢人[93]岂不仁于函人[94]哉？矢人唯恐不伤人，函人唯恐伤人。巫匠[95]亦然，故术[96]可不慎也。孔子曰：'里仁为美，择不处仁，焉得智？'夫仁，天之尊爵也，人之安宅也。莫之御[97]而不仁，是不智也。不仁、不智，无礼、无义，人役也。人役而耻为役，由[98]弓人而耻为弓，矢人而耻为矢也。如耻之，莫如为仁。仁者如射：射者正己而后发；发而不中，不怨胜己者，反求诸己而已矣。"

孟子曰："子路人告之以有过，则喜。禹闻善言则拜。大舜有[99]大焉，善与人同[100]，舍己从人，乐取于人以为善。自耕稼陶渔以至为帝，无非取于人者；取诸人以为善，是与人为善[101]者也。故君子莫大乎与人为善。"

孟子曰："伯夷非其君不事，非其友不友；不立于恶人之朝，不与恶人言。立于恶人之朝，与恶人言，如以朝衣朝冠[102]坐于涂炭[103]。推恶恶之心[104]，思与乡人立，其冠不正，望望然[105]去之，若将浼[106]焉。是故诸侯虽有善其辞命而至者，不受也。不受也者，是亦不屑[107]就已。柳下惠[108]不羞污君，不卑小官，进不隐贤，必以其道。遗佚[109]而不怨，扼[110]穷而不悯。故曰'尔为尔，我为我，虽袒裼裸裎[111]于我侧，尔焉能浼我哉！'故由由然与之偕而不自失焉，援而止之而止。援而止之而止者，是亦不屑去已。"孟子曰："伯夷隘，柳下惠不恭。隘与不恭，君子不由[112]也。"

【注释】

[93] 矢人：造箭的人。

[94] 函人，造销甲的人。

[95] 巫：巫医。匠：匠人，这里特指做棺材的木匠。

[96] 术：这里指选择谋生之术，也就是选择职业。

[97] 御：阻挡。

[98] 由：同"犹"，好像。

[99] 有：同"又"。

[100] 善与人同：与人共同做善事。

[101] 与人为善：与：偕同。

[102] 衣朝冠：古人上朝所穿戴的衣冠，比较正式。

[103] 涂炭：泥土和炭灰。

[104] 推恶恶之心：把讨厌邪恶的心思推广开来。

[105] 望望然：羞愧的样子。

[106] 浼：污。

[107] 不屑：不以……为洁。屑，洁。

[108] 柳下惠：即展禽，名获，柳下是他的采邑，惠是谥号，古代著名贤人。

[109] 遗佚：被遗弃，被冷落。

[110] 阨：穷。

[111] 袒、裼、裸、裎：均是露身之意。

[112] 由：用。

孟子·梁惠王上(节选)

【解题】

本篇选自《孟子》。《梁惠王上》系统地阐述了孟子关于王道的理论和具体主张，指出人君只要能善于扩充不忍之心，就可以施行仁政，所为"推恩足以保四海"。人君只有使人民生活有保障，才能得到人民的拥护，推行王道于天下，所谓"保民而王"。反之，如果以武力求霸，结果必定失败。

梁惠王曰："寡人之于国也，尽心焉耳矣。河内[1]凶，则移其民于河东[2]，移其粟于河内。河东凶亦然。察邻国之政，无如寡人之用心者。邻国之民不加少，寡人之民不加多，何也？"

孟子对曰："王好战，请以战喻。填然鼓之，兵[3]刃既接，弃甲曳兵而走。或百步而后止，或五十步而后止。以五十步笑百步，则何如？"

曰："不可！直不百步耳，是亦走也。"

曰："王如知此，则无望民之多于邻国也。不违农时，谷不可胜食也；数罟[4]不入洿池，鱼鳖不可胜食也；斧斤以时入山林，材木不可胜用也。谷与鱼鳖不可胜食，材木不可胜用，是使民养生丧死无憾也。养生丧死无憾，王道之始也。五亩之宅，树之以桑，五十者可以衣帛矣。鸡豚狗彘之畜，无失其时，七十者可以食肉矣。百亩之田，勿夺其时，数口之家可以无饥矣。谨庠序之教[5]，申之以孝悌之义，颁白者不负戴于道路矣。七十者衣帛食肉，黎民不饥不寒，然而不王者，未之有也。狗彘食人食而不知检，途有饿莩而不知发[6]；人死，则曰'非我也，岁也'，是何异于刺人而杀之，曰'非我也，兵也'。王无罪岁，斯天下之民至焉。"

梁惠王曰："寡人愿安承教。"

孟子对曰："杀人以梃[7]与刃，有以异乎？"

曰："无以异也。"

"以刃与政，有以异乎？"

曰："无以异也。"

曰："庖有肥肉，厩有肥马，民有饥色，野有饿莩，此率兽而食人也。兽相食，且人恶之；为民父母行政，不免于率兽而食人，恶在其为民父母也？仲尼曰：'始作俑者[8]，其无后乎！'为其象人而用之也。如之何其使斯民饥而死也？"

梁惠王曰："晋国，天下莫强焉，叟之所知也。及寡人之身，东败于齐，长子死焉[9]；西丧地于秦七百里，南辱于楚。寡人耻之，愿比死者一洒之[10]，如之何则可？"

孟子对曰："地方百里而可以王。王如施仁政于民，省刑罚，薄税敛，深耕易耨，壮者以暇日修其孝悌忠信，入以事其父兄，出以事其长上，可使制梃以挞秦、楚之坚甲利兵矣。彼夺其民时，使不得耕耨，以养其父母；父母冻饿，兄弟妻子离散。彼陷溺其民，王往而征之，夫谁与王敌？故曰：'仁者无敌。'王请勿疑！"

【注释】

[1] 河内：指黄河以北的今河南省沁阳、济源、博爱一带，当时是魏国的领土。

[2] 河东：指黄河以东的今山西省西南部，当时是魏国的领土。

[3] 兵：兵器。

[4] 数罟(cùgǔ)：密网。洿(wū)池：大池。

[5] 庠序：古代地方所设的学校。

[6] 饿莩(piǎo)：饿死的人。发：打开粮仓赈救。

[7] 梃(tǐng)：棍棒。

[8] 俑：古代用以殉葬的木偶或陶偶。在奴隶社会，最初用活人殉葬，由于社会生产力的发展，劳动力渐被重视，后来便改用俑来殉葬。孔子不了解这一情况，误认为先有俑殉，后有人殉，故对俑殉深恶痛绝。

[9] 东败于齐，长子死焉：指公元前 343 年马陵之战，齐威王派田忌、孙膑率军队救韩伐魏，大败魏军于马陵。魏将庞涓自杀，太子申被俘。

[10] 比：全，都。洒：同"洗"。

大学

【解题】

本篇选自《大学》。《大学》是先秦儒家经典《小戴礼记》中的一篇。北宋时期，儒者推崇《大学》，加以刊定讲述。南宋理学家朱熹将《大学》从《礼记》中抽取出来，与《论语》《孟子》《中庸》合编为《四书》，注解讲习，遂确定《大学》的独立地位，成为对儒家思想与中国文化产生深刻影响的经典。《大学》被推尊为经典，与两宋之际儒学复兴的思想大势有密切的关系。由于《大学》所阐发的"三纲领"与"八条目"，为朱明新儒学的修养与实践提供了理想目标与具体方法，为儒家批判融摄佛教与道教提供了重要的思想资源，因此，围绕着《大学》相关问题的讨论，一直是宋明儒学所关注的重点。至近现代，《大学》所内含的儒家"内圣外王"的文化理想与实践路向，又成为儒学现代转型过程中反思和批判的内容，有其现代的思想效应与意义。

第一章

　　大学之道[1]，在明明德[2]，在亲民[3]，在止于至善。知止[4]而后有定，定而后能静，静而后能安，安而后能虑，虑而后能得[5]。物有本末，事有终始。知所先后，则近道矣。

　　古之欲明明德于天下者，先治其国；欲治其国者，先齐其家[6]；欲齐其家者，先修其身[7]；欲修其身者，先正其心；欲正其心者，先诚其意；欲诚其意者，先致其知[8]；致知在格物[9]。

　　物格而后知至，知至而后意诚，意诚而后心正，心正而后身修，身修而后家齐，家齐而后国治，国治而后天下平。

　　自天子以至于庶人[10]，壹是皆以修身为本[11]。其本乱，而末治者否矣[12]。其所厚者薄，而其所薄者厚[13]，未之有也[14]！

第二章

　　《康诰》[15]曰："克明德。"[16]《大甲》[17]曰："顾諟天之明命。"[18]《帝典》[19]曰："克明峻德。"[20]皆自明也。[21]

第三章

　　汤之《盘铭》[22]曰："苟日新，日日新，又日新。"[23]《康诰》曰："作新民。"[24]《诗》曰："周虽旧邦，其命维新。"[25]是故君子无所不用其极。[26]

第四章

　　《诗》云："邦畿千里，惟民所止。"[27]《诗》云："缗蛮黄鸟，止于丘隅[28]。"子曰："于止，知其所止，可以人而不如鸟乎！"《诗》云："穆穆文王，於缉熙敬止[29]！"为人君，止于仁；为人臣，止于敬；为人子，止于孝；为人父，止于慈；与国人交，止于信。

　　《诗》云："瞻彼淇澳，绿竹猗猗。有斐君子，如切如磋，如琢如磨。瑟兮僩兮，赫兮喧兮。有斐君子，终不可谊^[30]兮!"如切如磋者，道学也^[31]；如琢如磨者，自修也；瑟兮僩兮者，恂慄也^[32]；赫兮喧兮者，威仪也；有斐君子，终不可谊兮者，道盛德至善，民之不能忘也。

《诗》云："於戏! 前王不忘^[33]。"君子贤其贤而亲其亲，小人乐其乐而利其利，此以没世不忘也^[34]。

【注释】

[1] 大学之道：大学的宗旨。"大学"一词在古代有两种含义：一是"博学"的意思；二是相对于小学而言的"大人之学"。古人八岁入小学，学习"洒扫应对进退、礼乐射御书数"等文化基础知识和礼节；十五岁入大学，学习伦理、政治、哲学等"穷理正心，修己治人"的学问。所以，后一种含义其实也和前一种含义有相通的地方，同样有"博学"的意思。"道"的本义是道路，引申为规律、原则等，在中国古代哲学、政治学里，也指宇宙万物的本原、个体，一定的政治观或思想体系等，在不同的上下文环境里有不同的意思。

[2] 明明德：前一个"明"作动词，有使动的意味，即"使彰明"，也就是发扬、弘扬的意思。后一个"明"作形容词，明德也就是光明正大的品德。

[3] 亲民：根据后面的"传"文，"亲"应为"新"，即革新、弃旧图新。亲民，也就是新民，使人弃旧图新、去恶从善。

[4] 知止：知道目标所在。

[5] 得：收获。

[6] 齐其家：管理好自己的家庭或家族，使家庭或家族和和美美，蒸蒸日上，兴旺发达。

[7] 修其身：修养自身的品性。

[8] 致其知：使自己获得知识。

[9] 格物：认识、研究万事万物。

[10] 庶人：指平民百姓。

[11] 壹是：都是。本：根本。

[12] 末：相对于本而言，指枝末、枝节。

[13] 厚者薄：该重视的不重视。薄者厚：不该重视的却加以重视。

[14] 未之有也：即未有之也。没有这样的道理[事情、做法等]。

[15] 康诰：《尚书·周书》中的一篇。《尚书》是上古历史文献和追述古代事迹的一些文章的汇编，是"五经"之一，称为"书经"。全书分为《虞书》《夏书》《商书》《周书》四部分。

[16] 克：能够。

[17] 大甲：即《太甲》，《尚书·商书》中的一篇。

[18] 顾：思念。是：此。明命：光明的禀性。

[19] 帝典：即《尧典》，《尚书·虞书》中的一篇。

[20] 克明峻德：《尧典》原句为"克明俊德"。俊：与"峻"相通，意为大、崇高等。

[21] 皆：都，指前面所引的几句话。

[22] 汤：即成汤，商朝的开国君主。盘铭：刻在器皿上用来警戒自己的箴言。这里的器皿是指商汤的洗澡盆。

[23] 苟：如果。新：这里的本义是指洗澡除去身体上的污垢，使身体焕然一新，引申义则是指行精神上的弃旧图新。

[24] 作：振作，激励。新民：即"经"里面说的"亲民"，实应为"新民"。意思是使新、民新，也就是使人弃旧图新，去恶从善。

[25]《诗》曰句：这里的《诗》指《诗经·大雅·文王》。周，周朝。旧邦，旧国。其命，指周朝所禀受的天命。维：语助词，无意义。

[26] 是故君子无所不用其极：所以品德高尚的人无处不追求完善。是故，所以。君子，有时候指贵族，有时指品德高尚的人，根据上下文不同的语言环境而有不同的意思。

[27] 邦畿千里，惟民所止：引自《诗经·商颂·玄鸟》。邦畿，都城及其周围的地区。止，有至、到、停止、居住、栖息等多种含义，随上下文有所区别。在这句里是居住的意思。

[28] 缗蛮黄鸟，止于丘隅：引自《诗经·小雅·绵蛮》。缗蛮，即绵蛮，鸟叫声。隅，角落。止，栖息。

[29]"穆穆"句：引自《诗经·大雅·文玉》。穆穆，仪表美好端庄的样子。於，叹词。缉，继续。熙，光明。止，语助词，无意义。

[30]《诗》云：这几句诗引自《诗经·卫风·淇澳》。淇，指淇水，在今河南北部。澳，水边。斐，文采。瑟兮僴兮，庄重而胸襟开阔的样子。赫兮喧兮，显耀盛大的样子。谊，《诗经》原文作"谖"，遗忘。

[31] 道：说、言的意思。

[32] 恂慄，恐惧，戒惧。

第五章

　　子曰："听讼，吾犹人也，必也使无讼乎！"[35]无情者不得尽其辞[36]。大畏民志[37]，此谓知本。

第六章

　　所谓致知在格物者[38]，言欲致吾之知，在即物而穷其理也[39]。盖人心之灵莫不有知，而天下之物莫不有理，惟于理有未穷[40]，故其知有不尽也。是以《大学》始教，必始学者即凡天下之物，莫不因其已知之理而益穷之[41]，以求至乎其极。至于用力之久，而一旦豁然贯通焉，则众物之表里精粗无不到，而吾心之全体大用无不明矣。此谓物格，此谓知之至也。

第七章

所谓诚其意者[42]：毋[43]自欺也。如恶恶臭[44]，如好好色[45]，此之谓自谦[46]。故君子必慎其独也[47]！小人闲居[48]为不善，无所不至，见君子而后厌然[49]，掩[50]其不善，而著[51]其善。人之视己，如见其肺肝然，则何益矣。此谓诚于中[52]，形于外，故君子必慎其独也。曾子曰："十目所视，十手所指，其严乎！"富润屋[53]，德润身[54]，心广体胖[55]。故君子必诚其意。

第八章

所谓修身在正其心者，身有所忿懥[56]，则不得其正；有所恐惧，则不得其正；有所好乐，则不得其正；有所忧患，则不得其正。心不在焉，视而不见，听而不闻，食而不知其味。此谓修身在正其心。

第九章

所谓齐其家在修其身者，人之其所亲爱而辟焉[57]，之其所贱恶而辟焉，之其所畏敬而辟焉，之其所哀矜[58]而辟焉，之其所敖惰[59]而辟焉。故好而知其恶，恶而知其美者，天下鲜矣！故谚有之曰："人莫知其子之恶，莫知其苗之硕[60]。"此谓身不修不可以齐其家。

【注释】

[33] 於戏！前王不忘：引自《诗经·周颂·烈文》。於戏：叹词。前王：指周文王、

周武王。

　　[34] 此以：因此。没世：去世。

　　[35] "子曰"句：引自《论语·颜渊》。听讼，听诉讼，即审案子。犹人，与别人一样。

　　[36] 无情者不得尽其辞：使隐瞒真实情况的人不能够花言巧语。

　　[37] 民志：民心，人心。

　　[38] 这一章的原文只有"此谓知本。此谓知之至也"两句。朱熹认为，"此谓知本"一句是上一章的衍文，"此谓知之至也"一句前面又缺了一段文字。所以，朱熹根据上下文关系补充了一段文字，这里所选的，就是朱熹补充的文字。

　　[39] 即，接近，接触。穷：穷究，彻底研究。

　　[40] 未穷，未穷尽，未彻底。

　　[41] 益，更加。

　　[42] 其意：使意念真诚。

　　[43] 毋：不要。

　　[44] 恶恶臭：厌恶腐臭的气味。臭，气味，较现代单指臭味的含义宽泛。

　　[45] 好好色：喜爱美丽的女子。好色，美女。

　　[46] 谦：通"慊"，心安理得的样子。

　　[47] 慎其独：在独自一人时也谨慎不苟。

　　[48] 闲居：即独处。

　　[49] 厌然：躲躲闪闪的样子。

　　[50] 掩：遮掩，掩盖。

　　[51] 著：显示。

　　[52] 中：指内心。下面的"外"指外表。

　　[53] 润屋：装饰房屋。

　　[54] 润身，修养自身。

　　[55] 心广体胖：心胸宽广，身体舒泰安康，胖，大，舒但。

　　[56] 身：程颐认为应为"心"。忿懥：愤怒。

　　[57] 之：即"于"，对于。辟：偏颇，偏向。

　　[58] 哀矜：同情，怜悯。

　　[59] 敖，骄傲。惰：怠慢。

　　[60] 硕：大，肥壮。

第十章

　　所谓治国必先齐其家者，其家不可教而能教人者，无之。故君子不出家而成教于国。孝者，所以事君也；悌[61]者，所以事长也；慈[62]者，所以使众也。《康诰》曰："如保赤子。"[63]心诚求之，虽不中[64]，不远矣。未有学养于而后嫁者也。

一家仁，一国兴仁；一家让，一国兴让；一人贪戾，一国作乱。其机[65]如此。此谓一言偾事[66]，一人定国。

尧舜[67]帅[68]天下以仁，而民从之；桀纣[69]帅天下以暴，而民从之。其所令反其所好，而民不从。是故君子有诸[70]己而后求诸人，无诸己而后非诸人。所藏乎身不恕[71]，而能喻[72]诸人者，未之有也。故治国在齐其家。

《诗》云："桃之夭夭，其叶蓁蓁。之子于归，宜其家人。"[73]宜其家人，而后可以教国人。《诗》云："宜兄宜弟"[74]宜兄宜弟，而后可以教国人。《诗》云："其仪不忒，正是四国。"[75]其为父子兄弟足法，而后民法之也。此谓治国在齐其家。

第十一章

所谓平天下在治其国者，上老老[76]而民兴孝；上长长[77]而民兴弟；上恤孤[78]而民不倍[79]。是以君子有絜矩之道也[80]。所恶于上，毋以使下；所恶于下，毋以事上；所恶于前，毋以先后；所恶于后，毋以从前；所恶于右，毋以交于左；所恶于左，毋以交于右。此之谓絜矩之道。

《诗》云："乐只君子，民之父母[81]。"民之所好好之，民之所恶恶之，此之谓民之父母。《诗》云："节彼南山，维石岩岩。赫赫师尹，民具尔瞻。"[83]有国者不可以不慎。辟则为天下僇矣[82]。《诗》云："殷之未丧师，克配上帝。仪监于殷，峻命不易[84]。"道得众则得国，失众则失国。是故君子先慎乎德。有德此[85]有人，有人此有土，有土此有财，有财此有用，德者，本也；财者，末也。外本内末，争民施夺[86]。是故财聚则民散，财散则民聚。是故言悖[87]而出者，亦悖而入；货悖而入者，亦悖而出。

【注释】

[61] 悌：指弟弟应该绝对服从哥哥。

　　[62] 慈：指父母爱子女。

　　[63] 如保赤子：《尚书·周书·康诰》原文作"若保赤子。"这是周成王告诫康叔的话，意思是保护平民百姓如母亲养护婴孩一样。赤子，婴孩。

　　[64] 中，达到目标。

　　[65] 机：本指弩箭上的发动机关，引申指关键。

　　[66] 偾（fèn）：败，坏。

　　[67] 尧舜：传说中父系氏族社会后期部落联盟的两位领袖，即尧帝和舜帝，历来被认为是圣君的代表。

　　[68] 帅：同"率"，率领，统帅。

　　[69] 桀：夏代最后一位君主。纣：即殷纣王，商代最后一位君主。二人历来被认为是暴君的代表。

　　[70] 诸："之于"的合音。

　　[71] 恕：即恕道。孔子说："己所不欲，勿施于人。"意思是说，自己不想做的，也不要让别人去做，这种推己及人，将心比己的品德就是儒学所倡导的恕道。

　　[72] 喻：使别人明白。

　　[73] "桃之夭夭……"：引自《诗经·周南；桃夭》。夭夭，鲜嫩，美丽。蓁蓁，茂盛的样子。之子，这个（之）女子（子）于归，指女子出嫁。

　　[74] "宜兄宜弟"：引自《诗经·小雅·蓼萧》。

　　[75] "其仪不忒……"引自《诗经·曹风·鸤鸠》。仪，仪表，仪容

　　[76] 老老：尊敬老人。前一个"老"字作动词，意思是把老人当作者看待。

　　[77] 长长：尊重长辈。前一个"长"字作动词，意思是把长辈当作长辈看待。

　　[78] 恤：体恤，周济。孤，孤儿，古时候专指幼年丧失父亲的人。

　　[79] 倍：通"背"，背弃。

　　[80] 絜矩之道：儒家伦理思想之一，指一言一行要有示范作用。絜，量度。矩，画直角或方形用的尺子，引申为法度、规则。

　　[81] 乐只君子，民之父母，引自《诗经·小雅·南山有台》。乐，快乐，喜悦。只，语助词。

　　[82] "节彼南山……"：引自《诗经·小雅·节南山》。节，高大。岩岩，险峻的样子。师尹，太师尹氏，太师是周代的三公之一。尔，你。瞻，瞻仰，仰望。

　　[83] 僇：通"戮"，杀戮。

　　[84] "殷之未丧师……"：引自《诗经·大雅·文王》。师，民众。配，符合。仪，宜。监，鉴戒。峻，大。不易，指不容易保有。

　　[85] 此：乃，才。

　　[86] 争民施夺：争民，与民争利。施夺，施行劫夺。

　　[87] 悖：逆。

《康诰》曰："惟命不于常。"道善则得之，不善则失之矣。《楚书》曰："楚国无以为宝，惟善以为宝[88]。"舅犯曰，"亡人无以为宝，仁亲以为宝[89]。"《泰誓》[90]曰："若有一个臣，断断[91]兮无他技，其心休休[92]焉，其如有容[93]焉。人之有技，若己有之。人之彦圣[94]，其心好之，不啻[95]若自其口出，实能容之。以能保我子孙黎民，尚亦有利哉！人之有技，媢疾[96]以恶之；人之彦圣，而违[97]之俾[98]不通，实不能容。以不能保我子孙黎民，亦曰殆哉！"唯仁人放流之[99]，迸诸四夷[100]，不与同中国[101]。此谓唯仁人为能爱人，能恶人。见贤而不能举，举而不能先，命也[102]。见不善而不能退，退而不能远，过也。好人之所恶，恶人之所好，是谓拂[103]人之性，灾必逮夫身[104]。

是故君子有大道：必忠信以得之，骄泰[105]以失之。生财有大道：生之者众，食之者寡，为之者疾，用之者舒，则财恒足矣。仁者以财发身[106]，不仁者以身发财。未有上好仁而下不好义者也，未有好义其事不终者也，未有府库[107]财非其财者也。孟献子[108]曰："畜马乘[109]不察[110]于鸡豚，伐冰之家[111]，不畜牛羊；百乘之家[112]，不畜聚敛之臣[113]。与其有聚敛之臣，宁有盗臣。"此谓国不以利为利，以义为利也。长[114]国家而务财用者，必自小人矣。彼为善之，小人之使为国家，灾害并至。虽有善者，亦无如之何[115]矣！此谓国不以利为利，以义为利也。

【注释】

[88] "《楚书》"句：《楚书》，楚昭王时史书。楚昭王派王孙圉出使晋国。晋国赵简子问楚国珍宝美玉现在怎么样了。王孙圉答道：楚国从来没有把美玉当作珍宝，只是把善人如观射父（人名）这样的大臣看作珍宝。事见《国语·楚语》。汉代刘向的《新序》中也有类似的记载。

[89] "舅犯"句：舅犯，晋文公重耳的舅舅狐偃，字子犯。亡人，流亡的人，指重耳。晋僖公四年十二月，晋献公因受骊姬的谗言，逼迫太子申生自缢而死。重耳避难逃亡在外在狄国时，晋献公逝世。秦穆公派人劝重耳归国掌政。重耳将此事告子犯，子犯以为不可，对重耳说了这几句话。事见《礼记·檀弓下》。

[90] 《泰誓》：《尚书·周书》中的一篇。

[91] 断断：真诚的样子。

[92] 休休：宽宏大量。

[93] 有容：能够容人。

[94] 彦圣：指德才兼备。彦，美。圣，明。

[95] 不啻：不但。

[96] 娼疾：妒忌。

[97] 违，阻抑。

[98] 俾：使。

[99] 放流：流放。

[100] 进，即"屏"，驱逐。四夷，四方之夷。夷指古代东方的部族。

[101] 中国，全国中心地区。与现代意义的"中国"一词意义不一样。

[102] 命：东汉郑玄认为应该是"慢"字之误。慢即轻慢。

[103] 拂：逆，违背。

[104] 逮：及、到。夫：助词。

[105] 骄泰：骄横放纵。

[106] 发身：修身。发，发达，发起。

[107] 府库：国家收藏财物的地方。

[108] 孟献子：鲁国大夫，姓仲孙名蔑。

[109] 畜，养。乘：指用四匹马拉的车。畜马乘是士人初作大夫官的待遇。

[110] 察，关注。

[111] 伐冰之家：指丧祭时能用冰保存遗体的人家。是卿大夫类大官的待遇。

[112] 百乘之家，拥有一百辆车的人家，指有封地的诸侯王。

[113] 聚敛之臣：搜刮钱财的家臣。聚，聚集。敛，征收。

[114] 长国家：成为国家之长，指君王。

[115] 无如之何：没有办法。

思考与讨论

1. 孔子的思想主要包含哪些内容？
2. 试述孟子性善论思想内涵。
3. 论荀子政治思想的现代意义。

拓展阅读书目

1. 杨伯峻译注：《论语译注》，北京，中华书局，2007。
2. 焦循：《孟子正义》，北京，中华书局，1987。
3. 杨倞注：《荀子》，上海，上海古籍出版社，2010。

4.《十三经注疏·礼记正义》，北京，中华书局影印本，2003。

5. 姜林祥主编：《中国儒学史》（七卷本），广州，广东教育出版社，1998。

6. 庞朴主编：《中国儒学》，北京，东方出版中心，1997。

7. 钱逊：《先秦儒学》，沈阳，辽宁教育出版社，1995。

8. 王修智：《齐鲁文化与山东人》，济南，山东人民出版社，2008。

第二章　道　家

在我国传统文化中，道家的贡献与儒家是同等重要的。道家思想在理论上的深厚度与辩证性，为中国哲学思想中所有其他传统都提供了创造力的泉源。至于在中国书法、绘画、文学等各方面的影响，道家文化则占据了绝对性的优势主导地位，即便说中国艺术的表现即为道家艺术的表现亦不为过。同时，道家哲学为政治活动也提供了广阔的空间，使得中国的知识分子不会因为有太强的儒家本位政治理想而执着于官场追逐，而是能够更加轻松地理解进退之道，运用出入的智慧。进则以儒家积极入世的态度及强烈的社会责任感为鞭策，退则以佛、老、庄、禅思想求身处逆境之时的精神解脱，这几乎是几千年来传统读书人的理想人格。

道家哲学直接从天道运行的原理侧面切入，开展以自然义、中性义为主的"道"的哲学。天道运行有其自然而然的原理，道的哲学根本即在解析此一原理。通过对客观世界运行秩序无定限、无执着的认识，道家哲学发展出迥然不同于儒家的社会哲学。社会只是一方存在的客体，在其中生存的人们，应该有其独立自存的自由性，而不受任何意识形态的束缚。道家哲学并不否定儒家的社会理想，但对于社会责任的态度并不先存立场，而能有更尊重人类自主性的态度与存在定位。

道家重视人性的自由与解放。一方面是人的知识能力的解放；另一方面是人的生活心境的解放。针对前者，道家提出了"为学日益、为道日损"，"此亦一是非，彼亦一是非"的认识原理；而针对后者，道家则提出了"谦"、"弱"、"柔"、"心斋"、"坐忘"、"化蝶"等理念来面对世界。道家的社会哲学不是进取的、积极的，因为社会只是天道的过程，而并不是目的本身。道家认为儒家的社会理想是合理的，但也不是绝对的，因此基本上并不需要提出一套决定性的社会理想，因为天道变化，本身并无所谓绝对的是非善恶之性能，因而道家强调的更多的是在社会中生存的智慧原理，而且这种智慧必须是在任何社会之中都行之有效的生存之道。也正是因为道家的社会哲学不以自我发展为主，而强调应对的智慧，因此利于人们休养生息的需求，故而让汉初的黄老之治有了实践的理论基础。同时也使得千百年来的中国士大夫在失意于儒家本位的官场文化之后，也能有一个广大的心性世界以顺遂人生。

第一节 道家简介

一、道家的得名及流派发展简况

道家是指以老子关于"道"的学说为中心的学派。道家之称始于司马谈《论六家要旨》中的"道德家"之说；班固《汉书·艺文志》始称"道家"，并将其与儒、法、阴阳等并列为诸子中"可观"的九家。《汉书·艺文志》云：

> 道家者流，盖出于史官，历记成败、存亡、祸福、古今之道，然后知秉要执本，清虚自守，卑弱以自持，此人君南面之术也。

这是道家的渊源。道家的实际创始人是老子，老子在其《道德经》中首次提出了"道"的概念；庄子则进一步发展了老子关于"道"的学说，逐渐形成了对中国政治、思想、科技与艺术等产生重大影响的道家学派。后黄老学派假托黄帝的名义，引进法家学说，改造老子的道家思想，并兼采阴阳、儒、墨等诸家观点，形成自己的黄老之学。西汉初年百废俱兴，黄老学说的无为而治、休养生息等核心思想颇符合当时的政治需要，尤为统治者推崇。至汉武帝时，董仲舒建议罢黜百家、独尊儒术，黄老之学渐衰。道家流入民间之后，对东汉末年的农民起义，以及道教的形成，亦产生重要影响。魏晋时期，王弼、郭象等人又以老庄哲理诠释儒家名教，论证名教的合理性，提出"名教出于自然"、"名教即自然"等命题，形成了魏晋玄学。佛教传入中国之后，一些学者又以道家学说去解释佛典。千百年来，道家学说一直以其深刻的哲理，成为中国传统文化的重要组成部分。虽然提到道家总是老、庄并论，但实际上老子、庄子的思想并不完全相同，因此下面将分别加以介绍。道家的代表人物除老子、庄子之外，尚有列子、王弼、郭象等，道家的代表著作则有《道德经》《庄子》等。

二、老子的主要思想

作为道家学派的创始人,老子主要围绕"道"这一中心命题做了详细论述。他的主要思想可以从以下三个方面来理解。

1. 作为哲学最高范畴的"道"

老子首次将"道"奉为哲学之最高范畴。道者,路也,本义指人所走过的道路,含四通八达之意,后被引申为"方法"、"途径",并开始具规律性、普遍性之意。"天道"一词,在春秋时期已指天象运行的规律,有时也含有人生吉凶祸福的规律之意。老子吸取了道与天道的一般含义,把它概括为事物存在和变化的最普遍的原则。总结起来,老子的"道"具有以下五个特点:

其一,"道"是最原始、永恒运动着的物质实体。"有物混成,先天地生。寂兮廖兮,独立而不改,周行而不殆,可以为天地母,吾不知其名,字之曰道,强名之为大。"(《道德经》第二十五章)也就是说有这样一个浑然一体的东西,它先于天地产生,听不见、看不见,不靠外力而存在,永远循环往复地运行着。可以作为天地万物的根源,我不知道应当叫它什么好,就叫作"道"吧,勉强起个名字,就叫作"大"。此即老子论道之纲领。

其二,老子认为,"道"为世界万物之本源,"道者,万物之奥,善人之宝,不善人之所保。""万物之奥"即万物存在之根据。"道"对万物起着主宰作用,是万物之母。"道"派生万物的过程是"道生一,一生二,二生三,三生万物。万物负阴而抱阳,冲气以为和。"(第四十二章)"道"即"一",是阴阳未分的混沌状态;"二"则指阴阳两气;"三"为阴阳两气相交会合而形成的新的和谐物。这是一种"精气论"的朴素唯物主义。老子反对上帝创造世界,反对世界的形成起于外因,他对于世界起源的看法比起上帝创世说显然更为进步。

其三,"道"不同于任何具体事物的性质,因而老子称其为"无名","道常无名,朴虽小,天下莫能臣也。"(第三十二章)又谓"其上不皦,其下不昧。绳绳不可名,复归于无物;是谓无状之状,无物之象,是谓惚恍。"(第十四章)一切具体东西,光线照射到的上部就明亮一些(皦),光线照不到的下面就黑暗一些(昧)。可是"道"之为物,无所谓上面下面,所以也就不能说它上面明亮,下面黑暗。它是没有形状的状态,没有形体的形象。它的形象不固定,所以才叫"惚恍"。由于它不同于一般物体的形象,所以又叫作"大象","大象无形"(第四十一章)即指此意。

其四，"道"不是肉眼或身体直接所能感触得到的。道"视之不见名曰'夷'，听之不闻名曰'希'，搏之不得名曰'微'。此三者不可致诘，故混而为一"（第十四章）。看不见，听不到，摸不着，但三者指的是同一种东西，而且这种东西又确确实实存在于世间。

其五，"道"既是物质，同时又是物质运动的规律，如"天之道"、"人之道"（第七十七章），"谓之不道"（第五十五章）等皆指规律而言。

2."道"的活动原则："无为"

以上我们认识了老子所提出的"道"的含义，那么"道"是依据什么原则来活动呢？老子提出了其自然原则，即"无为"，"道常无为，而无不为"。又谓"域中有四大，而人居其一焉。人法地，地法天，天法道，道法自然"（第二十五章）。就是说："道"是总根源，"自然"是总的法则。这里的"自然"并不是指客观自然界，而是指一种不加强制力量而顺应其本然的状态。老子认为，"道"在万物成长发育后，再也不向万物施加人为的力量："生而不为，为而不恃，长而不宰。是谓玄德。"（第五十一章）"道"生养万物却不据为己有，推动万物却不自恃己能，长养万物却不为主宰。这就是老子的"无为"，也是最深厚的"德"。

"自然无为"被后人作为道家学说的宗旨来看待。就客观世界的存在和发展而言，自然原则是正确的。应用于社会政治方面，"无为"的原则也有其积极意义。不过，老子的"无为"并非什么事都不做，而是指"不妄为"，凡事要"顺天之时，随地之性，因人之心"，而不要违反"天时、地性、人心"，凭主观愿望和想象行事。"无为"其实就是要限制统治者的贪欲。老子说："民之饥，以其上食税之多，是以饥；民之难治，以其上之有为，是以难治。"（第七十五章）是说统治者的妄为（沉重的赋税）才造成民众难以统治的后果。又说："道无为而无不为。侯王若能守之，万物将自化。化而欲作，吾将镇之以无名之朴。镇之以无名之朴，夫将不欲。不欲以静，天下将自正。"（第三十七章）侯王们如能守住"无为"，万物就会自生自长，社会也会趋于安定。"无为"就是顺任自然，"无不为"则是"无为"产生的效果，是说没有一件事是做不成的。老子所要揭示的是，理想的政治在于"无为而自化"，"静、朴、不欲"都是"无为"的内涵，一个社会的统治者能以清静、真朴、不起贪念作为自身的行为准则，天下必定会安宁。"无为而无不为"是老子的一种政治理想。

3. 充满智慧色彩的辩证法

老子的言论中还充满了智者的哲思，其中的辩证法思想更是闪烁着智慧的光芒。老子比较系统地解释出事物的存在是相互依存，而不是孤立的。美丑、难易、长短、高下、前后、有无、损益、刚柔、强弱、祸福、荣辱、智愚、巧拙、大小、生死、胜败、攻守、进退、静噪、轻重等，都是对立的统一。老子的朴素辩证法中有以下两个最基本的命题。

（1）"反者，道之动。"

老子在对当时的自然现象和社会现象进行了深入观察和深刻总结之后，提出事物总是向着自己相反的方向变化这一规律，这就是"反者，道之动"。"有无相生，难易相成，长短相形，高下相倾，声音相和，前后相随，恒也。"（第二章）"金玉满堂，莫之能守；富贵而骄，自遗其咎。"（第九章）"正复为奇，善复为妖"，"祸兮福之所倚，福兮祸之所伏。"（第五十八章）都体现了老子朴素的辩证法思想。老子观察问题并不停留于表面，而是深入到事物的本质。老子觉得，既然任何事物发展到它的某种极限程度之时，都会改变原有的状况，转化成它的对立面，观察事物就不能仅看它的正面，也要看它的反面。也正是因为如此，老子得出了自己的处世原则，就是接下来要讲到的"弱者，道之用。"

（2）"弱者，道之用。"

老子通过观察自然现象，发现植物的幼苗虽然柔弱，却能够从柔弱中生长壮大；相反，等到壮大了反而接近死亡。所以，老子说："草木之生也柔脆，其死也枯槁。"（第七十六章）又将这一现象推广至世间万物："物壮则老，是谓不道，不道早已。"（第三十章）就是说事物强大了，反而会引起衰老，有意造成事物的强大，是违反道的原则的，因为这会促进它早日结束生命。从这个规律出发，老子认为万物最好经常处于柔弱的地位，才可以避免走向死亡。他说："强梁者不得其死"（第四十二章），"兵强则灭，木强则折"（第七十六章），"柔弱胜刚强"（七十八章）。因此老子主张"曲则全，枉则直，洼则盈，敝则新，少则得，多则惑。"（第二十二章）委曲反能保全，屈枉反能伸直，低洼能够充盈，敝旧却能生新，少取却能多得，贪多反而迷惑。又说："天下莫柔弱于水，而攻坚强者莫之能胜。"（第七十八章）老子认为人应该学习水的柔弱品格，水虽然看起来是最柔弱的东西，但却可以冲决一切比它坚硬的东西，所以老子说："上善若水，水善利万物而不争。"（第八章）正是由于水的"不争"，"故天下莫能与之争"（第六十六章）。"知其雄，守其雌"；"知其荣，守其辱"，"知其白，守其黑"等等，这是老子贵柔守雌原则在生活方面的具体运用。

老子的贵柔守雌态度具有以柔胜刚、以退为进的特点，但同时也具有缺乏斗争、进取精神的消极因素。究其原因，在于老子脱离了条件去看待柔弱战胜刚强的原理，把柔弱、刚强抽象化、绝对化。事实表明，只有新生事物才能由弱变强；垂死事物的柔弱并不能转化为强大。老子显然忽略了这一点，把强弱、胜败看作循环往复的无尽过程，这就带上了循环论的色彩。

三、庄子的主要思想

庄子在哲学上继承发扬了老子的思想，形成了自己独特的哲学思想体系和独特的学风文风。他提出"道"是客观真实的存在，把"道"视为宇宙万物的本源，讲天道自然无为。在政治上主张无为而治，在人类生存方式上主张返璞归真。他把提倡仁义和是非看作是加在人身上的刑罚，对当时统治者的"仁义"和"法治"进行抨击，他对世俗社会的礼、法、权、势进行了尖锐的批判，提出了"圣人不死，大盗不止"，"窃钩者诛，窃国者诸侯"的精辟见解。在人类生存方式上，他崇尚自然，提倡"天地与我并生，万物与我为一"的精神境界，并且认为，人生的最高境界是逍遥自得，是绝对的精神自由，而不是物质享受与虚伪的名誉。庄子这些思想和主张，对后世影响深远，是人类思想史上一笔宝贵的精神财富。

1. 对"道"的理解

庄子对"道"的看法与老子一脉相承，庄子也认为"道"是世界万物的本源，是世界的最高原理。庄子对于"道"的讨论集中于《大宗师》中，他说：

> 夫道有情有信，无为无形；可传而不可受，可得而不可见；自本自根，未有天地，自古以固存；神鬼神帝，生天生地；在太极之先而不为高，在六极之下而不为深，先天地生而不为久，长于上古而不为老。

（《庄子·大宗师》）

就是说，"道"是一种确确实实的存在，它无所作为、了无痕迹，可以心传而不可口授，可以领会但无法看见。"道"是"自本自根"，在天地产生之前已经存在，鬼神、上帝、天地等皆由"道"产生。不过，庄子对"道"的理解与老子也有不同。《老子》第二十五章讲到"有物混成，先天地生"。"生"的甲骨文字形上面是初生的草木，下面是地面或土壤，本义是草木从土里生长出来。《说文解字》中说："生，进也。象草木生出土上。"可见，老子之"道"虽在天地之先，产生天地万物，但同天地万物一样具有从无至有的"生"的过程。既然有生，就有未生之时，在"道"之先就仍有更根本的存在产生"道"，作为"道"的本根。《老子》第四章讲："吾不知谁之子，象帝之先。"似乎老子也意识到他的理论有可能带来对"道"之先的存在的追问，但他以"不知"回避了对这一问题的解释。庄子显然意识到了老子"道"论中存在的问题，因此他明确提出"道"自己为自己的本根，"道"之外没有"道"的依据；道"自古以固存"，没有由"无"至"有"而产生的过程。在《大宗师》中还有"杀生者不死，生生者不生"的说法。"杀生者"与"生生者"都是指"道"。它能使有生命的存在死亡，而自己却不死；它产生生命而自身不生。这明显是针对"道"有"生"的观点而做出的反驳。但庄子在接下来的表述中仍说"先天地生而不为久"。此处的表述是强调"道"的超越性。

庄子的主要思想是"天道无为"，认为一切事物都在变化，"道"是"先天生地"的，从"道未始有封"。庄子主要认为自然的比人为的要好，因此提倡无用，认为大无用就是有用。就像一棵难看的树被认为无用，有一个木匠要找一棵树作房梁，但这棵树太弯了，没法做房梁；第二个木匠找树做磨的握柄，要弯的，但这棵树太难看了，又没办法；第三个木匠要做车轱辘，但这棵树长得不行，从某方面讲是无用的。但从庄子的角度看，无用就是有用，大无用就是大有作为，所以庄子提倡无用精神（即"道"是无界限差别的），属主观唯心主义的体系。

2. 齐物

"齐物"是庄子的一种重要哲学思想，齐者，等也。"齐物"的宗旨就是否定客观事物之间的差异。因为差异不存在了，所以对宇宙间的一切事物，如生死寿夭，是非得失，物我有无，都应当同等看待。这一思想集中反映在庄子的《齐物论》中。具体而言，庄子的齐物理论又可细分为齐万物、齐是非、齐生死三个方面。

（1）齐万物

庄子认为万物之间没有差别，他说："以差观之，因其所大而大之，则万物莫不大；因其所小而小之，则万物莫不小。知天地之为稊米，知毫末之为丘山也，则差数睹矣。"（《庄子·秋水》）也就是说，每个东西都比比它小的东西大，同时又比比它大的东西小，所以一切东西既是大的，也是小的。大与小并不取决于客观事物本身的规定性，而是取决于主体的观察角度。万物只要尽其自然的本性，各施其能，就不必区别大小。这种"小大之辨"在《庄子·逍遥游》中还有着更加具体的表现。"万物一齐"（《庄子·秋水》）的观点否定了事物之间存在绝对的区分标准，否定了相对性中所包含的绝对性，因此带有相对主义的缺陷。但是，庄子心中的时空观念比常人要远大广阔得多，他看到了人的认识在任何时候都不免带有局限性、片面性的事实，这对中国哲学史上的认识论是具有促进意义的。

（2）齐是非

庄子认为不仅事物之间没有差别，是非的标准也无法客观判定。因为每一个认识主体都有自己的标准，所以真正的客观标准并不存在。"物无非彼，物无非是，自彼则不见，自知则知之，故曰：彼出于是，是亦因彼……是亦彼也，彼亦是也。彼亦一是非，此亦一是非。"（《庄子·齐物论》）事物都存在肯定和否定的方面，从肯定的方面看是"是"，从否定的方面看就是"非"。肯定的方面和否定的方面互相依存，而肯定和否定方面的内部又可以继续划分是非，而这一级的是非还可以无限划分下去，这就造成了"是亦一无穷，非亦一无穷"的结果。这种无穷，就是恶的循环。因此，是非之争是无法追根究底，也没有意义的。

庄子认为是非之间没有绝对的差别，是非之争也没有意义，具体可从以下三个方面来理解：

其一，是非的依据首先就是不合理的。春秋战国是一个百家争鸣、是非扰攘的时期，而诸子百家是其所是，非其所非，其依据并非来自对客观事物的观察、思考，而是个人的成见和偏爱。庄子曾针对儒墨之争有过这样的论述："故有儒墨之是非，以是其所非，而非其所是，欲是其所非，而非其所是，则莫若以明。"（《庄子·齐物论》）是说儒、墨两家各自站在自己的立场，肯定对方要否定的，否定对方要肯定的，判断的依据首先就不合理，所以无所谓谁是谁非。

其二，真正的是非评价标准无法确立。《齐物论》中有这样的论述："民湿寝则腰疾偏死，鳅然乎哉？木处则惴慄恂惧，猨猴然乎哉？三者孰知正处？民食刍豢，麋鹿食荐，蝍蛆甘带，鸱鸦耆鼠，四者孰知正味？猨猵狙以为雌，麋与鹿交，鳅与鱼游。毛嫱丽姬，人之所美也，鱼见之深入，鸟见之高飞，麋鹿见之决骤。四者孰知天下之正色哉？自我观之，仁义之端，是非之涂，樊然淆乱，吾恶能知其辩！"什么才是"正处、正色、正味"，什么又不是，这些与人的生存相关的基本是非尚且无法确定，何况其他？

其三，是非的实现方式不合理。诸子百家的是非被认可，在当时主要是通过辩论实现。然而庄子并不认为辩论当中胜者的观点就正确，败者的观点就错误。他说："既使我与若辩矣，若胜我，我不若胜，若果是也？我果非也邪？我胜若，若不吾胜，我果是也，而果非也邪？其或是也，其或非也邪？其俱是也，其俱非也邪？……"（《齐物论》）

（3）齐生死

庄子认为生与死之间并没有什么界限，因此应该以超脱的态度对待生死。所谓"万物一府，死生同状"（《天地》），反映的就是这种齐生死的态度。支撑庄子这种特殊生死观的是他的自然原则——和气一元论。庄子认为，生死作为一种生命现象，是人自己不能决定的，所谓"生之来不能却，其去不能止"（《达生》）。生死就好像白昼和黑夜的交替一样，是一件极其自然的事情。《庄子·知北游》中说："生也者死之徒，死也者生之始，孰知其纪！人之生也，气之聚也；聚则为生，散则为死。若死生为徒，吾又何患！故万物一也，是其所美者为神奇，其所恶者为臭腐；臭腐复化为神奇，神奇复化为臭腐。故曰：'通天下一气耳。'圣人故贵一。"宇宙间的生死就如同昼夜循环不已的气的聚散，生是气的聚合，死是气的离散。

总的来说，庄子对生死的看法有如下几层含义：其一，生死不可分割，有生即有死，有死则有生，二者首尾相连，互相依存，构成生命的完整过程；其二，生死相互转化，构成一个"始卒若环"的无限循环过程，生是死的延续，死是生的开始，生死相续，变化转移，无有终期；其三，生死具有相同的物质基础——气，又有相同的终极根源——道。相对于"道"或"气"来说，生死只有形态上的差异，没有本质的区别。正是在这样的认识基础上，庄子提出了对待生死的理想态度，即超越生死，进入"不生不死"之境。当然，要达到超越生死的境界，需要经过特别的修炼，为此庄子也提出了具体的修炼途径："吾犹告而守之，参日而后能外天下；已外天下矣，吾又守之，七日而后能外物；已外物矣，吾又守之，九日而后能外生；已外生矣，而后能朝彻；朝彻，而后能见独；见独，而后能无古今；无古今，而后能入于不死不生。"（《大宗师》）此过程的三个基本环节——"外天下"（遗忘世故）、"外物"（不被物役）、"外生"（无虑于生死）之中，实际又以"外生"为核心，只有"外生"才能使人获得清明洞彻的心境（"朝彻"），进而体悟绝对无待的"道"（"见独"），而只有"见独"，才能消解时间意识（"无古今"），去除生死观念（"入于不死不生"）。由此可见，庄子对待生死问题的解答是以对"道"的体认为前提，而这种对道的体认恰恰又是通过对生死问题的达观透视来完成。

3. 逍遥游：对精神自由的追求

庄子所追求的"逍遥游"指的是超脱物质条件的束缚，获得精神上的绝对自由。这里的"游"不局限于交游、游玩之意，更强调的是精神不受任何限制的自由之意。在《逍遥游》一文中，庄子列举了人、大鹏以及列子的"游"来说明这个道理。大鹏飞翔，要靠大风和长翼的帮助；行千里的人，要带足三个月的干粮上路。列子虽能够轻巧地乘风飞行，并能持续半月之久，但他仍要凭借风的帮助。也就是说，这些所谓的自由都是有条件的，实际都算不得真正的自由。真正的自由是"乘天地之正而御六气之变，以游无穷者"，如果能够顺着自然的规律，把握六气的变化，以游于无穷的境域，还有什么需要依靠的呢？

庄子认为一般人之所以不自由，是因为"有待"，而"有待"又是因为"有己"，生死寿夭、富贵贫贱、得失毁誉等就是他们所"待"的内容。而实际上人只有做到"无己"才能"无待"，才能获得真正的自由。庄子说："至人无己，神人无功，圣人无名"（《逍遥游》），"至人"、"神人"、"圣人"都是庄子理想的人格，他们感觉不到自己的存在，达到了"无己"的状态，自然也就不会积极地有所建树，也可以不顾别人对自己的毁誉（无名），因而精神上是自由的。庄子在《大宗师》中还提到所谓"真人"，"其寝不梦，其觉无忧，其食不甘，其息深深。真人之息以踵，众人之息以喉"。不仅如此，"真人"还"不知说（悦）生，不知恶死。其出不䜣，其入不距，翛然而往，翛然而来而已矣。"显然，"真人"不仅生活与众不同，更重要的是他对待生活的态度和一般人不同，他对待生，说不上特别高兴；对待死，也谈不上特别不喜欢；自然地生下来，又自然地死去。这正是庄子的虚构世界中出现的理想人格。

既然"无待"、"无己"才能让自己更加自由，那么要怎样修炼才能达到这种程度呢？庄子提出了"坐忘"的原则。《大宗师》里说："堕肢体，黜聪明，离形去知，同于大通，此谓坐忘。""坐忘"就是彻底地、无目的地"忘"，做到了"坐忘"，也就可以达到与天地万物浑然一体的、自由的精神境界。

四、老庄的消极影响

如果从人生哲学的层面来看，老子"无为"思想是存在一定消极影响的。因为"无为"是天道的最高原则，人要向天道学习，因此也就只能无为。而这样一来，人在自然规律面前就显得无能为力。任继愈先生认为，这种思想的产生是由于当时人类的科学知识还处在萌芽状态，没有控制自然的能力，所以老子只能提出认识自然规律，服从自然规律，而不能进一步根据规律提出改造自然的主张，是当时科学水平的局限。这些局限，使得老子的"无为"思想在贡献之中也包含其消极的因素，导致了宿命论的倾向。

老子的"无为"思想到了庄子以后，更有所滋长，因为庄子只讲自然无为，而完全忽略，甚至排斥人的主观能动性。战国末期的荀子，吸取老子天道自然中的合理部分，在承认自然规律的前提下主张利用自然规律为人类造福。其"制天命而用之"的自然观则是老子哲学思想的发展和提高。庄子的"齐物论"虽然看到了人们在任何时候认识都不免带有局限性、片面性的事实，但却陷入了虚无主义、不可知论的泥潭。另外，《逍遥游》中提到的那种绝对自由（无条件的精神自由）在现实生活中无法实现，而庄子在《大宗师》中提出的精神解脱法"坐忘"，实际也是一种逃避。庄子试图用取消一切、回避一切的态度来对待认识、对待现实世界，都是一种消极的生活态度。

五、道家与道教

提到道教，我们总是习惯将其与道家联系起来，实际上道家和道教是两个差别甚大的概念。简单来说，前者是一种哲学学派，后者则是一种宗教信仰。道家是指由老子、庄子开创的哲学思想流派，是春秋战国诸子百家中非常重要的一家。道家的核心思想是"道"，认为"道"是宇宙的本源，也是统治宇宙中一切运动的法则。道教则是在中国古代道家思想理论的基础上吸收神仙方术、民间鬼神崇拜观念和巫术活动而形成的一种本土宗教。它主张清静无为，长生不老，得道成仙。道教作为一种宗教形式，萌发于周秦后期，完善于魏晋南北朝，兴盛于唐宋两代而衰落于明清之际，时至今日已有近两千年历史。

1. 道教之得名及其与道家的关系

道教的名称来源，一则起于《易经》，二则起于《老子》的道论，首见于《老子想尔注》。道教奉老子为教主，因为道家哲学思想的最早起源可追溯到老庄。不过，道家所讲的道学不是宗教，也不主张立教。《老子》是道家思想的源流之一，被后世的张道陵等人奉为"经书"，但实际它并不是"太上老君"为布道而写的经书。一般学术界认为，道教的第一部正式经典是《太平经》，完成于东汉，因此将东汉时期视作道教的初创时期。道教正式有道教实体活动是在东汉末年太平道和五斗米道的出现，而《太平经》《周易参同契》《老子想尔注》三书是道教信仰和理论形成的标志。近年来，道家的"天人合一"的思想、宇宙观日益受到重视，并引起了西方世界的兴趣，也使得道教获得更多关注。道教教义中虽有道学成分，但远远不足以代表道学精神，远远不足以传达老庄思想，二者不可混同。

道教以"道"名教，或言老庄学说，或言内外修炼，或言符箓方术，认为天地万物都由"道"而派生，即所谓"道生一，一生二，二生三，三生万物"，社会人生都应法"道"而行，最后回归自然。具体而言，是从"天"、"地"、"人"、"鬼"四个方面展开教义系统的。天，既指现实的宇宙，又指神仙所居之所。天界号称有三十六天，天堂有天门，内有琼楼玉宇，居有天神、天尊、天帝，骑有天马，饮有天河，侍奉有天兵、天将、天女。其奉行者为天道。地，既指现实的地球和万物，又指鬼魂受难的地狱。其运行受之于地道。人，既指总称之人类，也指局限之个人。人之一言一行当奉行人道、人德。鬼，指人之所归。人能修善德，即可阴中超脱，脱离苦海，姓氏不录于鬼关，是名鬼仙。神仙，也是道教教义思想的偶像体现。道教是一种多神教，沿袭了中国古代对于日月、星辰、河海山岳以及祖先亡灵都奉祖的信仰习惯，形成了一个包括天神、地祇和人鬼的复杂的神灵系统。道教提倡无极、元极、太极，中庸即为'道'的教理，即中庸之道。

2. 道教的神仙谱系

道教的神与仙也同道教的思想、组织、人物和方术一样，体现出"杂而多端"的特点。道教诸神总的来看是从中国远古宗教的天神、地祇、人鬼三大系统演变而来。道教的造神活动，自东汉初创时起，至宋代形成较为完整定型的诸神谱系，前后历经千年。东汉道教初创时，主要奉祀黄老。太平道崇奉中黄太一，五斗米道奉太上大道为最高神，以老子为大道垂世立教的化身。魏晋南北朝时期，道教各派因世传不同，所奉神灵亦有同有异。天师道仍崇奉老子为众神之主。南方的灵宝、上清两派，则创造了原始天尊为最高神，并奉太上大道君、太上老君及众多天帝神灵。梁朝道士陶弘景撰《真灵

道教三清

位业图》，收罗道教所奉神仙 700 人，并依次排为七个阶层，初步形成了以元始天尊为首的道教"三清尊神"的雏形。隋唐五代，道教奉"三清"为最高尊神的神灵崇拜体系基本确立。不过，由于唐代皇室为神化李姓皇族而标榜老子为同姓始祖，自称是其后裔，所以唐代老子在道教诸神中的地位特别显赫，部分道观中曾以老子为主神。宋元是道教神仙体系最后形成的时期，当时新出的各道派创造了不少新神，许多原为民间奉祀的俗神被拉入道教。而且宋元两朝还不断对道教神仙加封尊号，许多前代著名的道士也被加封为"真人"、"真君"，使之神化、仙化为崇拜偶像，这就使得道教神系更显庞杂。明清以来道教所奉的诸神，基本上秉承宋代的神系。

对于道教庞杂的神系，目前学者们大致将之分为三大系统，即道教尊神、道教神仙和道教俗神。道教尊神指天地未分之前就已存在的"三清"、"四御"等天尊上帝，是道教最崇拜的尊神。道教神仙指天地开辟之后世上修道成仙的神仙真人，多为历史上著名的方士或道教宗师。道教俗神则指原为普通民众所奉祀的鬼神，有些是保佑某一地方或某一行业的神灵。

3. 道教对中国古代文化的影响

道教作为一种土生土长的宗教，始终与社会文化的其他方面有着或多或少的联系。其中关系较为密切的，首先当推哲学思想。在中国传统哲学和伦理学中都不难发现道教的痕迹。老子在《道德经》中提出的"道生一，一生二，二生三，三生万物"的宇宙生成说，被道教继承并加以渲染，成为绝大多数古代知识分子所持的宇宙观。道教和儒家共同推崇和倡导的"天人感应论"塑造着中国人的思维方式，人们总是喜欢把自然界或宇宙间天体的变异同人类社会发生的某些现象加以联系。道教从其信仰追求提出的为人处世之道，如"追求清净"、"顺其自然"以及崇尚"寡欲"、"慈"、"俭"、"让"等品格，是中国传统伦理道德的重要组成部分。道家宣扬的"天地有大美而不言"，倡导"独善其身"，追求"返璞归真"已经成为中国知识分子观察事物和自我修养的一种标准。这些源于道家思想的理念，经过一千多年的发展，已经积淀为中华民族的一种文化心理结构。

道教与中国古代科学的关系也非常密切。教徒为了得道成仙，采用的一种重要修行方法就是服食丹药。为了制作丹药，道教徒进行了大量的炼丹实验并做了理论总结，从而翻开了中国古代化学史上重要的一页。例如晋代葛洪《抱朴子·金丹篇》中就有如何从丹砂中游离出水银的记录。道士们通过长期炼丹、服丹的实践，对丹砂、黄金、雄黄、硝石、砒霜的医疗效果有所认识，这些药物在日后的中医治病实践中被广泛利用。道教修炼中关于健身祛病的理论与方法，同中医学也有许多相通之处。

道教对中国古代文学艺术的渗透同样是不容忽视的。这种渗透首先表现在文艺理论方面。道教与道家崇尚自然，强调"人法地，地法天，天法道，道法自然"（《老子》第二十五章），这种"任运自然"的价值取向，在文学领域内形成了以自然为美的审美理想。陶渊明《桃花源记》中塑造的那个"不知有汉，无论魏晋"的山中佳境就体现了这种追求。其次，道教中"有无相生"的思想，经玄学家的发挥，形成了中国文学艺术理论中"言不尽意"的独特传统。写诗作文讲究着墨处简练含蓄，"不着一字，尽得风流"，画面讲究画面上要留有空白。最后，道教的神异传说，也为文学提供了丰富的素材。六朝出现了许多志怪小说，其中不少就与道教有关，如《搜神记》《洞冥记》等。六朝后以神仙、道教为题材的传奇、小说代有其书。如唐代的《枕中记》、明代的《四游记》等。另外，道教也成为绘画艺术的表现题材。

第二节　道家代表人物

一、老子

1. 老子出生

老子姓李名耳（约前 571—前 471 年），字伯阳，又称老聃，春秋末期楚国苦县（今河南鹿邑县，一说安徽涡阳）人。《史记》对老子的评传只有四百五十字，记载极其简略：

老子像

> 老子者，楚苦县厉乡曲仁里人也。姓李氏，名耳，字聃，周守藏室之史也。
>
> 孔子适周，将问礼于老子，老子曰："子所言者，其人与其骨皆已朽矣，独其言在耳。且君子得其时则驾，不得其时则蓬累而行。吾闻之，良贾深藏若虚，君子盛德容若愚，去子之骄气与多欲，态色与淫志，是皆无益于子之身。吾所以告子者，若是而已。"孔子去，谓弟子曰："鸟，吾知其能飞；鱼，吾知其能游；兽，吾知其能走。走者可以为罔，游者可以为纶，飞者可以为缯。至于龙，吾不知其乘风云而上

天。吾今日见老子，其犹龙邪！"

老子修道德，其学以自隐无名为务。居周久之，见周之衰，乃遂去。至关，关令尹喜曰："子将隐矣，强为我著书。"于是老子乃著书上下篇，言道德之意五千余言而去，莫之其所终。①

这段文字大致介绍了老子的姓氏、籍贯、职业及行事等②，是我们了解其生平资料最重要的文献来源。对于老子名字的由来，历来有不同说法：一说老子出生时长耳大目，故称其李耳，又眉毛、胡须皆白，故起名老子。又张君相云："老子者是号，非名。老，考也。子，孳也。考教觚理，达成圣孳，乃孳生万物，善化济物无遗也。"诚一家之言也。

因为史书对老子生平情况记载太少，这就给人们留下了极大的想象空间，老子形象也因此被逐渐神化。据《太平广记》记载：

老子黄白色，美眉，广颡长耳，大目疏齿，方口厚唇；额有三五达理，日角月悬；鼻纯骨双柱，耳有三漏门；足蹈二五，手把十文。

即谓老子的样貌为皮色黄白，眉毛很美，额头宽阔耳朵很长，眼睛很大，牙齿稀疏，四方大口，嘴唇很厚。他的额头有十五道皱纹，额角两端似有日月的形状。他鼻子很端正，有两根鼻骨，耳朵上有三个耳孔。他一步可跨一丈，双手上有十道贵人的纹路。显然，老子的样貌符合人们对于"异人异像"的看法。

《史记正义》引《朱韬玉札》及葛洪《神仙传》云：

老子，楚国苦县濑乡曲仁里人。姓李，名耳，字伯阳，一名重耳，外字梜，身长八尺八寸，黄色美眉，长耳大目，广额疏齿，方口厚唇，额有三五达理，日角月悬，鼻有双柱，耳有三门，足蹈二五，手把十文。周时人，李母八十一年而生。

又《玄妙内篇》云：

李母怀胎八十一载，逍遥李树下，乃割左腋而生。

又云：

玄妙玉女梦流星入口而有娠，七十二年而生老子。

又《上元经》亦云：

李母昼夜见五色珠，大如弹丸，自天下，因吞之，即有娠。

谓李母因异感（"梦流星入口"或"昼夜见五色珠"）而怀孕，怀孕八十一年

---

① 司马迁：《史记》卷63《老子韩非子列传第三》。

② "周守藏室之史"即周朝皇家图书、档案管理机构中的工作人员。

（或曰七十二年）后才从左腋下生出，神异之状莫可道哉！可见其时对于老子的来历、出生、外貌等的流传已颇具浪漫传奇之色彩。

2. 孔子问礼

老聃居周日久，曾在周朝国都洛邑担任藏室史，有机会接触皇家的图书、档案等珍贵资料。加之自己博学多才，学问日深，声名日响。公元前523年的一天，孔子欲邀弟子南宫敬叔一同去周求教，南宫敬叔欣然同意，随即报请鲁君，鲁君准行。遣一车二马一童一御，由南宫敬叔陪孔子前往。老子见孔丘千里迢迢而来，非常高兴，教授之后，又引孔丘访大夫苌弘。苌弘善乐，授孔丘乐律、乐理。引孔丘观祭神之典，考宣教之地，察庙会礼仪，使孔丘获益不浅，感叹不已。逗留数日之后，孔丘向老子辞行。老聃送至馆舍之外，赠言道："吾闻之，富贵者送人以财，仁义者送人以言。吾不富不贵，无财以送汝；愿以数言相送。当今之世，聪明而深察者，其所以遇难而几至於死，在於好讥人之非也；善辩而通达者，其所以招祸而屡至於身，在於好扬人之恶也。为人之子，勿以己为高；为人之臣，勿以己为上。"回到鲁国，众弟子问于孔子道："先生拜访老子，可得见乎？"孔子道："见之！"弟子问："老子何样？"孔子道："鸟，吾知其能飞；鱼，吾知其能游；兽，吾知其能走。走者可以网缚之，游者可以钩钓之，飞者可以箭取之，至于龙，吾不知其何以？龙乘风云而上九天也！吾所见老子也，其犹龙乎？学识渊深而莫测，志趣高邈而难知；如蛇之随时屈伸，如龙之应时变化。老

鹿邑为纪念孔子问礼
而修建的问礼广场

聃，真吾师也！"也就是说，孔子认为老子是学识渊博、志趣高远、神仙一般的人物。

孔子问礼于老子之事，《史记·孔子世家》《老子韩非子列传》皆有记载，可见此事在西汉武帝时期仍流传甚广，大抵不虚：

鲁南宫敬叔言鲁君曰："请与孔子适周。"鲁君与之一乘车，两马，一竖子俱，适周问礼，盖见老子云。辞去，而老子送之曰："吾闻富贵者送人以财，仁人者送人以言。吾不能富贵，窃仁人之号，送子以言，曰：'聪明深察而近于死者，好议人者也。博辩广大危其身者，发人之恶者也。为人子者毋以有己，为人臣者毋以有己。'"孔子自周反于鲁，弟子稍益进焉。

3. 函谷著书

周敬王二年(前518年),老聃守丧期满返周。周敬王四年(前516年),周王室发生内乱,王子朝率兵攻下刘公之邑。周敬王受迫。当时晋国强盛,出兵救援周敬王。王子朝势孤,与旧僚携周王室典籍逃亡楚国。老聃蒙受失职之责,受牵连而辞旧职。于是离宫归隐,骑一青牛,欲西游秦国。其时欲至秦国必过函谷关,即今河南灵宝(后函谷关关口又移至河南新安县),此地两山对峙,只中间一小径,深险如函,故谓之。函谷关守关官员关尹,少时即好观天文、爱读古籍,修养深厚。一日夜晚,独立楼观之上凝视星空,忽见东方紫云聚集,其长三万里,形如飞龙,由东向西滚滚而来,自谓必有圣人经过。于是派人清扫道路四十里,夹道焚香,以迎圣人。

七月十二日午后,夕阳西斜,光华东射。关尹正欲下关查看,忽见关下稀落行人中有一老者,倒骑青牛而来。老者白发如雪,其眉垂鬓,其耳垂肩,乃大喜,拜于青牛之前。老子见叩拜之人仪态不俗,亦喜,并与之交谈。尹喜因请老子著书,以备后学之用。老聃允诺,以王朝兴衰成败、百姓安危祸福为鉴,溯其源,著上、下两篇,共五千言。上篇起首为"道可道,非常道;名可名,非常名",故人称《道经》。下篇起首为"上德不德,是以有德;下德不失德,是以无德",故人称为《德经》,合称《道德经》。《道经》言宇宙本根,含天地变化之机,蕴阴阳变幻之妙;下篇《德经》,言处世之方,含人事进退之术,蕴长生久视之道。关尹得之,如获至宝。然老子著书之后乃去,不知所终。此事《史记》亦载。

老子存世仅《道德经》(又称《老子》)五千言。1973年,长沙马王堆汉墓中发现帛书《老子》的两种写本,是较为古老的抄本。两抄本均《德经》在前,《道经》在后,可知《道德经》是后人尊"道"的产物。1993年,湖北荆门市郭店村一座楚墓中出土了80枚竹简,竹简中有与传世内容、版本相异的《老子》三篇,有着与通行本不同的独特思想内容。竹简本《老子》文字只有通行本的五分之二,但它比帛书本更为古老。老子作品的精华是无为而治的政治主张,以及朴素的辩证法,其学说对中国哲学发展具有深刻影响。具体内容在"道家思想"部分已经涉及,此不赘述。

4. 老子的影响

老子的著作、思想早已成为世界历史文化遗产的宝贵财富。欧洲从19世纪初就开始了对《道德经》的研究,到20世纪的四五十年代,欧洲共有60多种《道德经》译文,德国哲学家黑格尔、尼采,俄罗斯大作家托尔斯泰等世界著名学者都对《道德经》做过深入研究,并有专著或专论问世。黑格尔说:

福建泉州清源山上的老子坐像

"中国哲学中另有一个特异的宗派……是以思辨作为它的特性。这派的主要概念是'道',这就是理性。这派哲学及与哲学密切联系的生活方式的发挥者是老子。"尼采也曾说:"老子《道德经》像一个永不枯竭的井泉,满载宝藏,放下汲桶,唾手可得。"苏联汉学家李谢维奇说:"老子是国际的。"英国科学家李约瑟一生研究中国,对中国文化情有独钟,著有多卷本《中国科技史》。他说,中国文化就像一棵参天大树,而这棵参天大树的根即在道家。李约瑟越研究中国,越认识到老子、道家在中国文化中的重要地位,越发相信老子学说的正确,越来越按照老子说的去做,他晚年干脆自称是"名誉道家"、"十宿道人"。李约瑟对中国古代文化的研究很有成就,是 20 世纪国际上知名的汉学家,而他的最大贡献是发现了道家思想的现代意义,从而为 20 世纪后半叶世界"老子热"的形成做出了历史性的贡献。

目前,世界各发达国家如德、法、英、美、日等相继兴起了"老子热",《老子》一书在这些国家被一版再版。2007 年,在已有多种英文译本的情况下,一种新的《道德经》译本的出版权在美国又为 8 个出版商所争夺,最后哈泼公司以 13 万美元的高价买下出版权。20 世纪 80 年代,据联合国教科文组织统计,在世界文化名著中,译成外国文字出版发行量最大的是《圣经》,其次就是《道德经》。可见其世界影响。

二、庄子

1. 庄子的家世、生平

庄子(约前369—前286年),名周,战国
中期人。关于他的活动年代、生平身世,《史
记·老子韩非子列传》有一段简要的记载:

> 庄子者,蒙人也,名周。周尝为蒙
> 漆园吏,与梁惠王、齐宣王同时。其学
> 无所不窥,然其要本归于老子之言。其
> 著书十余万言,大抵率寓言也。作渔父、
> 盗跖、胠箧,以诋訿孔子之徒,以明老
> 子之术。畏累虚、亢桑子之属,皆空语

庄子像

无事实。然善属书离辞,指事类情,用剽剥儒、墨,虽当世宿学不能自
解免也。其言洸洋自恣以适己,故自王公大人不能器之。

> 楚威王闻庄周贤,使使厚币迎之,许以为相。庄周笑谓楚使者曰:
> "千金,重利;卿相,尊位也。子独不见郊祭之牺牛乎?养食之数岁,
> 衣以文绣,以入大庙。当是之时,虽欲为孤豚,岂可得乎?子亟去,无
> 污我。我宁游戏污渎之中自快,无为有国者所羁,终身不仕,以快吾
> 志焉。"

除了《史记》中这一简短的传记之外,我们对庄子生平活动的了解主要是
《庄子》一书中记述庄子事迹的有关故事。今本《庄子》三十三篇的作者不全是
庄子本人,有一些篇目可能是出自庄子弟子或再传弟子之手。这些有关庄子
生平事迹的小故事从各个侧面生动地表现出庄子的性格、思想,并可从中看
出他的一些生活情况。相对来说,这些故事提供的有关资料信息比《史记》要
更丰富一些;但另一方面,这些故事又大多具有寓言的性质,有程度不同的
夸张。因此,根据这些故事了解庄子生平活动,需要有所考察。

根据司马迁的记载,庄子为战国蒙人,蒙为宋地,按此庄子则为战国时
宋之蒙人。但这只是一种比较通行的说法,今人对庄子的籍贯,有说河南商
丘者,也有说安徽蒙城者,莫衷一是。刘向《别录》称庄子为"宋之蒙人",
《史记·集解》则云:"按《汉书·地理志》,蒙县属梁国。"刘向所说的蒙,指
商丘东北小蒙城;而《史记·集解》所记载的蒙县属梁国,则是就汉代行政区
划而言,与小蒙城是同一个地方。郦道元《水经注·汲水条》中说:"汲水又

东经蒙县故城北，俗谓之小蒙城也。"俗谓，即民间说法。民间既有小蒙城之城，当然相应的还有蒙城，或曰大蒙城存在。司马迁只说庄子是"蒙人"，这个蒙也有可能是战国楚国之蒙县，即今安徽蒙城。① 庄子是否为楚人虽不能确证，但庄子与楚国确有相当密切的联系。《庄子·秋水》和《史记》庄子本传都提到楚威王聘庄子的事情，虽可能有些夸张，但至少可信为楚国官方曾经有意罗致庄子。这件事发生在楚国即说明庄子成年以后的活动区域包括楚国在内，而且很可能楚国是庄子经常活动的地方。此外，《庄子》书中亦多记载楚国的风土人情、宫廷传闻之类。最重要的是庄子思想浪漫灵动，文字表述多借用神话，与楚国文化十分相近。故自古至今不少学者均认为庄子思想是楚国文化的一部分。

《史记》庄子本传和《庄子》一书都未曾提到庄子的家世。庄子出生在什么样的家庭里，现在已经无从考证。但许多学者都认为庄子应该出生在一个没落贵族家庭，理由如下：第一，庄子有很高的文化修养，学识渊博，《史记》本传说他"其学无所不窥"。一般来说这与家世出身、从小所受教育有关。虽说战国时代平民从学者不少，但平民出身之人，普遍倾向于通过学习知识改变社会身份，寻求跻身上层的机会，他们不大会对缺乏实用价值的精神问题有过多兴趣。而庄子的学识教养似乎全都围绕着某些纯属精神的问题。这种学识教养很难想象是从一个以谋生为急务的家庭环境里培养起来。其二，庄子有很深的厌世情绪，这也像一个败落贵族家庭的子弟所容易产生的性格。虽然战国时代社会动荡，人民生活极不稳定，时刻充满危险，整个大环境容易使人消极避世；但另一方面，各国招揽贤才，任用名士，贵族制度的解体导致社会阶层的上下流动，这一切又为年轻的知识分子提供了成就功业的广阔前景。事实上那是一个士人阶层非常活跃而且情绪昂奋的时代。在这样一个喧嚣热闹的时代，庄子似乎连一点进去的努力都不曾做过，所有关于他的故事都表明，这个人自始至终对政治都是厌倦的。从一般的情理推断，平民出身的士人不大会一点向上奋斗的热情都没有，直接就走向忧伤的厌世主义。只有在社会剧变或残酷的政治斗争中败落的贵族后代，才会有这样悲观的性格倾向。

庄子很有可能出身贵族，但是他一生彻底地从上层政治以至整个上流社会退出，这一点是可以确定的。庄子究竟以何为生？史载并不明确。《史记》

---

① 今人对庄子楚人说亦较为认可，可参考孙以楷：《庄子楚人考》，载《安徽史学》，1996(1)。

本传说庄子"尝为蒙漆园吏",这个为"吏"的经历,《庄子》书中并未见有踪影。先秦典籍中并无"漆园吏"一词,通行的说法把"漆园吏"当成管理漆园的小官吏,但颇有望文生义之嫌。1975 年,湖北云梦睡虎地 11 号秦墓出土了多支竹简,其中有一条关于"漆园"的记录。据考证,"漆园"是制作漆器的作坊。如此,则"漆园吏"可能确是管理漆园种植与漆器制作的小吏。《庄子》一书中,还多次记述了漆的生产和用途,也可作为庄子曾经从事这一职业的佐证。庄子一生能从官府获得薪俸的时间不会很长,他主要是游迹于社会下层的各种人物中间。从《庄子》中看,庄子与渔人、船夫、工匠、屠夫、农人交往密切,对这些人的生活很熟悉。此外,庄子与隐者阶层中的各色人物也交往较密切,熟悉这些人的生活。隐者阶层的人流品很杂,《庄子》书中所写到的隐者就已是斑驳陆离各色人物都有,有受过刑残的高人,有导引养生之士,有钓鱼闲处者,有神秘主义者。隐者与一般下层劳动者的区别是有知识教养(因为许多人来自上流社会),有独特的想法和人生见解,但他们往往要自食其力,这一点与下层劳动者已无区别。庄子主要就生活在下层劳动者与隐者中间,所以我们推测庄子的谋生方式也应与这些人相同。

2. 终身不仕

庄子一生主要活动在社会下层,贫穷困顿,以至于有时候要靠织履这类手工劳动来维持生计,有人讽刺他:"处穷闾隘巷,困窘织履,槁项黄馘。"(《庄子·列御寇》)庄子曾经有一次见过魏惠王,穿的是粗布的补丁衣服,用麻线系的鞋。魏王说:"何先生之惫邪?"庄子回答说,我这是"贫"不是"惫"。(《庄子·山木》)还有一次,庄子穷到家中断炊,连粮食也要向别人借贷:

> 庄周家贫,故往贷粟于监河侯。监河侯曰:"诺。我将得邑金,将贷子三百金,可乎?"
>
> 庄周忿然作色曰:"周昨来,有中道而呼者。周顾视车辙中,有鲋鱼焉。周问之曰:'鲋鱼来!子何为者邪?'对曰:'我,东海之波臣也。君岂有斗升之水而活我哉?'周曰:'诺。我且南游吴越之王,激西江之水而迎子,可乎?'鲋鱼忿然作色曰:'吾失我常与,我无所处。吾得斗升之水然活耳,君乃言此,曾不如索我于枯鱼之肆。'"(《庄子·外物》)

庄子贷粟是为了救急,家里已近断炊。所以监河侯贷三百金的许诺救不了庄子的急。这个故事表明庄子有时生活状况十分窘迫。尽管如此,庄子却鄙弃荣华富贵、权势名利,力图在乱世保持独立的人格,追求逍遥无恃的精神自由。司马迁在《史记》中讲述了楚威王派使者以千金迎庄子为相的故事,虽不免夸张,但也应当有一定的事实依据。

> 庄子钓于濮水。楚王使大夫二人往先焉，曰："愿以境内累矣！"
>
> 庄子持竿不顾，曰："吾闻楚有神龟，死已三千岁矣。王巾笥而藏之庙堂之上。此龟者，宁其死为留骨而贵乎？宁其生而曳尾于涂中乎？"
>
> 二大夫曰："宁生而曳尾涂中。"
>
> 庄子曰："往矣！吾将曳尾于涂中。"（《庄子·秋水》）

对于想飞黄腾达的人来说，出任楚相本是一个千载难逢的好机会，但庄子却不屑一顾地回绝了。庄子的理由其实很简单："我宁游戏污渎之中自快，无为有国者所羁。终身不仕，以快吾志。"以精神上的自由为志向所在，表明了与当权者不合作的隐士态度。《庄子·秋水》还记述了另外一件事：

> 惠子相梁，庄子往见之。或谓惠子曰："庄子来，欲代子相。"于是惠子恐，搜于国中三日三夜。
>
> 庄子往见之，曰："南方有鸟，其名曰鹓雏，子知之乎？夫鹓雏发于南海而飞于北海，非梧桐不止，非练实不食，非醴泉不饮。于是鸱得腐鼠，鹓雏过之，仰而视之曰：'吓！'今子欲以子之梁国而吓我邪？"

这个故事里没有人礼聘庄子，但有人威胁惠子说庄子到梁国来就有可能取代你的相位，惠子相信了。这就是说庄子的名声使得这种潜在的威胁成为可能。这件事也从侧面说明庄子若想要做官并非一件难事。庄子生平穷困，却清高孤傲，拒绝与官府往来，这对于了解其思想有重要的参考意义。长期安于贫困做起来并不容易。庄子一生不肯入仕，也不肯做清客吃一口现成饭，这说明他性格中有一种很认真的东西，说明他是迂直而不肯灵活权变的人。为什么我们重视庄子的这种性格呢？因为《庄子》一书尤其是"内篇"恰恰是提倡凡事不要认真，无可无不可的游世主张。按这种主张，人生在世应该没有什么需要特别坚守的原则，庄子岂不是可以随意弄个什么职事做做，反正"外化而内不化"，心里不拿它当回事就是了。可是，庄子既然主张不必认真，他自己为人处世为何又那样清高认真呢？这就为我们更准确地理解庄子思想提供了一个重要的观察角度。庄子提倡游世是不错的，庄子有时的确反对坚守任何原则，甚至反对有任何认真的人生期待。他主张一切都无所谓，不要与命运抗争，命运把你放在哪儿，你就待在那儿。但是，游世并不是庄子最后的结论。庄子的游世思想鼓吹一种彻底的游戏人生的态度，不仅游戏地对待社会政治问题，而且游戏地对待自己的命运，这实际是因为庄子对现实世界的反感太过激烈，不愿意像别的隐者如杨朱派那样过一种稳定的生活。游世思想的本质并不是以无原则的游戏手段谋求好处，而是以彻底的游戏态度嘲讽在这个现实世界里寻找稳定生活的想法。游世思想最深刻的感情是对现实世界的嘲讽和敌意，是坚守内心深处不肯化解的孤独寂寞。庄子坚守清贫而不愿意做官的小故事，可以帮助我们更加准确地理解庄子鼓吹彻底游戏态度的真实含义，准确地理解庄子思想中最重要的东西。

3. 庄子与惠施的交往

庄子一生不愿与官府打交道，也不愿与活跃在社会上层的学者交往，但是有一个例外，就是惠子。庄子与惠子的关系很特别，一方面，庄子鄙视惠子贪恋权势，曾激烈地挖苦惠子；另一方面，两人关系又颇为亲近，经常在一起漫步、辩论，交换对各种问题的看法。惠子年长于庄子，先庄子而死。庄子有一次在他的墓前对人说，自从惠子死了之后，我就没有人可以交谈了。① 二人关系之密切由此可见一斑。庄子拒绝与主流知识圈往来，却独与惠子交往，对于了解庄子其人，这件事是值得注意的。惠子之所以能成为庄子的好朋友，是与他出众的思想有关，因为有出众的思想，才成为庄子的谈话对手。这一点，从"濠梁之辩"等精彩的辩论就能看得出来：

> 庄子与惠子游于濠梁之上。庄子曰："儵鱼出游从容，是鱼之乐也。"
>
> 惠子曰："子非鱼，安知鱼之乐？"
>
> 庄子曰："子非我，安知我不知鱼之乐？"
>
> 惠子曰："我非子，固不知子矣；子固非鱼也，子之不知鱼之乐，全矣。"
>
> 庄子曰："请循其本。子曰'汝安知鱼乐'云者，既已知吾知之而问我。我知之濠上也。"（《庄子·秋水》）

从以上故事之中我们可以感受到惠子的逻辑思维及辩论才能。除此之外，另外一个使庄子与惠子接近的重要原因可能是惠子"合同异"的见解与庄子"齐万物"的观点有一致之处。关于惠子的思想，本书将在"名家"部分做出详细介绍，此不赘述。

4.《庄子》其书及影响

《庄子》和《周易》《老子》一起并称"三玄"，是魏晋玄学理论的基本依据。《庄子》一书，今存 33 篇，分为内篇、外篇和杂篇。许多学者认为，内篇为庄子所作，代表了庄子的思想。而外篇与杂篇不是庄子所作。明末清初的大思想家王夫之就是这种观点的代表人物。近来一些学者，主张打破内篇、外

---

① 参见《庄子·徐无鬼》，另《淮南子·务修训》也说："惠施死而庄子寝其说，见世莫可为语者也！"

篇与杂篇的界限，认为应该将各个部分统一起来研究。因为外篇与杂篇中的大部分内容，也都是研究庄子思想的重要史料。应该说后一种观点更有利于对庄子的研究。其实，先秦诸子的书，往往是某一学派的著作总集，虽号称某子，其实已很难确定哪些篇章是某子自作。类似情况在《墨子》《管子》等著作中同样存在。《庄子》一书是战国后期及以后的庄子后学所作，是庄子一派著作的总集。

《庄子》对中国后世的哲学、文学、美学乃至于士大夫的人生信条都产生了深远的影响。《庄子》中那些充满想象的、颇具神话色彩的故事，显示出它与楚文化有深厚的渊源关系。庄子的政治主张和哲学思想不是干巴巴的说教，相反，都是通过一个个生动形象、幽默机智的寓言故事，通过汪洋恣肆、仪态万方的语言文字，巧妙活泼、引人入胜地表达出来。因此《庄子》全书仿佛是一部寓言故事集，这些寓言表现出超常的想象力，构成了奇特的形象，具有石破天惊、振聋发聩的艺术感染力。近代学者王国维先生认为，《庄子》中丰富的想象力与神妙、奇特的人、物、事，与作《楚辞》的屈原同属于一个文化系统。鲁迅在《汉文学史纲要》中也指出，《庄子》一书，以寓言抒发哲理，想象丰富，语言美妙，"其文汪洋辟阖，仪态万千"。对于庄子在我国文学史和思想史上的重要贡献，封建帝王尤为重视，在唐开元二十五年庄子被诏号为"南华真人"，后人即称之为"南华真人"，《庄子》一书也被称为《南华真经》。

三、其他代表人物

1. 列子

列子是老子、庄子之外又一位道家学派的代表。班固《汉书·艺文志》"道家"部分有载，注曰："名圄寇（编者：亦称圉寇、御寇），先庄子，庄子称之。"说明列子的生活年代要早于庄子，为战国早期郑国人。庄子在《逍遥游》中曾提到列子是一个练就了一身卓绝轻功的奇人。由于庄子经常在作品中虚构一些人物，如"无名人"、"天根"等，所以后人也有历史上是否真有列子的怀疑。不过，《战国策》《尸子》《吕氏春秋》等都提到过列子，因而当实有其人。

列子像

列子一生安于贫寒，不求名利，不进官场，隐居郑地四十年，潜心著述二十篇，约十万多字。《汉志》录有《列子》八卷，大约于公元前450—前375年所撰，是道家学派的重要典籍之一。现在流传的《列子》一书，其作品在汉代以后已有所散失，现存八篇《天瑞》《黄帝》《周穆王》《仲尼》《汤问》《力命》《杨朱》《说符》。其中有"愚公移山"、"杞人忧天"、"两小儿辩日"、"纪昌学射"、"薛谭学讴"等脍炙人口的寓言故事，可谓家喻户晓，广为流传。列子一向低调，有所谓"子列子居郑圃，四十年人无识者"的说法，可见他真正做到了老子所说的"和光同尘"的境界，但也正因为如此，列子在历史上所流传的事迹相应也很少。

列子不仅学问渊博，而且是非标准、生活准则也十分明确，其人品道德高尚，心胸豁达，贫富不移，荣辱不惊。列子认为"至人之用心若镜，不将不迎，应而不藏，故能胜物而不伤"。列子因家中贫穷，常常填不饱肚子，以致面黄肌瘦。有人劝郑国执政子阳资助列子，以博个好士之名。子阳于是就派人送他十车粮食，但列子却再三致谢，不肯接受。妻子埋怨他说："我听说有道的人，能让妻子孩子都快乐地生活，现在我却常常挨饿。宰相送粮食给你，你却又不接受，我真是命苦啊。"列子笑着对妻子说："子阳并不是真的了解我，他只是听了别人的话才送粮给我。以后也可能听别人的话怪罪我，所以我不能接受。"一年之后，郑国发生变乱，子阳被杀，其党羽众多被株连致死，御寇却因为曾经拒绝子阳的馈赠而得以安然无恙。此类的列子遗事至今在郑州民间还有流传，康熙三十二年《郑州志》中也记载了这个故事。

列子贵虚尚玄，潜心修道，据说他炼成了御风之术，能够御风而行，常在春天乘风而游八荒。庄子《逍遥游》中曾描述过列子乘风而行的情景为"泠然善也，旬有五日而后返"。他驾风行到哪里，哪里就枯木逢春，重现生机。飘然飞行，逍遥自在，其轻松自得，令人羡慕。列子常在立春之日"乘风游八荒"；在立秋之日返回住所"风穴"。这些记载虽有夸张之嫌，但也间接反映了列子道家学问的精深和他超然物外的道家风范。

唐代道教大兴，统治者对道家思想亦比较重视。唐玄宗天宝元年（742年），李隆基封列子为"冲虚真人"，其书随之被尊为《冲虚真经》，宋朝时候，又加尊称为《冲虚至德真经》。

2. 老莱子

老莱子是《汉志》所载道家又重要一代表人物。楚国人，出生于康王时期，卒于惠王时期，约生活在公元前599—前479年之间，春秋晚期著名思想家。《汉志》著录《老莱子》十六篇，班固注云："楚人，与孔子同时。"隋唐志多不著录，大约因其亡佚久矣。后人也有老子、老莱子及周太史儋同为一人的怀疑，不过《史记·老子列传》中云："老莱子者，亦楚人也。著书十五篇，言道家之用。"由此可证老莱子与老子并非同一人。又孙绰《天台赋》云："蹑二老之玄踪。"并注："二老，老子、老莱子也。"则老子、老莱子并非一人更加明确。且老子着重言道德之意，老莱子则言道家之用，其宗旨亦稍有区别。

老莱子戏彩娱亲

《庄子·外物》篇载："老莱子之弟出薪遇仲尼，反以告。老莱子召仲尼至，曰：'汝躬矜，与汝容智，斯为君子矣。'"《孔丛子·抗志篇》："子思见老莱子，老莱子告以齿坚易弊，舌柔常存。"然《战国策》却说："或谓齐黄曰：'公不闻老莱子之教孔子事君乎？示之以齿之坚也，六十而尽相靡也。'"则齿坚之嘱，则为老莱子告孔子，而非告子思也。刘向《别录》云："老莱子，古之寿者。"《列女传》云："老莱子孝养二亲，行年七十，作婴儿自娱。"这些都可证明老莱子的长寿不虚。又皇甫谧《高士传》："老莱子，楚公室，耕于蒙山之阳。楚王驾至门，愿烦以守国之政，老莱子诺之。其妻不愿为所制，投畚而走。老莱子亦随其妻，至于河南。人莫知其所终也。"《大戴记》载孔子曰："德躬而行信，终日言不在尤之内，在尤之外。国无道，贫而能乐。盖老莱子之行也。"凡此种种，皆可说明老莱子为笃道君子，其行与老子之流颇似。

老莱子还是中国历史上著名的孝子。他72岁时仍非常虔诚地孝养双亲。为了使老父母快乐，他还经常穿着彩衣，做婴儿的动作，以取悦双亲。后人以"老莱衣"比喻对老人的孝顺。唐代诗人孟浩然曾作诗曰："明朝拜嘉庆，须著老莱衣。"二十四孝中的第二孝"斑衣戏彩"所讲的就是老莱子的故事。

第三节　道家著作选注

道德经(节选)

【解题】

　　《道德经》为韵文哲理诗体。《庄子·天下篇》概括其主旨曰："以本为精，以物为粗，以有积为不足，澹然独居神明居……建之以常无有，主之以太一，以濡弱谦下为表，以空虚不毁万物为实。"《道德经》其说大体从天人合一之立场出发，穷究作为天地万物本源及宇宙最高理则之"道"，以之为宗极，而发明修身治政等人道。

第一章

　　道可道[1]，非常道[2]；名可名[3]，非常名。无名[4]，天地之始，有名[5]，万物之母[6]。故常无，欲[7]以观其妙[8]；常有，欲以观其徼[9]。两者同出，异名同谓[10]。玄之又玄[11]，众妙之门[12]。

【注释】

　　[1]第一个"道"是名词，指的是宇宙的本原和实质，引申为原理、原则、真理、规律等。第二个"道"是动词。指解说、表述的意思，犹言"说得出"。

　　[2]常：一般的，普通的。

　　[3]第一个"名"是名词，指"道"的形态。第二个"名"是动词，说明的意思。

　　[4]无名：指无形。

　　[5]有名：指有形。

　　[6]母：母体，根源。

　　[7]常：经常。

　　[8]妙：微妙的意思。

　　[9]徼(jiǎo)：边际、边界。引申为"端倪"的意思。

　　[10]谓：称谓。此为"指称"。

　　[11]玄：深黑色，玄妙深远的含义，形容道的深邃。

[12]门：之门，一切奥妙变化的总门径，此用来比喻宇宙万物的唯一原"道"的门径。

第二章

天下皆知美之为美，斯恶已[1]；皆知善之为善，斯不善已[2]。故有无相生[3]，难易相成，长短相形[4]，高下相盈[5]，音声相和[6]，前后相随。是以圣人处无为之事[7]，行不言之教，万物作焉而不辞[8]，生而不有[9]，为而不恃[10]，功成而弗居[11]。夫唯弗居，是以不去[12]。

【注释】

[1]恶已：恶、丑。已，通"矣"。

[2]斯：这。

[3]相：互相。

[4]刑：通"形"，此指比较、对照中显现出来的意思。

[5]盈：充实、补充、依存。

[6]音声：汉代郑玄为《礼记·乐记》作注时说，合奏出的乐音叫作"音"，单一发出的音响叫作"声"。

[7]圣人处无为之事：圣人，古时人所推崇的最高层次的典范人物。处，担当、担任。无为，顺应自然，不加干涉、不必管束，任凭人们去干事。

[8]有：占有、据为己有。

[9]作：兴起、发生、创造。

[10]为：施与（恩惠）；恃：依靠，凭借。不依仗自己对别人有恩惠而达到利己的目的。

[11]居：居功，自以为有功劳。

[12]去：失去。

第九章

持而盈之[1]，不如其已[2]；揣而锐之[3]，不可长保[4]。金玉满堂，莫之能守；富贵而骄，自遗其咎[5]。功成名遂身退[6]，天之道[7]。

【注释】

[1] 持而盈之：持，手执、手捧。此句意为持执盈满，自满自骄。

[2] 不如其已：已，止。不如适可而止。

[3] 揣而棁（zhuō）之：把铁器磨得又尖又利。揣，捶击的意思。

[4] 长保：不能长久保存。

[5] 咎：过失、灾祸。

[6] 功遂身退：功成名就之后，不再身居其位，而应适时退下。"身退"并不是退隐山林，而是不居功贪位。

[7] 天之道：指自然规律。

第十六章

致虚极，守静笃[1]，万物并作[2]，吾以观其复[3]。夫物芸芸[4]，各复归其根。归根曰静[5]，是谓复命[6]，复命曰常[7]，知常曰明[8]。不知常，妄作，凶；知常，容[9]，容乃公，公乃王[10]，王乃天[11]，天乃道，道乃久，没身不殆。

【注释】

[1] 致虚极，守静笃：虚和静都是形容人的心境是空明宁静状态，但由于外界的干扰、诱惑，人的私欲开始活动。因此心灵闭塞不安，所以必须注意"致虚"和"守静"，以期恢复心灵的清明。极、笃，意为极度、顶点。

[2] 作：生长、发展、活动。

[3] 复：循环往复。

[4] 芸芸：茂盛、纷杂、繁多。

[5] 归根：根指道，归根即复归于道。

[6] 是谓：一本作"静曰"。复命：复归本性，重新孕育新的生命。

[7] 常：指万物运动变化的永恒规律，即守常不变的规则。

[8] 明：明白、了解。

[9] 容：宽容、包容。

[10] 王：周到、周遍。

[11] 天：指自然的天，或为自然界的代称。

第二十五章

有物混成[1]，先天地生。寂兮寥兮[2]，独立而不改[3]，周行而不殆[4]，可以为天下母[5]。吾不知其名，字之曰道[6]，强为名曰大[7]。大曰逝[8]，逝曰远，远曰反[9]。故道大，天大，地大，王亦大[10]。域中有四大[11]，而王居其一焉。人法地，地法天，天法道，道法自然[12]。

【注释】

  [1] 物：指"道"。混成：混然而成，指浑朴的状态。

  [2] 寂兮寥兮：没有声音，没有形体。

  [3] 独立不改：形容"道"的独立性和永恒性，它不靠任何外力而具有绝对性。

  [4] 周行：循环运行。不殆：不息之意。

  [5] 天下母：母，指"道"，天地万物由"道"而产生，故称"母"。

  [6] 字之曰道：代称为"道"。

  [7] 强为名曰大：勉强给它起名大。形容"道"是无边无际的、力量无穷的。

  [8] 逝：指"道"的运行周流不息、永不停止的状态。

  [9] 反：另一本作"返"。意为返回到原点，返回到原状。

  [10] 王亦大：意为人乃万物之灵，与天地并立而为三才，即天大、地大、王亦大。

  [11] 域中：即空间之中，宇宙之间。

  [12] 道法自然："道"纯任自然，本来如此。

第二十八章

  知其雄[1]，守其雌[2]，为天下溪[3]；为天下溪，常德不离，复归于婴儿[4]。知其白，守其黑，为天下式；[5]为天下式，常德不忒[6]，复归于无极[7]。知其荣[8]，守其辱[9]，为天下谷[10]；为天下谷，常德乃足，复归于朴[11]。朴散则为器[12]。圣人用之，则为官长[13]，故大制不割[14]。

【注释】

  [1] 雄：比喻刚劲、躁进、强大。

  [2] 雌：比喻柔静、软弱、谦下。

  [3] 溪：沟溪。河上公注："如是则天下归之，如水流入洋溪也。"

  [4] 婴儿：象征纯真、稚气。

  [5] 知其白，守其黑，为天下式：知道自己清楚，却保持糊涂，能成为天下的楷模。

  [6] 忒：过失、差错。

[7] 无极：意为最终的真理。

[8] 荣：荣誉，宠幸。

[9] 辱：侮辱、羞辱。

[10] 谷：深谷、峡谷，喻胸怀广阔。

[11] 朴：朴素。指淳朴的原始状态。

[12] 器：器物。指万事万物。

[13] 官长：百官的首长，领导者、管理者。

[14] 大制不割：制，制作器物，引申为政治；割，割裂。此句意为：完整的政治是不割裂的。

第三十七章

道常无为而无不为[1]。侯王若能守[2]，万物将自化[3]。化而欲作[4]，吾将镇之以无名之朴[5]。无名之朴，亦将不欲[6]。不欲以静，天下将自定[7]。

【注释】

[1] 无为而无不为："无为"是指顺其自然，不妄为。"无不为"是说没有一件事是它所不能为的。

[2] 守：即守道。

[3] 自化：自我化育、自生自长。

[4] 欲：指贪欲。

[5] 无名之朴：无名指"道"。朴形容"道"的真朴。

[6] 不欲：一本作"无欲"。

[7] 自定：一本作"自正"。

第四十章

反者，道之动[1]；弱者[2]，道之用。天下万物生于有[3]，有生于无[4]。

【注释】

[1] 反者：循环往复。一说意为相反，对立面。

[2] 弱者：柔弱，渺小。

［3］有：这里指道的有形质，与一章中"有名，万物之母"的"有"相同。但不是"有无相生"的"有"字。

［4］无：与一章中的"无名，天地之始"的"无"相同。但不同于"有无相生"的"无"。此处的"无"指超现实世界的形上之道。

第四十二章

道生一[1]，一生二[2]，二生三[3]，三生万物。万物负阴而抱阳[4]，冲气以为和[5]。人之所恶，唯孤寡不穀[6]，而王公以为称。故物或损之而益，或益之而损。人之所教，我亦教之。强梁者不得其死，吾将以为教父[7]。

【注释】

［1］一：这是老子用以代替道这一概念的数字表示，老子用"一"这个数字代替"道"的概念，衍生出下文中的"二"、"三"，从而形象地阐述了道创生万物的过程，即从少到多，由简单到复杂。

［2］二：指阴气、阳气。"道"的本身包含着对立的两方面。阴阳二气所含育的统一体即是"道"。因此，对立着的双方都包含在"一"中。

［3］三：即是由两个对立的方面相互矛盾冲突所产生的第三者，进而生成万物。

［4］负阴而抱阳：背阴而向阳。这句话说明了矛盾存在于一切事物之中的客观规律。

［5］冲气以为和：冲，冲突、交融。此句意为阴阳二气互相冲突交和而成为均匀和谐状态，从而形成新的统一体。

［6］孤寡不穀：这些都是古时候君主用以自称的谦词。

［7］教父：父，有的学者解释为"始"，有的解释为"本"，有的解释为"规矩"。有根本和指导思想的意思。

第五十一章

道生之，德畜之，物形之，势成之[1]。是以万物莫不尊道而贵德。道之尊，德之贵，夫莫之命而常自然[2]。故道生之畜之，长之育之，亭之毒之[3]，养之[4]覆之[5]。生而不有，为而不恃，长而不宰，是谓玄德[6]。

【注释】

[1] 势：万物生长的自然环境。一说：势者，力也；一说，对立。

[2] 莫之命而常自然：不干涉或主宰万物，而任万物自化自成。

[3] 亭之毒之：一本作"成之熟之"。

[4] 养：爱养、护养。

[5] 覆：维护、保护。

[6] 玄德：即上德。它产生万物而不据为己有，养育万物而不自恃有功。

第七十三章

　　勇于敢则杀，勇于不敢则活[1]。此两者，或利或害[2]。天之所恶，孰知其故？是以圣人犹难之[3]。天之道[4]不争而善胜，不言而善应，不召而自来，绰然而善谋[5]。天网恢恢[6]，疏而不失[7]。

【注释】

[1] 勇于敢则杀，勇于不敢则活：敢，勇敢、坚强；不敢，柔弱、软弱。此句意为勇于坚强就会死，勇于柔弱就可以活命。

[2] 或利或害：勇于柔弱则利，勇于坚强则害。

[3] 是以圣人犹难之：此句见于六十三章。

[4] 天之道：指自然的规律。

[5] 绰(chān)然：安然、坦然。

[6] 天网恢恢：天网指自然的范围；恢恢，广大、宽广无边。

[7] 疏而不失：虽然宽疏但并不漏失。

第七十六章

　　人之生也柔弱[1]，其死也坚强[2]。万物草木之生也柔脆[3]，其死也枯槁[4]。故坚强者死之徒[5]，柔弱者生之徒[6]。是以兵强则不胜，木强则兵。强大处下，柔弱处上。

【注释】

[1] 柔弱：指人活着的时候身体是柔软的。

[2] 坚强：指人死了以后身体就变成僵硬的了。

[3] 草木：一本在此之前有"万物"二字。柔脆：指草木形质的柔软脆弱。

[4] 枯槁：用以形容草木的干枯。

[5] 死之徒：徒，类的意思，属于死亡的一类。

[6] 生之徒：属于生存的一类。

第七十八章

天下柔弱，莫过于水，而攻坚强者莫之能胜。其无以易之[1]。弱之胜强，柔之胜刚，天下莫不知，莫能行。故圣人云：受国之垢[2]，是谓社稷主；受国之不祥[3]，是为天下王。正言若反[4]。

【注释】

[1] 无以易之：易，替代、取代。意为没有什么能够代替它。

[2] 受国之垢：垢，屈辱。意为承担全国的屈辱。

[3] 受国之不祥：不祥，灾难，祸害。意为承担全国的祸难。

[4] 正言若反：正面的话好像反话一样。

第八十一章

信言不美[1]，美言不信；善者不辩[2]，辩者不善；知者不博[3]，博者不知。圣人不积[4]，既以为人，己愈有[5]；既以与人，己愈多[6]。天之道，利而不害[7]。圣人之道[8]，为而不争。

【注释】

[1] 信言：真实可信的话。

[2] 善者：言语行为善良的人。辩：巧辩、能说会道。

[3] 博：广博、渊博。

[4] 圣人不积：有道的人不自私，没有占有的欲望。

[5] 既以为人，己愈有：已经把自己的一切用来帮助别人，自己反而更充实。

[6] 多：与"少"相对，此处意为"丰富"。

[7] 利而不害：使在万物得到好处而不伤害万物。

[8] 圣人之道：圣人的行为准则。

庄子·逍遥游

【解题】

　　本篇选自《庄子》。《逍遥游》是《庄子》的代表篇目之一，充满奇特的想象和浪漫的色彩，寓说理于寓言和生动的比喻中，形成独特的风格。"逍遥游"也是庄子哲学思想的一个重要方面。全篇一再阐述无所依凭的主张，追求精神世界的绝对自由。在庄子的眼里，客观现实中的一事一物，包括人类本身都是对立而又相互依存的，这就没有绝对的自由，要想无所依凭就得无己。因而他希望一切顺乎自然，超脱于现实，否定人在社会生活中的一切作用，把人类的生活与万物的生存混为一体；提倡不滞于物，追求无条件的精神自由。

一

　　北冥有鱼[1]，其名曰鲲[2]。鲲之大，不知其几千里也。化而为鸟，其名为鹏[3]。鹏之背，不知其几千里也。怒而飞[4]，其翼若垂天之云[5]。是鸟也，海运则将徙于南冥[6]。南冥者，天池也[7]。

　　《齐谐》者[8]，志怪者也[9]。《谐》之言曰："鹏之徙于南冥也，水击三千里[10]，抟扶摇而上者九万里[11]，去以六月息者也[12]。"野马也[13]，尘埃也[14]，生物之以息相吹也[15]。天之苍苍，其正色邪？其远而无所至极邪[16]？其视下也，亦若是则已矣。

　　且夫水之积也不厚，则其负大舟也无力。覆杯水于坳堂之上[17]，则芥为之舟[18]，置杯焉则胶，水浅而舟大也。风之积也不厚，则其负大翼也无力，故九万里则风斯在下矣[19]，而后乃今培风[20]；背负青天而莫之夭阏者[21]，而后乃今将图南。

　　蜩与学鸠笑之曰[22]："我决起而飞[23]，抢榆枋[24]，时则不至而控于地而已矣[25]，奚以之九万里而南为[26]？"适莽苍者[27]，三飧而反[28]，腹犹果然[29]；适百里者，宿春粮[30]；适千里者，三月聚粮。之二虫又何知[31]！

　　小知不及大知[32]，小年不及大年。奚以知其然也？朝菌不知晦朔[33]，蟪蛄不知春秋[34]，此小年也。楚之南有冥灵者[35]，以五百岁为春，五百岁为秋；上古有大椿者[36]，以八千岁为春，八千岁为秋[37]。而彭祖乃今以久特闻[38]，众人匹之[39]，不亦悲乎？

【注释】

　　[1]冥：亦作"溟"，海之意。"北冥"，就是北方的大海。下文的"南冥"仿此。传说北海无边无际，水深而黑。

　　[2]鲲（kūn）：传说中的大鱼。

　　[3]鹏：本为古"凤"字，这里用表大鸟之名。

　　[4]怒：奋起。

　　[5]垂：边远，这个意义后代写作"陲"。一说遮，遮天。

　　[6]海运：海水运动，这里指汹涌的海涛；一说指鹏鸟在海面飞行。徙：迁移。

　　[7]天池：天然的大池。

　　[8]《齐谐》：书名。出于齐国，记载诙谐怪异之事，故名《齐谐》。

　　[9]志：记载。

　　[10]击：拍打，这里指鹏鸟奋飞而起双翼拍打水面。

　　[11]抟（tuán）：环绕而上。一说"抟"当作"搏"（bó），拍击的意思。扶摇：又名叫飙，由地面急剧盘旋而上的暴风。

　　[12]去：离，这里指离开北海。息：停歇。

　　[13]野马：春天林泽中的雾气。雾气浮动状如奔马，故名"野马"。

　　[14]尘埃：扬在空中的土叫"尘"，细碎的尘粒叫"埃"。

　　[15]生物：概指各种有生命的东西。息：这里指有生命的东西呼吸所产生的气息。

　　[16]极：尽。

　　[17]覆：倾倒。坳（ào）：坑凹处，"坳堂"指厅堂地面上的坑凹处。

　　[18]芥：小草。

　　[19]斯：则，就。

　　[20]而后乃今：意思是这之后才；以下同此解。培：通作"凭"，凭借。

　　[21]莫：这里作没有什么力量讲。夭阏（è）：又写作"夭遏"，意思是遏阻、阻拦。"莫之夭阏"即"莫夭阏之"的倒装。

　　[22]蜩（tiáo）：蝉。学鸠：一种小灰雀，这里泛指小鸟。

　　[23]决（xuè）起：迅疾的样子。

　　[24]抢：突过。榆、枋：两种树名。枋，即檀。

　　[25]控：投下，落下来。

[26] 奚以：何以。之：去到。为：句末疑问语气词。

[27] 适：往，去到。莽苍：指迷茫看不真切的郊野。

[28] 飡(cān)：同"餐"；反：同"返"。

[29] 犹：还；果然：饱的样子。

[30] 宿：这里指一夜。

[31] 之：这；二虫：指上述的蜩与学鸠。

[32] 知(zhì)：通"智"，智慧。

[33] 朝：清晨；晦朔：一个月的最后一天和最初天。一说"晦"指黑夜，"朔"指清晨。

[34] 蟪蛄(huì gū)：即寒蝉，春生夏死或夏生秋死。

[35] 冥灵：传说中的大龟，一说树名。

[36] 大椿：传说中的古树名。

[37] 根据前后用语结构的特点，此句之下当有"此大年也"一句，但传统本子均无此句。

[38] 彭祖：古代传说中年寿最长的人。乃今：而今。以：凭。特：独。闻：闻名于世。

[39] 匹：配，比。

　　汤之问棘也是已[1]："穷发之北，有冥海者[2]，天池也。有鱼焉，其广数千里，未有知其修者[3]，其名为鲲。有鸟焉，其名为鹏，背若太山[4]，翼若垂天之云；抟扶摇羊角而上者九万里[5]，绝云气[6]，负青天，然后图南，且适南冥也。斥鷃笑之曰[7]：'彼且奚适也？我腾跃而上，不过数仞而下[8]，翱翔蓬蒿之间，此亦飞之至也[9]。而彼且奚适也？'"此小大之辩也[10]。

　　故夫知效一官[11]，行比一乡[12]，德合一君而徵一国者[13]，其自视也，亦若此矣。而宋荣子犹然笑之[14]。且举世而誉之而不加劝[15]，举世而非之而不加沮[16]，定乎内外之分[17]，辩乎荣辱之境[18]，斯已矣。彼其于世，未数数然也[19]。虽然，犹有未树也。

　　夫列子御风而行[20]，泠然善也[21]，旬有五日而后反[22]。彼于致福者[23]，未数数然也。此虽免乎行，犹有所待者也[24]。

　　若夫乘天地之正[25]，而御六气之辩[26]，以游无穷者，彼且恶乎待哉[27]！故曰：至人无己[28]，神人无功[29]，圣人无名[30]。

【注释】

[1] 汤：商汤。棘：汤时的贤大夫。已：矣。

[2] 穷发：不长草木的地方。

[3] 修：长。

[4] 太山：大山。一说即泰山。

[5] 羊角：旋风，回旋向上如羊角状。

[6] 绝：穿过。

[7] 斥鴳(ān)：一种小鸟。一说，斥为小泽，斥鴳则为小泽中的雀。

[8] 仞：古代长度单位，周制为八尺，汉制为七尺；这里应从周制。

[9] 至：极点。

[10] 辩：通作"辨"，辨别、区分的意思。

[11] 效：功效；这里含有胜任的意思。官：官职。

[12] 行(xìng)：品行。比：比并。

[13] 而：通作"能"，能力。徵：取信。

[14] 宋荣子：一名宋钘，宋国人，战国时期的思想家。犹然：讥笑的样子。

[15] 举：全。劝：劝勉，努力。

[16] 非：责难，批评。沮(jǔ)：沮丧。

[17] 内外：内指内心修养，外指待人接物。这句是说，对己对人能掌握分寸。

[18] 境：界限。

[19] 数数(shuò)然：汲汲追求名利的样子。

[20] 列子：郑国人，名叫列御寇，战国时代思想家。御：驾驭。

[21] 泠(líng)然：轻盈美好的样子。

[22] 旬：十天。有：又。

[23] 致：罗致，这里有寻求的意思。

[24] 待：凭借，依靠。

[25] 乘：遵循，凭借。天地：这里指万物，指整个自然线。正：本；这里指自然的本。

[26] 御：含有因循、顺着的意思。六气：指阴、阳、风、雨、晦、明。辩：通作"变"，变化的意思。

[27] 恶(wū)：何，什么。

[28] 至人：这里指道德修养最高尚的人。无己：清除外物与自我的界限，达到忘掉自己的境界。

[29] 神人：这里指精神世界完全能超脱于物外的人。无功：无意于求功。

[30] 圣人：这里指思想修养臻于完美的人。无名：不追求名誉地位。

二

尧让天下于许由[1]，曰："日月出矣，而爝火不息[2]；其于光也，不亦难乎！时雨降矣[3]，而犹浸灌[4]，其于泽也[5]，不亦劳乎[6]！夫子立而天下治[7]，而我犹尸之[8]，吾自视缺然[9]，请致天下[10]。"

许由曰："子治天下[11]，天下既已治也，而我犹代子，吾将为名乎？名者，实之宾也[12]，吾将为宾乎？鹪鹩巢于深林[13]，不过一枝；偃鼠饮河[14]，不过满腹。归休乎君[15]！予无所用天下为[16]。庖人虽不治庖[17]，尸祝不越樽俎而代之矣[18]！"

肩吾问于连叔曰[19]："吾闻言于接舆[20]，大而无当[21]，往而不反[22]。吾惊怖其言。犹河汉而无极也[23]，大有径庭[24]，不近人情焉。"

连叔曰："其言谓何哉？"

"曰：'藐姑射之山[25]，有神人居焉。肌肤若冰雪，绰约若处子[26]；不食五谷，吸风饮露；乘云气，御飞龙，而游乎四海之外；其神凝[27]，使物不疵疠而年谷熟[28]'。吾以是狂而不信也[29]。"

连叔曰："然。瞽者无以与乎文章之观[30]，聋者无以与乎钟鼓之声。岂唯形骸有聋盲哉？夫知亦有之。是其言也，犹时女也[31]。之人也，之德也，将旁礴万物以为一，世蕲乎乱[32]，孰弊弊焉以天下为事[33]！之人也，物莫之伤，大浸稽天而不溺[34]，大旱金石流、土山焦而不热。是其尘垢秕穅，将犹陶铸尧舜者也[35]，孰肯以物为事？"

宋人资章甫而适诸越[36]，越人断发文身[37]，无所用之。

尧治天下之民，平海内之政，往见四子藐姑射之山，汾水之阳[38]，窅然丧其天下焉[39]。

【注释】

[1] 尧：我国历史上传说时代的圣明君主。许由：古代传说中的高士，字仲武，隐于箕山。相传尧要让天下给他，他自命高洁而不受。

〔2〕爝（jué）火：小火把，言光之小者。

〔3〕时雨：按时令季节及时降下的雨。

〔4〕浸灌：灌溉。

〔5〕泽：润泽。

〔6〕劳：这里含有徒劳的意思。

〔7〕立：位，在位。

〔8〕尸：庙中的神主，这里用其空居其位，虚有其名之义。

〔9〕缺然：不足的样子。

〔10〕致：给予。

〔11〕子：对人的尊称。

〔12〕宾：次要的、派生的东西。

〔13〕鹪鹩（jiāo liáo）：一种善于筑巢的小鸟。

〔14〕偃鼠：鼹鼠。

〔15〕休：止，这里是算了的意思。

〔16〕为：句末疑问语气词。

〔17〕庖人：厨师。

〔18〕尸祝：祭祀时主持祭祀的人。樽：酒器。俎：盛肉的器皿。"樽俎"这里代指各种厨事。成语"越俎代庖"出于此。

〔19〕肩吾、连叔：旧说皆为有道之人，实是庄子为表达的需要而虚构的人物。

〔20〕接舆：楚国的隐士，姓陆名通，接舆为字。

〔21〕当（dàng）：底，边际。

〔22〕反：返。

〔23〕河汉：银河。极：边际，尽头。

〔24〕迳：门外的小路。庭：堂外之地。"径庭"连用，这里喻指差异很大。成语"大相径庭"出于此。

〔25〕藐（miǎo）：遥远的样子。姑射（yè）：传说中的山名。

〔26〕绰（chuò）约：柔弱、美好的样子。处子：处女。

〔27〕凝：指神情专一。

〔28〕疵疠（lì）：疾病。

〔29〕以：认为。狂：通作"诳"，虚妄之言。信：真实可靠。

〔30〕瞽（gǔ）：盲。文章：花纹、色彩。

〔31〕时：是。女：汝，你。旧注指时女为处女，联系上下文实是牵强，故未从。

〔32〕旁礴：混同的样子，形容无所不包、无所不及。蕲（qí）：祈求的意思。乱：这里作"治"讲，这是古代同词义反的语言现象。

〔33〕弊弊焉：忙忙碌碌、疲惫不堪的样子。

〔34〕大浸：大水。稽：至。

[35] 秕：瘪谷。糠："穅"字之异体。陶：用土烧制瓦器。铸：熔炼金属铸造器物。

[36] 资：贩卖。章甫：古代殷地人的一种礼帽。适：往。

[37] 断发：不蓄头发。文身：在身上刺满花纹。越国处南方，习俗与中原的宋国不同。

[38] 四子：旧注指王倪、齧缺、被衣、许由四人，实为虚构的人物。阳：山的南面或水流的北面。

[39] 窅（yǎo）然：怅然若失的样子。丧：丧失、忘掉。

三

惠子谓庄子曰[1]："魏王贻我大瓠之种[2]，我树之成[3]而实五石[4]。以盛水浆，其坚不能自举也[5]；剖之以为瓢，则瓠落无所容[6]。非不呺然大也[7]，吾为其无用而掊之[8]。"

庄子曰："夫子固拙于用大矣[9]。宋人有善为不龟手之药者[10]，世世以洴澼絖为事[11]。客闻之，请买其方百金[12]。聚族而谋曰：'我世世为洴澼絖，不过数金。今一朝而鬻技百金[13]，请与之。'客得之，以说吴王[14]。越有难[15]，吴王使之将[16]，冬与越人水战，大败越人，裂地而封之[17]。能不龟手一也[18]，或以封[19]，或不免于洴澼，则所用之异也。今子有五石之瓠，何不虑以为大樽[20]而浮乎江湖，而忧其瓠落无所容？则夫子犹有蓬之心也夫[21]！"

惠子谓庄子曰："吾有大树，人谓之樗[22]。其大本拥肿而不中绳墨[23]，其小枝卷曲而不中规矩[24]。立之塗[25]，匠者不顾。今子之言，大而无用，众所同去也。"

庄子曰："子独不见狸狌乎[26]？卑身而伏[27]，以候敖者[28]；东西跳梁[29]，不辟高下[30]；中于机辟[31]，死于罔罟[32]。今夫斄牛[33]，其大若垂天之云。此能为大矣，而不能执鼠。今子有大树，患其无用，何不树之于无何有之乡[34]，广莫之野[35]，彷徨乎无为其侧[36]，逍遥乎寝卧其下？不夭斤斧[37]，物无害者，无所可用，安所困苦哉！"

【注释】

[1] 惠子：宋国人，姓惠名施，做过梁惠王的相。惠施本是庄子的朋友，为先秦名家代表，但本篇及以下许多篇章中所写惠施与庄子的故事，多为寓言性质，并不真正反映惠施的思想。

[2] 魏王：即梁惠王。贻(yí)：赠送。瓠(hù)：葫芦。

[3] 树：种植、培育。

[4] 实：结的葫芦。石(dàn)：容量单位，十斗为一石。

[5] 举：拿起来。

[6] 瓠落：又写作"廓落"，很大很大的样子。

[7] 呺(xiāo)然：庞大而又中空的样子。

[8] 为(wèi)：因为。掊(pǒu)：砸破。

[9] 固：实在，确实。

[10] 龟(jūn)：通"皲"，皮肤受冻开裂。

[11] 洴(píng)：浮。澼(pì)：在水中漂洗。絖(kuàng)：丝絮。

[12] 方：药方。

[13] 鬻(yù)：卖，出售。

[14] 说(shuì)：劝说，游说。

[15] 难：发难，这里指越国攻打吴国。

[16] 将(jiàng)：统帅部队。

[17] 裂：划分出。

[18] 一：同一，一样的。

[19] 或：无定代词，这里指有的人。以：凭借，其后省去宾语"不龟手之药"。

[20] 虑：考虑。一说通作"摅"，用绳络缀结。樽：本为酒器，这里指形似酒樽，可以拴在身上的一种凫水工具，俗称腰舟。

[21] 蓬：草名，其状弯曲不直。"有蓬之心"喻指见识浅薄不能通晓大道理。

[22] 樗(chū)：一种高大的落叶乔木，但木质粗劣不可用。

[23] 大本：树干粗大。拥(擁)肿：今写作"臃肿"，这里形容树干弯曲、疙里疙瘩。中(zhòng)：符合。绳墨：木工用以求直的墨线。

[24] 规矩：即圆规和角尺。

[25] 塗：通作"途"，道路。

[26] 狸(lí)：野猫。狌(shēng)：黄鼠狼。

[27] 卑：低。

[28] 敖：通"遨"，遨游。

[29] 跳梁：跳踉，跳跃、窜越的意思。

[30] 辟：避开；这个意义后代写作"避"。

[31] 机辟：捕兽的机关陷阱。

[32] 罔：网。罟(gǔ)：网的总称。

[33] 犛(lí)牛：牦牛。

[34] 无何有之乡：指什么也没有生长的地方。

[35] 莫：大。

[36] 彷徨：徘徊，纵放。无为：无所事事。

[37] 夭：夭折。斤：伐木之斧。

庄子·大宗师(节选)

【解题】

本篇节选自《庄子·大宗师》。"宗"指敬仰、尊崇，"大宗师"意思是最值得敬仰、尊崇的老师。谁够得上称作这样的老师呢？那就是"道"。庄子认为自然和人是浑一的，人的生死变化是没有什么区别的，因而他主张清心寂神，离形去智，忘却生死，顺应自然。这就叫作"道"。这里节选的是文章前两部分，第一部分虚拟一种理想中的"真人"，"真人"能做到"天"、"人"不分，因而"真人"能做到"无人"、"无我"。"真人"的精神境界就是"道"的形象化。第二部分从描写"真人"逐步转为述说"道"，只有"真人"才能体察"道"，而"道"是"无为无形"而又永存的，因而体察"道"就必须"无人"、"无我"。这两段是全文论述的主体。

【原文】

一

知天之所为，知人之所为者，至矣！知天之所为者，天而生也；知人之所为者，以其知之所知，以养其知之所不知，终其天年而不中道夭者，是知之盛也。虽然，有患。夫知有所待而后当[1]，其所待者特未定也[2]。庸讵知吾所谓天之非人乎？所谓人之非天乎？且有真人而后有真知。

何谓真人？古之真人，不逆寡[3]，不雄成[4]，不谟士[5]。若然者，过而弗悔，当而不自得也[6]。若然者，登高不栗，入水不濡^[7]，入火不热。是知之能登假于道者也若此^[8]。

古之真人，其寝不梦，其觉无忧，其食不甘，其息深深。真人之息以踵^[9]，众人之息以喉。屈服者，其嗌言若哇^[10]。其耆欲深者^[11]，其天机浅^[12]。

古之真人，不知说生，不知恶死。其出不訢^[13]，其入不距^[14]。翛然而往^[15]，翛然而来而已矣。不忘其所始，不求其所终。受而喜之，忘而复之。是之谓不以心捐道^[16]，不以人助天，是之谓真人。若然者，其心忘^[17]，其容寂，其颡頯^[18]。凄然似秋，煖然似春^[19]，喜怒通四时，与物有宜而莫知其极^[20]。故圣人之用兵也^[21]，亡国而不失人心；利泽施乎万物^[22]，不为爱人。故乐通物，非圣人也；有亲^[23]，非仁也；天时^[24]，非贤也；利害不通，非君子也；行名失己^[25]，非士也；亡身不真，非役人也^[26]。若狐不偕、务光、伯夷、叔齐、箕子、胥余、纪他、申徒狄^[27]，是役人之役，适人之适^[28]，而不自适其适者也。

古之真人，其状義而不朋^[29]，若不足而不承；与乎其觚而不坚也^[30]，张乎其虚而不华也^[31]；邴邴乎其似喜也^[32]，崔乎其不得已也^[33]。滀乎进我色也^[35]，与乎止我德也^[35]，厉乎其似世也^[36]，謷乎其未可制也^[37]，连乎其似好闭也^[38]，悗乎忘其言也^[39]。以刑为体^[40]，以礼为翼，以知为时^[41]，以德为循。以刑为体者，绰乎其杀也^[42]；以礼为翼者，所以行于世也；以知为时者，不得已于事也；以德为循者，言其与有足者至于丘也，而人真以为勤行者也。故其好之也一，其弗好之也一。其一也一，其不一也一。其一与天为徒^[43]，其不一与人为徒。天与人不相胜也，是之谓真人。

【注释】

[1]有所待：有所依凭。庄子认为人们的认识和了解都离不开认识、了解的对象。当：恰当、正确。

[3]特：但，不过。

[3]逆：针对，对付。

[4]雄成：雄踞自己的成绩，即凭借自己取得的成绩而傲视他人、凌驾他人。

[5]谟：图谋、算计。士：通作"事"。一说"士"为字面义，"谟士"则指采用不正当

手段谋取士人的信赖。

[6]当：恰巧、正好。自得：自以为得意。

[7]濡(rú)：沾湿。

[8]假：通作"格"，至、达到的意思。

[9]踵：脚跟。"息以踵"言气息深沉，发自根本。

[10]嗌(ài)：咽喉闭塞，"嗌言"是说言语吞吐像堵在喉头似的。哇(wā)：象声词，形容声音靡曼。

[11]耆：嗜好；这个意思后代写作"嗜"。

[12]天机：天生的神智。

[13]"出"这里指出生于世，与下句"入"指死亡相对为文。以下的"往"和"来"也是指人的死和生。䜣："欣"字的异体，高兴的意思。

[14]距：通作"拒"，拒绝、回避的意思。

[15]儵(xiāo)然：无拘束，自由自在的样子。

[16]捐：当为"损"字之讹，损害的意思。

[17]心忘：心里空灵，忘掉自己的周围。

[18]颡(sāng)：额；頯(kuí)，宽大的样子。

[19]煖(xuān)：同"煊"，温暖的意思。

[20]宜：合适、相称。

[21]本段(从"故圣人之用兵也"至"而不自适其适者也")闻一多先生认为文意与上下不能一贯而自成片断，疑系错简。以备参考。

[22]利泽：利益和恩泽。

[23]亲：这里指偏爱。庄子主张至人无亲，任理自存，因而有了偏爱就算不上是"仁"。

[24]天时：选择时机。

[25]行名：做事为取名声。一说"行"读 xìng，是品行的意思，"行名失己"即品行和名声不符而失去本真。

[26]役：役使、驱遣。

[27]狐不偕、务光、伯夷、叔齐、箕子胥余、纪他、申徒狄：皆人名，传说中远古时代(唐尧、夏禹、商汤时代)的贤人，有的为不愿接受天下，有的为忠谏不被采纳，或投水而死，或饿死，或被杀害。

[28]适：安适，舒畅。

[29]状：外部的表情和神态。義(é)：通作"峨"(亦写作"峩")，高的意思。朋(bēng)：通作"崩"，崩坏的意思。"義而不朋"意思是巍峨而不矜持。一说"義"(yì)讲作"宜"，指与人相处随物而宜；"朋"讲作"朋党"，指与人交往却不结成朋党。姑备参考。

[30]与乎：容与，态度自然安闲的样子。觚(gū)：特立超群。坚：这里是固执的意思。

[31] 张乎：广大的样子，这里指内心宽宏、开阔。华：浮华。

[32] 邴（bǐng）邴：欣喜的样子。有的本子只有一个"邴"字。

[33] 崔乎：开始行动的样子。

[34] 滀（chù）乎：本指水之停聚貌，这里引伸形容人的容颜和悦而有光泽。

[35] 与：交往，待人接物。止：归，"止我德"是说德性高雅宽和，让人归依。

[36] 厉：疑为"广"字之误，言精神博大好像包容了世界。一说"世"乃"泰"字之通假，大的意思。

[37] 謷（áo）乎：高放自得的样子。制：限止。

[38] 连乎：绵邈深远的样子。

[39] 悗（mèn）乎：心不在焉的样子。

[40] "以刑为体"至"而人真以为勤行者也"十三句，张默生、陈鼓应承认为所述内容不似庄子的思想和主张，跟上下文内容也不连贯，嵌在这里前后很不好串通，有待进一步校勘、考订。

[41] 为时：等待时机。

[42] 绰乎：宽大的样子。

[43] 徒：徒属，这里是同类的意思。

二

死生，命也[1]；其有夜旦之常[2]，天也。人之有所不得与[3]，皆物之情也。彼特以天为父，而身犹爱之，而况其卓乎[4]！人特以有君为愈乎己[5]，而身犹死之[6]，而况其真乎[7]！

泉涸[8]，鱼相与处于陆，相呴以湿[9]，相濡以沫[10]，不如相忘于江湖。与其誉尧而非桀，不如两忘而化其道[11]。

夫大块载我以形[12]，劳我以生，佚我以老[13]，息我以死。故善吾生者，乃所以善死也。夫藏舟于壑[14]，藏山于泽[15]，谓之固矣！然而夜半有力者负之而走，昧者不知也[16]。藏大小有宜[17]，犹有所遁[18]。若夫藏天下于天下而不得所遁，是恒物之大情也[19]。特犯人之形而犹喜之[20]。若人之形者，万化而未始有极也，其为乐可胜计邪[21]？故圣人将游于物之所不得遁而皆存。善妖善老[22]，善始善终，人犹效之，又况万物之所系，而一化之所待乎[23]！

三

　　夫道有情有信^[24]，无为无形；可传而不可受^[25]，可得而不可见^[26]；自本自根，未有天地，自古以固存；神鬼神帝^[27]，生天生地；在太极之先而不为高^[28]，在六极之下而不为深^[29]，先天地生而不为久，长于上古而不为老。豨韦氏得之^[30]，以挈天地^[31]；伏戏氏得之^[32]，以袭气母^[33]；维斗得之^[34]，终古不忒^[35]；日月得之，终古不息；堪坏得之^[36]，以袭昆仑；冯夷得之^[37]，以游大川；肩吾得之^[38]，以处大山；黄帝得之^[39]，以登云天；颛顼得之^[40]，以处玄宫；禺强得之^[41]，立乎北极；西王母得之^[42]，坐乎少广，莫知其始，莫知其终；彭祖得之，上及有虞，下及五伯；^[43]傅说得之^[44]，以相武丁，奄有天下^[45]，乘东维^[46]，骑箕尾^[47]，而比于列星。

【注释】

[1] 命：这里指不可避免的、非人为的作用。

[2] 常：常规，恒久不易或变化的规律。

[3] 与：参与，干预。

[4] 卓：特立，高超，这里实指"道"。

[5] 愈：胜，超过。

[6] 死之：这里讲作"为之而死"，即为国君而献身。

[7] 真：这里指的是"道"。一说即上段之"真人"。姑备参考。

[8] 涸（hé）：水干。

[9] 呴（xǔ）：张口出气。

[10] 濡（rú）：沾湿的意思。沫：唾沫，即口水。

[11] 化：这里是溶解、混同的意思。

[12] 大块：大地，这里可以理解为大自然。

[13] 佚（yì）：通作"逸"，闲逸的意思。

[14] 壑（hè）：深深的山谷。

[15] 山（shàn）：通作"汕"，捕鱼的用具。旧注就字面讲。

[16] 昧：通作"寐"，睡着的意思。一说"昧"当如字面讲，"昧者"即愚昧的人。

[17] 宜：合适，适宜。

[18] 遁(dùn)：逃脱、丢失的意思。

[19] 恒：常有、固有的意思。

[20] 犯：承受。一说通作"范"，模子的意思。

[21] 胜(shēng)：禁得起。

[22] 妖：或作"夭"，根据上下文意判断，这里应是少小的意思，与"老"字互文。

[23] 系：关联、连缀；一：全；"一化"即所有的变化；待：依靠、凭借。"所系"、"所待"这里都是指所谓"道"，庄子认为一切事物、一切变化都离不开"道"，因而人们应当效法它，"宗"之为"师"。

[24] 情、信：真实、确凿可信。

[25] 传：传递、感染、感受的意思。

[26] 得：这里是体会、领悟的意思。

[27] 神：这里是引出、产生的意思。

[28] 太极：派生万物的本原，即宇宙的初始；先：据上下文理和用词对应的情况看，"先"字当作"上"字，这样"太极之上"对应下句"六极之下"，且不与"先天地"一句重复。

[29] 六极：即六合。

[30] 狶(xī)韦氏：传说中的远古时代的帝王。

[31] 挈(qiè)：提挈，含有统领、驾驭的含意。

[32] 伏戏氏：即伏羲氏，传说中的古代帝王。

[33] 袭：入。一说讲作"合"。气母：元气之母，即古人心目中宇宙万物初始的物质。

[34] 维斗：北斗星。

[35] 忒(tè)：差错。

[36] 堪坏：传说中人面兽身的昆仑山神。

[37] 冯夷：传说中的河神。

[38] 肩吾：传说中的泰山之神。

[39] 黄帝：即轩辕氏，传说中的古代帝王，中原各族的始祖。

[40] 颛顼(zhuān xū)：传说为黄帝之孙，即帝高阳；玄：黑。颛顼又称玄帝，即北方之帝，"玄"为黑色，为北方之色，所以下句说"处玄宫"。

[41] 禺强：传说中人面鸟身的北海之神。

[42] 西王母：古代神话中的女神，居于少广山。

[43] 上及有虞，下及五伯：从上古虞舜时代活到春秋时期五霸时代。五伯，即五霸：齐桓公、晋文公、秦穆公、楚庄王、宋襄公。

[44] 傅说(yuè)：殷商时代的贤才，辅佐高宗武丁，成为武丁的相。传说傅说死后成了星精，故下句有"乘东维，骑箕尾"之说。

[45] 奄：覆盖、包括。

［46］东维：星名，在箕星、尾星之间。

［47］箕、尾：星名，为二十八宿中的两个星座。

思考与讨论

1. 简述先秦道家学派的主要思想。
2. 试析老子与庄子思想的异同。
3. 试析道家与道教的关系。

延伸阅读书目

1. 任继愈：《中国哲学史》，北京，人民出版社，2010。
2. 陈鼓应、白奚：《老子评传》，南京，南京大学出版社，2001。
3. 颜世安：《庄子评传》，南京，南京大学出版社，1999。
4. 辛战军：《老子译注》，北京，中华书局，2008。
5. 方勇：《庄子译注》，北京，中华书局，2010。
6. 国学整理社：《诸子集成》，北京，中华书局，2006。
7.（清）王先谦：《庄子集解》，北京，中华书局，1987。

第三章　墨　家

墨家是先秦主要哲学派别之一，创始人为墨子。墨家是一个纪律严密的团体，成员大多来自社会下层，以自苦励志、习武修身为务。门人中分为"墨辩"一支，从事谈辩；分为"墨侠"一支，从事武侠，纪律严明。墨家学派有前后期之分，前期思想主要涉及社会政治、伦理及认识论问题；后期墨家在逻辑学方面有重要贡献。墨家到秦汉时期逐渐衰落，墨辩者寻官从政，墨侠者则变为游侠了。

第一节　墨家简介

一、墨家的思想

墨家的政治思想。从墨学流行之日起，就已经有不少学者对其政治思想做了概括：《孟子·尽心上》说："墨子兼爱。"《尸子·广泽》说："墨子贵兼。"《韩非子·五蠹》说："儒墨皆称先王，兼爱天下。"《淮南子·氾论训》说："兼爱，尚贤，右鬼，非命，墨子之所立也，而杨子非之。"可见，"兼爱"是墨学思想的核心和精华。墨子认为，天下大乱的原因是"起不相爱"（《兼爱上》）。"凡天下祸篡怨恨，其所以起者，以不相爱生也。"（《兼爱中》）因为不相爱，人自爱其身不爱他人之身，自爱其家不爱他人之家，自爱其国不爱他人之国，所以产生盗杀、篡夺、攻占等混乱现象，以至于造成天下大乱。正是因为如此，所以在墨子看来，唯一的治乱之术，也就是张扬与倡导"兼爱"。墨子认为，只有人人平等相爱，盗杀、篡夺、攻占等社会混乱现象就会消除，天下就会实现"强不劫弱，众不暴寡，诈不欺愚，贵不傲贱"（《天志中》），余力相劳，余财相分，良道相教的慈、孝、忠、惠、悌、友的社会理想。

与这种兼爱思想相并行，墨家政治思想的另一方面则是"尚同"。墨子认为国家兴起之前，社会处在"自然状态"，没有统一的是非标准，非常混乱。国家的产生是为了制止人们由各行其是而产生的混乱，因而必须有一个国君顺应天意而产生，按照神的意志而设立，"发政于天下之百姓，言曰：闻善而不善，皆以告其上。上之所是必皆是之，上之所非必皆非之"。国君的权力是绝对化的。而一人一义是天下祸乱之源。"古者民始生、未有形政之时，盖其语，人异义。是以一人则一义，二人则二义，十人则十义。其人兹众，其所谓义者亦兹众。是以人是其义，以非人之义，故交相非也……天下之乱，若禽兽然……夫明天下之所以乱者，生于无政长，是故选天下之贤可者，立以为天子。"（《尚同上》）。墨子认为，天下同一之义，祸乱自会消失。那么，天下如何才能"尚同"呢？墨家认为，应该通过"尚贤"的途径来实现，即通过选拔人才来治理国家。墨子认为选拔人才应不避贫贱，而将是否有能力作为入选的标准。"虽在农与工肆之人，有能则举之"（《尚贤上》），从而将农夫、工匠、商人等中小劳动者列入选贤范围。从这种选贤不避贫贱的主张出发，墨家又尖锐地抨击当时宗法制和氏族大家官居要位的不良社会现象，倡导"不当父兄，不偏贵富"（《尚中》）的理想政治。

与"兼爱"、"尚同"的政治思想相联系，墨家也提出了以其政治思想为基础的军事与法律思想。墨家强调"非攻"，反对以强大欺侮弱小，主张强弱平等，倡导和平主义。而在法律上，墨子则主张"杀人者死，伤人者刑"，努力实现法律面前人人平等的法制理想。显然，不论我们是以古人认识世界的标准衡量墨学主张，还是以今人思想价值体系关照墨学理想，我们都可以轻易地看出墨家学说的理想化色彩。一种学说一旦具备了过分理想化的特征，也就必然意味着这种学说过度地游离于当时的社会现实而显现出其不切实际的一面，这是不言而喻的。

其次，墨家在经济思想上的突出主张是"节用"，提倡节俭，反对奢侈浪费，认为节俭是富国的根本措施。故墨家说"节俭则昌，淫佚则亡"（《辞过》），并借用古圣王的"饮食之法"、"衣服之法"，即"足以充虚继气，强股肱，使耳目聪明，则止"，"不极五味之调、芬香之和，不致远国珍怪异物"，"冬服绀緅之衣轻且暖；夏服绤绤之衣轻且清，则止诸"（《节用中》），对当时奢侈的行为进行批评。因此，墨家主张在日常生活中经济适用，以满足基本的人生需求为目的。墨家不仅提倡节俭，而且身体力行之。"短褐之衣，藜藿之羹，朝得之，则夕弗得。"（《鲁问》），就是墨家门人清苦生活的真实写照。

　　另外，"非乐"和"节葬"虽然更多的是被理解为墨家的艺术观和丧葬观，但其与墨家的政治、经济思想主张也有内在精神上的一致性。"非乐"主要针对当时贵族统治者为满足自己的享受所从事的音乐活动。为这种活动专门制作乐器、选拔大批年轻的演奏者等行为，墨家认为不仅会加重人民的负担，还会影响生产："将必厚措敛乎万民，以为大钟、鸣鼓、琴瑟、竽笙之声"，"以求天下之利，除天下之害，而无补也"，"使丈夫为之，废丈夫耕稼树艺之时；使妇人为之，废妇人纺绩织纴之事"（《非乐上》），"以此亏夺民衣食之财"（《非乐上》），"乐逾繁者，其治逾寡，自此观之，乐非所以治天下也。"（《三辩》）墨家也反对与乐有不可分割的联系的周礼："俯仰周旋威仪之礼……诸加费不加民利者，圣王弗为。"（《节用中》）

　　"节葬"是反对厚葬久丧的恶俗，并对此提出严肃的批评：今"王公大人有丧者，曰棺椁必重，葬埋必厚，衣衾必多，文绣必繁，丘陇必巨"，"细计厚葬为多埋赋之财者也。此为辍民之事，靡民之财，不可胜计也，其为毋用若此矣。""使王公大人行此，则必不能早朝晏退，治五官六府，辟草木，实仓廪""使农夫行此，则必不能早出夜入，耕稼树艺""使百工行此，则必不能修舟车，为器皿矣""使妇人行此，则必不能夙兴夜寐，纺绩织纴"（《节葬下》）。长此下去，"国家必贫，人民必寡，刑政必乱"（《非葬下》）。墨家提倡古圣王的"节葬之法"，即"衣三领，足以朽肉；棺三寸，足以朽骸；堀穴深不通于泉，流不发泄，则止。死者既葬，生者毋久丧用哀"（《节用中》）。

　　此外，"天志"、"明鬼"与"非命"是墨家的宇宙观。墨子提出的"兼爱"学说，没有像孔子仁爱思想那样的心理基础，故必须从外在寻找依托——天志，即掌握自然规律。"我有天志，譬若轮人之有规，匠人之有矩。轮匠执其规矩，以度天下之方圆，曰：中者是也，不中者非也。"（《天志上》）"戒之慎之，必为天之所欲，而去天之所恶。曰：天之所欲者何也？所恶者何也？天欲义而恶其不义者也。何以知其然也？曰：义者，正也。何以知义之为正也？天下有义则治，无义则乱，我以此知义之为正也。"（《天志下》）"顺天意者，义政也。反天意者，力政也。"（《天志上》）"天之意不欲大国之攻小国也，大家之乱小家也。强之暴寡，诈之谋愚，贵之傲贱，此天之所不欲。不止此而已，欲人之有力相营，有道相教，有财相分也，又欲上之强听治也，下之强从事也。"（《天志中》）

　　"明鬼"是尊重前人的智慧和经验。也有人认为墨家说鬼并非迷信，而是希望以神鬼之说使人警惕，不行邪恶。"古之今之为鬼，非他也，有天鬼，亦有山水鬼神者，亦有人死而为鬼者。"（《明鬼下》鬼神能协助主宰有意志的

天，实行赏善罚暴，因为鬼神的能力超越一切常人："勇力强武，坚甲利兵，鬼神之罚必胜之。"(《明鬼下》)

"非命"是通过努力奋斗掌握自己的命运。墨子说，主张有命的人(即儒家)认为，"寿夭、贫富、安危、治乱，固有天命，不可损益"(《非儒下》)。与"命"相对的是"力"。墨子认为个人的富贵以及国家的治安，都是由于人的努力("力")，而不是由于什么预先决定的命运("命")。墨子是先秦思想家中第一个明确反对儒家的"命定论"，认为"执有命是天下之大害"(《非命中》)。

总之，墨家思想反映了从宗法奴隶制下解放出来的小生产者阶层的二重性，其思想中的合理因素为后来的唯物主义思想家所继承和发展，其神秘主义的糟粕也为秦汉以后的神学目的论者所吸收和利用。

二、墨家与儒家

《淮南子·要略》说："墨子学儒者之业，受孔子之术，以为其礼烦扰而不说，厚葬靡财而贫民，久服伤生而害事，故背周道而用夏政。"《汉书·艺文志》亦云："墨家者流，盖出于清庙之守。茅屋采椽，是以贵俭；养三老五更，是以兼爱；选士大射，是以上贤；宗祀严父，是以右鬼；顺四时而行，是以非命；以孝视天下，是以上同：其所长也。及蔽者为之，见俭之利，因以非礼，推兼爱之意，而不知别亲疏。"这种种记载都表明墨子曾跟随周官史角的传人学习周礼，"修先圣之术，通六艺之伦"，即学习孔子之术，称道尧舜大禹，学习《诗》《书》《春秋》等儒家典籍。但后来逐渐对儒家的烦琐礼乐感到厌烦，最终"背周道而用夏政"，舍掉了儒学，"法夏宗禹"，创立了自己的墨家学派，聚徒讲学，成为儒家的主要反对派，故墨家学派从一开始就是以儒家学说修正者的面目出现的。所以其"兼爱"思想是针对儒家的仁爱思想而发的；其"节用"、"非乐"以及"节葬"的思想也是针对儒家学派过分注重礼仪而导致物质财富匮乏的社会局面有感而论的。这种思想学说缘起的特殊性，使得墨子在张扬个人思想主张的同时，也为墨家学派遭受儒家学者的围攻设下了伏笔。两家的区别具体如下：

关于"仁爱"和"兼爱"。孔子鼓吹"仁爱"，墨子主张"兼爱"。从表面上看，二者似乎并没有太大的差异。事实上，儒家的"仁爱"是为统治阶级服务的，强调上下尊卑、亲疏远近，强调"刑不上大夫，礼不下庶人"(《礼记》)，实则是"偏爱"；与孔子"亲亲有术，尊贤有等"(《非儒下》)的思想不同，墨子主张兼爱："兼相爱、交相利""赏贤罚暴，勿有亲戚弟兄之所阿"(《兼爱下》)

"虽在农与工肆之人，有能则举之，高予之爵，重予之禄"（《尚贤上》），使得"官无常贵，而民无终贱"（《尚贤上》）。换言之，墨家有一种朴素的平等思想，主张平等地、无差别地爱一切人，实是"博爱"。这和儒家追求的上下尊卑的社会秩序格格不入，故墨子攻击儒家的仁是"以水救水，以火救火"，是改变不了当时下层人民的命运的。儒家对"兼爱"的攻击主要在爱不讲差别，是"无君"、"无父"，"是禽兽"，即批评墨家学说不讲尊卑，不分亲疏，搅乱社会秩序。

此外，墨家的"仁"往往和"义"连在一起，即"仁义"，而孔子只讲"仁"。墨子说"万事莫贵于义"（《贵义》），"义"是"仁"的前提，而墨家认为"义"的本质还是"兼爱"。儒家讲"君子喻于义，小人喻于利"（《论语·里仁》），把义看作是君子与小人的分别，从而将义与利对立起来。显然，儒家之"义"空洞，是人内在的"善"的表现；而墨家很实际，说"义"就是有利于他人。因此，儒家偏唯心主义，墨家偏唯物主义。

关于孝。孔子崇尚周礼、主张厚葬和三年之丧，学生宰予反对三年之丧，孔子骂他不仁。这实际上是片面的，因为只有统治阶级才能实行礼乐以及厚葬，而普通老百姓是不可能做到的。墨子讲"节葬"，出发点是维护平民的利益，因为这样久丧会耽误人民的劳作，更何况当时儒家推崇殉葬，故墨家指责儒家"非仁非义"，并攻击儒家"久丧伪哀"（《非儒下》）。

关于名分。孔子讲求"礼"，极力倡导"正名"，宣扬"孝、悌、忠"。若"贵贱无序，何以为国"（《左传·昭公二十九年》），故坚持忠君思想，认为君就是君，臣就是臣，不能乱套。就以晋灵公被杀来说，晋灵公本是残暴之君，对这样的君主"忠"，按墨子的说法就是"法不仁"，"不可以为法"。

关于鬼神与天命。表面上，儒家对天道和鬼神基本上是持"不言"的态度——"子不语怪力乱神"（《论语·述而》），而墨家偏讲"天志"和"明鬼"，仿佛墨家迷信，不如儒家理性。实际上，从墨子"非命"就可以看出，墨子论证鬼神的存在，是为他的"兼爱"理论作张目，而并不是对超自然有什么兴趣。他关于"天志"和"明鬼"的理论也只是为了教人相信，如实行"兼爱"，将得到上天奖赏；反之，将受到上天惩罚。这是墨子倡导的宗教规范。丧葬祭祀在古代受到重视，起初源于对鬼神的信仰，而儒家重视丧葬礼仪，不是由于信仰鬼神，而是由于重视去世的祖先。孔子代表传统的贵族思想力图通过周礼的改良等方式来安定社会统治者的思想，而墨子反映的则是处于社会下层民众的观点与愿望。

儒墨两家的纠葛已历千载，唐代韩愈《读墨子》评价道："儒讥墨以上同、兼爱、上贤、明鬼。而孔子畏大人，居是邦不非其大夫。《春秋》讥专臣，不上同哉？孔子泛爱亲仁，以博施济众为圣，不兼爱哉？孔子贤贤，以四科进褒弟子，疾没世而名不称，不上贤哉？孔子祭如在，讥祭如不祭者，曰我祭则受福，不明鬼哉？儒墨同是，尧舜同非，桀纣同修身正心以治天下国家，奚不相悦如是哉？余以为辩生于末学，各务售其师之说，非二师之道本然也。孔子必用墨子，墨子必用孔子，不相用不足为孔墨。"①清代四库馆臣也认为："墨家者流，史罕著录，盖以孟子所辟，无人肯居其名。然佛氏之教，其清净取诸老，其慈悲则取诸墨。韩愈《送浮屠文畅序》，称儒名墨行，墨名儒行，以佛为墨，盖得其真。而读《墨子》一篇，乃称墨必用孔，孔必用墨，开后人三教归一之说，则未为笃论。特在彼法之中，能自啬其身，而时时利济于物，亦有足以自立者。故其教得列于九流，而其书亦至今不泯耳。"②因此，客观地说，儒墨两家的思想的确各有所长，是"你中有我，我中有你"的关系，不能截然分开，也不可厚此薄彼。

三、墨家的组织

墨家学派不仅是学术上独树一帜的派别，同时也是一个有着严密组织和严格纪律的团体，最高领袖被称为"矩子"，墨家的成员都称为"墨者"，必须服从矩子的领导，听从指挥。为宣传自己的主张，墨子广收门徒。墨子是第一代矩子，据称"墨子服役者百八十人，皆可使赴火蹈刃，死不旋踵，化之所致也"（《淮南子·泰族训》）。这种为实现学派宗旨而义无反顾的精神，是墨派显著的特点。

墨家纪律严明，首先要求墨者必须服从矩子的领导，故《庄子·天下》云："以巨子为圣人，皆愿为之尸，冀得为其后世。"《吕氏春秋·上德》曰：

> 墨者钜子孟胜，善荆之阳城君。阳城君令守于国，毁璜以为符。约曰："符合，听之。"荆王薨，群臣攻吴起，兵于丧所，阳城君与焉。荆罪之，阳城君走。荆收其国。孟胜曰："受人之国，与之有符；今不见符，而力不能禁，不能死，不可。"其弟子徐弱谏孟胜曰："死而有益阳城君，死之可矣；无益也，而绝墨者于世，不可。"孟胜曰："不然，吾于阳城君，非师则友也，非友则臣也。不死，自今以来，求严师必不于

---

① 韩愈：《韩昌黎集》卷 11，嘉庆十九年影印本。
② 《钦定四库全书总目》，1564 页，北京，中华书局，1997。

墨者矣；求贤友必不于墨者矣；求良臣必不于墨者矣。死之所以行墨者之义而继其业者也。我将属钜子于宋之田襄子。田襄子，贤者也，何患墨者之绝于世也？"徐弱曰："若夫子之言，弱请先死以除路。"还殁头前于孟胜。因使二人传钜子于田襄子。孟胜死，弟子死之者百八十三人。二人以致命于田襄子，欲反死孟胜于荆。田襄子止之，曰："孟子已传钜子于我矣，当听！"遂反死之。墨者以为不听钜子。

从孟胜一事死难的人数、方式、原因等不难看出墨家的敢死之风。孟胜死后，两位担任传话给继任矩子田襄子的墨者，甚至不听从田襄子的劝阻，决然"欲反死孟胜于荆"，二人所体现出的绝对服从之意及视死如归的勇气，也不难看出矩子惊人的权力和权威。

墨者固然要服从矩子，而墨家要求矩子亦绝对服从团体内的纪律。相传"墨者之法，杀人者死，伤人者刑"。如矩子腹䵍的儿子杀了人，虽得到秦惠王的宽恕，但腹䵍仍坚持"杀人者死"的"墨者之法"，见《吕氏春秋·去私》：

> 墨者有钜子腹䵍，居秦，其子杀人。秦惠王曰："先生之年长矣，非有他子也，寡人已令吏弗诛矣。先生之以此寡人也。"腹䵍对曰："墨者之法曰：'杀人者死，伤人者刑'，此所以禁杀伤人也。夫禁杀伤人者，天下之大义也。王虽为之赐而令吏弗诛，腹䵍不可不行墨者之法。"不许惠王，而遂杀之。予，人之所私也；忍所私以行大义，钜子可谓公矣。

从矩子腹䵍铁面无私，依照墨法除杀独生儿子的行为中，我们自可体会"墨家之法"的森严与冷酷。当然，这也是墨家坚持的道义——"夫禁杀伤人者，天下之大义也"。

墨家成员到各国为官必须推行墨家主张，所得俸禄亦须向团体奉献。《墨子·耕柱》云：

> 子墨子游耕柱子于楚。二三子过之，食之三升，客之不厚。二三子复于子墨子曰："耕柱子处楚无益矣！二三子过之，食之三升，客之不厚。"子墨子曰："未可知也。"毋几何而遗十金于子墨子，曰："后生不敢死，有十金于此，愿夫子之用也。"子墨子曰："果未可知也。"

墨者耕柱子向墨子进献的十金，就是墨家子弟向团体奉献的俸禄，故墨子坦然接受。

墨家对违背本学派道义与纪律的墨者，处罚也颇严厉，《墨子·鲁问》云：

> 子墨子使胜绰事项子牛。项子牛三侵鲁地，而胜绰三从。子墨子闻

之，使高孙子请而退之，曰："我使绰也，将以济骄而正嬖也。今绰也禄厚而谮夫子，夫子三侵鲁，而绰三从，是鼓鞭于马靳也。翟闻之，言义而弗行，是犯明也。绰非弗之知也，禄胜义也。"

墨者胜绰见禄忘义，违背了墨家的初衷，故墨子不仅严厉地批评他，还想方设法罢免他的职务。

因此，墨家是一个有领袖、有学说、有组织的学派，他们有强烈的社会实践精神。墨者多来自社会下层，以"摩顶放踵，利天下，为之""兴天下之利，除天下之害"为社会理想，常常"孔席不暖，墨突不黔""以裘褐为衣，以跂蹻为服，日夜不休，以自苦为极"，吃苦耐劳，严于律己，把维护公理与道义看作是义不容辞的责任。

四、墨家的著作

自秦以后，墨子及其弟子的言论，散见于各种典籍之中，如《新序》《尸子》《晏子春秋》《韩非子》《吕氏春秋》《淮南子》《列子》《战国策》《诸宫旧事》《神仙传》等等。西汉刘向《汉书·艺文志》将散见各篇著录成《墨子》一书，共七十一篇，此外还录有墨家著作《胡非子》三篇、《随巢子》六篇、《我子》一篇、《田俅子》三篇和《尹佚》二篇。遗憾的是，这些著作在六朝以后逐渐流失，独《墨子》一书因为被道家著作《道藏》所收录，侥幸留传下来。

《墨子》一书，既非一人所作，又非一时所成。一般认为《墨子》是由墨子自著及其门徒记述墨子言论的书篇而写定的一家之言。《墨子》内容广博，包括了政治、军事、哲学、伦理、逻辑、科技等方面。此书文字质朴无华，但逻辑性强，善于运用具体事例进行说理，使说理文章有了很大发展，对后代议论文的发展有重要作用。

《墨子》可分两大部分：一部分记载墨子言行，阐述墨子思想，主要反映了前期墨家的思想；另一部分《经上》《经下》《经说上》《经说下》《大取》《小取》等六篇，一般称作墨辩或墨经，着重阐述墨家的认识论和逻辑思想，还包含许多自然科学内容，反映了后期墨家的思想。在逻辑史上被称为后期墨家逻辑或墨辩逻辑（古代世界三大逻辑体系之一，另两个为古希腊的逻辑体系和佛教中的因明学）；其中还包含许多自然科学的内容，特别是天文学、几何光学和静力学。

《墨子》按内容可分五组：从《亲士》到《三辩》七篇为墨子早期著作，其中前三篇掺杂有儒家的理论，比如《亲士》篇中的"甘井先竭，招木先伐""太盛难守"等，皆出于道家之语。"修身"一词，为儒家之言，应当是墨子早年"习儒者之业，受孔子之术"的痕迹；后四篇主要是"尚贤"、"尚同"、"天志"、"节用"、"非乐"等理论。从《尚贤上》到《非儒下》二十四篇为一组，系统地反映出墨子"兼爱"、"非攻"、"尚贤"、"尚同"、"节用"、"节葬"、"非乐"、"天志"、"明鬼"、"非命"十大命题，是《墨子》一书的主体部分。《经上》《经下》《经说上》《经说下》及《大取》《小取》六篇，艰涩难译，古字词较多，辩理深奥，杂有朴素的唯物主义和唯心主义的理论，光学、力学和数学等自然科学理论以及社会科学、伦理学、逻辑学等等。这一类是《墨子》的精华部分。梁启超认为这六篇是墨子自著。而孙诒让则认为是后墨学者所著。孙诒让所据的理由之一是：公孙龙与墨子时代不同，而且公孙龙在墨子之后，因此不可能有坚白石之论。这是研究墨家逻辑思想和科学技术成就的珍贵资料。《耕柱》至《公输》五篇是墨子言行记录，体例与《论语》相近，是墨子弟子们辑录的，也是研究墨子事迹的第一手资料。《备城门》以下到末二十篇（含已佚九篇），可以说是墨家兵法。墨子提倡非攻，以守御为主，十一篇皆以守备之法为主题。墨家兵法是墨学之弟子精研而成。此十一篇古字词颇多，古代兵法阵法用词不少，很少通译。这十一篇所讲守城技巧与城防制度，其制度与秦相近，是战国时期秦国墨者所作，这是研究墨家军事学术的重要资料。

《汉书·艺文志》著录《墨子》七十一篇，《隋书·经籍志》以下各家所记，均说十五卷。到宋时，《墨子》只存六十篇。今本《墨子》卷数同《隋书·经籍志》所载，但只有五十三篇，已经阙亡十八篇。其中已亡佚的有：《节用下》《节葬上》《节葬中》《明鬼上》《明鬼中》《非乐中》《非乐下》《非儒上》。除此八篇外，另十篇连篇目皆亡佚，在这十篇中，只有《诗正义》曾提到过《备卫》篇目，其余无可考。

清代毕沅是第一个整理《墨子》全书的人，毕氏《墨子注》刊刻于乾隆四十八年(1783 年)。后王念孙、王引之父子及俞樾等学者均对毕注本有所研究，且成果丰硕。晚清著名学者孙诒让集十年之功，在上述诸人研究的基础上撰成《墨子间诂》一书，初以活字印行，后于宣统二年(1910 年)刊刻。孙氏考校文字、征引文献，于《墨子》功绩卓越，俞樾《墨子间诂序》称誉为"自有《墨子》以来未有此书"。近代学者吴毓江的《墨子校注》是继孙氏《墨子间诂》后又一优秀的今人注本。

吴毓江(1898—1977 年)，苗族，重庆秀山人，1925 年毕业于北京大学经济系，先后任四川大学教授、日本东京帝国大学研究员、北京中法大学教授、中央研究院专题研究员、四川省立教育学院教授、西南师范学院教授等，以治墨学著名，代表作《墨子校注》十五卷，被收入《察今堂丛书》，1944年1月由重庆独立出版社印行。此外，还有《公孙龙子校注》等著作。

由于《墨子校注》印刷于抗战时期，流传既少，印刷错误亦多，故孙启治重新整理标点，中华书局于1993年10月出版整理本。2006年2月，中华书局再次修订孙启治整理本《墨子校注》，列入《新编诸子集成》本。本章第三节所选墨家代表作品均出于此本。

五、墨家后期的基本思想

墨子死后，墨家分为三大派别，分别为相里氏之墨、相夫氏之墨和邓陵氏之墨（见《韩非子·显学》）。分别以谈辩、从事、说书为主要思想，其中谈辩即辩论，即从事研究科学，说书即教书和研究各种典籍。他们各自以为是正宗，不相上下，谁也不服谁，甚至互相倾轧，致使墨家元气大伤。

战国后期，墨家三派又汇合成两支：一支注重认识论、逻辑学、几何学、光学、静力学等学科的研究，是谓"墨家后学"（亦称"后期墨家"）；另一支则转化为秦汉社会的游侠。前者对前期墨家的社会伦理主张多有继承，在认识论、逻辑学方面成就颇丰。后期墨家除肯定感觉经验在认识中的作用外，也承认理性思维在认识中的作用，对前期墨家的经验主义倾向有所克服，还对"故"、"理"、"类"等古代逻辑的基本范畴作了明确的定义，区分了"达"、"类"、"私"等三类概念，对判断、推理的形式也进行了研究，在中国古代逻辑史上占有重要地位，形成了中国古代第一个比较完整的逻辑体系，主要反映在《小取》篇中。

可惜的是，从秦统一六国以后到清朝初年的近两千年里，墨学进入低潮。但是墨家精神并没有失传，仍在中国民间的社会底层流传着。汉代以后的侠士是墨家"兼爱"精神的继承者。中国歌颂侠义精神的诗歌和侠士小说，其精神源头莫不与墨家思想有着密切的联系。

六、墨家之式微

墨家学派在春秋战国时代，曾经是风靡一时的显学。《孟子·滕文公下》说："杨朱墨翟之言盈天下，天下之言，不归杨，则归墨。"《吕氏春秋·当染》道："孔墨皆死久矣，从属弥众，弟子弥丰，充满天下。"《韩非子·显学》也说："世之显学，儒墨也。儒之所至，孔丘也；墨之所至，墨翟也。"可见当时，儒墨最盛，墨家是唯一一个可以和儒家学说相抗衡的学派，故而号称"显学"。

从墨家学派在秦汉之后的传承历史看，秦始皇初年，墨学尚盛。《盐铁论·论诽》说："昔秦以武力吞天下，而斯、高以妖孽累其祸。废古术，隳旧礼，专任刑法，而儒墨既丧焉。"可知儒墨两家在秦代都受到重创，但并未灭绝。到汉初，墨学仍未灭绝。《盐铁论·晁错》曾记载："日者淮南、衡山修文学，招四方游士，山东儒墨咸聚于江淮之间，讲议集论著书数十篇。"至汉武帝"罢黜百家，独尊儒术"，墨学渐趋灭亡。所以到司马迁撰写《史记》之时，受时代学术风气所染，已经不为墨子单独立传，而仅在《孟荀列传》之后，对墨子附注了简单的二十四字介绍："盖墨翟宋之大夫，善守御，为节用，或曰并孔子时，或曰在其后。"此后近两千年，鲜有人治墨学。尽管晋鲁胜、唐韩愈、明李贽等人曾肯定墨学，但在儒学占有绝对主流思想意识地位的封建社会，这样的肯定也只是呈现出了昙花一现的个人学术见解的特征。相反，已经衰亡的墨学更多受到的则是攻击和反对。如宋王安石、朱熹都认为墨子不如杨朱。元代马端临认为："墨之为书，一切如庄周，如申、商，如韩非、惠施之徒，虽不辟可也。惟其言近乎伪，行近乎诬，使天下后世人尽信其说，其害有不可胜言者，是以不可不加辟也。"①正是对墨学这种"不可不辟"学术观点的盛行，清代四库馆臣便认为："墨家者流，史罕著录，盖以孟子所辟，无人肯居其名。"②况且，其"传述者稀，遗编无几"③，不便于立类。因此，曾经是"言盈天下"的显学，便不得不与名家、纵横家等合为"杂家"一门而得以进入《四库全书》的体例编排之中。至清中叶后，在考据之风和西学东渐风气的冲击下，墨学经典才得到毕沅、汪中、孙诒让等学者的校释和系统的整理。晚清以后，在梁启超和胡适等学者的继续努力下，墨学终于重新受到世人重视。

七、墨家思想的价值

墨家在和秦汉政治制度、经济制度和意识形态的全面冲突之中而逐渐衰微直至灭亡的历史，恰好给我们提供了这样一种启示：墨学政治思想与经济

---

① 马端临：《文献通考》，1740 页，北京，中华书局，1986。
② 《钦定四库全书总目》，1564 页，北京，中华书局，1997。
③ 《钦定四库全书总目》，1135 页，北京，中华书局，1997。

思想的特殊性既是墨家学派最终遭受覆灭的症结之所在，同时也说明这种特殊的思想部分地触及了封建统治阶级的痛处，因此也就体现出了一种价值之所在。也就是说，如果我们跳出时代学术的纷争，超越诸子是非的界限，以今人的观念重新关照墨家学说，我们还是可以明显地看出，墨家学说的某些思想层面的价值。具体而言，我们可以从这样几个方面来考察并评述墨家思想的价值：

1. 墨家政治学说的价值

"兼爱"是墨家政治学说的核心思想，这种学说是对儒家"仁爱"说的一种挑战性发展。因为墨子曾"修儒者之业，受孔子之术"（《淮南子·要略》），他深刻地认识到儒家所提倡的是一种"别爱"，其本质是为贵族宗法制度服务的，是一种有社会等级的爱。所以，墨子明确提出"兼相爱"，反对宗法之爱，主张爱不应有亲疏、厚薄之别，而应是人人平等。这种主张，不仅对促进社会的进步，张扬人性的回归无疑具有价值意义，而且对我们今天创建"和谐社会"，也具有积极的借鉴意义。

"尚同"是墨学对社会政治的构想。"尚同"的根本目的是为了结束现实的混乱状态，建立起一个强有力的社会政府。因此，必须首先"同一之义"，即自上而下地统一人们的思想意识。这既是对当时王公大臣的一种批判，也是一种先进的政治理想。墨家认为应通过"尚贤"的选举方法来实现"尚同"的社会政治。这主要又是针对当时世袭贵族制度而言，目的是能够让平民百姓中的贤良之士参政议政。墨子提倡天下"皆竞为义"的社会风尚，主张建立平民民主的政治制度，认为只要农夫和手工业者等一般平民具有贤能条件，他们就可以担任地方上的乡长、里长等官职，直到诸侯、三公、天子。这种"尚贤"的选拔人才的原则，与儒家基于血缘关系的"亲亲"用人原则相对立。因此，儒家学说与墨家思想的对立，从本质上说也就成了两种政治理论和两种政治制度的对立。

墨子强烈反对儒家礼治的主张，积极倡导贤良政治，主张建立法治社会。墨学认为法、义是以"兼相爱"、"交相利"为价值取向，法与道德是相辅相成的关系，将法治思想贯穿在相爱相利的伦理观和人道观中。这种法制思想，不仅是对当时贵族统治者独断专行、贪赃枉法的腐败行为的尖锐批判，也是一种社会愿望。看看当今社会上存在的"以权谋私""权钱交易""枉法徇私"等腐败现象，我们就会明白墨学法制思想的价值。

同时，墨学的反对战争，倡导和平的思想对于我们实行维护和平、主持正义、反对霸权政治的对外活动至今有着积极意义。

2. 墨家学说在经济理论上的价值

墨子提出的"节用"、"节葬"和"非乐"等思想，虽然是墨家的消费观、丧葬观和艺术观，但又是与其政治思想和经济思想息息相关的，都是针对统治者骄奢淫逸的腐败生活方式而言，其立论的目的无非是为了调节物质财富的分配而使平民百姓得以安居乐业。这在我们当今所生活的这样一个贫富差距越来越大的社会中，仍然具有现实的理论意义。这也更让我们欣赏和尊敬墨学节俭的宝贵思想。因此，墨子的"节葬"和"非乐"主张，对于我们进行反腐倡廉、净化社会风尚都具有直接的借鉴意义。

毋庸讳言，先秦时代出现的"摩顶放踵利天下为之"(《孟子·尽心上》)的墨家学说，即便是用今天的思想价值体系来关照，我们也仍然难以否定其"乌托邦"式的理想色彩。墨学的政治思想和经济思想，从本质上说是一种充满着幻想和浪漫的社会理想。然而，任何理论的建立都是为了勾画一个美丽的彼岸世界，而为人类文明的前进指引方向。从这个角度看，墨家学说的过分理想化的色彩，也许正是其思想价值的突出体现。毕竟对美好社会的向往是人类天性。因为有目标，我们便有了前进的方向。

3. 墨家思想在历史上的价值

墨家思想是中国古代辩证唯物主义及辩证唯物论。中华文化的特质是一种人伦文化。因此，在中国历史上，自然科学家很少有崇高的地位。墨子懂得太多的有关自然的道理，有那么多发明创造，这不能不说是中国古代史上的一个奇迹。墨子能够真正摆脱各种社会势力的纠缠和引诱，从力学、光学、几何学、逻辑学等广泛的知识领域去把握生命的本来含义，认知世界的真相，从而形成寻求真知、注重实践、自励自强的可贵品格。

综上所述，如果把墨家的思想主张与儒家做比较的话，我们是很容易看出这种学说的贫民化与理想化的特点的。它不像儒家学说那样具有太多帮闲的特点，而这也许正是墨家思想的可贵之处。因为我们知道，一种学说一旦具有贫民化的倾向，也就意味着其不仅拥有了最大限度的民众性与合理性，同时也体现了其立论的公正性。而学说的理想化，又正好表现了其改变社会的坚决与彻底性。从这些方面看，墨家学说无疑是有其价值的。

第二节　墨子

墨子(约前 468—前 376 年)，是春秋末年战国初期的著名思想家、教育家、科学家、军事家、自然科学家和社会活动家，墨家学派的创始人。

一、生平

墨子的真实姓名，至今没有定论：传统的说法是墨子姓墨名翟，《吕氏春秋》《淮南子》《史记·孟子荀卿列传》内都这样说。唐人林宝《元和姓纂》明确说墨子乃孤竹君之后，本墨胎民，改为墨氏。《新唐书·艺文志》也沿用这种说法。第二，墨子姓翟名乌。南齐孔稚圭《北山移文》称墨翟为"翟子"，元朝伊世珍《琅环记》也附和此说，并认为墨子姓翟名乌。清朝周亮工所著的《固树屋书影》更具体地提出："以墨为道，今以姓为名。"认为他姓翟，并将姓转成名；而"墨"是一种学派。晚清学者江琼《读子厄言》承袭周亮工的说法，并进一步说明，以为古代确实有"翟"姓，但无

墨子像

"墨"姓，而且战国诸子中儒、道、名、法、阴阳、纵横、杂、农、小说等，都没有以姓作为学派名，因此墨应该是学派的名称。第三，墨翟为"貊狄"或"蛮狄"之音转，非姓名。近代学者胡怀琛在其所撰《墨翟为印度人辨》一文中提出，墨既非姓，翟也不是姓，更不是名，而是"貊狄"或"蛮狄"之音转，是用来称一个不知姓名的外国人。第四，墨为古代刑名之一。近代学者钱穆《墨子传略》从墨刑是古代刑名之一的角度展开研究，认为古人犯轻刑，则罚做奴隶苦工，故名墨为刑徒，实为奴役，而墨家生活菲薄，其道以自苦为极。墨子和弟子们都"手足胼胝，面目黎黑，役身给使，不敢问欲"，人人皆可使"赴火蹈刃，死不旋踵"。这样，就被称为墨了。历史上西汉淮南王英布遭黥刑后称为黥布，也是一证。而翟确实是名，因《墨子》和《吕氏春秋》记载墨翟，往往称"翟"。

墨子籍贯不明，有人说他是宋人，如司马迁《史记·孟子荀卿列传》云："盖墨翟，宋之大夫，善守御，为节用，或曰并孔子时，或曰在其后。"班固《汉书》亦记其为宋人，葛洪《神仙传》、《文选》李善注与《荀子》杨倞注都持此说。也有人说是鲁人，如《吕氏春秋》高诱注云："墨子，鲁人也。著书七十篇，以墨道闻。"还有人说是楚人，如毕沅《毕子授堂文钞注序武亿墨子跋》。司马迁之说较早，似乎可以采信。

墨子的生活年代，《史记》也不能明辨——"或曰并孔子时，或曰在其

后"。《汉书·艺文志》曰："墨子在孔子后。"《后汉书·张衡传注》云："公输班与墨翟并当子思时，出仲尼后。"据近人梁启超考证，墨子当生于周定王元年至十年之间（前468—前459年），卒于周安王十二年至二十年之间。钱穆《先秦诸子系年》则认为墨翟之生，至迟在元王之世，卒年当在周安王十年左右，较梁考提前十余年。综合众说，学界一般认为墨翟约生于周定王元年（前468年），约卒于周安王末年（前376年）。

墨子是平民出身。墨子当过制造器具的工匠。他自称是"北方之鄙人"（《吕氏春秋·爱类》），被人称为"布衣之士"（《吕氏春秋·博志》）和"贱人"（《诸宫旧事》）。墨子曾做宋国大夫，自诩说"上无君上之事，下无耕农之难"，他还是一个同情"农与工肆之人"的士人。

墨子"好学而博"（《庄子·天下》），是个以天下为己任、立志救民于水火中的哲人。孟子对他这种"士志于道"的精神还是十分赞扬的："墨子兼爱，摩顶放踵利天下，为之"（《孟子·尽心上》）；庄子也由衷称赞道："墨子真天下之好也，将求之不得也，虽枯槁不舍也，才士也夫！"（《庄子·天下》）

墨子擅长工巧和制作，在军事技术方面高于其他诸子。据说他能在顷刻之间将三寸之木削为可载300公斤重的轴承。据《韩非子·外储说左上》载："墨子为木鸢，三年而成，一日而败。"他利用杠杆原理研制成桔槔，用于提水。他还制造了辘轳、滑车和云梯等，用于生产和军事。他还擅长守城技术，其弟子将他的经验总结成《城守》二十一篇。

墨子行迹很广，东到齐，西到郑、卫，南到楚、越。鲁阳文君要攻打郑国，墨子知道后又前去说之以理，说服鲁阳文君停止攻郑。他"南游使卫"，宣讲"蓄士"以备守御。又多次访问楚国，献书楚惠王。但后来他拒绝了楚王赐给他的封地，离开了楚国。墨子晚年来到齐国，企图劝止项子牛讨伐鲁国，但没有成功。越王邀请墨子做官，并许给他以五百里的封地。墨子以"听吾言，用我道"作为前往条件，而不计较封地与爵禄。

约公元前376年，墨子逝世，弟子将他安葬于狐骀山下的苍松翠柏之中。他的陪葬品极其简单，最有价值的是一部《墨子》手稿。墨子及其门徒生前对为之奋斗终生的事业、学说非常自信，曾经慨然而呼："天下无人，子墨子之言犹在。"

二、逻辑学家

逻辑的研究对象是思维形式及其规律。在人类的智力和知识发展到一定阶段的时候，必然会对认识过程中思维活动的本身进行反思，探寻思维所应有的形式及其固有的规律。约在公元前五至三世纪时期，古希腊、印度和中国各自独立创建了自己的逻辑学说，即古希腊的形式逻辑、古印度的因明学和中国先秦时代的墨辩逻辑。相比之下，古希腊的逻辑学更注重推理过程的公式化和形式化，印度的因明学更注重对推理过程类比的仔细分析，而墨子所建立的逻辑学体系更注重于思维形式和具体内容的结合，更注重为论辩的实际需要服务。

墨子的逻辑学体现在《墨辩》六篇中，包括《经上》《经下》《经说上》《经说下》《大取》《小取》。《墨辩》六篇各有所重，分别论述了关于思维形式（例如概念、判断、推理）、思维规律（例如同一律、矛盾律、排中律、充足理由律）和思维方法（例如归纳、演绎、类比）的认识。《经上》篇和《经说上》篇主要是给出了一系列的概念、定义，并对它们作了解说。《经下》篇和《经说下》篇论及了命题和定理及一些思维规律。《大取》篇着重谈了逻辑推理和判断的基本组织形式。《小取》篇总结了墨辩逻辑，说明了逻辑的作用，逻辑形式和逻辑方法的意义。从《墨辩》六篇的总体结构来看，墨子已经明确制定了概念、判断、推理三种基本的逻辑思维形式，并阐明了它们之间的区别和联系。墨子并具体论述了概念的本质、划分和作用，阐述了判断的实质、类型及其相互关系，提出了推理的三个范畴和各种推理、论证的具体形式，总结了归纳、演绎等逻辑方法，揭示了逻辑思维基本规律的内容。凡此等等，都可说明墨子逻辑是一个由基本概念和范畴所构成，以思维形式和规律为对象、内容的逻辑学体系。因此，《墨辩》六篇是墨子逻辑学的专著。

墨子及其学派是代表小生产劳动者利益的，也是在和儒学的对立和斗争中逐渐发展起来的。在思想、理论斗争的领域中，论辩术具有重要的作用。墨子告诫弟子要"辩于言谈，博乎道术"，墨子后学中有一派专学、专长论辩，所谓"能谈辩者谈辩"。在论战中，墨子一方面为了使自己的论证、说理更加严密，做到有根有据，使其更有说服力从而注意到对论说方法、规则的研究，讲究论证、推理的合理性；另一方面，由于紧迫的现实斗争又使墨子不可能像一个书斋里的学者静心研究思维形式，论证规则和推理方法，构造一个系统的形式化的逻辑体系。再则，墨子是一个强调以实践应用为主，言用于行，言行合一的学者。所以，墨子对思维形式、推理方法、论证规则的研究更强调它们为现实的理论斗争服务。由于论战的内容涉及政治、经济、伦理、道德、科技等具体学科，因而墨子在分析、阐明思维逻辑的形式、方法、规律时往往以这些具体学科的具体问题作为例子和内容。也就是说，墨子的逻辑学是和墨子的政治、经济、伦理、科技等具体学科的认识和知识交织在一起。

墨子逻辑学不仅是先秦时代逻辑学发展的一个杰出成果，同时为中国古代逻辑学的发展奠定了一个良好的基础。这种奠基作用表现在以下几点：

其一，明确将"论求群言之比"的思维形式和思维内容划分开来，将思维形式作为逻辑学研究的对象和内容。这是逻辑学得以成为一门学科，健康发展的先决条件，使思维本身的固有形式和逻辑规律得到系统的揭示成为可能。墨子同时又强调思维形式的研究必须和思维的具体内容相结合，为思维内容服务。

其二，墨子关于名实、同异的认识为中国古代逻辑的发展提示了两个重要原则。取实予名，举名拟实，名实对应，强调概念的内涵和外延必须与认识对象的本质和表象相合，进而要求思维的形式有助于思维内容的表达，使其能真实地反映客观事物。墨子关于同异分类的原则，是从事物的自我同一性及与他事物的互异性，对大千世界的事物进行分类，从而使认识对象有了确定的划分，使认识活动有了确定的目标。

其三，墨子的逻辑学强调在论辩中，名言辩说必须严格区分真理和谬误，论证和诡辩之间的区别。论证、推理要求"以说出故"，要求论证推理的过程具有充足的理由，要求揭示结果成立的必要条件和充分条件，使逻辑论证、推理的因果关系体现得更充分，不致陷于诡辩。

其四，墨子逻辑注重从概念的内涵规定作为事物同异分类标准的方法，具有很大的实用意义。在论战中，以概念的内涵分析为基础辩说论证，使论辩不致因偷换概念而成诡辩。这种论辩方法可避免纯粹的概念游戏或无目的、无内容、似是而非、模棱两可的诡辩，使论辩具有确定的对象和具体的内容。

虽然由于民族文化环境的不同，民族语言的制约，各自社会的不同需要，墨子的逻辑学在思维形式和规律的系统化，在推理形式结构的精细化方面不如亚里士多德的形式逻辑和古印度的因明学，但是从总的逻辑体系的水平来看，墨子的逻辑学并不比亚里士多德的形式逻辑、古印度的因明学逊色。因此，墨子逻辑学作为一个逻辑体系不仅是对中国古代逻辑发展的一个重大贡献，同时可和亚里士多德的逻辑、古印度的因明学相媲美，可与之并列为形式逻辑的世界三大源流。①

---

① 邢兆良：《墨子评传》，南京，南京大学出版社，1993。

三、教育家

儒墨两家在当时并称"显学"，弟子甚多，遍布各地，但两派的阶级立场显然不同。孔丘旨在维护没落的奴隶主贵族的统治，墨子则反映正在上升的"农与工肆之人"即小生产者的要求。彼此利益相反，所以两派形成对立面。由于儒墨两家立场不同，社会政治思想亦背道而驰。儒家主张"爱有差等"，墨家则主张"兼爱"；儒家信"命"，墨家则"非命"；儒家鄙视生产劳动，墨家则强调"不赖其力者不生"；儒家"盛用繁礼"，墨家则俭约节用；儒家严义利之辨，墨家则主张"义，利也"；儒家的格言是"穷则独善其身，达则兼善天下"，墨家则"摩顶放踵，利天下为之"；如此等等。因此，这两家的教育思想和实践也各有特点。

从教育目的与作用来看，墨子在于培养"贤士"或"兼士"，以备担当治国利民的职责。墨子认为贤士或兼士是否在位，对国家的治乱盛衰有决定性的影响。作为贤士或兼士，必须能够"厚乎德行，辩乎言谈，博乎道术"。在这三项品德中，德行一项居于首位，因为"士虽有学，而行为本焉"，这与儒家的说法颇为类似。但墨家所强调的是"有力者疾以助人，有财者勉以分人，有道者劝以教人"，则又与儒家有所区别。关于言谈，墨家认为在学派争鸣时代，立论能否言之成理，持之有故，能否具有说服力，关系到一个学派势力的消长，因此作为贤士或兼士，必须能言善辩，能够奔走说教，转移社会的风气。兼士还必须"好学而博"，而且所学不仅是墨家的中心思想，并且包括技术的掌握。故墨家所要培养的贤士或兼士，必须具有"兼爱"的精神，长于辩论，明辨是非，又是道术渊博，有益于世的人才，也是文武双全的勇士，而儒家培养的主要是文士。

从教育内容看，墨子以"兼爱"、"非攻"为教，同时重视文史知识的掌握及逻辑思维能力的培养，还注重实用技术的传习。墨者禽滑厘要学习战守之术，墨子即教以战略战术和各种兵器的使用。《备城门》以下多篇，显示墨子对于这方面的工艺，有湛深的研究。更重要的是墨子的教导不仅是坐而言，而且是起而行。他为了实现非攻的主张，就反对楚王攻宋，并且派禽滑厘统率门徒 300 人帮助宋国坚守都城，使楚王不得不中止其侵略计划。

从教学思想方面看，关于知识的来源，《经上》指明："知：闻、说、亲。"《经说上》又解释为："知：传受之，闻也；方不障，说也；身观焉，亲也。"就是说，人的知识来源有三种：第一，亲知，即亲身经历得来的知识，又可分"体见"即局部的与"尽见"即全面的两种；第二，闻知，即传授得来的知识，又可分为"传闻"与"亲闻"两种；第三，说知，即推论得来的知识，这种知识不受方域语言的障碍。这三种知识来源中，以"亲知"及"闻知"中的"亲闻"为一切知识的根本，由于"亲知"往往只能知道一部分，"传闻"又多不可靠，所以必须重视"说知"，依靠推理的方法，来追求理性知识。

墨子关于认识客观事物的方法与检查认识的正确性问题，提出了有名的"三表"或"三法"。他在《非命上》先提出"言有三表"，在《非命中》和《非命下》又提出"言有三法"。二者内容基本相同。"三表"或"三法"是"有本之者，有原之者，有用之者"。墨子认为，判断事物的是非，需要论证有据，论据要有所本，"上本之于古者圣王之事"，就是本于古代圣王的历史经验。但仅凭古人的间接经验来证明显然不够，还须"有原之者"，即"下原察百姓耳目之实"，就是考察普通民众耳目所接触的直接经验。第三表是"有用之者"，"于何用之？废以为刑政，观其中国家百姓人民之利"，是说当这一言论或判断当作政策法令实行之后，还要看他是否切合国家和人民的利益。这"三表"或"三法"是墨家判断事物是非、辨别知识真伪的标准。这也是墨家的逻辑学。儒墨都讲逻辑学。孔子主张"正名"，就是以"礼"为标准来判断是非利害；墨子主张用"本"、"原"、"用"三表法，就是上考历史，下察百姓耳目所实见实闻，再考察政令的实际效果是否对国家、百姓人民有利。两相对比，墨家的方法较有进步意义。

墨家重视思维的发展，注意逻辑概念的启迪，为了与不同的学派或学者论争，为了劝告"王公大人"勿做不义之事，墨者必须辩乎言谈，以加强说服力，故墨子在中国逻辑史上第一次提出了"辩"、"类"、"故"等逻辑概念。他要求将"辩"作为一种专门知识来学习，并把"无故从有故"，即无理由者服从有理由者作为辩论原则。

墨子的"辩"建立在知类（即知事物之类）、明故（即明了根据、理由）基础之上，属于逻辑类推或论证的范畴。墨子应用类推和求故的思想方法进行论辩，揭露论敌的自相矛盾之处，如其斥责儒家"执无鬼而学祭礼"，就像"无客而学客礼"、"无鱼而为鱼罟"一样荒谬。再如"好攻伐之君"反对"非攻"，列举禹、汤、武王从事攻伐而皆立为圣王，以这些例子质问墨子，他答曰："子未察吾言之类，未明其故者也。彼非所谓攻，谓诛也。"这里，墨子指出"攻"与"诛"是不同类的概念，不容混淆。墨子还嘲笑儒家用"同语反复"的答问方式。墨子问儒家："何故为乐？"答曰："乐以为乐。"墨子认为这等于问"何故为室？"而答以"室以为室"。以同样的东西解释同样的东西，正是逻辑学所指出的下定义时的典型错误。只有答以冬避寒、夏避暑、又可以为男女之别，才是正确回答为室之故。墨子重视逻辑思维，辨析名理，不仅运用于论辩，而且运用于教学。

墨子长于说教，除称说诗书外，多取材于日常社会生活和工农业生产的经验，或直称其事，或引做比喻，具体生动，较能启发门下弟子的思想，亦较易为其他人所接受。例如他以分工筑墙为喻，教弟子能谈辩者谈辩，能说书者说书，能从事者从事，然后义事成。又如，有二三弟子再向墨子请求学射，他认为国士战且扶人，犹不可及，告诫弟子不可同时"成学"又"成射"。这些例子说明，墨子教学注意量力，既要求学生量力学习，也要求教者估计学生"力所能至"而施教。只有根据学生的具体情况，使能力不同的学生，在不同的基础上，做到可能"成学"者成学，可能"成射"者成射。对教师讲，这也是"因材施教"。至于不允许学生同时既"成学"又"成射"，也具有使学生学习要"专心致志"的意义。

墨子卒后，后学继承其业。当时物质生产有所改进，文化水平有所提高，百家争鸣亦有利于学术的繁荣。墨家门徒多出身于"农与工肆"，在阶级斗争与生产斗争中积累了多方面的经验，增长了不少科学知识。《墨经》等篇，大抵是墨家后学在百家争鸣中，进行研讨辩论，不断总结提高的结晶，其中所涉及的认识论、名学、几何学、力学、光学等等，其造诣都达到了当时的先进水平，也丰富了墨家的教育内容。

四、科学家

《墨经》六篇，专说名辩和时间、空间、物质结构、力学、光学、声学、代数、几何等内容，代表着战国时期中华科学发展的最高峰。

在《墨经》中，空间是一个与时间密不可分的概念，墨子认为"宇"即"域徙"，即物体运动的区域。两千多年后，爱因斯坦的相对论为这一直觉的朴素时空观添上了完美的注脚。

在光学方面，《墨经》是唯一一本对我国古代几何光学发展进行系统性论述的典籍。墨子还详尽地说明了小孔成像的原理——光线照入小孔同箭的射入一样，即光是直线传播的，从物体高处射入的光线到达壁的下方，从物体低处射入的光线到达壁的上方。人足在下，蔽着下光，故足的影成于壁的上方，人首在上，蔽着上光，故首的影成于壁的下方。

在力学方面，《墨经》中提出了关于机械运动的定义为："动，域徙也"，即机械运动的本质是物体位置的移动，这与现代机械运动的定义完全一致。更进一步，他在《经说上》中指出，力与重力等效，即"力，重之谓"。纠正了流传已久的谬误：把重力与重量混淆。他这种论断与近两千年后伽利略、牛顿的理论极为接近。

在数学方面，《墨经》提出了一些几何学的定义，例如中学数学教材所举《墨经》中对圆的定义："圆，一中同长也。"这与近代数学中圆的定义"对中心一点等距离的点的轨迹"完全一致。

现在看来，墨家学说是中国历史上最接近于科学启蒙的著作。它比阿基米德掌握杠杆原理要早两个世纪，与欧几里得一样对几何学进行了朴素且严密的定义，可是它并没有取得《几何原本》在西方科学史上那样彪炳史册的地位，也没有引发一场轰轰烈烈的科学革命，这不能不令人嗟叹。墨家在科学上的成就为众多学者所称赞，教育家蔡元培赞道："先秦唯墨子颇治科学。"历史学家杨向奎称"中国古代墨家的科技成就等于或超过整个古代希腊"。

在技术方面，墨子重视杠杆、斜面、滑车等于民有利的机械原理。比如他完整无误地阐述了杠杆原理，短臂叫本，长臂叫标，指出杠杆省力的原因乃"本短标长"。他提倡用滑轮（挈）与斜面（滑车）来帮助提升重物。他设计的滑轮系统与英国的"阿特伍德机"极其相似。当然，最能代表墨子技术的是"守城"中的军事器械。根据《墨子》关于机关术的记载，当时墨家发明出来的机关器械有：

连弩车。见于《墨子·备高临》。连弩车是一种置于城墙上可同时放出的大弩箭六十支，小弩箭无数的大型机械装置，需十个人驾驶，最为巧妙的是长为十尺的弩箭的箭尾用绳子系住，射出后能用辘轳迅速卷起收回。

转射机。见于《墨子·备城门》。转射机也是一种置于城墙上的大型发射机，机长六尺，由两人操纵，与连弩车不同的是转射机更为灵活，能够在一人射箭的同时由另一人将机座旋转。

藉车。见于《墨子·备城门》。藉车外部包铁，一部分埋在地下，是能够投射炭火的机器，由多人操纵用来防备敌方的攻城队。

此外，在《墨子》中还记载了"云梯"、"悬门"、"櫜"、"轩车"和"韶车"等攻守器备。

当时攻城的方法就有"临、钩、冲、梯、堙、水、穴、突、空洞、蚁傅、轩车"等十二种。针对以上各种攻城方法，墨子分别提出破解良方，内容极为详尽。墨子特别强调"守城者以亟敌为上"的积极防御的指导思想。他认为，守城防御"延日持久以待救之至"，而"亟伤敌"的具体措施是：利用地形、依托城池，正确布置兵力；以国都为中心，形成边城、县邑、国都的多层次纵深防御，层层阻击，消耗敌人。此外，墨子还对战斗中的各种技巧、防御装备的制作方法做了说明。比如战斗中旗帜的运用，可按五色代表不同的军令内容。向弓箭手队伍发出的号令也分多种。他还对城内防御工程的建设、武器装备的准备及使用细节、岗位设置规律等做了详细讲解。"墨守成规"，也成了军事史上不朽的防守传奇。

五、社会活动家

春秋战国时代，天下大乱，诸侯混战。墨子目睹战争的残酷无情，公开倡导非攻，反对战争，开始了他为实现和平而奔走呼号的正义征程。墨子认为，当时的王公大人，天下诸侯，为了不可告人的目的，指挥其爪牙侍从，驱动其舟车卒伍，披坚执锐，以攻无罪之国，践踏他国的庄稼，斩伐他国的树木，拆毁他国的城池，杀戮他国之百姓，掠走他国之财物，这是"亏人以自利"的不道德行为，是最大的不义不仁之行径，天下应共起而讨伐之。墨子对那些挑起战乱、仗势欺人的大国之暴行深为愤慨，同时对遭受蹂躏的小国人民则寄予深切的同情。墨子是"非攻"的倡导者，也是这一思想的实践者，为了避免战争，减少灾难，他尽了应有的努力。

1. 止楚攻宋

战国初，楚惠王为重新恢复楚国的霸权，准备攻打宋国。他重用了当时最有本领的工匠——公输般，为他设计了一种前所未有的攻城工具——云梯。

宋国得此消息，便觉得大祸临头。墨子一向反对为了争城夺地而使百姓遭到灾难的混战，听此消息便急行十天十夜跑到楚国都城郢都去劝和。

公输般说："不行呀，我已答应楚王了。"墨子就亲自去见楚惠王说："楚国土地很大，方圆五千里，地大物博；宋国土地不过五百里，土地并不好，物产也不丰富。大王为什么有了华贵的车马，还要去偷人家的破车呢？为什么要扔了自己绣花绸袍，去偷人家一件旧短褂子呢？"

楚惠王虽然觉得墨子说得有道理，但是不肯放弃进攻宋国的打算。公输般也认为用云梯攻城，很有把握。墨子直截了当地说："你能攻，我能守，你也占不了便宜。"他解下了身上系着的皮带，在地下围着当作城墙，再拿几块小竹片当作攻城的工具，叫公输般来演习一下，比一比本领。

公输般用一种方法攻城，墨子就用一种方法守城。一个用云梯攻城，一个就用火箭烧云梯；一个用撞车撞城门，一个就用滚木擂石砸撞车；一个用地道，一个用烟熏。公输般用了九套攻法，把攻城的方法都使尽了，可墨子还有好些守城的高招没有使出来。

公输般呆住了，但心里还不服，说："我想出了办法来对付你，不过现在不说。"墨子一笑说："我知道你想怎样来对付我，不过我也不说。"楚惠王被弄得莫名其妙，就问墨子："你们究竟在说什么？"墨子说："公输般的意思很清楚，不过是想把我杀掉，以为这样，宋国就没有人帮助他们守城了。其实他错了，我来楚国前，早已派了禽滑厘等三百个徒弟守住宋城，他们每一个人都学会了我的守城办法。即使把我杀了，楚国也是占不到便宜的。"

楚惠王听了墨子一番话，又亲自看到墨子守城的本领，知道要打胜宋国没有希望，只好决定不进攻宋国了。这样，一场战争就被墨子阻止了。

2. 止鲁伐齐

鲁国国君对墨子说："我害怕齐国攻打我国，可以解救吗？"墨子说："可以。从前三代的圣王禹、汤、文、武，只不过是百里见方土地的首领，爱民谨忠，实行仁义，终于取得了天下；三代的暴王桀、纣、幽、厉，怨狠百姓，实行暴政，最终失去了天下。我希望君主您对上尊重上天、敬事鬼神，对下爱护、有利于百姓，准备丰厚的皮毛、钱币，辞令要谦恭，赶快礼交遍四邻的诸侯，驱使国内上下同心，抵御齐国的侵略，这样，祸患就可以解救。不这样，看来就毫无其他办法了。"

3. 子墨子谓项子牛

齐国将要攻打鲁国，墨子对项子牛说："攻伐鲁国，是齐国的大错。从前吴王夫差向东攻打越国，越王勾践困居在会稽；向西攻打楚国，楚国人在随地保卫楚昭王；向北攻打齐国，俘虏齐将押回吴国。后来诸侯来报仇，百姓苦于疲惫，不肯为吴王效力，因此国家灭亡了，吴王自身也成为刑戮之人。从前智伯攻伐范氏与中行氏的封地，兼有三晋卿的土地。诸侯来报仇，百姓苦于疲惫而不肯效力，国家灭亡了，他自己也成为刑戮之人，也由于这个缘故。所以大国攻打小国，是互相残害，灾祸必定反及于本国。"

4. 子墨子见齐大王

墨子对齐太公说："现在这里有一把刀，试着用它来砍人头，一下子就砍断了，可以说是锋利吧？"太公说："锋利。"墨子又说："试着用它砍好多个人的头，一下子就砍断了，可以说是锋利吧？"太公说："锋利。"墨子说："刀确实锋利，谁将遭受那种不幸呢？"太公说："刀承受它的锋利，试验的人遭受它的不幸。"墨子说："兼并别国领土，覆灭它的军队，残杀它的百姓，谁将会遭受不幸呢?"太公头低下又抬起,思索了一会儿,答道:"我将遭受不幸。"

5. 止鲁攻郑

鲁阳文君将要攻打郑国,墨子听到了就阻止他,对鲁阳文君说:"现在让鲁四境之内的大都攻打小都,大家族攻打小家族,杀害人民,掠取牛马狗猪布帛米粟货财,那怎么办?"鲁阳文君说:"鲁四境之内都是我的臣民。现在大都攻打小都,大家族攻打小家族,掠夺他们的货财,那么我将重重惩罚攻打的人。"墨子说:"上天兼有天下,也就像您具有鲁四境之内一样。现在您举兵将要攻打郑国,上天的诛伐难道就不会到来吗?"鲁阳文君说:"先生为什么阻止我进攻郑国呢?我进攻郑国,是顺应了上天的意志。郑国人数代残杀他们的君主,上天降给他们惩罚,使三年不顺利。我将要帮助上天加以诛伐。"墨子说:"郑国人数代残杀他们的君主,上天已经给了惩罚,使它三年不顺利,上天的诛伐已经够了!现在您又举兵将要攻打郑国,说:'我进攻郑国,是顺应上天的意志。'好比这里有一个人,他的儿子凶暴、强横,不成器,所以他父亲鞭打他。邻居家的父亲,也举起木棒击打他,说:'我打他,是顺应了他父亲的意志。'这难道还不荒谬吗!"

墨子对鲁阳文君说:"进攻邻国,杀害它的人民,掠取它的牛、马、粟、米、货、财,把这些事书写在竹、帛上,镂刻在金、石上,铭记在钟、鼎上,传给后世子孙,说:'战果没有人比我多!'现在下贱的人,也进攻他的邻家,杀害邻家的人口,掠取邻家的狗猪、粮食、衣服、被子,也书写在竹帛上,铭记在席子、食器上,传给后世子孙,说:'战果没有人比我多!'难道可以吗?"鲁阳文君说:"对。我用您的言论观察,那么天下人所说的可以的事,就不一定正确了。"

墨子对鲁阳文君说:"世俗的君子,知道小事却不知道大事。现在这里有一个人,假如偷了人家的一只狗一只猪,就被称作不仁;如果窃取了一个国家一个都城,就被称作义。这就如同看一小点白说是白,看一大片白则说是黑。因此,世俗的君子只知道小事却不知道大事的情况,如同这句话所讲的。"

以上五例是墨子作为一名社会活动家的明证,也取得了一定成绩,如"止楚攻宋"的成功。当时的楚国是一个国力强盛的大国。这样一个大国的军事计划竟然被墨家这个学派的力量所改变,可见墨家在当时具有相当强的实力和影响力,不愧为"显学"。

因此,墨子不但是一个社会活动家,而且是一位伟大的人道主义者,他崇尚和平，反对战争，主张兼爱，厌弃攻伐。为了和平的理想，墨子常置生死于度外，善于运用杰出的智慧、不凡的辩才和英勇的胆略去实践自己的政治主张。

六、墨家其他人物

《吕氏春秋·尊师》云："孔墨弟子，充满天下。"今孔门弟子，世代相传；墨家弟子，世莫能举。孙诒让曾著墨子传授考，得墨家弟子十五人，再传弟子三人，三传弟子一人，治墨术而不详其传授系次者十三人，杂家四人。梁启超在此基础上绘制墨者人表，见《饮冰室专集》第十一册。墨家其他人物大致如下。

第一，宋钘。宋钘与墨子是同一学系，或称宋牼、宋荣子，如《孟子》《庄子·逍遥游》《庄子·天下》《荀子·正论》等。孟子和荀子均尊其为"先生"、"子宋子"，可知亦是大师。宋钘，宋国人，生卒年均不详，约自周烈王六年（前370）至郝王二十四年（前291）在世，与齐宣王同时，游稷下，著书一篇，今已无考。《汉书艺·文志》小说家有宋子十八篇，今亦亡失，仅存辑本。宋钘的思想接近墨家，亦主"崇俭"、"非斗"。庄子说他"与尹文同道，为华山之冠以自表。接万特以别有宥为始，以聊全欢，以调海内。人见侮不辱，救民之斗，禁攻寝兵，救世之战。以此周游天下。上说下教，虽天下不取，强聒而不舍"。宋钘主张"见侮不辱"、"情欲寡浅"的人格救国学说。

第二，墨子弟子二十二人。

这二十二人分别是：禽滑厘——许犯（再传）——索卢参（再传）——田系（三传）；高石子；高和；县子硕；公尚过；耕柱子；魏越；随巢子（著书六篇）；胡非子（著书三篇）——屈将子（再传）；管黔激；高孙子；治徒娱；跌鼻；曹公子；胜绰；彭轻生子；孟山；弦唐子。

第三，墨家传授系次元考

田俅（著书三篇）；相里勤（南方墨者，后期三墨之一）——五侯子；相夫氏（后期三墨之一）；邓陵氏（南方墨者，后期三墨之一）；苦获（南方墨者）；己齿（南方墨者）；我子（著书两篇）；缠子（著书一篇）；孟胜（墨家矩子）——徐弱；田襄子（墨家矩子）；腹䵍（墨家矩子）；夷子；谢子；唐姑果；郑人翟。

第四，尹文。《庄子·天下》将宋钘与尹文并称。《公孙龙子·迹府》《吕氏春秋·正名》，都论及尹文"见侮不辱"之义，与宋钘确为一派。今存《尹文子》二篇，对儒墨都有抵牾，多是名家和法家言论，应该是从墨学转化而来。

第五，许行。许行是先秦诸子之一，楚人，生于楚宣王至楚怀王时期，约与孟子同一时代。《孟子·滕文公上》记载许行曾"为神农之言"。许行的耕种思想，缘于墨子的经济观，"其徒数十人，皆衣褐，捆屦织席以为食"，"以自苦为极"，颇有墨家遗风。

第六，惠施、公孙龙、魏牟。惠施、公孙龙二人，后世列为名家，而其学实出于墨子，《庄子·天下》曰："墨者俱诵《墨经》，而倍谲不同，相为别墨。以坚白同异之辩相訾，以觭偶不仵之辞相应。"惠施与公孙龙的辩词多与《墨经》相出入，实为墨家别派。魏牟是公孙龙的信徒，亦可列为"别墨"。

总之，通过勾稽史料，我们考察得出墨家弟子十八人，再传弟子三人，三传弟子一人，治墨术而不详其传授系次者十五人，墨家别派六人，共四十三人。遗憾的是，随着墨学的衰微，墨家弟子的生平事迹也沉埋于历史的深处，无处可寻了。

第三节 《墨子》选释

兼爱（上）

【解题】

《兼爱》有上中下三篇，均阐述"天下兼相爱则治"的道理。这里节选其上篇。墨子的"兼爱"，主张爱无差别，无贵贱，与儒家的"仁爱"思想形成鲜明对比。墨家的兼爱，是离开阶级内容的抽象的爱，在阶级社会历史中不可能实现。

圣人以治天下为事者也，必知乱之所自起，焉能治之[1]；不知乱之所自起，则不能治。譬之如医之攻人之疾者然[2]，必知疾之所自起，焉能攻之；不知疾之所自起，则弗能攻。治乱者何独不然[3]，必知乱之所自起，焉能治之；不知乱之所自起，则弗能治。

圣人以治天下为事者也，不可不察乱之所自起。当察乱何自起[4]？起不相爱。臣子之不孝君父，所谓乱也。子自爱不爱父，故亏父而自利；弟自爱不爱兄，故亏兄而自利；臣自爱不爱君，故亏君而自利：此所谓乱也。虽父之不慈子，兄之不慈弟，君之不慈臣，此亦天下之所谓乱也。父自爱也，不爱子，故亏子而自利；兄自爱也，不爱弟，故亏弟而自利；君自爱也，不爱臣，故亏臣而自利。是何也？皆起不相爱。虽至天下之为盗贼者，亦然。盗爱其室，不爱异室[5]，故窃异室以利其室；贼爱其身，不爱人[6]，故贼人以利其身。此何也？皆起不相爱。虽至大夫之相乱家、诸侯之相攻国者，亦然。大夫各爱其家，不爱异家，故乱异家以利其家；诸侯各爱其国，不爱异国，故攻异国以利其国。天下之乱物[7]具此而已矣[8]。察此何自起？皆起不相爱。

若使天下兼相爱，爱人若爱其身，犹有不孝者乎？视父兄与君若其身，恶施不孝[9]？犹有不慈者乎？视弟子与臣若其身，恶施不慈？故不孝不慈亡[10]。犹有盗贼乎？故视人之室若其室[11]，谁窃？视人身若其身，谁贼[12]？故盗贼亡有。犹有大夫之相乱家、诸侯之相攻国者乎？视人家若其家，谁乱？视人国若其国，谁攻？故大夫之相乱家、诸侯之相攻国者亡有。若使天下兼相爱，国与国不相攻，家与家不相乱，盗贼无有，君臣父子皆能孝慈，若此则天下治。故圣人以治天下为事者，恶得不禁恶而劝爱[13]。故天下兼相爱则治，交相恶则乱。故子墨子曰[14]不可以不劝爱人者，此也。

【注释】

[1] 焉：作"乃"讲。下同。

[2] 攻：治。

[3] 治乱者：治理社会纷乱的人。何独不然：哪能单独例外而不是这样呢？

[4] 当：当作"尝"，作尝试解。

[5] "不爱"下原有"其"字，当系衍文，王念孙说下文"不爱异家""不爱异国"皆无"其"字是证。今据《读书杂志》删除。

[6] 本句及下句两"人"字下本原无"身"字，均据俞樾说补。

[7] 乱物：犹乱事。

[8] 具：同"俱"。具此：俱尽于此。

[9] 恶（wù）：作何解。下同。这句意思是说，怎会做出不孝的事呢？

[10] 亡：同"无"。下同。这句说，没有不孝不慈的人。

[11] 故：孙诒让说，"故"字疑衍文。孙说是。见《墨子间诂》。

[12] 贼：这里用作动词，残害的意思。

[13] 本句前一"恶"字作"何"解，后一"恶（wù）"字作仇恨解。意思是，怎么能不禁止相互仇恨而劝导相互爱护呢？

[14] 子墨子：上一子是弟子尊称其师的称谓，犹言夫子。

非攻（上）

【解题】

《非攻》有上中下三篇，是墨家针对当时诸侯间的兼并战争而提出的反战理论。墨子认为，战争是天下的"巨害"，无论对战胜国还是战败国都将造成巨大损害，因之既不合于"圣王之道"，也不合于"国家百姓之利"。在篇中，他对各种为攻战进行辩护的言论做出了批驳，并进一步将大国对小国的"攻"与有道对无道的"诛"区别开来。

今有一人，入人园圃，窃其桃李，众闻则非之，上为政者得则罚之[1]。此何也？以亏人自利也。至攘人犬豕鸡豚者[2]，其不义又甚入人园圃窃桃李。是何故也？以亏人愈多[3]，其不仁兹甚[4]，罪益厚。至入人栏厩[5]，取人马牛者，其不仁义又甚攘人犬豕鸡豚。此何故也？以其亏人愈多。苟亏人愈多，其不仁兹甚，罪益厚。至杀不辜人也[6]，扡其衣裘[7]，取戈剑者，其不义又甚入人栏厩、取人马牛。此何故也？以其亏人愈多。苟亏人愈多，其不仁兹甚矣，罪益厚。当此，天下之君子[8]皆知而非之，谓之不义。今至大为攻国[9]，则弗知非，从而誉之，谓之义。此可谓知义与不义之别乎？

杀一人谓之不义，必有一死罪矣[10]。若以此说往[11]，杀十人十重不义[12]，必有十死罪矣；杀百人百重不义，必有百死罪矣。当此，天下之君子皆知而非之，谓之不义。今至大为不义攻国，则弗知而非，从而誉之，谓之义。情不知其不义也，故书其言以遗后世[13]。若知其不义也，夫奚说书其不义以遗后世哉[14]？今有人于此，少见黑曰黑，多见黑曰白，则以此人不知白黑之辩矣[15]；少尝苦曰苦，多尝苦曰甘，则必以此人为不知甘苦之辩矣。今小为非，则知而非之。大为非攻国，则不知而非，从而誉之，谓之义。此可谓知义与不义之辩乎？是以知天下之君子也[16]，辩义与不义之乱也^[17]。

【注释】

 [1] 得：捕获。

 [2] 攘：偷盗。

 [3] 此句据孙诒让说补正。

 [4] 兹：同"滋"，更加。

 [5] 厩：马棚。

 [6] 辜：罪。不辜人：无罪的人。

 [7] 扡：同"拖"，夺取。

 [8] 当此：当今。

 [9] 毕沅说，据下文"今至大为不义，攻国"句，这句"攻国"上应补"不义"二字。今据毕说补正。

 [10] 必有一死罪：必定构成一项死罪了。

 [11] 这句说，如按这个说法类推。

 [12] 重（chóng）：作倍解。下同。

 [13] 情不知两句：情，的确。书，记载。这两句说，由于的确不知道攻人之国是不义的，所以就把对他称誉的话记载下来，遗留给后世。

 [14] 奚：何。奚说：用什么话来解说。

 [15] 据孙诒让说，应在"以"前补上"必"字，"不"上补"为"字。今据孙说补正。

 [16] 孙诒让认为"也"是衍文。

 [17] 乱：指颠倒是非。

尚贤(上)

【解题】

《尚贤》分上中下三篇，内容一致而文字繁简不同，本篇所选的是上篇。本篇主要探讨尚贤与政治的关系，墨子提出尚贤"为政之本"，主张统治者打破任人唯亲的血统观念，从各阶层中，包括"虽在农与工肆之人"中，选拔真才实学之人，给他们地位和权力。这对当时广大平民阶级争取政治权力的斗争无疑有着现实意义和理论指导意义。

子墨子言曰：古者王公大人为政于国家者[1]，皆欲国家之富，人民之众，刑政之治。然而不得富而得贫，不得众而得寡，不得治而得乱，则是本失其所欲，得其所恶[2]。是其故何也？

子墨子言曰：是在王公大人为政于国家者，不能以尚贤事能为政也[3]。是故国有贤良之士众，则国家之治厚；贤良之士寡，则国家之治薄。故大人之务，将在于众贤而已。

曰：然则众贤之术将奈何哉[4]？

子墨子言曰：譬若欲众其国之善射御之士者，必将富之贵之[5]，敬之誉之[6]，然后国之善射御之士将可得而众也。况又有贤良之士厚乎德行、辩乎言谈、博乎道术者乎，此固国家之珍，而社稷之佐也[7]。亦必且富之贵之，敬之誉之，然后国之良士亦将可得而众也。

是故古者圣王之为政也，言曰："不义不富，不义不贵，不义不亲，不义不近。"是以国之富贵人闻之，皆退而谋曰："始我所恃者[8]，富贵也。今上举义不辟贫贱[9]，然则我不可不为义。"亲者闻之[10]，亦退而谋曰："始我所恃者亲也。今上举义不辟亲疏，然则我不可不为义。"近者闻之[11]，亦退而谋曰："始我所恃者，近也，今上举义不辟远近，然则我不可不为义。"远者闻之，亦退而谋曰：

"我始以远为无恃，今上举义不辟远，然则我不可不为义。"逮至远鄙郊外之臣、门庭庶子[12]、国中之众、四鄙之萌人[13]，闻之皆竞为义。是其故何也？曰：上之所以使下者，一物也；下之所以事上者，一术也。譬之富者，有高墙深宫，墙立既谨，上为凿一门[14]，有盗人入，阖其自入而求之，盗其无自出。是其故何也？则上得要也。

【注释】

[1] 王念孙认为是"今"字。吴毓江考证《群书治要》卷子本、铜活字本均作"古"字，认为是明人篡改旧本。今仍从旧，作"古"字。

[2] 这句说国家完全失去所希望的，而得到所厌恶的。

[3] 事：使也。《汉书·高帝纪》如淳注云："事，谓之役也。"

[4] 术：方法。

[5] 富：使……富裕。贵：使……显贵。下同。

[6] 敬：尊敬。誉：赞誉。下同。

[7] 佐：辅佐。

[8] 恃：依靠。

[9] 辟：通"避"。

[10] 亲：指有亲的人。

[11] 近：指相近的人。

[12] 鄙：郊外。臣：臣僚。阓：诸本作"门"，正德本作"阓"，今从之。《说文》云："阓，门观也。"庶子，此指王宫中宿卫之官。

[13] 四鄙：指四方之边郊。萌：氓也。萌人：田民。

[14] 谨：谨慎。这句说墙立既以谨慎周密，上为凿一门，使出入者不得不从此门出入。

故古者圣王之为政，列德而尚贤[15]，虽在农与工肆之人[16]，有能则举之，高予之爵，重予之禄，任之以事，断予之令[17]，曰："爵位不高则民弗敬，蓄禄不厚则民不信，政令不断则民不畏。"举三者授之贤者，非为贤赐也，欲其事之成。故当是时，以德就列，以官服事，以劳殿赏[18]，量功而分禄。故官无常贵，而民无终贱，有能则举之，无能则下之。举公义，辟私怨[19]，此若言之谓也[20]。故古者尧举舜于服泽之阳[21]，授之政，天下平；禹举益于阴方之中[22]，授之政，九州成；汤举伊尹于庖厨之中[23]，授之政，其谋得；文王举闳夭泰颠于罝罔之中[24]，授之政，西土服。故当是时，虽在于厚禄尊位之臣，莫不敬惧而施[25]，虽在农与工肆之人，莫不竞劝而尚意。故士者，所以为辅相承嗣也。故得士则谋不困，体不劳，名立而功成，美章而恶不生[26]，则由得士也。

是故子墨子言曰：得意，贤士不可不举；不得意，贤士不可不举。尚欲祖述尧舜禹汤之道，将不可不以尚贤。夫尚贤者，政之本也[27]。

【注释】

[15] 列：位次。

[16] 肆：《论语·子张》云："百工居肆，以成其事。"此处指从事农业或手工、经商的人。

[17] 断：决断。

[18] 殿：定。

[19] 这句说唯公义是举，而私怨在所不问，故除去之也。

[20] 若：此也。

[21] 举：选拔。下同。服泽：地名，未详其地。或曰蒲泽。

[22] 阴方：地名，未详其地。

[23] 毕云：《韩非子》云："上古有汤，至圣也。伊尹，至智也。然且七十说而不受，执鼎俎为庖宰，昵近习亲，汤乃僅知其贤而举之。"

[24] 罝(jū)：捕兽的网。

[25] 施：毕云，上疑脱"不"字。

[26] 章：通"彰"。

[27] 本：根也。

节用（上）

【解题】

《节用》有上中下三篇，上中篇现存，下篇阙亡。节用是墨子的经济思想，是墨家学说的重要内容。墨子认为，古代圣人治政，宫室、衣服、饮食、舟车只要适用就够了。而当时的统治者却在这些方面穷奢极欲，大量耗费百姓的民力财力，使人民生活陷于困境。甚至让很多男子过着独身生活，故主张凡不利于实用，不能给百姓带来利益的，应一概取消。

圣人为政一国[1]，一国可倍也[2]；大之为政天下，天下可倍也[3]。其倍之[4]，非外取地也，因其国家去其无用[5]之费，足以倍之。圣王为政，其发令兴事、使民用财也，无不加用而为者[6]。是故用财不费，民德不劳[7]，其兴利多矣。

其为衣裳何以为，冬以圉寒，夏以圉暑[8]。凡为衣裳之道，冬加温、夏加清者，芊鉏；不加者去之[9]。其为宫室何以为，冬以圉风寒，夏以圉暑雨，有盗贼加固者，芊鉏不加者去之[10]。其为甲盾五兵何[11]？以为以圉寇乱盗贼，若有寇乱盗贼，有甲盾五兵者胜，无者不胜，是故圣人作为甲盾五兵。凡为甲盾五兵，加轻以利、坚而难折者，芊鉏不加者去之[12]。其为舟车何以为？车以行陵陆，舟以行川谷[13]，以通四方之利[14]。凡为舟车之道，加轻以利者，芊鉏；不加者去之。凡其为此物也，无不加用而为者，是故用财不费，民德不劳，其兴利多矣。有去大人之好聚珠玉鸟兽犬马，以益衣裳、宫室、甲盾、五兵、舟车之数，于数倍乎？若则不难倍[15]。

故孰为难倍？唯人为难倍[16]。然人有可倍也。昔者圣王为法曰："丈夫年二十，毋敢不处家，女子年十五，毋敢不事人。"此圣王之法也。圣王既没，于民次也[17]。其欲蚤处家者[18]，有所二十年处家；其欲晚处家者，有所四十年处家。以其蚤与其晚相践[19]，后圣王之法十年。若纯三年而字，子生可以二三年矣[20]。此不惟使民蚤处家而可以倍与？且不然已。

今天下为政者，其所以寡人之道多[21]。其使民劳，其籍敛厚[22]，民财不足，冻饿死者不可胜数也。且大人惟毋兴师以攻伐邻国，久者终年，速者数月，男女久不相见，此所以寡人之道也。与居处不安、饮食不时、作疾病死者，有与侵就橐[23]、攻城野战死者，不可胜数。此不令为政者所以寡人之道数术而起与？圣人为政特无此，此不圣人为政[24]，其所以众人之道亦数术而起与？故子墨子曰："去无用之费，圣王之道，天下之大利也。"[25]

【注释】

[1] 为政：施政。

[2] 倍：加倍。

[3] 这句是说大到施政于天下，天下的财利可以加倍增长。

[4] 这句是说这种财利的加倍增长。

[5] 因：根据。这句说（财利增长）是根据国家情况而省去无用之费。

[6] 发：发布。兴：举办。这句说圣王发布命令、举办事业、使用民力和财物，没有不是有益于实用才去做的。

[7] 德：同"得"。

[8] 圉：同御，抵御。下同。

[9] "芊俎"：疑为"芊诸"之误，即去之。下同。这句说凡是缝制衣服的原则，冬天能增加温暖、夏天能增加凉爽，就增益他；（反之，）不能增加的，就去掉。

[10] "凡有宫室"：他本作"有盗贼"，吴毓江说与上下文例一律，今从之。宫室能够增加防守之坚固的，就增益他；（反之，）不能增加的，就去掉。

[11] 甲：铠甲。盾：盾牌。五兵：指五种兵器。

[12] 这句说凡是制造铠甲、盾牌和五兵，能增加轻便锋利、坚而难折的，就增益他；不能增加的，就去掉。

[13] 陵陆：陆地。川谷：水道。

[14] 利：利益。

[15] 去：去掉。大人：指王公大臣。好：喜好。聚：搜集。益：增加。数：数量。

[16] 这句说什么是难以倍增的呢？只有人是难以倍增的。

[17] 次：通"恣"。

[18] 蚤：同"早"。

[19] 践：当为翦，减的意思。

［20］字：生子。这句说如果婚后都三年生一个孩子，就可多生两三个孩子了。

［21］寡：减少。

［22］敛：税收。

［23］"侵就俍橐"：应作"侵掠俘虏"。

［24］"不"为"夫"字之误。

［25］这句意思是说"所以墨子说：'除去无用的费用，是圣王之道，天下的大利呀。'"

节葬（下）

【解题】

《节葬》本有上中下三篇，现仅存下篇。节葬是墨子针对当时统治者耗费大量钱财铺张丧葬而提出的节约主张。墨子认为，厚葬久丧不仅浪费了社会财富，而且还使人们无法从事生产劳动，并且影响了人口的增长。这不仅对社会有害，而且也不符合死者的利益和古代圣王的传统，因而必须加以废止。

子墨子言曰：仁者之为天下度[1]也，辟之无以异乎孝子之为亲度也[2]。今孝子之为亲度也，将奈何哉？曰：亲贫则从事乎富之，人民寡则从事乎众之，众乱则从事乎治之。当其于此也，亦有力不足、财不赡、知不智[3]然后已矣，无敢舍余力，隐谋遗利，而不为亲为之者矣。若三务者，孝子之为亲度也，既若此矣。虽仁者之为天下度，亦犹此也。曰：天下贫则从事乎富之，人民寡则从事乎众之，众而乱则从事乎治之。当其于此，亦有力不足、财不赡、智不智然后已矣，无敢舍馀力，隐谋遗利，而不为天下为之者矣。若三务者，此仁者之为天下度也，既若此矣。

今逮至昔者三代圣王既没，天下失义。后世之君子，或以厚葬久丧以为仁也，义也，孝子之事也；或以厚葬久丧以为非仁义，非孝子之事也。曰二子者，言则相非，行即相反，皆曰："吾上祖述尧舜禹汤文武之道者也。"而言即相非，行即相反，于此乎后世之君子皆疑惑乎二子者言也。若苟疑惑乎之二子者言，然则姑尝传而为政乎国家万民而观之[4]，计厚葬久丧，奚当此三利者？意若使法其言，用其谋，厚葬久丧实可以富贫、众寡、定危、治乱乎？此仁也，义也，孝子之事也，为人谋者不可不劝也。仁者将兴之天下谁伯，而使民誉之，终勿废也。意亦使法其言，用其谋，厚葬久丧实不可以富贫、众寡、定危、理乱乎？此非仁非义，非孝子之事也，为人谋者不可不沮也。仁者将求除之，天下谁贾，而使人非之，终身勿为。

是故兴天下之利，除天下之害，令国家百姓之不治也，自古及今未尝之有也？何以知其然也。今天下之士君子，将犹多皆疑惑厚葬久丧之为中是非利害也。故子墨子言曰：然则姑尝稽之。今虽毋法执厚葬久丧者言，以为事乎国家。此存乎王公大人有丧者，曰棺椁必重，葬埋必厚，衣衾必多，文绣必繁，丘陇必巨。存乎匹夫贱人死者，殆竭家室。存乎诸侯死者，虚车府，然后金玉珠玑比乎身，纶组节约，车马藏乎圹，又必多为屋幕[5]、鼎鼓、几梴[6]、壶滥、戈剑、羽旄、齿革，寝而埋之。满意[7]若送从[8]，曰："天子杀殉，众者数百，寡者数十。将军大夫杀殉，众者数十，寡者数人。"处丧之法将奈何哉？曰："哭泣不秩[9]声，翁缞绖，垂涕，处倚庐，寝苦枕凵，又相率强不食而为饥，薄衣而为寒，使面目陷𰉾[10]，颜色黧黑，耳目不聪明，手足不劲强，不可用也。"又曰："上士之操丧也，必扶而能起，杖而能行，以此共三年。"若法若言，行若道，使王公大人行此，则必不能蚤朝晏退，治五官六府，辟草木，实仓廪。使农夫行此，则必不能蚤出夜入，耕稼树艺。使百工行此，则必不能修舟车，为器皿矣。使妇人行此，则必不能夙兴夜寐，纺绩织纴。细计厚葬为多埋赋之财者也，计久丧为久禁从事者也。财以成者，扶而埋之[11]。后得生者，而久禁之。以此求富，此譬犹禁耕而求获也，富之说无可得焉。是故求以富家，而既已不可矣。

【注释】

[1] 度：谋划。

[2] 辟：通"譬"。

[3] 第二个"智"通"知"。下同。

[4] 传：为"傅"字之误，铺展。

[5] 屋：通"幄"。

[6] 梴：同"筵"。

[7]"满意"与"懑抑"同音义通。

[8]送：为"殉"字之误。

[9]秩：为"迭"之假借字。

[10]陬：即"皱"。

[11]扶：为"覆"之假借字。

欲以众人民，意者可邪？其说又不可矣。今唯无以厚葬久丧者为政，君死丧之三年，父母死丧之三年，妻与后子死者，五皆丧之三年，然后伯父、叔父、兄弟、孽子其；族人五月，姑姊、甥舅皆有月数，则毁瘠必有制矣。使面目陷陬，颜色黧黑，耳目不聪明，手足不劲强，不可用也。又曰：上士操丧也，必扶而能起，杖而能行，以此共三年。若法若言，行若道，苟其饥约又若此矣。是故百姓冬不仞寒[12]，夏不仞暑，作疾病死者不可胜计也。此其为败男女之交多矣，以此求众，譬犹使人负剑而求其寿也。众之说无可得焉。故求以众人民，而既以不可矣。

欲以治刑政，意者可乎？其说又不可矣。今唯无以厚葬久丧者为政，国家必贫，人民必寡，刑政必乱。若法若言，行若道，使为上者行此，则不能听治；使为下者行此，则不能从事。上不听治，刑政必乱；下不从事，衣食之财必不足。若苟不足，为人弟者求其兄而不得，不弟弟必将怨其兄矣[13]；为人子者求其亲而不得，不孝子必是怨其亲矣；为人臣者求之君而不得，不忠臣必且乱其上矣。是以僻淫邪行之民，出则无衣也，入则无食也，内续奚吾[14]，并为淫暴而不可胜禁也。是故盗贼众而治者寡。夫众盗贼而寡治者，以此求治，譬犹使人三睘而毋负已也[15]，治之说无可得焉。是故求以治刑政，而既已不可矣。

欲以禁止大国之攻小国也，意者可邪？其说又不可矣。是故昔者圣王既没，天下失义，诸侯力征。南有楚越之王，而北有齐晋之君，此皆砥砺其卒伍，以攻伐并兼为政于天下。是故凡大国之所以不攻小国者，积委多，城郭修，上下调和，是故大国不耆攻之。无积委，城郭不修，上下不调和，是故大国耆攻之。今唯毋以厚葬久丧者为政，国家必贫，人民必寡，刑政必乱。若苟贫，是无以为积委也；若苟寡，是城郭沟渠者寡也；若苟乱，是出战不克，入守不固。此求禁止大国之攻小国也，而既已不可矣。

欲以干上帝鬼神之福，意者可邪？其说又不可矣。今惟无以厚葬久丧者为政，国家必贫，人民必寡，刑政必乱。若苟贫，是粢盛酒醴不净洁也；若苟寡，是事上帝鬼神者寡也；若苟乱，是祭祀不时度也。今又禁止事上帝鬼神，为政若此，上帝鬼神始得从上抚之曰："我有是人也，与无是人也，孰愈？"曰："我有是人也，与无是人也，无择也。"则惟上帝鬼神降之罪厉之祸罚而弃之，则岂不亦乃其所哉。

故古圣王制为葬埋之法，曰："棺三寸，足以朽体；衣衾三领，足以覆恶。以及其葬也，下毋及泉，上毋通臭，垄若参耕之亩[16]，则止矣。"死者则既以葬矣，生者必无久丧，而疾而从事，人为其所能，以交相利也。此圣王之法也。

【注释】

　[12] 仞：为"忍"字之假借字。下同。
　[13] 第一个"弟"通"悌"。
　[14] "内续奚吾"为"内积谇诟"之误。
　[15] 景：同"还"。
　[16] 参：同"叁"。

今执厚葬久丧者之言曰：厚葬久丧虽使不可以富贫众寡、定危治乱，然此圣王之道也。子墨子曰：不然。昔者尧北教乎八狄，道死，葬蛩山之阴。衣衾三领，榖木之棺，葛以缄之，既泛而后哭[17]，满埳无封。已葬，而牛马乘之。舜西教乎七戎，道死，葬南己之市，衣衾三领，榖木之棺，葛以缄之。已葬，而市人乘之。禹东教乎九夷，道死，葬会稽之山。衣衾三领，桐棺三寸，葛以缄之，绞之不合，道之不埳，土地之深[18]，下毋及泉，上毋通臭。既葬，收余壤其上，垄若参耕之亩，则止矣。若以此若三圣王者观之，则厚葬久丧果非圣王之道。故三王者，皆贵为天子，富有天下，岂忧财用之不足哉？以为如此葬埋之法。

今王公大人之为葬埋，则异于此。必大棺中棺，革阓三操[19]，璧玉即具，戈剑鼎鼓壶滥、文绣素练、大鞅万领[20]、舆马女乐皆具，曰必捶垾差通，垄虽凡山陵[21]。此为辍民之事，靡民之财，不可胜计也，其为毋用若此矣。是故子墨子曰：乡者[22]，吾本言曰，意亦使法其言，用其谋，计厚葬久丧，请可以富贫、众寡[23]、定危治乱乎？则仁也，义也，孝子之事也。为人谋者，不可不劝也。意亦使法其言，用其谋，若人厚葬久丧，实不可以富贫、众寡、定危、治乱乎？则非仁也，非义也，非孝子之事也。为人谋者，不可不沮也。是故求以富国家，甚得贫焉。欲以众人民，甚得寡焉；欲以治刑政，甚得乱焉。求以禁止大国之攻小国也，而既已不可矣；欲以干上帝鬼神之福，又得祸焉。上稽之尧舜禹汤文武之道而政逆之[24]，下稽之桀纣幽厉之事，犹合节也。若以此观，则厚葬久丧，其非圣王之道也。

今执厚葬久丧者言曰：厚葬久丧果非圣王之道，夫胡说中国之君子为而不已、操而不择哉[25]？子墨子曰：此所谓便其习而义其俗者也[26]。昔者越之东有輆沐之国者，其长子生，则解而食之，谓之"宜弟"；其大父死，负其大母而弃之，曰："鬼妻不可与居处。"此上以为政，下以为俗，为而不已，操而不择。则此岂实仁义之道哉？此所谓便其习而义其俗者也。楚之南有炎人国者[27]，其亲戚死，朽其肉而弃之，然后埋其骨，乃成为孝子。秦之西有仪渠之国者，其亲戚死，聚柴薪而焚之，熏上，谓之登遐，然后成为孝子。此上以为政，下以为俗，为而不已，操而不择。则此岂实仁义之道哉？此所谓便其习而义其俗者也。若以此若三国者观之，则亦犹薄矣。若以中国之君子观之，则亦犹厚矣。如彼则大厚，如此则大薄，然则埋葬之有节矣。故衣食者，人之生利也，然且犹尚有节；葬埋者，人之死利也，夫何独无节于此乎。子墨子制为葬埋之法曰：棺三寸，足以朽骨；衣三领，足以朽肉。掘地之深，下无菹漏[28]，气无发泄于上，垄足以期其所，则止矣。哭往哭来，反[29]从事乎衣食之财，佴乎祭祀，以致孝于亲。故曰子墨子之法，不失死生之利者，此也。

故子墨子言曰：今天下之士君子，中请将欲为仁义，求为上士，上欲中圣王之道，下欲中国家百姓之利，故当若节丧之为政，而不可不察此者也[30]。

【注释】

[17] 泚：为"窆"的借音字。

[18] 土：为"掘"字之误。

[19] 阓：为"鞼"的假借字。操：为"累"之误。

[20] "大鞅万领"疑为"衣衾万领"之误。

[21] 虽：为"雄"字之误。凡："兄"字之误，即"况"。

[22] 乡：通"向"。

[23] 请：通"诚"。

[24] 政：通"正"。

[25] 择：为"释"字之误，舍弃。

[26] 义：为"宜"字。

[27] 炎：为"唊"字之误。

[28] 菹：通"沮"。

[29] 反：通"返"。

[30] "此者"应为"者此"

所染

【解题】

本篇以染丝为喻，说明天子、诸侯、大夫、士必须正确选择自己的亲信和朋友，以取得良好的熏陶和积极的影响。影响的好坏不同关系着事业的成败、国家的兴亡，国君对此必须谨慎。

子墨子言见染丝者而叹，曰：染于苍[1]则苍，染于黄则黄，所入者变，其色亦变[2]。五入必，而已则为五色矣[3]。故染不可不慎也！

非独染丝然也，国亦有染。舜染于许由、伯阳，禹染于皋陶、伯益，汤染于伊尹、仲虺，武王染于太公、周公。此四王者所染当，故王天下，立为天子，功名蔽天地。举天下之仁义显人，必称此四王者。夏桀染于干辛、推哆[4]，殷纣染于崇侯、恶来，厉王染于厉公长父、荣夷终，幽王染于傅公夷、蔡公穀。此四王者所染不当，故国残身死，为天下僇。举天下不义辱人，必称此四王者。齐桓染于管仲、鲍叔，晋文染于舅犯、高偃，楚庄染于孙叔、沈尹，吴阖闾染于伍员、文义，越勾践染于范蠡、大夫种。此五君者所染当，故霸诸侯，功名传于后世。范吉射染于长柳朔、王胜，中行寅染于藉秦、高强，吴夫差染于王孙雒、太宰嚭，智伯摇染于智国、张武，中山尚染于魏义、偃长，宋康染于唐鞅、佃不礼。此六君者所染不当，故国家残亡，身为刑戮，宗庙破灭，绝无后类，君臣离散，民人流亡。举天下之贪暴苛扰者，必称此六君也。凡君之所以安者，何也？以其行理也，行理性于染当。故善为君者，劳于论人，而佚于治官[5]。不能为君者，伤形费神，愁心劳意，然国逾危，身逾辱。此六君者，非不重其国、爱其身也，以不知要故也。不知要者，所染不当也。

非独国有染也，士亦有染。其友皆好仁义，淳谨畏令，则家日益、身日安、名日荣，处官得其理矣，则段干木、禽子、傅说之徒是也。其友皆好矜奋，创作比周，则家日损、身日危、名日辱，处官失其理矣，则子西、易牙、竖刀之徒是也。《诗》曰，"必择所堪[6]，必谨所堪"者，此之谓也。

【注释】

[1] 苍：青颜料。

[2] 这句说染料不同，丝的颜色也跟着变化。

[3] 这句说经过五次之后，（丝）就变为五种颜色了。

[4] 推哆(chǐ)：桀臣。

[5] 佚：同"逸"，用逸。

[6] 堪：当读为"湛"，浸染之意。

思考与讨论

1. 墨子为什么主张"兼爱"和"尚同"？其主要内容和实质是什么？

2. 墨子思想中的小农意识对后世有何影响？

3. 试析墨家与儒家的异同。

4. 试析墨家思想的现代价值。

拓展阅读书目

1. 孙诒让：《墨子间诂》，北京，中华书局，2001。

2. 吴毓江撰，孙启治点校：《墨子校注》，北京，中华书局，1993。

3. 谭家健：《墨子研究》，贵阳，贵州教育出版社，1995。

4. 焦国成主编：《救世才子：墨子》，北京，中国华侨出版社，1996。

5. 陈克守、娄立志编著：《平民圣人：墨子的故事》，北京，华文出版社，1997。

6. 蔡尚思主编：《十家论墨》，上海，上海人民出版社，2004。

7. 郑杰文：《中国墨学通史》，北京，人民出版社，2006。

第四章　法　家

　　法的起源有久远的历史。古代"法"的内涵与现代有重大差别，中国古代"法"和西方古代也不相同。中国古代的法主要指刑法，是统治者以刑罚方式治理国家的重要工具。中国古代一直没有出现像经济法、民法等专门性质的实体法，也没有规定如何进行诉讼的程序法。从《尚书·吕刑》《秦律》到《大清律》，一部国家法典涵盖了政治生活、社会生活等各方面内容。法有鲜明的阶级立场，是贯彻统治阶级意志、维护统治集团利益、镇压反对势力的有力工具。

　　从理论上说，治理国家的形式主要有三种：德治、法治、德法并治。但在政治实践中，单纯的德治或法治很难推行，一般采取"德法并治"的形式。而这种形式又有两种表现形态：第一，以德为主、以刑为辅的礼治，又称为人治；第二，以法治为主、以教化为辅的法治。韩非的法治就属于第二种形态。与德治相反，法治主要通过法律来约束人们的行为，用严刑峻法使人民畏惧，从而达到使人民不敢犯罪的目的。

第一节　法家简介

一、先秦法治思想的发展脉络

　　西周建立以后，周公提出了"明德慎罚"的治国方略，奠定了西周德治思想的基调。以血缘关系为纽带的宗法制度是西周政权的支柱。在社会交往和政治实践中，礼成为重要的行为规范，贵族的成长历程也是不断学礼和习礼的过程。西周时期，只有贵族才有资格适用礼，只要不是叛国和政治斗争，刑罚对于他们并不起作用。刑罚、军队、监狱是用来对付下层老百姓和压制异族反抗的工具。这就是西周时期"礼不下庶人"、"刑不上大夫"的统治格局。

春秋时期，争霸战争连绵不断，礼乐制度的约束力下降，周天子"天下共主"的地位已经失去了实际意义。在诸侯国内部，大夫的权势不断增强，对国君构成很大威胁。这时候，一些有识之士开始强化法的作用。公元前536年，郑国执政官子产"铸刑书"，把刑法铸在鼎上，昭告国人要遵守法律，这是中国法制史上的大事。可是，子产的做法却遭到叔向的反对。叔向站在维护传统礼治的贵族立场上，给子产写了一封信，信的大意是：先王害怕百姓起争夺之心，于是衡量事情的轻重来判罪，不制定刑法；如果不能禁止，就用礼仪、政令来约束他们，用道义、信用、仁爱的力量感化他们；如果让百姓知道有法律，就会对上面不恭敬，大家都有争夺之心，并征引刑法作为依据，百姓若侥幸获得成功，必然动摇对礼的敬畏，那就不能治理了。子产复信说：当今乱世，道德的力量已经不能感化百姓，只有依靠刑法才可以实现稳定，至于实施刑法所带来的道德滑坡，对后世子孙有可能造成的困难，他就管不了那么多了（《左传·昭公六年》）。公元前513年，继子产铸刑书之后，晋国的赵鞅、荀寅铸了刑鼎，这件事遭到了孔子的批评。可见，春秋时期的法家先驱推行法治受到的阻力是相当大的。

战国时期有眼光的贵族为了笼络人心就不断提高士人的待遇，施惠于民。他们还制定法令，维护自己的既得利益，一旦势力膨胀到一定程度，就形成了独立的国家。"三家分晋"、"田氏代齐"就是典型的新兴军功贵族成功夺权的例子。官僚制度是根据新兴贵族的实际需要，经过长期的政治实践形成的，战国初期开始建立，到了韩非时代已经定型。新的贵族和官僚制度出现以后，西周以来局限于贵族内部的礼就不能适应现实政治的需要。新兴封建统治者要想实现富国强兵的目标，必须依赖广大农民。农民不但是国家财富的支柱，也是国家的兵源。所以，封建君主必须用一套赏罚制度来管理农民，使他们成为国家耕战的强大基础，这种新的制度就是法。《汉书·艺文志》说："法家者流，盖出于理官，信赏必罚，以辅礼制。"理官就是治狱官，这说明法家的起源和执法官有一定联系。《说文解字》解释法："刑也，平之如水"，就点出了法的公正性。

李悝首先在魏国揭开了早期法家领导的变法运动的序幕，接着，楚、秦、韩、赵、齐、燕等国也进行了变法。风起云涌的变法浪潮给旧势力和旧制度以沉重打击。据《韩非子》记载，战国时期许多诸侯国制定了成文法，其中，李悝制定的《法经》被称为战国时期第一部成文法。此外，战国时期的法还有魏国的《立辟》、赵国的《国律》、燕国的《奉法》。李悝的学生商鞅把《法经》带到秦国，并以《法经》作为变法的指导思想。战国中期，商鞅在秦国的变法取得了巨大成功。商鞅死后不久，他的思想学说在较短时间内被整理汇编成《商君书》。

在以上法家主导的变法运动中，逐渐涌现出两个法家思想的策源地——齐国和晋国。以管仲之法为主体的齐国法系，和以李悝、申不害、商鞅为代表的三晋法系，东西辉映，各具特色。《管子·禁藏》说："法者，天下之仪也，所以决疑而明是非也，百姓所悬命也。"《商君书·修权》说："法令者，君臣之所共操也。"这些表述初步涉及了法的本质。齐国法系继承了《管子》的法治思想，主要有四个特色：政教结合、礼法相辅、文武并用、王霸一体。可见，齐国法系具有很强的灵活性和适应性，在坚持法治为主的同时，还运用道德、教化作为辅助。《管子》反复强调"国之四维"（礼、义、廉、耻）是教化臣民的重要手段。可以说，齐国重视法治和礼教的双重作用，走出了一条温和主义的法治路线。此外，法家学派的产生还是与三晋文化分不开的，三晋文化是指韩、赵、魏一带的文化，三晋处于四战之地，地理条件不如邻近的大国，缺少天然屏障和回旋的余地。为了在激烈的斗争中求得生存和发展，这些国家对内注意改革、练兵、储粮，以发展耕战、富国强兵为目标，大量培植军功贵族，把农业生产作为战争的基础。对外则随时权衡国际交往的利弊，利用矛盾，争取外援，三晋法系社会生活紧紧围绕"耕"和"战"来展开，走的是单一法治主义的路子。商鞅的法治更加激进，不但强化赏和罚的作用，而且还公开实行思想文化专政。法家吴起、商鞅、韩非等，纵横家苏秦、张仪等，虽然其中有些人后来在三晋以外受到重用，但他们最初都萌发于这一地区，这也是形势逼出来的。另外，荀况的思想兼有儒法两家的特点，这与他曾受过三晋学风影响有关。秦国是后起的诸侯国，虽然为姬周故乡，但在平王东迁以后，文化中心就随之东移，秦陇反呈空虚之势，所以秦文化长期落后，缺乏自己的传统，没有实行严格的宗法制。秦孝公以后，主要受三晋文化的影响，因而商鞅、韩非等人的法家思想在秦得以重视。

二、法家思想

法家是先秦诸子中对法律最为重视的一派。他们以主张"以法治国"的"法治"而闻名，而且提出了一整套的理论和方法。这为后来建立的中央集权的秦朝提供了有效的理论依据，后来的汉朝继承了秦朝的集权体制以及法律体制，这就是我国古代封建社会的政治与法制主体。

法家在法理学方面做出了贡献，对于法律的起源、本质、作用以及法律同社会经济、时代要求、国家政权、伦理道德、风俗习惯、自然环境以及人口、人性的关系等基本问题都做了探讨，而且卓有成效。但是法家也有其不足的地方。如极力夸大法律的作用，强调用重刑来治理国家，"以刑去刑"，而且是对轻罪实行重罚，迷信法律的作用。他们认为人的本性都是追求利益的，没有什么道德的标准可言，所以，就要用利益、荣誉来诱导人民去做。比如战争，如果立下战功就给予很高的赏赐，包括官职，这样来激励士兵与将领奋勇作战。这也许是秦国军队战斗力强大的原因之一，灭六国统一中国，法家的作用应该肯定，尽管它有一些不足。法家的思想概括如下。

（一）反对礼制

法家重视法律，而反对儒家的"礼"。他们认为，当时的新兴地主阶级反对贵族垄断经济和政治利益的世袭特权，要求土地私有和按功劳与才干授予官职，这是很公平的、正确的主张。而维护贵族特权的礼制则是落后的，不公平的。法律的第一个作用就是"定分止争"，也就是明确物的所有权。其中法家代表人物之一的慎到就做了很浅显的比喻："一兔走，百人追之。积兔于市，过而不顾。非不欲兔，分定不可争也。"意思是说，一个兔子跑，很多的人去追，但对于集市上的那么多的兔子，却看也不看。这不是不想要兔子，而是所有权已经确定，不能再争夺了，否则就是违背法律，要受到制裁。第二个作用是"兴功惧暴"，即鼓励人们立战功，而使那些不法之徒感到恐惧。兴功的最终目的还是为了富国强兵，取得兼并战争的胜利。

（二）性恶的人性论

法家多以为人之性恶。法家认为人都有"好利恶害"或者"就利避害"的本性。像管子就说过，商人日夜兼程，赶千里路也不觉得远，是因为利益在前边吸引他。打鱼的人不怕危险，逆流而航行，百里之远也不在意，也是追求打鱼的利益。有了这种相同的思想，所以商鞅才得出结论："人生有好恶，故民可治也。"

韩非为荀子弟子，对于此点，尤有明显之主张。《韩非子·扬权篇》曰：

> 黄帝有言曰："上下一日百战。"下匿其私，用试其上；上操度量，以割其下。

《外储说左上篇》曰：

> 夫买庸而播耕者，主人费家而美食，调钱布而求易者，非爱庸客

也，曰："如是，耕者且深，耨者熟耘也。"庸客致力而疾耘耕者，尽巧而正畦埒陌者，非爱主人也，曰："如是，羹且美，钱布且易云也。"此其养功力，有父子之泽矣，而心调于用者，皆挟自为心也。故人行事施予，以利之为心，则越人易和；以害之为心，则父子离且怨。

《六反篇》云：

> 且父母之于子也，产男则相贺，产女则杀之。此俱出父母之怀衽，然男子受贺，女子杀之者，虑其后便，计之长利也。故父母之于子也，犹用计算之心以相待也，而况无父子之泽乎？

韩非以为天下之人，皆自私自利，"皆挟自为心"，互"用计算之心以相待"。然正因其如此，故赏罚之道可用也。

在经济方面，韩非以为人既各"挟自为心"，即宜听其"自为"，使自由竞争。故反对儒者"平均地权"的主张。《韩非子·显学篇》曰：

> 今世之学士语治者，多曰，与贫穷地，以实无资。今夫与人相若也，无丰年旁入之利，而独以完给者，非力则俭也。与人相若也，无饥馑疾疚祸罪之殃，独以贫穷者，非侈则惰也。侈而惰者贫，而力而俭者富。今上征敛于富人，以布施于贫家，是夺力俭而与侈惰也。而欲索民之疾作而节用，不可得也。

听人之自由竞争，则人皆疾作而节用，生产增加矣。

（三）"不法古，不循今"的历史观

法家反对保守的复古思想，主张锐意改革。他们认为历史是向前发展的，一切的法律和制度都要随历史的发展而发展，既不能复古倒退，也不能因循守旧。法家之言，皆应当时现实政治及各方面之趋势。当时各方面之趋势为变古，法家亦拥护变古，其立论亦一扫自孔子以来托古立言之习惯。商鞅明确地提出了"不法古，不循今"的主张。《商君书·更法篇》曰：

> 前世不同教，何古之法？帝王不相复，何礼之循？伏羲、神农教而不诛。黄帝、尧、舜诛而不怒。及至文、武，各当时而立法，因事而制礼。礼法以时而定，制令各顺其宜。兵甲器备，各便其用。臣故曰：治世不一道。便国不必法古。汤武之王也，不循古而兴。殷夏之灭也，不易礼而亡。然则反古者未必可非，循礼者未足多是也。

韩非则更进一步发展了商鞅的主张，提出"时移而治不易者乱"，他把守旧的儒家讽刺为守株待兔的愚蠢之人。《韩非子·五蠹篇》曰：

> 今有构木钻燧于夏后氏之世者，必为鲧、禹笑矣；有决渎于殷、周之世者，必为汤、武笑矣。然则今有美尧、舜、汤、武、禹之道于当今

之世者，必为新圣笑矣。是以圣人不期修古，不法常可。论世之事，因为之备。宋人有耕者，田中有株，兔走触株，折颈而死，因释其耒而守株，冀复得兔。兔不可复得，而身为宋国笑。今欲以先王之政，治当世之民，皆守株之类也。……故事因于世，而备适于事。

（四）"法"、"术"、"势"结合的治国方略

韩非是法家最后也是最大的理论家，韩非主要汲取了三晋法思想，继承李悝、商鞅法治的传统，同时也吸收了齐国的管子之法，创立了战国后期集大成的法治学说。从《韩非子》书中可以发现，韩非数次把管子和商鞅并提："今境内之民皆言治，藏商、管之法者家有之"，"此管仲之所以治齐，而商君之所以强秦也"（《奸劫弑臣》）。韩非的老师荀子曾在齐国稷下学宫游学多年，对管仲之法比较熟悉，韩非又身处三晋，受商鞅之法的影响很大；所以韩非的法兼有"商管之法"的特点。

在韩非之前，法家有三派，各有自己的思想路线。一派以慎到为首。慎到与孟子同时，他以"势"即权势为政治和治术的最重要因素，君主要独掌军政大权。一派以申不害为首。申不害强调"术"（办事、用人的方法艺术，也即政治手段）是最重要的因素。术是指的驾驭群臣、掌握政权、推行法令的策略和手段。主要是察觉、防止犯上作乱，维护君主地位。另一派以商鞅为首。他最重视法（法令、法制），主张健全法制。

韩非子总结了前期法家的思想和实践，集法（政令）、术（策略）、势（权势）之大成，建构成完备的法家理论，提出了以法为中心的"法、势、术"三者合一的封建君主统治术。韩非认为势、术、法三者，皆"帝王之具"，不可偏废。故《韩非子·八经》曰：

> 势者，胜众之资也。……故明主之行制也天，其用人也鬼。天则不非，鬼则不困，势行教严，逆而不违。……然后一行其法。

"明主之行制也天"，言其依法而行，公而无私也。"其用人也鬼"，言其御人有术，密而不可测也。以赏罚之威，"一行其法"。势、术、法并用，则国无不治矣。

1. 论法

自春秋至战国之时，"法"之需要日亟。法家就理论上说明法之重要，《管子·明法解》曰：

> 明主者，一度量，立表仪，而坚守之，故令下而民从。法者，天下之程式也，万事之仪表也。吏者，民之所悬命也。故明主之治也，当于法者诛之。故以法诛罪，则民就死而不怨。以法量功，则民受赏而无德

也。此以法举错之功也。故《明法》曰："以法治国，则举错而已。"明主者，有法度之制；故群臣皆出于方正之治，而不敢为奸。百姓知主之从事于法也，故吏所使者有法，则民从之；无法则止。民以法与吏相距，下以法与上从事。故诈伪之人不得欺其主；嫉妒之人不得用其贼心；谄谀之人不得施其巧；千里之外，不敢擅为非。故《明法》曰："有法度之制者，不可巧以诈伪。"

《韩非子·用人篇》曰：

> 释法术而任心治，尧不能正一国。去规矩而妄意度，奚仲不能成一轮。废尺寸而差短长，王尔不能半中。使中主守法术，拙匠守规矩尺寸，则万不失矣。君人者，能去贤巧之所不能，守中拙之所万不失，则人力尽而功名立。

又《难三篇》曰：

> 法者，编著之图籍，设之于官府，而布之于百姓者也。

"明主"制法以治国。法成则公布之，使一国之人皆遵守之。而明主之举措设施，亦以法为规矩准绳。有此规矩准绳，则后虽有中庸之主，奉之亦足以为治矣。法就是法令，成文法，一国的君臣上下，都以之为判断是非、指导行为的标准。重法者以商鞅为宗。《韩非子·定法篇》曰：

> 问者曰："申不害、公孙鞅，此二家之言，孰急于国?"应之曰："是不可程也。人不食十日则死。大寒之隆，不衣亦死。谓之衣食孰急于人，则是不可一无也，皆养生之具也。今申不害言术，而公孙鞅为法。术者，因任而授官，循名而责实，操杀生之柄，课群臣之能者也。此人主之所执也。法者，宪令著于官府，刑罚必于民心，赏存乎慎法，而罚加乎奸令者也。此臣之所师也。君无术则弊于上；臣无法则乱于下。此不可一无，皆帝王之具也。"

韩非认为要实现法治必须有几个原则：

第一，不仅是公布的成文法，使人人遵守，而且法要统一，在地域上统一，在时间上统一，不能前后彼此矛盾，否则就有人钻空子，利用法的不一致性，作弊利私。法既立，则一国之君臣上下，皆须遵守，而不能以私意变更之。《管子·任法篇》曰：

> 法不一，则有国者不祥。……故曰，法者，不可恒也。存亡治乱之所从出，圣君所以为天下大仪也。……万物百事，非在法之中者，不能动也。故法者，天下之至道也，圣君之实用也。……有生法，有守法，有法于法。夫生法者，君也。守法者，臣也。法于法者，民也。君臣上

下贵贱皆从法，此谓为大治。

《韩非子·有度篇》曰：

> 故明主使其群臣，不游意于法之外，不为惠于法之内，动无非法。

又《难二篇》曰：

> 人主虽使人，必以度量准之，以刑名参之。以事遇于法则行，不遇于法则止。

"君臣上下贵贱皆从法"，乃能"大治"。这是法家最高的理想，但在中国历史中，这些都未尝能实现。

法既已立，则一国之"君臣上下贵贱皆从法"。一切私人之学说，多以非议法令为事，故皆应禁止。《韩非子·问辩篇》曰：

> 或问曰："辩安生乎？"对曰："生于上之不明也。"问者曰："上之不明，因生辩也，何哉？"对曰："明主之国，令者，言最贵者也。法者，事最适者也。言无二贵，法不两适。故言行而不轨于法令者，必禁。若其无法令，而可以接诈应变，生利揣事者，上必采其言而责其实。言当则有大利，不当则有重罪。是以愚者畏罪而不敢言，智者无以讼。此所以无辩之故也。乱世则不然。主上有令，而民以文学非之。官府有法，民以私行矫之。人主顾渐其法令，而尊学者之智行。此世之所以多文学也。……是以儒服带剑者众，而耕战之士寡。坚白无厚之词章，而宪令之法息。故曰，上不明，则辩生焉。"

大概法既为国人言行最高的标准，因而言行而不规于法令者，必会加以禁止。故《韩非子·五蠹》曰：

> 明主之国，无书简之文，以法为教。无先王之语，以吏为师。

第二，"法不阿贵"，即在法律面前人人平等，反对用人唯亲，赏罚要得当、公正，以体现法治的公平性。

在商鞅看来，有法必依，就不能有法律不适用的例外。他把贵族和平民放在法律面前平等的地位上，提出了"壹刑"的思想。《商君书·赏刑》说"所谓壹刑者，刑无等级，自卿相将军以至大夫庶人，有不从王令、犯国禁、乱上制者，罪死不赦。有功于前，有败于后，不为损刑；有善于前，有过于后，不为亏法"。

商鞅用"刑无等级"和"行法无偏"来解释"壹刑"，这就是执法必严。在贵族特权的等级社会里，"礼不下庶人，刑不上大夫"是整个社会普遍接受的社会规范，提出"刑无等级"和"行法无偏"的思想，确实需要很大的勇气。《史记·商君列传》记载："于是太子犯法。卫鞅（即商鞅）曰：'法之不行，自上犯之.'将法太子。太子,君嗣也,不可施刑,刑其傅公子虔,黥其师公孙贾。"从客观上体现了"王子犯法与庶民同罪"的平等思想。商鞅主张的"不赦不宥"思想,强调在行赏施罚上应当做到"不失疏远,不违亲近",有功必赏,有罪必罚,这应当可以看成执法必严的雏形,就连忠臣孝子、守法守职之吏犯法都不能得到赦免,更不用说一般的百姓了。"忠臣孝子有过,必以其数断。守法守职之吏有不行王法者,罪死不赦,刑及三族"(《赏刑》)。

第三,法要严峻。他所谓法治,实际上也就是刑治。他主张厚赏重罚。重刑的目的,在于扩大影响,使民有所畏惧。人莫不畏诛罚而利庆赏,故君主利用人的这种心理,行其威势。《韩非子·八经篇》曰:

> 凡治天下,必因人情。人情者有好恶,故赏罚可用。赏罚可用,则禁令可立,而治道具矣。君执柄以处势,故令行禁止。柄者,杀生之制也;势者,胜众之资也。

因"人情有好恶"而用赏罚,即顺人心以治人。故《韩非子·功名篇》曰,"逆人心,虽贲育不能尽人力";"得人心,则不趣而自劝"也。

2. 论术

术就是君主驾驭臣民的权术,"术者,藏之于胸中,以偶众端,而之替御群臣者也。"也就是说,韩非的术,实际上就是君主用各种不可告人的阴谋,考察臣僚的一种权术。我们可以把韩非关于术的运用概括为三点。

第一,君主要把自己打扮得高深莫测,使臣僚对自己可望而不可即。君主对谁都不要表露其真实情感,对谁都若即若离。也不要让人知道自己的好恶,以免被人钻了空子。君主还要喜怒无常,做到"其行赏也,暖乎如时雨,百姓利其泽;其行罚也,畏乎如雷霆,神圣不可解也"。

第二,君主要行无为之道,凡事藏而不露。

第三,君主要千方百计地维护自己的独尊地位,要设法堵塞大臣和大臣、大臣和人民之间的通道,以维护自己的地位。

3. 论势

势就是位,指国君的威势,即政权。慎到重势,《韩非子》有《难势篇》,引慎到曰:

> 飞龙乘云,腾蛇游雾。云罢雾霁,而龙蛇与蟥蚁同矣,则失其所乘也。贤人诎于不肖者,则权轻位卑也。不肖而能服于贤者,则权重位尊也。尧为匹夫,不能治三人。而桀为天子,能乱天下。吾以此知势位之足恃,而贤智之不足慕也。夫弩弱而矢高者,激于风也。身不肖而令行者,得助于众也。尧教于隶属,而民不听;至于南面而王天下,令则

行，禁则止。由此观之，贤智未足以服众，而势位足以诎贤者也。

《管子·明法解》曰：

> 明主在上位，有必治之势，则群臣不敢为非。是故群臣之不敢欺主者，非爱主也，以畏主之威势也。百姓之争用，非以爱主也，以畏主之法令也。故明主操必胜之数，以治必用之民；处必尊之势，以制必服之臣。故令行禁止，主尊而臣卑。故《明法》曰："尊君卑臣，非计亲也。以势胜也。"

《管子》此言，非必即慎到之说，要之亦系重势者之言也。此派谓国君须有威势，方能驱使臣下。

法与术皆为君主所必需，故《韩非子·定法》曰："此不可一无，皆帝王之具也。"然只有法、术，而无势，上仍不能制驭其下。专恃势固不可以为治，然无势君亦不能推行其法术。《韩非子·功名篇》曰：

> 夫有材而无势，虽贤不能制不肖。故立尺材于高山之上，则临千仞之溪，材非长也，位高也。桀为天子，能制天下，非贤也，势重也；尧为匹夫，不能正三家，非不肖也，位卑也。千钧得船则浮；锱铢失船则沉。非千钧轻而锱铢重也，有势之与无势也。故短之临高也以位，不肖之制贤也以势。

又《人主篇》曰：

> 夫马之所以能任重引车致远道者，以筋力也。万乘之主，千乘之君，所以制天下而征诸侯者，以其威势也。威势者，人主之筋力也。

韩非重法，以法为核心，但立法的目的是维护君主集权，执法要靠君主，因而单有了法还不行，所谓君臣不能共权，大权一定要牢牢掌握在君主手中。韩非是个君权绝对论者，在他看来，君臣不同道，同时君主是最高贵的，是凌驾于万物之上的神明，君权又是不可侵犯的，即一切权力归君主。

权势既然如此重要，那么，君主如何保持其势呢？

第一，权势为人主独揽，绝对不能与臣下共权，为臣下所劫持。

第二，君主要像防止窃贼一样警惕大臣对于君权的窥窃。君主为了保持君权，要利用一切手段防止臣民，控制臣民，组织情报网，了解危害君权的行为。

第三，法、术、势三者必须结合起来，这是巩固君主专制的手段。法是公布出来让百姓遵守的。通过这些法，告诉百姓，什么应该做，什么不应该做，而术则只是由君主秘密掌握，用以保证法的贯彻执行的，而势则是贯彻法和术的先决条件。法一经公布，君主就必须明察百姓的行为。因为他有势，可以惩罚违法的人，奖赏守法的人。这样办，就能够成功地统治百姓，不论有多少百姓都行。关于这一点，韩非写道："夫圣人之治国，不恃人之为吾善也，而用其不得为非也。恃人之为吾善也，境内不什数；用人不得为非，一国可使齐。为治者用众而舍寡，故不务德而务法。"（《韩非子·显学》）君主就这样用法用势治民。他不需要有特殊才能和高尚道德，也不需要像儒家主张的那样，自己做出榜样，或是通过个人的影响来统治。

韩非对法术势三者之间辩证关系的见解，是他对前期法家法治思想的发展，也是他法治理论的核心。法家思想和我们现在所提倡的民主形式的法治有根本的区别，最大的就是法家极力主张君主集权，而且是绝对的。法家其他的思想我们可以有选择地加以借鉴、利用。

（五）法家的治国论

韩非是我国先秦时期法家思想的集大成者，他的法治思想为秦始皇统一中国建立封建中央集权专制提供了政治理论的根据。秦以后历代封建统治者虽然不再公开打法家的旗号，然而，法家思想的精髓却被历代统治者延传下来，从汉武帝"罢黜百家，独尊儒术"开始，封建地主阶级便采取了儒表法里或阳儒阴法的治国策略，这是为什么呢，我们来看一下法家的治国思想。

韩非的法治思想是在战国末年封建中央集权专制即将形成的形势下提出来的，它的理论核心是通过加强君主专制，强化中央集权，具体来说，韩非为封建帝王提供的统治术的政治形式是："事在四方，要在中央，圣人执要，四方来效。"

"事在四方"，是指立法大权归统一的中央政府掌握，这表明诸侯分权的政治局面即将结束，郡县制将要完全取代分封制。

"圣人执要"，是指中央政府的权力最后决定权在皇帝手中，即实行君主专制独裁。这种加强君权的主张，适合当时即将出现的封建大统一的要求，它自然会受到秦始皇和后来封建帝王的欢迎。

韩非继承了商鞅的"法"、申不害的"术"、慎到的"势"，集法家之大成，构成了一个"以法为本"的法、术、势相结合的完整的政治思想体系，为封建专制主义奠定了思想基础。

战国时期，韩非的法治思想是具有进步意义的。他的学说适应了当时由诸侯割据过渡到封建专制的中央集权的需要，而且是行之有效的，它起到了巩固新兴封建制度的作用，促进了秦政权的统一，但是韩非基于人性恶的理论，反对儒家的仁义爱惠，实际上是主张对人民进行残酷的镇压，这是法家不及儒家高明的地方。秦始皇统一中国后，由于实行极端的专制独裁，刑法严苛，甚至焚书坑儒，对农民实行繁重的赋役和残酷的剥削，结果引起了社会各阶层矛盾的激化，秦末暴发的农民大起义，推翻了秦王的暴政，汉以后，统治者多吸取秦亡的教训，采取仁义和刑罚并重的统治策略进行国家治理，或者实施儒表法里的统治。

三、法家思想与儒、墨、道、名诸家的关系

法家是较为晚出的一个学术派别。因此，有条件在组织上、思想上与其他学派保持密切而又非同寻常的关系。

(一)法家与儒家

从组织上看，法家与儒家有密切的关系。法家学派的代表人物大多在早期都曾师从于儒家代表人物，或受到过儒家学说的影响。但是后来却都站在儒家的对立面。因而，在政治法律思想上，法家和儒家是整体对立的。

法家是继墨家之后批儒反儒最为激烈、最为彻底的一个派别，与儒家的对立主要表现在：

第一，在政治上，是中央集权君主专制政体与宗法贵族政体的对立。

第二，在治理国家的方法上，是"以力服人"与"以德服人"的对立。

第三，在"法"与"人"的评价上，是"法治"与"人治"的对立。

第四，在法律精神上，是"刑无等级"与"刑不上大夫"的对立。

第五，在法律形式上，是成文法与判例法的对立。

但是，应当看到，法家既非一般地否定等级，亦非全盘地抹杀宗法的差异性(尊卑、少长、男女)。这一点，越到后来便越加明显。可以说，法家对儒家的主张，基本上经历了一个从局部否定到全盘否定，再到局部吸收的过程。

(二)法家与墨家

从组织上看，法家与墨家没有什么瓜葛。但是在宗法贵族的世袭制度面前，小私有生产者和土地私有者往往有许多共同语言。这就使法家能够从反儒急先锋墨家那里直接继承了很多思想。这主要包括：

一是以天子之是非为是非的中央集权制的君主专制理论。

墨子在阐述"一同天下之义"的法律起源论时，也阐述了"上同于天子"的中央集权制的君主专制理论。他认为，只有天子，才能向天下的百姓发布法令；而诸侯以下的各级政长，必须"上同于天子"，"天子之所是，皆是之；

天子之所非，皆非之"。

二是"法治"思想的萌芽。

墨家认为，中央集权的专制君主，必须用"法"来治理天下。墨家非常重视"法"的作用，多次谈到"法"、"法度"、"法仪"，认为无论从事什么工作，要有"法"。如《墨子·天志下》说：

> 子墨子置立天之，以为仪法，若轮人之有规，匠人之有矩也。今轮人以规，匠人以矩，以此知方圜之别也。

《墨子·法仪》说：

> 百工为方以矩，为圜以规，衡以水，直以绳，正以悬。无巧工不巧工，皆以此五者为法。巧者能中之，不巧者虽不能中，放依以从事，犹逾己。

因此，《墨子·经上》说：

> 法，所若而然也。

即一切都必须顺法而行。既然如此，治理国家更应该有"法"。在某种意义上，这可以看作是后来"法治"思想的萌芽。当然，墨家所谓的"法"是广义的，既包括法律、道德等行为规范，也包括规矩、准绳等度量衡。其最终目的就是想使"兼相爱，交相利"成为衡量一切是非、曲直、善恶、功过的统一的客观标准。

三是"不党父兄，不偏富贵"的平等精神。

墨家主张"尚贤"，认为当时各诸侯国治理不好的原因就是没有尚贤使能。因此，坚决反对周礼所规定的宗法世袭制和任人唯亲的"亲亲"原则，也反对维护"礼治"的儒家。要想治理好国家，就必须"不党父兄，不偏富贵，不嬖颜色。贤者举而上之，富而贵之，以为官长；不肖者抑而废之，贫而贱之，以为徒役"；只要是"贤者"，虽"在农与工肆之人，有能则举之，高予之爵，重予之禄"；如果不贤，即使是贵族也要"抑而废之"。其结论是："官无常贵，民无终贱。"这实际上是后来法家要求变世卿世禄制为非世袭的官僚制的前奏。不过，墨家的"尚贤"标准不同于法家。墨家的"为贤之道"是"有力者疾以助人，有财者勉以分人，有道者劝以教人"，法家则从是否有功于耕战出发。

(三)法家与道家

法家中曾经习"道家之术"者不乏其人。法家主要从道家那里继承了敢于藐视传统观念的勇气和胆识，用以批判儒家的思想体系。法家还借鉴道家思想中的"无为"之术，并将之加工后纳入"君道无为，臣道有为"的"法治"轨道之中。

如果君主能用此道，则可以"无为而治"矣。《韩非子·扬权篇》曰：

> 事在四方，要在中央。圣人执要，四方来效。虚而待之，彼自以之。四海既藏，道阴见阳。左右既立，开门而当。勿变勿易，与二俱行。行之不已，是谓履理也。

> 夫物者有所宜，材者有所施。各处其宜，故上下无为。使鸡司夜，令狸执鼠，皆用其能，上乃无事。上有所长，事乃不方。矜而好能，下之所欺；辩惠好生，下因其材。上下易用，国故不治。

《大体篇》曰：

> 古之全大体者，望天地，观江海，因山谷。日月所照，四时所行，云布风动，不以智累心，不以私累己。寄治乱于法术，托是非于赏罚，属轻重于权衡。不逆天理，不伤情性。不吹毛而求小疵，不洗垢而察难知。不引绳之外，不推绳之内。不急法之外，不缓法之内。守成理，因自然。祸福生乎道法，而不出乎爱恶。荣辱之责，在乎己，而不在乎人。

君主任群臣之自为，而自执"二柄"以责其效。君主之职责，如大轮船上之掌舵者然。但高处深居，略举手足，而船自能随其意而运动。此所谓以一驭万，以静制动之道也。

一部分之道家，本已有此种学说。《庄子·天道篇》云：

> 夫帝王之德，以天地为宗，以道德为主，以无为为常。无为也，则用天下而有余。有为也，则为天下用而不足。故古之人贵夫无为也。上无为也，下亦无为也，是下与上同德。下与上同德则不臣。下有为也，上亦有为也，是上与下同道。上与下同道则不主。上必无为而用天下，下必有为为天下用，此不易之道也。故古之王天下者，知虽落天地，不自虑也。辩虽凋万物，不自说也。能虽穷海内，不自为也。天不产而万物化，地不长而万物育，帝王无为而天下功。故曰，莫神于天，莫富于地，莫大于帝王。故曰，帝王之德配天地。此乘天地，驰万物，而用人群之道也。……是故古之明大道者，先明天而道德次之。道德已明，而仁义次之。仁义已明，而分守次之。分守已明，而形名次之。形名已明，而因任次之。因任已明，而原省次之。原省已明，而是非次之。是非已明，而赏罚次之。赏罚已明，而愚知处宜，贵贱履位，仁贤不肖袭情，必分其能，必由其名。以此事上，以此畜下，以此治物，以此修身。知谋不用，必归其天。此之谓大平，治之至也。故《书》曰，有形有

名。形名者，古人有之，而非所以先也。古之语大道者，五变而形名可举，九变而赏罚可言也。

天下之事甚多，若君主必皆自为之，姑无论其不能有此万能之全才，即令有之，而顾此则失彼，顾彼则失此。一人之精力时间有限，而天下之事无穷，此所以"有为"则"为天下用而不足"也。所以"古之王天下者，能虽穷海内，不自为也"。故"帝王之德"，必以"无为为常"。一切事皆使人为之，则人尽其能而无废事，此所以"无为"，则"用天下而有余"也。此帝王"用人群之道"也。至于施行此道之详细方法，则即以下所举九变是也。分守者，设官分职，并明定其所应管之事也。分守已明，则即用某人以为某职。某人者，形也；某职者，名也。所谓"分守已明，而形名次之"也。既以某人为某职，则即任其自为而不可干涉。此所谓"形名已明而因任次之"也。君主虽不干涉其如何办其职分内之事，但却常考察其成效。所谓"因任已明而原省次之"也。省读为省察之省。既已考察其成效，则其成效佳者为是，不佳者为非，此所谓"原省已明而是非次之"也。是非既明，则是者赏之，而非者罚之。此所谓"是非已明而赏罚次之"也。如此则愚知仁贤不肖，各处其应处之地位，而天下治矣。

韩非"喜刑名法术之学，而归本于黄老"。盖法家之学，实大受道家之影响。道家谓道任万物之自为，故无为而无不为。推之于政治哲学，则帝王应端拱于上，而任人民之自为。所谓"无为而尊者，天道也。有为而累者，人道也。主者，天道也。臣者，人道也"。法家更就此点，彻底发挥。今《管子》书中，有《内业》《白心》诸篇。《韩非子》书中，有《解老》《喻老》诸篇。虽此等书皆后人所编辑，然可想知原来法家各派中，皆兼讲道家之学也。

(四)法家与名家

法家从名家那里吸收了"循名责实"的思维方法，一方面提高了立法的严谨性，另一方面还使法律监督和君主的"驭臣"之术更加完备。

四、法家的著作

(一)《韩非子》

韩非的著作收辑在《韩非子》中，《汉书·艺文志》共有五十五篇，包括《孤愤》《说难》《五蠹》《内外储》《说林》等，书中阐述了韩非的天道观、历史观、人性论，用以建立中央集权的法、术、势论点，还有他的政治主张。对其内容的可靠性，历来学者争议较多，其实，《韩非子》一书大部分是韩非所作，仅有少数篇章存疑，如《初见秦》《有度》《饰邪》等，大都是韩非死后的历史，不足为凭。

根据前人的考证，任继愈先生的《韩非》一书中将现存的55篇分为以下五组。

第一组，确认不是韩非的著作，有四篇：《初见秦》《存韩》《难言》《爱臣》。这些篇都是战国时期的纵横家、游说之士的议论。恰恰是韩非所攻击的，不能认为是韩非的著作。

第二组，确认是后来法家的著作，编到韩非著作中去的，有《忠孝》《人主》《饬令》《心度》《制分》五篇。

第三组，关于古代历史故事的传说，作为韩非这一派的法家引用材料的工具书(一种资料汇编)，有《说林上》《说林下》《内储说上》《内储说下》《外储说左上》《外储说左下》《外储说右上》《外储说右下》八篇。

第四组，对古代哲学的解说，有两篇：《解老》《喻老》。从这一类著作中，我们可以看到古代流行的《老子》的原貌，是研究《老子》版本的极有价值的材料。

第五组，韩非论文中的主要部分，有《五蠹》《六反》《诡使》《说疑》《八说》《八经》《显学》《主道》《有度》《二柄》《扬权》《八奸》《十过》《孤愤》《说难》《和氏》《奸劫弑臣》《亡徵》《三守》《备内》《南面》《饰邪》《观行》《安危》《守道》《用人》《功名》《大体》等。

今天我们研究韩非的思想，所要依据的材料，主要是最后一组包括的篇目，第一组最不可靠，第二、第三、第四组可以作为参考性材料，存疑待考。

今人研究韩非著作的参考书，有容肇祖的《韩非著作考》，《古史辨》第四册所收集的关于韩非的一些文章，陈千钧的《韩非新传》《韩非书考》，陈奇猷的《韩非子集释》，梁启雄的《韩子浅解》等。

对于韩非的思想进行重点剖析的著作有：郭沫若的《韩非子的批判》，侯外庐的《中国思想通史》第一卷，吕振羽的《中国政治思想史》，范文澜的《中国通史简编》的上古部分，孙叔平的《中国哲学史稿》上册，冯友兰的《中国哲学史》上册，任继愈的《韩非》，刘毓璜的《先秦诸子初探》，这些书的研究成果都值得参考。

(二)《商君书》

《商君书》又称《商君》《商子》，是法家学派的代表作之一，在战国后期颇为流行，《韩非子·五蠹》说："今境内之民皆言治，藏商、管之法者家有之。"但因《商君书》中《更法》《错法》《徕民》等多篇涉及商鞅死后之事，显然不是出自商鞅之手。《四库全书总目提要》云"殆法家流，掇鞅余论，以成是编"，应是商鞅及其后学的著作汇编，其中着重论述了商鞅一派的变法理论和具体措施。此书现存二十六篇，其中二篇有目无书。

《商君书》首先解决了变法的理论支撑问题。《更法》《算地》《修权》诸篇都举尧舜禹治国方法不一，而天下皆称圣王，以古论今说明"三代不同礼而王，五霸不同法而霸"，"治世不一道，便国不必法古"的道理。《开塞》则从人类社会发展的不同阶段入手，论证根据不同的社会情况就要采取不同的统治方法。"圣人不法古，不修今。法古则后于时，修今则塞于势。"从而说明只有变法革新，才能使国家富强兴盛。"治世不一道，便国不必法古"、"不法古，不修今"是商鞅倡导变法的名言。

《商君书》在具体的变法措施上有一些概念贯穿始终，下面我们择要介绍几个：第一是"壹"。"壹"就是统一、专一。"壹"在《商君书》中出现的频率比较高，内涵比较丰富。如"壹赏，壹刑，壹教"（《赏刑》）是说君主在上要有统一的政策和措施；"上壹而民平"（《垦令》）、"身作壹"（《农战》）是说君主要将法令贯彻始终如一；"意必壹"、"民壶意"（《垦令》）是说要使民众的思想统一；"国作壹一岁者，十岁强；作壹十岁者，百岁强；作壹百岁者，千岁强"（《农战》）、"圣人治国也，审壹而已矣"（《赏刑》）、"圣王之治也，慎法、察务，归心于壹而已矣"（《壹言》），是说"壹"在治国中的重要意义。

第二是"农战"。农战就是农业与军事，《商君书》中有关重农重战的论述最多。关于农战的意义在《农战》中有集中论述："国之所以兴者，农战也。""国待农战而安，主待农战而尊。"农业是国家的根基命脉，为此《垦令》提出了二十项措施，都是抑制百业，使国内的民众全体投身开荒种地。不仅如此，《徕民》还出台优惠政策，吸引邻国的民众前来务农。军事是国家强弱的晴雨表，所谓"入其国，观其治，民用者强"，商鞅以为治兵的理想状态是"民之见战也，如饿狼之见肉"（《画策》）。《兵守》表明，"军队之见战也，如饿狼之见肉"（《画策》）。《兵守》表明，军队分为壮男、壮女、老弱三军，可见当时的秦国全民皆兵，民众平时务农战时应征，形成农战结合的战略。《商君书》的《战法》即专门研究战术，《兵守》则探讨了守城防御作战的原则和方法，其对军事的重视可见一斑。

第三是"法"。"法"是法式、法律。在法家学派里商鞅尤其重视法。《定分》云："法令者，民之命也，为治之本也"，《商君书》强调以法治国，而排斥儒家的礼义教化，斥儒家仁义道德为"六虱"（见《靳令》）。法令的制定以重刑轻赏为原则，用严刑驱使民众从事农战，杜绝犯罪，即所谓"以刑去刑"、"以法去法"。《去强》说："重罚轻赏，则上爱民，民死上。"法令的推广透明清晰，《定分》规定各级政府均设专司法律的官吏，他们负责对法律的解释和推广，如有失误或不耐心解答就治罪。法令普及就能够形成上下监督的机制；法令的执行绝不姑息，这样就使大臣不敢枉法营私，民众不会违法乱国。

《商君书》中既有宏观的理论阐述，也有细致的法令、军规。其中有一些内容对今人有一定借鉴意义，如"不宿治"的提法，既能够提高政府的办事效率，又起到了不给奸吏枉法以可乘之机的作用；《禁使》指出不能让利益一致的人互相监督，利益一致的人互相监督，只能使罪恶掩藏而得不到揭露。《商君书》中也有些内容在今天看来是不可取的，如愚民政策、重农轻商的观点等，从历史发展的经验看，这些措施只能救一时之敝，而不能支撑社会的长期可持续发展。《商君书》因不是出于一手，故其体例杂芜。如《更法》为论辩体，《农战》《画策》《内外》是政论体，《垦令》《战法》《境内》则纯是法规条文。从风格来看，其多数篇章语言风格冷峻、朴实无华，体现了法家务实的特点。但也有些篇章运用一些修辞手法，颇具文学色彩。如《徕民》以"齐人有东郭敞"设喻，《禁使》以驵虞和马设喻等，贴切而又风趣，增强了说理的效果，我们从中似乎可以捕捉到战国纵横家的影子。

《商君书》历来号称难读，一方面是此书文笔古奥，阅读时有一定文字障碍，加上流传过程中脱文错简十分严重，索解尤难。另一方面商鞅学说与儒家思想背道而驰，在汉武帝以后"独尊儒术"的风气下，法家渐趋沉寂，加上近世学术界有"《商君书》精义较少，欲考法家之学，当重《管》《韩》而已"（吕思勉《先秦学术概论》）的认识，使学者对其整理和研究重视不足。

清人孙星衍、严可均、钱熙祚等人都对《商君书》作过校释，但文字句读仍难完全订正，其中严可均的《商君书校》"稍稍可读"，遂成为通行本。而俞樾、孙诒让、于鬯、陶鸿庆等人的学术笔记中所涉《商君书》校勘注释亦颇多创见，不容忽视。近世有王时润《商君书斠诠》、朱师辙《商君书解诂》、陈启天《商君书校释》、简书《商君书笺正》、蒋礼鸿《商君书锥指》、高亨《商君书注译》、章诗同《商君书》等，是今人阅读《商君书》的必备之书。

第二节　法家代表人物

一、先驱人物

（一）管仲

管仲（？—前645年），名夷吾，字仲，又称敬仲，齐国颍上（今安徽颍上）人。出身平民或没落贵族。年轻时曾与鲍叔牙一起经商。齐桓公即位前曾和其兄公子纠争夺王位，当时任公子纠师傅的管仲曾射过齐桓公一箭。公元前685年齐桓公即位后，经鲍叔牙推荐，不计一箭之仇，重任管仲为相（一说为卿），主持国政。为了富国强兵，他辅助齐桓公进行了一系列改革，使齐国第一个取得了霸主地位。其法律思想对法家产生了很大的影响。

1. "仓廪实则知礼节"，"与民分货"

管仲提出了"仓廪实则知礼节，衣食足则知荣辱"的名言，认为发展经济是国家富强的前提，也是使人们遵守礼义法度和稳定社会秩序的物质基础。这种思想具有一定的朴素唯物主义元素，对当时一味剥削压榨而侈谈礼义廉耻的贵族也是深刻的批判。同时，非常重视道德和法律的作用，将"礼义廉耻"比作国之"四维"，反对空谈礼义法度，认为首先必须解决人民的衣食问题，然后才谈得上礼义廉耻。因此，要想国富民安，就要发展生产，改善人民生活。这种思想是他在齐国进行一系列改革的理论基础。

管仲充分利用齐国的有利条件，大兴渔盐、铸铁之利。为此，设置盐官，管理盐铁业，并采取渔盐出口不纳税的政策，鼓励渔盐贸易；在农业上，他改革了赋税制度，按照土地的好坏分等级确定税收额，号召开垦荒地，兴修水利，种植五谷、桑麻，饲养六畜，努力耕织。为了奖励耕织，发展工商业，提出"与民分货"的主张，即必须让人民分享一点生产成果和经济收益，从而把"富国"和"富民"统一起来。

2. "匹夫有善，可得而举"

管仲认为，要使人民遵守法律，必须使人民感到有利可图。因此，要求做到"俗之所欲，因而予之；俗之所否，因而去之"。以期"令顺民心"。根据这一原则，主张"修旧法，择其善者而业用之"，即废除那些不利于"富国"、"富民"的规定，从而"与俗同好恶"。

管仲认为，要保证法令的贯彻执行，必须"劝之以赏赐，纠之以刑罚"。一方面，他不顾《周礼》任人唯亲的"亲亲"原则，主张"匹夫有善，可得而举"，提倡破格选拔人才；并规定乡大夫有推举人才的责任，如有才不举，便以"蔽明"、"蔽贤"论罪。另一方面，他也敢于对那些"不用上令"、"寡功"和"政不治"的官吏绳之以法："一再则宥"、"三则不赦"。

管仲还按职业和身份将"国"（国都以内）、"鄙"（国都以外）的居民重新加以编制，并"寄内政于军令"，把行政组织和军事组织结合起来，以加强军事力量。

总之，管仲的改革已经超出了礼制的范围，突破了"礼不下庶人，刑不上大夫"的旧传统。他敢于打击旧贵族，《论语·宪问》中就有他曾剥夺"伯氏骈邑三百"的记载。相传他还提出"有过不免，有善不遗"，加之他所主张的"富国强兵"、"与民分货"和"令顺民心"等，这些都与后来的法家一脉相承，所以后人一般称他为法家的先驱，他的改革成果与商鞅的法律并称"商管之法"。

(二) 子产

子产（？—前 522 年），即公孙侨，字子美，又称公孙成子，郑国贵族。公元前 543 年至公元前 522 年执掌郑国国政，是当时享有盛名的政治家。作为一个刚刚从奴隶主贵族转化而来的封建贵族，为了保持贵族的某些特权，不仅不公开反对周礼，反而赞美它，甚至认为"礼"是"天之经也，地之义也，民之行也；天地之经而民实则之"。因此，被一些贵族看成是"知礼"和"有礼"的典型。但是执政后，却进行了一系列违反周礼而有利于封建化的改革，在个别问题上甚至带有比较激进的法家色彩。

1. "田有封洫，庐井有伍"

为了制止贵族对土地的侵占和争夺，子产首先从改革田制入手，"作封洫"，即重新划分田界，明确各家的土地所有权，并把个体农户按五家为伍的方式编制起来，使之"庐井有伍"，以加强对农民的控制。同时，又重新确立了国都内外、上下尊卑的等级秩序，奖赏忠于职守、节俭奉公的贵族和官吏，打击那些骄横奢侈之徒。五年之后，又"作丘赋"，以"丘"为单位，向土地所有者征收军赋，进一步肯定了土地私有权的合法性。

2. "制参辟，铸刑书"

"作封洫"、"作丘赋"之后，子产又同旧势力进行了斗争。这时，新兴地主阶级的力量逐渐壮大，国人也看到了改革的好处，开始积极拥护改革。为了保护已经取得的改革成果，公元前 536 年，子产"铸刑书"，即把新制定的

"刑书"铸在铁鼎上公布，这是中国法制史上一个具有重大意义的创举。以往的奴隶主贵族不但对其封地内的奴隶可以为所欲为，而且也可以恣意迫害平民。他们不制定也不公开颁布什么行为是犯罪，以及犯什么罪应该处什么刑的"刑书"，而是采取"议事以制"的方式审判案件，使人们经常处于"刑不可知，则威不可测"的极端恐怖之中。从反对者的意见中不难看出，仅就颁布成文法本身来说，就已经起到了限制贵族特权的作用。反对者叔向谴责说："今吾子相郑国，作封洫，立谤政，制参辟，铸刑书，将以靖民，不亦难乎?"从中可推断，子产"刑书"的内容与其田制、赋制改革有关。子产的"刑书"公布后，不仅打破了"先王议事以制不为刑辟"的"礼治"传统，而且限制、打击了奴隶主贵族的特权，让人们知道什么是权利，什么是义务，"民知争端矣，将弃礼而征于书，锥刀之末，尽争之"，在一定程度上保护了新兴地主阶级和平民的既得利益，因而遭到晋国著名保守派贵族叔向的反对。正在主持郑国改革的子产没有屈服，非常坚决地答复："侨不才，不能及子孙，吾以救世也。"意即"铸刑书"正是为了挽救郑国危亡。子产"铸刑书"这一举动，为后来法家所主张的"法治"提供了经验。

3. 以"宽"服民和以"猛"服民

子产第一个提出了"宽"、"猛"两手策略。"宽"即强调道德教化和怀柔；"猛"即主张严刑峻法和暴力镇压。

子产在执政期间，主要采用"宽"的一手，主张"为政必以德"。为此，孔子多次赞美，说他是"惠人"，"其养民也惠，其使民也义"。子产的确如此开明。执政后，郑国人经常到"乡校"议论其为政的得失。"乡校"本来就是国人举行乡射宴饮和议论国政的场所。《左传·襄公三十一年》记载有人劝子产毁掉乡校，他不同意，说：

> 何为? 夫人朝夕退而游焉，以议执政之善否。其所善者，吾则行之；其所恶者，吾则改之，是吾师也。若之何毁之? 吾闻忠善以损怨，不闻作威以防怨。岂不遽止? 然犹防川。大决所犯，伤人必多，吾不克救也。不如小决使道。不如吾闻而药之也。

这种择善而从、闻过则改的风度，在当时也是十分难能可贵的。但是到了晚年，子产的"为政必以德"的观点却发生了转变。《左传·昭公二十年》记载他在临终前竟对后继者子大叔说：

> 我死，子必为政。唯有德者能以宽服民，其次莫如猛。夫火烈，民望而畏之，故鲜死焉；水懦弱，民狎而玩之，则多死焉。故宽难。

这一转变不外有两种可能：一是他对以往所行的"德政"已经丧失了信心；一

是认定子大叔不是"德者",所以示意他舍宽而取猛。

子产所提出的"宽"、"猛"两手,关系到立法的指导原则。后世的儒家主要继承和发展了其"以宽服民"的思想,主张立法从宽;法家则主要继承和发展了其"以猛服民"的思想,主张立法从严。

(三)邓析

邓析(? —前501年),郑国人。子产执政时曾任郑国大夫,在政治上非常活跃。子产在郑国进行了一系列有利于封建化的改革,但是作为一个刚刚转化而来的新封建贵族,为了保持贵族的特权,并不否定周礼。而邓析则代表新兴地主阶级的利益,要求进一步改革。《荀子·非十二子》说他"不法先王,不是礼义"。可见,邓析是最早反对"礼治"的思想家。

1. 私造"竹刑"

邓析对子产所推行的一些改革不满,曾"数难子产之治"。由于不满子产所铸刑书,竟私自编了一部更能适应新兴地主阶级要求的成文法,把它写在竹简上,叫作"竹刑"。晋人杜预在注《左传》时说,邓析"欲改郑所铸旧制",不受君命,而私造刑法,书之于竹简,故言"竹刑"。"欲改旧制"和他"不法先王,不是礼义"的精神显然是一致的。"竹刑"的内容已无可考,但从当时的历史条件分析,邓析这一部有别于"刑书"的"竹刑",必然只能是体现新兴地主阶级意志的东西。

2. 传授法律知识,承揽诉讼

邓析曾聚众讲学,传授法律知识与诉讼方法,并助人诉讼。《吕氏春秋·离谓》说:邓析"与民之有讼者约:大狱一衣,小狱襦裤。而学讼者,不可胜数"。又以擅长辩论著称,"操两可之说,设无穷之词",并"持之有故,言之成理"。在诉讼中,也能打破旧传统,不以周礼为准,反而"以非为是,以是为非"。

在邓析的倡导下,当时郑国曾兴起一股革新的浪潮,给新老贵族的统治造成严重威胁,以致"郑国大乱,民口谨哗"。最后,"郑驷歂杀邓析,而用其竹刑"。驷歂是继子产、子大叔之后的执政者,他杀了邓析却不得不继续使用其"竹刑"。可见,"竹刑"适应了社会发展的需要。

(四)赵盾

赵盾,即赵宣子,赵衰之子。春秋时晋国执政。赵氏在晋国的地位与实力是逐渐上升的。晋文公重耳出逃时,狐偃、赵衰以士的身份随重耳出亡;晋文公作三军时,狐毛、狐偃将上军,赵衰为卿,赵氏不及于狐氏。但是,公元前621年，赵盾被推荐任中军元帅，开始执掌国政。从此，赵氏的势力大起来。次年，赵盾主"扈"地之盟，开大夫主盟之先河。公元前607年，避灵公杀害出走，未出境，其族人赵穿杀死灵公。赵盾回来拥立晋成公，继续执政，进行了一系列立法活动，以保卫新兴地主阶级的斗争成果。"制事典，正法罪，辟狱刑，董逋逃，由质要，治旧洿，本秩礼，续常职，出滞淹。"新法典当时并没有公布，但新兴地主阶级一直用"法"镇压旧贵族。直到公元前513年，晋国的赵鞅、荀寅才将赵盾所做的法典铸在铁鼎上。赵盾的立法实践活动为成文法的产生奠定了基础。

（五）赵鞅

赵鞅，即赵简子，又名志父，亦称赵孟。春秋时期晋国卿。公元前513年冬，与荀寅一起"帅师城汝滨，遂赋晋国一鼓铁"，将赵盾所作法典铸在铁鼎上。这是新势力在晋国取得政权后采取的一项重大举措。但是，遭到了孔子的强烈批评。

（六）叔向

叔向，一作叔响，羊舌氏，名肸；因其封邑在杨（今山西洪洞东南），又称杨肸。春秋时期晋国卿。约与子产、孔子同时。晋悼公晚年时任太子彪的老师。后来，彪即位为平公，叔向任太傅，参与国政。

叔向长于历史典故，人称"习于春秋"；又有丰富的施政经验。他评价晋国的时政是国势日衰，处于"季"世（没世）。为挽救这种局面，坚持"礼"的原则，并主张以"宽"待民。

叔向崇尚"礼治"，认为："礼，政之舆也；政，身之守也。怠礼失政，失政不立，是以乱也。""忠信，礼之器也。卑让，礼之宗也。"强调"礼，王之大经也。一动而失二礼，无大经矣。言以考典，典以志经。"为维护旧贵族统治，主张对人民施以恩德。

面对春秋时期的社会变革，他从维护"礼治"的立场出发，对新生事物持否定态度。最突出的事例就是曾写信指责子产公布"刑书"。《左传·昭公六年》记载：

> 昔先王议事以制，不为刑辟，惧民有争心也；
>
> 民知有辟，则不忌于上，并有争心，以征于书。而侥幸以成之；
>
> 民知争端矣，将弃礼而征于书，锥刀之末，将尽争之。乱狱滋丰，贿赂并行，终子之世，郑其败乎！

可见，叔向从三个方面抨击子产：其一，"铸刑书"违背了西周以来不公布法律的传统；其二，有了刑法典且公布之后，人们可以依法而力争，必将不再遵守礼；其三，这种新的法制必然导致司法腐败。其实，子产创制的成文法适应了时代发展的需要，是中国古代法律实践走向成熟的标志。

在司法方面，叔向主张依法处死徇私枉法的法官叔鱼（叔向的弟弟），体现了严格执法、大义灭亲的精神。为此，孔子称赞道："叔向，古之遗直也。治国制刑，不隐于亲。三数叔鱼之恶，不为末减。曰义也夫，可谓直矣！"这种做法反映了当时晋国重视法治传统的一个侧面。与后世法家"不别亲疏，不殊贵贱，一断于法"的"法治"精神是一脉相承的。

二、法家代表人物

法家的代表人物大多是战国时期各国著名的政治家、军事家和思想家。其主要代表有：战国初期的李悝、吴起，中期的商鞅、慎到、申不害，末期的韩非、李斯。

(一)李悝

李悝（约前455—前395年），魏国人。法家学派始祖，三晋地区最著名的法家代表人物之一。魏国是战国初期最早进行改革的一个诸侯国。自魏文侯时，便与韩、赵分晋，建立新国。为了富国强兵，魏文侯（前445年至前397年在位）广招人才，礼贤下士，起用了一批著名的政治家、军事家和思想家，李悝就是其中最著名的人。李悝初为北地守，后任"魏文侯相"和"魏文侯师"，主持魏国的变法，在政治、经济、法制方面进行了一系列有利于发展封建制的改革。他最突出的事迹，就是总结了春秋战国时期各国的立法经验，并对成文法运动进行了理论概括，完成了中国古代第一部系统的封建法典《法经》。至此，法家思想才初步形成一个体系，法家才成为一个学派。李悝从而获得了战国初期法家始祖的地位，谱写了"以法治国"的时代篇章。

(二)吴起

吴起（？—前381年），卫国左氏（今山东曹县北）人。战国初期著名的军事家、政治家。据说性格暴烈，急于功名。年少时因游仕而破家，为乡党所耻笑，遂"杀谤己者三十余人"；与母亲诀别时曾发誓说："起不为卿相，不复入卫。"后入鲁国，师从于孔子的弟子曾参，但因母亲死而不归守孝，为曾参所鄙视。长于兵战，著有兵法，与孙武齐名。初任鲁将，打败齐兵；旋即入魏，屡败秦兵，被魏文侯任为西河郡守，曾协助魏文侯推行奖励军功的法家政策。魏文侯死后，因受陷害，被迫由魏入楚。最初被楚悼王任为宛(今河南南阳市)守，一年之后被提升为令尹(相当于相)，主持变法，使楚国兵力强盛。楚悼王死后，被旧贵族杀害，变法失败。

(三)商鞅

商鞅(约前390—前338年)，是卫国国君的后代，本名卫鞅。诸侯之子称公子，公子之子称公孙，故又名公孙鞅。秦孝公封之于商、於之地，号为商君，乃世称商鞅。

商　鞅

关于商鞅的生年及其家世，史无明文。许多史学家对此进行过考证，钱穆考其约生于公元前390年，即秦惠公十年。卫国始封时属头等大国，至春秋而弱，为狄人所败，幸齐助而未亡，至战国则沦为秦国的附庸。《史记·商君列传》载："商君者，卫之诸庶孽公子也。"《盐铁论·非鞅》载："夫商君起布衣，自魏入秦，期年而相之，革法明教，而秦人大治。"由此可知商鞅虽出身卫国的贵族，但家道中落，实一"布衣"。

商鞅"少好刑名之学"(《史记·商君列传》)。其师，或以为尸佼。《汉书·艺文志》著录《尸子》二十篇，班固自注云"名佼，鲁人。秦相商君师之。鞅死，佼逃入蜀。""鲁"，或以为"晋"之讹。钱穆《先秦诸子系年考辨·商鞅考》云："考其行事，则李克、吴起之遗教为多。"知商鞅受此二人影响甚重。商鞅在其刑名之学的基础上有选择地吸纳百家之言，从而把法家学说推进到一个新的阶段。

公元前365年左右，商鞅到了魏国，"事魏相公叔座为中庶子。公叔座知其贤，未及进"而病，病中推荐商鞅于魏惠王使继己为相，惠王不许，因劝惠王杀之，惠王以为公叔疾重而悖乱，又不听(《史记·商君列传》)。公叔死，鞅闻秦孝公求贤，乃西入秦。

商鞅为左庶长，定变法之令，开始了他的第一次变法。公元前352年，商鞅变法取得了显著的成效，使秦成为第一大强国。变法内容为：(1)实行"连坐法"，将居民以五家为"伍"、十家为"十"为编制，登记入户籍，责令互相监督。加重刑罚，建立法网。(2)废除奴隶制的"世卿世禄"制，建立"军功爵"制。按照在前线杀敌的军功大小，授予爵位和相应的耕地、住宅和官职，奴隶主旧贵族如果没有军功，就不能享受贵族的特权。(3)重农抑商。凡是努力从事农业生产，多缴租税者，免其徭役。限制工商业的发展。(4)制定严厉的法令。法令制定的原则是"轻罪重刑"，连"弃灰于道者"，也要处以黥刑。

公元前350年，商鞅在咸阳建造了宫殿，将秦国的国都从雍城迁到咸阳。这一年，商鞅在秦孝公的支持下，进一步在经济、政治领域进行变法，是为第二次变法。第二次变法内容：(1)废"井田"、开"阡陌"。国家承认土地私有权，允许土地自由买卖，统一按照田地亩数来征收租税。(2)建立县制。废除奴隶社会的分封制，把秦国划分为31个县，由国君直接委派官吏管理。(3)统一度量衡制度。不准男女老少同居一室，颁布了标准的度量衡器，统一了国内的度量衡。通过废"井田"、开"阡陌"，破坏了奴隶制的生产关系，解除了对生产力的束缚，促进了新形势的发展。通过县的设置，将全国政权、兵权集中到了中央，从而巩固了中央集权的封建统治，削弱了豪门贵族在地方的权力。秦国家给人足，乡邑大治，兵革大强，周天子和诸侯纷纷派人向秦祝贺。

公元前340年，秦趁魏在马陵之战中的失利而伐魏，魏公子卬率军拒之，商鞅用诈谋虏取卬而破其军，魏割河西(今陕西东部)向秦求和。商鞅以此受封于商(今陕西商县、河南西峡一带)，故称商君。

商鞅采取暴力手段，镇压贵族的反抗，遭到旧势力的反对；他掌握秦国的军政大权，独断专行，同新兴地主阶级的一些代表人物也发生利害冲突，故而积怨甚多。商鞅非常清楚自己的危险处境，他对此不无恐惧。孝公"疾且不起，欲传商君，辞不受。孝公已死，惠王代后，莅政有顷，商君告归……商君归还，惠王车裂之，而秦人不怜。"(《战国策·秦策一》)"秦惠王……遂灭商君之家"(《史记·商君列传》)。

对于商鞅失败被杀的原因，古人有多种解释，而归根结底，应该说根源在于其人性的盲点。

(四)慎到

慎到(约前390—前315年)，赵国人。战国中期法家代表人物之一。曾长期在齐国稷下学宫讲学，对法家思想在齐国的传播起过重大作用。其思想源于"黄老道德之术，因发明序其指意"。一般认为，慎到是从道家分出来的法家；但是，严格说来，慎到是从批判儒家("笑天下之尚贤"、"非天下之大圣")开始，最终走向法家的。在先秦法家中以重"势"而著称，是法家中重要的理论家，在法理学上很有造诣。但他之所以重"势"，完全是从"尚法"出发的。

（五）申不害

申不害（约前 395—前 337 年），郑国京（今河南荥阳东南）人。战国中期政治家、法家代表人物之一。出身低微。韩灭郑后，被韩昭侯（前 362 至前 333 年在位）起用为相，主持变法改革，颁布了大量的法律，一度使韩"国治兵强"。《史记·老子韩非列传》称："申子之学，本于黄老而主刑名"，可见其思想带有道家影响的痕迹。他把法家的"法治"和道家的"君人南面之术"结合起来，成为法家重视"术"的一个分支。

（六）韩非

韩非是战国末期最为卓著的政治理论家，是一个集先秦诸子特别是法家学说大成从而促成一个崭新时代加速到来的大思想家。

韩非的生年已不能详考，因为与秦朝丞相李斯是同学，同拜荀子为师，因此推断大约生于公元前 280 年，死于公元前 233 年。韩非是韩国的一位公子，据《史记·老子韩非列传》记载："韩非者，韩之诸公子也。"诸公子就是公族的侧室公子，属于没有权势的贵族公子之列。出身公室贵族家庭的韩非，有便利的条件读书，享受优质的

韩非

教育资源。《史记》说韩非"喜刑名法术之学，而其归本于黄老"，司马迁此处用一个"喜"字表达了韩非对"法术"和黄老之学的热衷，一语道破了韩非学术思想的主要旨趣。看来，衣食无忧的韩非早先可能对玄远的老子学说很感兴趣（这一点可以从《韩非子》书中对老子思想的多次引用得到证实）。老子之后，道家思想主要出现了两种发展方向，庄子继承了道的本体无为思想，齐国稷下黄老之学发扬了政治权术思想。如果没有复杂险恶的宫廷斗争，韩非很可能像庄子那样去关注精神世界的问题。但事实上，韩非对社会和国家的极大责任感使他不得不面对严酷的现实。他继承齐国稷下的黄老权术之学，最终走上了探索法治的道路。

韩非生活的时代是一个血雨腥风的时代，已经是中国统一的前夜，秦国即将发动全面的统一战争。战争为英雄人物施展抱负提供了许多机遇。军事家在战场上驰骋厮杀，斗智斗勇；政治家策划于密室，摇笔弄舌；外交策士穿梭于各国之间，纵横捭阖。史书上所说的"战国七雄"（齐、楚、秦、燕、赵、魏、韩）虽然也包括韩国但韩国西有秦、南有楚、东有齐、北有燕，

在大国夹缝中生存的韩国饱受战争之苦。宋代苏辙在《六国论》中说："夫秦之所与诸侯争天下者，不在齐、楚、燕、赵也，而在韩、魏之邦。诸侯之与秦争天下者，不在齐、楚、燕、赵也，而在韩、魏之野。秦之有韩、魏，譬如人之有腹心之疾也。韩、魏塞秦之冲，面蔽山东之诸侯，故天下之所重者，莫如韩、魏。"可见，韩国是兵家必争之地，地理位置十分重要，所以，韩国的兵灾最重，人民忍受的苦难也最深，这严重削弱了韩国的国力。

面对韩国横遭强邻侵凌，国土日削，濒于危亡，韩非在青年时代，就多次上书韩王，希望励精图治。公元前239年，韩王安即位，"与韩非谋弱秦"（《史记·秦始皇本纪》），这使韩非看到了希望。但此时的韩国已经积重难返，最终韩非的主张没有被采纳。

由于韩王不修明法制，不奖励耕战，反而听信虚言浮说，尊重儒侠，放任工商牟利，以致法度混乱，禁令不行，廉直忠正的法术之士受制于枉法邪恶的奸臣。国君拥有君主之势却不能驾驭臣下，想富国强兵却不重用人才，反而重用无用之人。韩非痛心地说："今者所养非所用，所用非所养。"于是他针对现实中的种种弊端，总结了历史上的成败得失，写成了《孤愤》《和氏》《难言》《五蠹》等几十篇文章，以供韩王参考。在《和氏》篇中，韩非讲述了一个楚人献玉的故事：楚人和氏在山中得到一块璞玉（包在石中而尚未雕琢的玉），于是进献给楚厉王。厉王使玉人鉴别真伪，但是，玉人却把玉石诬蔑为石头。厉王遂以为和氏故意以假充真，邀功请赏，就下令砍掉了他的左脚。厉王死后，楚武王即位，和氏又把这块璞玉献给武王。武王又使玉人鉴别，不识真货的玉人又说是石头。武王就下令砍掉了他的右脚。武王死后，文王即位，和氏没有再去进献璞玉，而是抱着这块给他惹来灾祸的玉石跑到楚山下，哭了三天三夜。他的眼泪哭干了，随即流出血来。文王听说后，就派人找到和氏，问明原委。和氏说："吾非悲刖也，悲夫宝玉而题之以石，贞士而名之以诳，此吾所以悲也。"文王于是使玉人雕琢璞玉，果然得到一块宝玉，遂名之为"和氏之璧"。

韩非借和氏献玉的遭遇来比喻自己上书国君的艰辛。但即便如此，韩非依然坚持上书。有人劝过韩非，并以吴起、商鞅的悲惨结局来提醒韩非可能面临的危险。但韩非却说，为了逃避自己的危险而置国家、百姓的利益于不顾，是一种卑怯的行为（《问田》）。韩非的这种性格为他的人生悲剧埋下了伏笔。

公元前234年，秦王嬴政见其文而赞叹曰："嗟乎，寡人得见此人与之游，死不恨矣！"于是发兵攻韩，韩王只得派韩非出使秦国。韩非到秦国后，上书秦王主张保存韩国。李斯、姚贾等乘机陷害他，说他"终为韩，不为秦"，建议秦王"以过法诛之"，于是韩非被打入大牢。公元前233年，李斯派人送去毒药，令他自杀。他申诉无门，被迫自尽于云阳（今陕西淳化县西北）狱中。《史记·老子韩非列传》中有记载："秦王见《孤愤》《五蠹》之书，曰：'嗟乎，寡人得见此人与之游，死不恨矣！'李斯曰：'此韩非之所著书也。'……韩王……乃遣非使秦。秦王悦之，未信用。李斯、姚贾害之，毁之……李斯使人遗非药，使自杀。"

韩非的政治主张未被本国统治者所接受，却得到了秦王嬴政的赏识，富有讽刺意味的是，秦国比别的任何一个国家都更彻底地实行了韩非的学说，可他又恰恰死在秦国的监狱中。他的命运，和法家的商鞅、吴起两个先驱人物一样，法术被采用，自身却惨死。

（七）李斯

李斯，生年不考，楚国上蔡（今河南上蔡县）人。《史记》记载：李斯"年少时，为郡小吏"。司马贞注曰："乡吏。刘氏云'掌乡文书'。"可见，李斯不过是地位卑微的下层文官，要凭此实现个人抱负与人生追求几乎是不可能的。年轻的李斯清楚地看到了"礼坏乐崩"的残酷时代和自己所处的生存状态。他将人生的境遇用"仓鼠"和"厕鼠"相譬，在他看来，"厕中鼠，食不絜，近人犬，数惊恐之"与"仓中鼠，食积粟，居大庑之下，不见人犬之忧"，实际上是衣食不保、危机四伏的生活和衣食无忧、安稳舒适生活的写照，而处于何种生活状态，完全依靠的是"所自处耳"。在李斯心中，实际的利益利害关系决定着他的人生目标和人生价值。同时，他认为"自我"在决定人生命运的过程中应起主导作用，他是典型的持"命运掌握在自己手中"观点的人。而少时李斯这一思想形成的温床恰是旧有礼乐传统陷落、霸道与功利弥漫的战国时代。

曾和韩非一起受学于荀子，学习帝王之术。师从荀子使李斯的性格发展、成熟，同时他的人生观也于此时最终定型。在与荀子临别之际，李斯慷慨陈词，这是他思想性格难得的一次表露："处卑贱之位而计不为者，此禽鹿视肉，人面而能闲行者耳。故诟莫大于卑贱，而悲莫甚于穷困。久处卑贱之位，困苦之地，非世而恶利，自託于无为，此非士之情也。故斯将西说秦王矣。"在李斯看来，人生的最大耻辱和不幸就是地位的卑贱、生活的贫困，改变人的这种状况应是人生的第一要务。这与仓鼠厕鼠之论可谓一脉相承，是一种极具功利色彩的人生观念，反映了极强的目的性。这种思想贯穿于李斯的一生。

对于战国末期的社会，李斯认为，"楚王不足事，而六国皆弱，无可为建功者"。他于公元前 247 年入秦，临行之时对荀子有一段精彩独白："斯闻得时无怠，今万乘方争时，游者主事。今秦王欲吞天下，称帝而治，此布衣驰骛之时而游说者之秋也。"可见，李斯对当时的六国格局有着清醒的认识。在李斯眼中，秦是所有诸侯中最有可能完成统一大业的。于是，他毅然离楚入秦，怀揣着治理国家、成就伟业的巨大决心和对时局积极的估计来到秦国，至死未改事秦的初衷。最初被吕不韦任以为郎，后劝说秦王政灭诸侯、成就帝业，被任为长史。秦王采纳李斯的计谋，派遣谋士持金玉游说关东六国，离间各国君臣，秦王又任其为客卿。秦王政十年（前 237 年）秦王下令驱逐六国客卿。李斯上书《谏逐客书》阻止，最终建议为秦王采纳，不久官为廷尉。鲁迅先生曾评价李斯："秦之文章，李斯一人而已。"仅观其《谏逐客书》，"辞采华美，排比铺张，音节流畅，挟战国纵横说辞之风，兼具汉代辞赋之丽"，"抗言陈词，有一种不可抑制的气势，成为后世奏疏的楷模。"更重要的是，此文一出，始皇即收回成命，避免了秦国用人政策上的一次重大失误，对推动秦国统一具有重大意义。

秦统一全国后，李斯任秦国丞相。成为秦帝国当之无愧的最高统治集团的代表的李斯，是秦朝实际政令的筹划人和发布者之一。李斯协助秦王推行"车同轨，书同文"等有利于社会发展的措施，建议拆除郡县城墙，销毁民间兵器，以加强对人民的统治；反对分封制，坚持郡县制；主张焚烧民间收藏的《诗》《书》以及百家语，禁止私学。《史记·秦始皇本纪》记载了李斯与王绾对郡县制的争论，最终，他说服始皇颁行此法，结束了周代以来实行的分封制，有力地遏制了地方势力的崛起。《史记·李斯列传》记载了"焚书"一事，它虽不利于文化的发展，但在客观上一定程度地平息了意识形态领域百家争鸣、诸子纷争的局面，对整个帝国思想的统一、中央集权的巩固具有重大意义，对上升阶段的封建社会具有积极作用。《说文解字叙》中也记载："秦始皇帝，初兼天下，丞相李斯乃奏同之，罢其不与秦文合者，斯作《仓颉篇》。"可见，李斯对于文字的统一也做出了巨大贡献。另外，"内理群物，外攘四夷，斯皆有力焉"。可以说，李斯是一个高超的政治家，他所表现出的高瞻远瞩的政治眼光、审时度势的灵活态度、果断有力的行事魄力，使他成为秦朝的第一功臣。

秦皇死后，李斯认识到一旦扶苏临君位，自己的政治地位、富贵荣禄将难以保全，蒙恬将取而代之。在赵高步步诱逼和自己反复的衡量下，李斯参与了沙丘之变，与赵高合谋，伪造遗诏，迫令始皇长子扶苏自杀，立少子胡亥为二世皇帝。秦二世即位后，李斯被赵高陷害，腰斩咸阳，夷三族。据《史记·李斯列传》记载："二世二年七月，具斯五刑，论腰斩咸阳市。斯出狱，与其中子俱执，顾谓其中子曰：'吾欲与若复牵黄犬俱出上蔡东门逐狡兔，岂可得乎！'遂父子相哭，而夷三族。"李斯不仅被杀，而且是惨死，五刑是秦朝极残酷的刑法之一，要被刺面、割鼻、斩趾、枭首，甚至最后要被剁成肉酱。

李斯的一生，荣辱参半。他是伟大的政治家，他提出的许多主张、政策对秦朝及之后历代都具有一定的积极意义。但是，他又是一个不折不扣的小人、罪臣。作为朋友、人臣，他可谓不信、不忠，他所丧失的是人最为宝贵的真诚与良知。他所带给我们的不仅是慨叹与沉思，更多的应是忠告和警策。

三、法家的派系

根据不同的划分标准，法家的流派大致有三种划分方法：

（一）从时间上，可以划分为前期法家和后期法家

前期法家指战国初期、中期的法家，即新兴地主阶级通过变法在各诸侯国内夺取政权时期的法家。主要代表人物是李悝、吴起、商鞅、慎到、申不害等。前期法家的中心思想是：批判传统"礼治"，论证变法的重要性和正义性，探讨新兴地主阶级夺取诸侯国政权的途径；勾勒出一幅"以法治国"的政治蓝图。由于历史条件的原因，前期法家在思想上多少还受到传统思想的某些影响，带有其他诸家思想影响的某些痕迹。前期法家大都注重政治实践，兼政治家、思想家于一身，更为关注推行"法治"的实践问题。因此，前期法家的法律思想颇具有实践色彩。

后期法家指战国后期的法家，即新型地主阶级通过兼并战争实现全国统一时期的法家。主要代表人物是韩非和李斯。后期法家已经具备较丰富的政治经验，因而其思想宗旨是：总结变法夺取政权和巩固政权的经验，在前期法家法律思想的基础上，提出较为完备的、系统的"法治"理论，以作为新兴地主阶级的统治理论。后期法家已经有条件对一系列重大理论问题进行理论探讨，因此，其思想更具有理论色彩。

此外，前期法家和后期法家还有一项主要区别：前期法家并不一般地完全排斥道德教育的作用，而后期法家则认为人们"好利恶害"的本性无法改

变，因此完全否定道德教育的作用，把法律的作用夸大到无以复加的地步，使法家的"法治"理论发展到极端。

(二)从地域上，可以划分为晋法家和齐法家

在大致相同的历史时期，法家内部的主张常常表现出差异性，这在很大程度上取决于不同的地域文化传统。晋法家或称晋秦法家是以三晋文化和秦文化为基础而产生的法家派系，其代表人物主要有：李悝，魏国人；吴起，卫国人；商鞅，卫国人；慎到，赵国人；申不害，郑国人；韩非，韩国人；李斯，楚国人。他们都不同程度地参与了三晋(韩、赵、魏)和秦国的变法与法制建设。其中影响最大的商鞅、韩非分别是晋法家"法治"理论的初创者和集大成者。

晋法家是法家的主体，其思想是战国法家思想的主流和代表。晋法家思想的特征是：重农抑商，严刑峻法，否认道德教育的作用，极端夸大刑罚的作用。这可以从晋国的"戎索"精神中找到其原型。

齐法家是以齐国文化为基础产生的法家派系，其法律思想主要反映在假托管仲之名的《管子》一书中。《管子》一书中的法家思想是在管仲的旗帜下发展起来的，即是从管仲在政治、经济上的改革措施中推演出来的，是这些措施在理论上的发展。因此，可以说是管仲思想的发挥。

齐法家之学是齐学的产物。齐学的代表荀子(约前313—前238年)，曾游历过秦、楚、燕等国，其余的大部分时间是在齐国度过的。他才华横溢、成就卓著的辉煌时期就是在稷下学宫讲学，且"最为老师"、"三为祭酒"。在儒、法、道诸家兼容的齐国文化氛围中，荀子将鲁儒的"礼"和晋法家的"法"有机地结合起来，成为"隆礼重法"、儒法合流、礼法统一的先行者。

齐法家思想的特征是：重农而不抑商，重法而不全盘否认道德教育的作用。这可以追溯到齐国的地理环境和历史文化传统中。

(三)从理论上，可以划分为法派、势派、术派

按照韩非的看法，前期法家可分三派：商鞅重法为法派；慎到重势，为派；申不害重术，为术派。商鞅论证了推行"法治"的重要性，慎到、申不害则论证了推行"法治"的可能性(政权、权术)。后期法家韩非则总其大成，提出了"以法为本"，法、势、术相结合的完整理论体系。

第三节　法家作品选讲

五蠹

【解题】

　　本文选自《韩非子》。五蠹，指当时社会上的五种人：（一）学者（指战国末期的儒家）；（二）言谈者（指纵横家）；（三）带剑者（指游侠）；（四）患御者（指依附贵族私门的人）；（五）工商之民。韩非曰："此五者，邦之蠹也。"蠹，蛀虫。韩非认为这五种人无益于耕战，就像蛀虫那样有害于社会。本文是体现韩非政治思想的重要篇章。主要内容是根据他对古今社会不断变迁的看法，论述法治应当适应时代的要求，并提出实际的权势比空头的仁义更有效，反对政治上顽固守旧的态度。韩非的议论，深刻周密，不尚空谈，从大量的事实中分析归纳出结论，使自己的观点更具说服力。

一

　　上古之世，人民少而禽兽众，人民不胜禽兽虫蛇。有圣人作，构木为巢以避群害，而民悦之，使王天下，号之曰有巢氏。民食果蓏蚌蛤[1]，腥臊恶臭而伤害腹胃[2]，民多疾病。有圣人作，钻燧取火，以化腥臊[3]，而民说之[4]，使王天下，号之曰燧人氏。中古之世，天下大水，而鲧、禹决渎[5]。近古之世，桀、纣暴乱[6]，而汤、武征伐[7]。今有构木钻燧于夏后氏之世者[8]，必为鲧、禹笑矣；有决渎于殷、周之世者，必为汤、武笑矣。然则今有美尧、舜、汤、武、禹之道于当今之世者，必为新圣笑矣。是以圣人不期脩古[9]，不法常可[10]，论世之事[11]，因为之备[12]。

【注释】

　　[1] 果蓏：古代木本植物的果实叫果，草本植物的果实叫蓏。

[2] 臭（嗅）：气味。

[3] 燧：古代用来取火的材料，有金属和木材两种，晴天用金燧反射太阳光来取得火种，阴天用木燧来取火。钻燧取火：就是钻木取火，是用钻子钻木燧，让它摩擦生热而取得火种的一种方法。

[4] 陈启天说："说"与"悦"同。

[5] 鲧：鲧，禹（夏朝开国之君）之父。决，开挖。渎，水道，沟渠。古以江（长江）河（黄河）淮（淮河）济（济水，在山东入海）为四渎。传说鲧治水以堙（yīn，堵）为主，九年无功，被舜杀死；禹改用疏导之法，十三年水患始息。

[6] 桀：夏朝末代之暴君。纣：商朝末代之暴君。

[7] 汤：殷朝开国之君。武：武王，周朝开国之君。

[8] 夏后氏：指禹所建立的夏王朝。《史记·夏本纪》："禹于是遂即天子位，南面朝天下，国号曰夏后。"陈启天说："夏后"犹言"夏君"或"夏王"也。

[9] 修：通"修"。《左氏春秋序》"非圣人孰能修之"疏："修者，治旧之名。"《礼记·礼器》"反本修古"疏："修古，谓修习于古。""修"应解为"学习，遵循"，《商君书·更法》："礼法以时而定；制令各顺其宜；兵甲器备，各便其用。臣故曰：治世不一道，便国不必法古。汤、武之王也，不修古而兴；殷、夏之灭也，不易礼而亡。"此文的"修古"应与《商君书》的"法古"、"修古"一样，是动宾结构，而非偏正结构；表示"法古"，而不表示"远古"。

[10] 不法常可：不效法永远合适的制度和办法。

[11] 论：考查，研讨。

[12] 为之备：是双宾语结构。"为"是动词，这里可解为"制定"。"备"与下文"备适于事"、"事异则备变"的"备"一样，是名词，应解为"措施"。

二

古者丈夫不耕[1]，草木之实足食也；妇人不织，禽兽之皮足衣也。不事力而养足，人民少而财有余[2]，故民不争。是以厚赏不行，重罚不用，而民自治。今人有五子不为多，子又有五子，大父未死而有二十五孙。是以人民众而货财寡，事力劳而供养薄，故民争，虽倍赏累罚而不免于乱[3]。

【注释】

[1] 丈夫：泛指成年男子。

[2] 于鬯说："财"读为"材"。《广雅·释诂》："财，货也。"《礼记·礼器》"设于地财"疏："财，物也。"故"财"不必读为"材"。

[3] 陈启天说：此段论据，与近代马尔萨斯之人口论及达尔文之生存竞争说有相通处。

尧之王天下也，茅茨不翦[1]，采椽不斲[2]；粝粢之食[3]，藜藿之羹[4]；冬日麂裘，夏日葛衣；虽监门之服养，不亏于此矣。禹之王天下也，身执耒臿，以为民先；股无胈[5]，胫不生毛，虽臣虏之劳[6]，不苦于此矣。以是言之，夫古之让天子者，是去监门之养，而离臣虏之劳也，古传天下而不足多也[7]。今之县令，一日身死，子孙累世絜驾[8]，故人重之。是以人之于让也，轻辞古之天子，难去今之县令者，薄厚之实异也。夫山居而谷汲者，膢腊而相遗以水[9]；泽居苦水者，买庸而决窦[10]。故饥岁之春[11]，幼弟不饷；穰岁之秋[12]，疏客必食。非疏骨肉，爱过客也，多少之实异也。是以古之易财，非仁也，财多也；今之争夺，非鄙也，财寡也。轻辞天子，非高也，势薄也；重争士橐，非下也，权重也。故圣人议多少、论薄厚为之政。故罚薄不为慈，诛严不为戾，称俗而行也。故事因于世，而备适于事。

三

宋人有耕田者，田中有株，兔走触株，折颈而死，因释其耒而守株，冀复得兔。兔不可复得，而身为宋国笑。今欲以先王之政治当世之民，皆守株之类也。

【注释】

[1] 翦：同"剪"。

[2] 太田方说：《史记·始皇纪》"索隐"曰："采，木名，即今之栎木也，亦作橾。"斲(zhuó)：砍削。

[3] 粝粢(zī)：泛指粗劣的食物。粝，粗米。粢：谷类。

[4] 藜：同"藜"。一年生草本植物。藿(huò)，豆叶。

[5] 胈：《庄子·在宥》"尧、舜于是乎股无胈，胫无毛"疏："胈，白肉也。"《史记·司马相如列传》"躬胝无胈"《索隐》引李颐云："胈，白肉也。""胈"从肉旁，当解为"肥肉"。

[6] 臣虏：陈启天说：古以俘虏为奴仆，故云。"臣"、"虏"本来都是指俘虏，古代

的奴隶往往由俘虏来充当，所以这里把奴隶称为"臣虏"。

[7] 王先慎说："古"、"故"字通。

[8] 絜：古代卿、大夫等贵族才有马车坐，所以"絜驾"是指享受富贵，出门可乘车。

[9] 媵：《说文》："媵，楚俗以二月祭饮食也。"

[10] "庸"今简化为"佣"，指被雇佣的人。

[11] 春天青黄不接，用来突出食物的缺乏。

[12] 秋天是收成时节，用来突出食物的充足。

四

　　古者文王处丰镐[1]之间，地方百里[2]，行仁义而怀西戎[3]，遂王天下。徐偃王[4]处汉东[5]，地方五百里，行仁义，割地而朝[6]者三十有六国，荆文王[7]恐其害己也，举兵伐徐，遂灭之。故文王行仁义而王天下，偃王行仁义而丧其国，是仁义用于古[8]而不用于今也。故曰：世异则事异。

【注释】

[1] 丰镐：二地名，皆在今陕西省西安市附近。

[2] 地方百里：占有之区域，方圆百里。

[3] 怀西戎：安抚西方各民族，使之归顺。怀，感化，安慰。

[4] 徐偃王：西周穆王时徐国国君，据今安徽省泗县一带。

[5] 汉东：汉水之东。

[6] 割地而朝：割地予徐而朝见徐偃王。

[7] 荆文王：楚文王。荆，楚之别称。楚文王在春秋时，与徐偃王不同时，有人认为"荆文王"的"文"是衍文。究竟是哪一个楚王，不可考。

[8] 用于古：适用于古代，古代可行。

　　当舜之时，有苗[1]不服，禹将伐之，舜曰："不可。上德不厚而行武[2]，非道也。"乃修教[3]三年，执干戚舞[4]，有苗乃服。共工[5]之战，铁铦矩者及乎敌[6]，铠甲不坚者伤乎体，是干戚用于古不用于今也。故曰事异则备变。上古竞于道德[7]，中世逐于智谋，当今争于气力。齐将攻鲁，鲁使子贡[8]说之。齐人曰："子言非不辩[9]也，吾所欲者土地也，非斯言所谓[10]也。"遂举兵伐鲁，去门十里以为界[11]。故偃王仁义而徐亡，子贡辩智而鲁削[12]，以是言之，夫仁义辩智，非所以持国[13]也。去偃王之仁，息子贡之智，循[14]徐、鲁之力，使敌万乘[15]，则齐、荆之欲不得行于二国矣。

【注释】

[1] 有苗：舜时一部落，亦称三苗。有，助词，无义。

[2] 上德不厚而行武：在上位者德行微薄，而使用武力。上，指帝王。

[3] 修教：修整教化，推行教化。

[4] 执干戚舞：手持干戚而舞。干，盾；戚，斧；皆兵器。执之舞，化武器为舞具也。

[5] 共工：传说为上古主百工事的官，其后人以官为姓，世居江淮间。战争之史实不详。

[6] 铁铦矩者及乎敌：短武器亦能及敌人之身。极言战争激烈。铦，锤一类兵器。

[7] 竞于道德：争以道德相高。下文"逐""争"义同。

[8] 子贡：姓端木，名赐，字子贡，孔子弟子，以善外交辞令著名。

[9] 辩：言辞巧妙。

[10] 非斯言所谓：与你所说并非一回事。

[11] 去门十里以为界：以距鲁都城门十里处为国界。言所侵甚多。

[12] 削：土地减少(被侵占)。

[13] 非所以持国：不是可以用来管理国家的。

[14] 循：依照。

[15] 使敌万乘：用来抵挡大国(的侵略)。使，用。万乘，一万辆兵车，指大国。乘，四匹马驾一辆兵车。

法不阿贵

【解题】

本文选自《韩非子·有度》。题目为后人加的。"有度"指治国要有法度。有法度就是以法治国，法度是治国之要。韩非子指出，君主能否坚决推行法治，是决定国家强弱的关键。推行法治，就要"使法择人"、"使法量功"，这样，做臣子的才会忠心不二地尊奉君主。否则，君主仅凭虚名择臣，臣下就会废法行私，用虚伪助道德来沽名钓誉，结党营私，侵害君主。只有坚决依法办事，"法不阿贵，绳不挠曲"，"刑过不避大臣，赏善不遗匹夫"，严厉打击奸臣的破坏活动，国家才能强盛，社会才能大治。

夫人臣之侵其主也，如地形焉，即渐以往，使人主失端，东西易面而不自知。故先王立司南以端朝夕[1]。故明主使其群臣不游意于法之外，不为惠于法之内，动无非法。峻法，所以禁过外私也；严刑，所以遂令惩下也。威不贰错[2]，制不共门[3]。威制共，则众邪彰矣；法不信，则君行危矣；刑不断，则邪不胜矣。故曰：巧匠目意中绳[4]，然必先以规矩为度[5]；上智捷举中事[6]，必以先王之法为比[7]。故绳直而枉木斫[8]，准夷而高科削[9]，权衡县而重益轻[10]，斗石设而多益少[11]。故以法治国，举措而已矣[12]。法不阿贵[13]，绳不挠曲[14]。法之所加，智者弗能辞，勇者弗敢争。刑过不避大臣，赏善不遗匹夫。故矫上之失，诘下之邪[15]，治乱决缪[16]，绌羡齐非[17]，一民之轨[18]，莫如法。厉官威民[19]，退淫殆[20]，止诈伪，莫如刑。刑重，则不敢以贵易贱[21]；法审[22]，则上尊而不侵。上尊而不侵，则主强而守要，故先王贵之而传之。人主释法用私，则上下不别矣。

【注释】

[1] 司南：古代测定方向的仪器。端：正。

[2] 错：通"措"，置，引申为树立。

[3] 制：帝王的命令。这里可理解为权力。

[4] 意：揣度。中：合。绳：木匠用的墨线。

[5] 规：画圆的器具。矩：画方的器具。

[6] 中事：合乎要求。

[7] 比：例证。

[8] 枉：曲。斫（zhuó）：砍削。

[9] 准：量平的器具。夷：平。高科：凸出的部分。

[10] 县：通"悬"。

[11] 斗石：都是容量单位。十斗为一石，重一百二十斤。

[12] 举措：处理，安排。举，提起来，升。措，降下去。

[13] 阿：迎合，偏袒。

[14] 挠：屈，引申为迁就。

［15］诘：追究。

［16］缪：通"谬"。谬误。

［17］绌：通"黜"，削减。羡：多余。

［18］轨：规则，规范。

［19］威：整治。

［20］殆：通"怠"，怠惰。

［21］易：轻视。

［22］审：严明。

韩非子·法随时变

【解题】

本文选自《韩非子·定法》。题目为后人加的。所谓"定法"就是确定名副其实的赏罚原则，完善法令。本篇是韩非论述法与术思想的重要文章。文章里分析了商鞅、申不害的法、术主张的利弊，总结了前期法家推行法治的经验教训，提出了法、术相结合加以运用，才能加强君主权力。

问者曰："主用申子之术[1]，而官行商君之法[2]，可乎？"

对曰："申子未尽于术，商君未尽于法也。申子言：'治不逾官，虽知弗言。'治不逾官，谓之守职也可；知而弗言，是不谓过也[3]。人主以一国目视，故视莫明焉；以一国耳听，故听莫聪焉。今知而弗言，则人主尚安假借矣？商君之法曰：'斩一首者爵一级[4]，欲为官者为五十石之官[5]；斩二首者爵二级，欲为官者为百石之官。'官爵之迁与斩首之功相称也。今有法曰：'斩首者令为医、匠。'则屋不成而病不已。夫匠者手巧也，而医者齐药也[6]，而以斩首之功为之，则不当其能。今治官者，智能也；今斩首者，勇力之所加也。以勇力之所加而治智能之官，是以斩首之功为医、匠也。故曰：二子之于法术[7]，皆未尽善也。"

【注释】

[1] 申子：即申不害，郑国京（今河南荥阳）人，战国时法家代表人物。曾任韩昭侯

相。主张循名责实，以术驭臣。

［2］商君：即商鞅，战国时卫国人，原名卫鞅，又名公孙鞅。法家代表人物。在秦实行变法，因功封于於（在今河南内乡）、商（在今河南商县），因名商鞅。秦孝公死后，受旧贵族围攻，战死后，又被车裂。

［3］不谓过：指不告发罪过。谓，说，告。

［4］首：指甲首，披甲的小军官的头。级：指秦国的爵位级别，秦国的爵位分二十级。

［5］石：容量单位，十斗为一石，重一百二十斤。战国时期有些国家用"石"作为俸禄的计算单位。

［6］齐药：即调配药物。齐，通"剂"。

［7］二子：指申不害和商鞅。

商君书·更法

【解题】

本文选自《商君书》。更法，即变法。秦孝公登基之时"周室微，诸侯力政，争相并。秦僻在雍州，不与中国诸侯之会盟，夷翟遇之"（《史记·秦本纪》）。于是，秦孝公发奋图强，酝酿变法强国。本篇记载了秦国以商鞅为代表的革新派与以甘龙、杜挚为代表的守旧派围绕变法与否展开的激烈争论。商鞅极力鼓舞秦孝公不畏流俗，尽快实行变法。他指出建立礼法的目的是"爱民"、"便事"。所以，只要是强国利民的礼法制度就可以施行。针对保守派的质疑，商鞅以"三代不同礼而王，五霸不同法而霸"的历史事实说明变法才能图强，以"前世不同教，何古之法？帝王不相复，何礼之循"，反驳因袭守旧的迂腐之论，大胆断言"反古者未必可非，循礼者未足多是"，促使秦孝公下定变法决心。本篇是存世《商君书》中唯一一篇论辩形式的文章，文中商鞅以古论今，在对前代历史演绎归纳、分析综合的基础上得出令人信服的结论，在滔滔雄辩中一展他的治世之才。

孝公平画[1]，公孙鞅、甘龙、杜挚三大夫御于君[2]，虑世事之变，讨正法之本[3]，求使民之道。

君曰："代立不忘社稷[4]，君之道也。错法务明主长[5]，臣之行也。今吾欲变法以治，更礼以教百姓[6]，恐天下之议我也[7]。"

【注释】

[1] 孝公：秦孝公，姓嬴，名渠梁。公元前361—前338年在位。平画：商讨、谋划。

[2] 甘龙、杜挚：皆为秦孝公时大臣，其事迹不详。御：侍奉，陪侍。

[3] 正：通"政"，正法即政法法度。

[4] 代立：接替君位。社稷：土神和谷神，古时君主都祭祀社稷，后来就用社稷代表国家。

[5] 错法：订立法度。错，通"措"。明：彰明。长：权威。

[6] 教：教化。

[7] 议：批评。

公孙鞅曰："臣闻之：'疑行无名，疑事无功[1]。'君亟定变法之虑[2]，殆无顾天下之议之也[3]。且夫有高人之行者，固见负于世[4]。有独知之虑者，必见骜于民[5]。语曰：'愚者暗于成事[6]，知者见于未萌[7]。民不可与虑始，而可与乐成。'郭偃之法曰[8]：'论至德者不和于俗，成大功者不谋于众。'法者所以爱民也。礼者所以便事也[9]。是以圣人苟可以强国，不法其故；苟可以利民，不循其礼。"

孝公曰："善！"

【注释】

[1] 疑行无名，疑事无功：语出《战国策·赵策二》，原作"疑事无功，疑行无名"。疑行、疑事即"疑于行"、"疑于事"，谓做事犹豫不决。

[2] 亟：快，尽快。

[3] 殆：表示希望的语气副词。无：通"毋"。议：议论，此指非议。

[4] 负：背，背离，不赞同。

[5] 骜：借为"謷"，嘲笑。

[6] 暗：看不见，不明了。

[7] 知：同"智"。

[8] 郭偃：晋文公时大臣，掌卜筮之事，曾辅佐晋文公变法。

[9] 便：方便，便利。事：做事，处理政务。

甘龙曰："不然。臣闻之：'圣人不易民而教[1]，知者不变法而治。'因民而教者，不劳而功成。据法而治者，吏习而民安[2]。今若变法，不循秦国之故，更礼以教民，臣恐天下之议君，愿孰察之[3]。"

公孙鞅曰："子之所言，世俗之言也。夫常人安于故习，学者溺于所闻[4]。此两者，所以居官而守法[5]，非所与论于法之外也。三代不同礼而王[6]，五霸不同法而霸[7]。故知者作法，而愚者制焉[8]；贤者更礼，而不肖者拘焉[9]。拘礼之人不足与言事，制法之人不足与论变，君无疑矣。"

【注释】

[1] 易民：指改革人民的礼俗，"不易民"与下文"不变法"对举。

[2] 习：熟悉。

[3] 孰：同"熟"，仔细认真。察：思考。

[4] 溺：沉溺，此指拘泥。

[5] 居官：居于官位。

[6] 三代：指夏商周三个朝代。王：称王。

[7] 五霸：即春秋五霸，一般指齐桓公、宋襄公、晋文公、秦穆公、楚庄王。后一"霸"字作动词，称霸。

[8] 制：控制，被控制。

[9] 不肖者：指没有作为的人。

杜挚曰："臣闻之：'利不百，不变法；功不十，不易器。'臣闻：'法古无过，循礼无邪[1]。'君其图之[2]！"

公孙鞅曰："前世不同教[3]，何古之法？帝王不相复[4]，何礼之循？伏羲、神农教而不诛[5]，黄帝、尧、舜诛而不怒[6]。及至文、武[7]，各当时而立法[8]，因事而制礼。礼法以时而定，制令各顺其宜[9]。兵甲器备，各便其用。臣故曰：治世不一道，便国不必法古。汤、武之王也[10]，不循古而兴[11]；殷、夏之灭也[12]，不易礼而亡。然则反古者未必可非，循礼者未足多是也[13]。君无疑矣。"

【注释】

[1] 邪：奸邪。

[2] 图：思考。

[3] 教：政教。

[4] 复：重复，走旧的道路。

[5] 伏羲：古代传说中的三皇之一。相传伏羲始画八卦，创造文字。又教民渔猎畜牧，取牺牲以供庖厨，因而被称为庖牺。神农：古代传说中的三皇之一，农业和医药的发明者。教：教化。诛：惩罚。

[6] 黄帝：传说中的五帝之一。姓公孙，居轩辕之丘，故号轩辕氏。尧：传说中的五帝之一。帝喾之子，本名放勋。舜：传说中的五帝之一。姚姓，名重华。原始时代有虞氏的部落首领，故又称虞舜。诛而不怒：刑罚却不过分，意谓刑罚较轻。怒，超过。

[7] 文：指周文王。商代末年西方诸侯之长，建国于岐山。行仁政，使岐周国力日强。武：指周武王，文王之子。他联合庸、蜀、羌等部族，打败了商纣王，建立了西周王朝。

[8] 当：顺应。

[9] 宜：事，事宜。

[10] 汤：商汤，子姓。商族部落首领。任用伊尹灭掉夏桀，建立商朝。武：指周武王。

[11] 循：遵循。

[12] 殷：朝代名，即商朝。公元前 16 世纪商汤灭夏所建，因商王盘庚迁都至殷地而得名。公元前 11 世纪为周武王所灭。夏：朝代名，相传夏后氏部落首领禹之子启建立，是我国历史上第一个奴隶制国家，改禅让制为世袭制。约公元前 16 世纪为商所灭。

[13] 是：正确。

孝公曰："善！吾闻'穷巷多怪[1]，曲学多辩[2]'。愚者笑之，智者哀焉；狂夫乐之，贤者丧焉。拘世以议[3]，寡人不之疑矣。"于是遂出垦草令[4]。

【注释】

[1] 穷巷：地处偏僻的里巷。

[2] 曲学：囿于一隅的学者。辩：争辩，谓固执己见。

[3] 拘世以议：指甘龙、杜挚拘守当时现状来发议论。

[4] 垦草令：秦孝公颁布的法令，内容是督促鼓励农民开垦荒地。

商君书·赏刑

【解题】

本文选自《商君书》。赏刑，即奖赏与刑罚。本篇提出治理国家就要统一奖赏、统一刑罚、统一教化。文中分别详细论述了三个统一的主要内容。统一奖赏，就是封赏出于战功，这样民众在作战中全力以赴，军队战无不胜；统一刑罚，就是法律面前人人平等，无论关系远近、职位高低，绝不姑息，使社会秩序井然；统一教化，就是摒弃儒家学说，造成富贵之门皆出于兵的强大舆论声势。做到以上三点，就能够使人民致力于作战，最终达到治理国家无赏、无刑、无教的最高境界。

圣人之为国也，壹赏，壹刑，壹教。壹赏则兵无敌。壹刑则令行。壹教则下听上。夫明赏不费，明刑不戮，明教不变，而民知于民务，国无异俗。明赏之犹至于无赏也[1]。明刑之犹至于无刑也。明教之犹至于无教也。

所谓壹赏者，利禄官爵抟出于兵[2]，无有异施也。夫固知愚、贵贱、勇怯、贤不肖[3]，皆尽其胸臆之知，竭其股肱之力，出死而为上用也。天下豪杰贤良从之如流水。是故兵无敌而令行于天下。万乘之国不敢苏其兵中原[4]，千乘之国不敢捍城[5]。万乘之国，若有苏其兵中原者，战将覆其军；千乘之国，若有捍城者，攻将凌其城[6]。战必覆人之军，攻必凌人之城，尽城而有之，尽宾而致之[7]。虽厚庆赏，何匮之有矣[8]！昔汤封于赞茅[9]，文王封于岐周[10]，方百里。汤与桀战于鸣条之野[11]，武王与纣战于牧野之中[12]，大破九军，卒裂土封诸侯，士卒坐陈者[13]，里有书社[14]。车休息不乘，从马华山之阳[15]，从牛于农泽[16]，从之老而不收[17]。此汤、武之赏也。故曰：赞茅、岐周之粟，以赏天下之人，不人得一升；以其钱赏天下之人，不人得一钱。故曰：百里之君而封侯其臣，大其旧[18]，自士卒坐陈者，里有书社。赏之所加，宽于牛马者，何也？善因天下之货，以赏天下之人。故曰：明赏不费。汤、武既破桀、纣，海内无害，天下大定，筑五库[19]，藏五兵[20]，偃武事[21]，行文教，倒载干戈[22]，搢笏[23]，作为乐，以申其德。当此时也，赏禄不行，而民整齐。故曰：明赏之犹至于无赏也。

【注释】

[1] 犹：至，最。

[2] 抟：同"专"，专一。

[3] 固：同"故"。

[4] 苏：此处借作"傃"，即抵抗。

[5] 捍：守卫。

[6] 凌：登上。

[7] 宾：宾服，此指征服。

[8] 匮：匮乏。

[9] 赞茅：汤早期的封地，一说在今河南修武境，一说在今山东菏泽境。

[10] 封：建国。岐周：地名。在今陕西岐山境，周建国于此，故称。

[11] 鸣条：地名，一说在今山西夏县，一说在今河南洛阳，一说在河南封丘。鸣条之战是商灭夏的战争中取得决定性胜利的一次战役。

[12] 牧野：地名，在今河南新乡境。牧野之战是武王伐纣的战争中取得决定性胜利的一次战役。

[13] 坐陈：即坐阵，参战。

[14] 书社：古代二十五家为一社，每社有户口登记，故曰书社。

[15] 从：通"纵"，放。

[16] 农泽：地名，其址不详。

[17] 收：收回。

[18] 大其旧：侯国比王国的旧城还大。

[19] 五库：《初学记》卷二十四引蔡邕《月令章句》："一曰车库，二曰兵库，三曰祭器库，四曰乐库，五曰宴器库。"

[20] 五兵：指弓、矢、殳、矛、戈五种兵器。

[21] 偃：停止。

[22] 倒载干戈：即倒置干戈，停战的意思。

[23] 搢笏(hù)：古代大臣朝见天子，插笏于腰。

所谓壹刑者，刑无等级，自卿相将军以至大夫庶人，有不从王令、犯国禁乱上制者，罪死不赦。有功于前，有败于后，不为损刑[1]。有善于前，有过于后，不为亏法[2]。忠臣孝子有过，必以其数断[3]。守法守职之吏有不行王法者，罪死不赦，刑及三族[4]。同官之人[5]，知而讦之上者[6]，自免于罪，无贵贱，尸袭其官长之官爵田禄[7]。故曰：重刑，连其罪，则民不敢试。民不敢试，故无刑也。夫先王之禁，刺杀，断人之足，黥人之面[8]，非求伤民也，以禁奸止过也。故禁奸止过，莫若重刑。刑重而必得，则民不敢试，故国无刑民。国无刑民，故曰：明刑不戮。晋文公将欲明刑，以亲百姓，于是合诸侯大夫于侍千宫[9]，颠颉后至[10]，吏请其罪，君曰："用事焉。"吏遂断颠颉之脊以殉[11]。晋国之士，稽焉皆惧[12]，曰："颠颉之有宠也，断以殉，况于我乎！"举兵伐曹、五鹿[13]，又反郑之埤[14]，东卫之亩[15]，胜荆人于城濮[16]。三军之士，止之如斩足，行之如流水。三军之士无敢犯禁者。故一假道重轻于颠颉之脊，而晋国治。昔者周公旦杀管叔，流霍叔[17]，曰："犯禁者也。"天下众皆曰："亲昆弟有过，不违[18]，而况疏远乎！"故天下知用刀锯于周庭，而海内治，故曰：明刑之犹至于无刑也。

【注释】

[1] 损：减少。

[2] 亏法：减轻刑罚。

[3] 数：指罪行的轻重。

[4] 三族：三种亲属关系。一说指父、子、孙。一说指父族、母族、妻族。一说指父母、兄弟、夫妻。

[5] 同官之人：指其同僚。

[6] 讦：揭发。

[7] 尸：古代祭祀时替死者受祭的人，此指代替。

[8] 刺杀：斩首之刑。断人之足，刖刑。黥：在人脸上刺字的酷刑。

[9] 侍千宫：应为宫室名，于史无考。

[10] 颠颉：人名，晋文公大臣。

[11] 断脊，即腰斩。殉：示众。

[12] 稽：叩头至地。读如稽，害怕、畏惧。

[13] 曹：战国时诸侯国，在今山东定陶西。五鹿：战国时卫国地，在今河南濮阳东北。晋文公五年伐曹，借道于卫，未获允许，晋攻曹而占卫之五鹿。

[14]反：推倒。郑：战国时诸侯国。埤：城墙上呈凹凸之形的矮墙，用于防守。

[15]东：向东。亩：田垄。晋国在卫国西，晋文公把田垄改为东西向，便于自己的军队行军。

[16]荆：战国时楚国的别称。城濮：古卫邑，在今山东省鄄城西南。

[17]周公旦：西周政治家。周武王之弟，名旦，因采邑在周，称为周公。管叔：周武王之弟，名鲜，因封于管，又称管叔。霍叔：周武王之弟，名处。武王死后，其子成王年幼，由周公摄政。管叔、蔡叔和霍叔等人勾结商纣之子武庚和徐、奄等东方夷族反叛。周公旦奉命平叛，杀死管叔，流放蔡叔，贬黜霍叔。

[18]昆：兄。违：回避。

  所谓壹教者，博闻、辩慧、信廉、礼乐、修行、群党[1]、任誉[2]、清浊[3]，不可以富贵，不可以辟刑[4]，不可独立私议以陈其上。坚者被[5]，锐者挫。虽曰圣知[6]、巧佞[7]、厚朴[8]，则不能非功罔上利[9]，然富贵之门，要存战而已矣。彼能战者，践富贵之门。强梗焉[10]，有常刑而不赦。是父兄、昆弟、知悉、婚姻、合同者[11]，皆曰："务之所加存战而已矣。"夫故当壮者务于战，老弱者务于守，死者不悔，生者务劝，此臣之所谓壹教也。民之欲富贵也，共阖棺而后止。而富贵之门必出于兵。是故民闻战而相贺也，起居饮食所歌谣者，战也。此臣之所谓明教之犹至于无教也。

【注释】

[1]群党：结党。

[2]任誉：任侠、美誉。

[3]清浊：品行清高。

[4]辟：通"避"。

[5]被：破。

[6]圣知：聪明睿智。

[7]巧佞：善于言辞。

[8]厚朴：根基深。

[9]罔：获取。

[10]强梗：强硬，凶悍，不守法度。

[11]父兄：当作父子。昆弟，即兄弟。知悉：熟悉的人，指朋友。婚姻：男女亲家。合同：即今语所谓的同乡同事等。

此臣所谓参教也[1]。圣人非能通知万物之要也。故其治国举要以至万物，故寡教而多功。

圣人治国也，易知而难行也。是故圣人不必加[2]，凡主不必废，杀人不为暴，赏人不为仁者，国法明也。圣人以功授官予爵，故贤者不忧。圣人不宥过[3]，不赦刑，故奸无起。圣人治国也，审壹而已矣。

【注释】

[1] 参：通"叁"。

[2] 壹赏、壹弄、壹教都是教育臣民，所以说三教。圣人对于国法不必有所增加。

[3] 宥：宽赦。

思考与讨论

1. 法家的思想具体表现在哪几个方面？
2. 如何理解法家"法"、"术"、"势"结合的治国方略？
3. 试析法家的派系。
4. 试析法家思想与儒、墨、道、名诸家的关系。

拓展阅读书目

1. 王先慎：《韩非子集释》，北京，中华书局，2003。
2. 高亨：《商君书注译》，北京，清华大学出版社，2011。
3. 冯友兰：《中国哲学史》（上），重庆，重庆出版社，2009。
4. 章太炎、梁启超、傅斯年等：《国学大师说诸子百家》，昆明，云南人民出版社，2009。
5. 吴德新：《法家简史：法、术、势合而为一的东方政治学》，重庆，重庆出版社，2008。
6. 武树臣、李力：《法家思想与法家精神》，北京，中国广播电视出版社，2007。

第五章　名　家

　　“名家”又称“形名家”，是先秦时期以辩论“名实”问题为中心的一个思想派别，特别重视“名”（概念）和“实”（事）之间关系的研究。主要代表人物有邓析、惠施、公孙龙等。《庄子·天下》中有关于名家辩辞的记录。《史记·太史公自序》亦有：“名家苛察缴绕……故曰‘使人俭而善失真’”的记载。《汉书·艺文志》云：“名家者流，盖出于礼官。”梁启超《论诸家之派别》亦称：“名家言起於郑之邓析，而宋之惠施及赵之公孙龙大昌之。”大概是该派萌芽于春秋末期，郑国大夫邓析为先驱。作为一个学派，名家并没有共同的主张，仅限于研究对象的相同，而各说差异很大。主要有“合同异”和“离坚白”两派。不过，由于种种原因，名家这个学派后来几乎没有了继承人，在谈到先秦诸子的时候，名家有时甚至遭到忽略。

　　先秦时期，“名家”被称为“辩者”或“察士”。名家的兴起，与当时名辩思潮的出现关系密切。《管子·宙合》中有“名实之相怨，久矣，是故绝而无交”的记载，将名家或辩者的发生讲述得比较清楚。“名实相怨”之“久”，可以追溯到春秋末年。孔子在当时已经要求“正名”。“为政必先正名”，因为“名不正则言不顺”，孔子的意思，是要按周礼规定的等级名分来纠正当时礼乐不兴的现状。社会在相对稳定的时期，事物的称谓大体上是固定的。春秋战国时期，社会的经济与政治发生了极大变革。事物的实际情况发生变化，旧有的称谓不能适应新的内容，而新起的概念还在纷纷尝试，没有得到公认。于是必然有称谓、概念上的新旧之争，此即“名实之相怨”。在“名实相怨”的过程中，必然存在这样的情况：旧名称有的因过时而被抛弃，有的因含义发生变化而产生争议；新名称层出不穷，有的已被社会所接受。旧的名和新的实“绝而无交”，已经是大势所趋了。

　　就在人们各持一说，争论得不相上下的时候，许多思想家都跑出来参与名实的调整与辩察的争斗。卷入名辩思潮的并不局限于名家，而是各家都在辩论着。孟子在世时，以“好辩”而著称。他与淳于髡、农家许行的门徒、墨者及自己的学生们论辩，内容非常广泛。他留下的一场有名的辩论，是他与告子关于人性方面的辩论。墨子强调名实相符，主张"取实于名"。先秦名辩思潮中，资料保存得较为完整的，是在被看作后期墨家的著作《墨经》里。老子以"无名为天地之始"，主张"无名"论。庄子是一个异常好辩的人，他的辩才也非常犀利，但在理论上他却否定辩论的价值。"齐是非"就是他否定辩论效用的理论。

名、儒、墨、道四家以名实之辩为中心，开始了历时数百年的争辩。到战国末年，《荀子》《吕氏春秋》等书中还有许多论述"正名"的文章。战国中后期，名辩达到高潮，出现了一大批"辩者"，尤以尹文、惠施、公孙龙为著。于是，名实之辩由解决名实是否相符开始，逐渐发展成为一个独立的领域，并从社会政治领域推及哲学和逻辑的领域。争论由事物与称谓之间的相符与否，发展到剖析辩论本身的法则问题，深入到概念本身的合理性上。待秦统一六国后，社会新秩序告成，名实又相为水乳，名辩的潮流也就停止了。用今天的话说，"名学"就是逻辑学，"名家"就是逻辑学派。但是，名家的成就又不仅仅限于逻辑学派，它对自然科学也非常重视，并给后人留下了丰富的材料与深刻的哲理。

第一节 名家简介

一、"名家"内涵的界定及"名家"发展简况

1. 什么是"名家"

由于后继无人的原因，相比"十家"中的儒、墨、法等学派，"名家"较容易被人忽略。后人提及"名家"，对其名称也多有不解。有鉴于此，我们有必要先对"名家"称谓之内涵进行界定。具体说来，我们认为"名家"的内涵主要包括以下三个要点。

一是名家学术的根本旨意在于"正名实"。《论六家要旨》说：名家"正名实，不可不察也"（《史记·太史公自序》）。"正名实"这三字出自《公孙龙子》一书，原本是指公孙龙而言的，但却被司马谈用来阐释名家学术的"要旨"。这个阐释，应该说是比较切近邓析、惠施、尹文和公孙龙等名家代表人物的思想实际的。在先秦时代，邓析首先提出"循理正名"的口号。不仅如此，他

对名实问题还做出了精彩的论述。正因为如此,《汉书·艺文志》才把邓析列为名家第一人。

惠施的著作今已全部遗失,所以无法看到他在名实问题上的具体观点。不过,晋人鲁胜的《墨辩注叙》说惠施"以正刑名显于世"(《晋书·隐逸传》)。在古代,"刑"、"形"二字相通,所谓"正刑名",就是"正形名"。尹文讲"正形名"的地方特别多,如说:"形名者,不可不正也。"(《尹文子·大道上》)这里所谓的"形",是指有形体的实物。从这个意义上说,"正形名"就是"正名实"。公孙龙则"疾名实之散乱",辩"白马非马","欲推是辩,以正名实而化天下焉"(《公孙龙子·迹府》)。总而言之,名家代表人物都把"正名实"当作自己学术的根本旨意,而这一点,也正是名家与其他学派在学术旨意上的分水岭。但这并不意味着其他学派就不讲名实问题,而只是说其他学派并不把"正名实"作为自己学术的根本意旨。例如,道家学术的根本旨意在"自然无为",儒家学术的根本旨意在"仁义礼乐",墨家学术的根本旨意在"尚同"、"兼爱"、"非攻"和"节用"等,法家学术的根本旨意在"以法治国",我们由此都不难看出它们与名家在学术根本旨意上出发点的不同。

二是名家学说的主要特征就是《论六家之要旨》所说的"专决于名"(《史记·太史公自序》)。所谓"专决于名",就是专门分析名词或概念。早在春秋末期,邓析就已对名词或概念进行分析。如《邓析子》的第二篇以"转辞"为篇名,而"转辞"就是指对名词或概念的分析过程。可以说,正是邓析开启了名家概念分析之先河。战国中期的惠施继承了邓析的传统,对概念有了专门的分析。例如,他既区别了无限大(如"至大无外")与无限小(如"至小无内")的概念,又区别了"大同异"与"小同异"的概念。与此同时,尹文还把概念分为三类:一曰"命物之名",二曰"毁誉之名",三曰"况谓之名"。战国后期,公孙龙则集名家概念分析之大成:首先,他给"名"下了定义,提出了概念具有内涵和外延的逻辑思想;其次,他还分析了单一概念和复合概念的变化;最后,他还论证了"正名"的逻辑原则。后期的墨家学派和儒家的荀子也都比较注意名词或概念的分析,但其主要贡献是在逻辑的判断和推理方面,而以公孙龙为集大成者的名家,虽然也比较重视逻辑的判断和推理,但其专长却在于对概念(名)的分析方面。因此,司马谈用"专决于名"来阐释名家学说的主要特征,这也正是"名家"之所以以"名"成"家"的原因所在。

三是名家为学的基本方法是"两可之说"。"两可之说"是由邓析首创的,这在许多古籍中都有明确的记载。如刘向的《邓析书录》说"邓析操两可之说"。何谓"两可之说"?《庄子·天地》所谓的"可不可,然不然",就是"两可之说"。《吕氏春秋·审应览·离谓》记载的赎尸事件，则是邓析运用"两可之说"的一个生动的例证。从这个例证我们可以发现，邓析的高超之处就在于他能够自如地做到不断转换问题的视角，巧妙地改变了问题的提法。因而他善于从问题的两个"极端"（如"原告"或"被告"之"立场"）出发提问。所以，作为中国古代思想中的一种带有"智力叛逆"性质的思维艺术，邓析的这种"可不可，然不然"的"两可之说"，不仅不是所谓的"诡辩"，还应该算是一种难能可贵的思辨智慧。惠施也是"操两可之说"的，他的"南方无穷而有穷"等论题就是根据"两可之说"提出来的。尹文曾运用"两可之说"对"儒家"的"仁、义、礼、乐"进行全面分析，他既没有做完全的肯定，也没有做完全的否定，而是思辨地揭示出它们的两重性。公孙龙也曾以"离坚白，然不然，可不可"（《庄子·秋水》）自居。他所谓的"然不然，可不可"，就是承袭邓析的"两可之说"而来的。总而言之，从邓析到公孙龙，无不把"两可之说"当作自己为学的基本方法。大凡一个学派，都有自己为学的基本方法。如道家的"静观玄览"、儒家的"中庸之道"、墨家的"三表之法"，都是其各自不同的为学的基本方法。而名家为学的基本方法则是"两可之说"，这也正是名家与其他学派在为学基本方法上的相异之处。

总的来说，名家学派在中国思想史上是做出了巨大贡献的：第一，他们敢于向旧观念挑战，猛力冲击旧观念，同时也为建立新观念提供了科学上和逻辑上的依据；第二，名辩思潮的兴起，推动了语言学的发展，提高了学术争鸣的质量，使语言和争鸣沿着科学和理性的轨道前进；第三，名辩思潮启发了人们的智慧，拓展了人们的思路，提高了人们的思维能力，扫除了蒙昧主义的影响。

2."名家"的发展情况

名辩学派在战国诸子中是较为重视万物、讲究实事求是的学派，且能够摆脱伦理道德观念的纠缠。这与当时新兴地主阶级朝气蓬勃、积极进取的精神相一致，所以名辩学派曾风靡一时，辩者也曾受到各国诸侯的礼遇。然而，秦始皇统一中国之后，名学便开始跌入低谷，以致中断了两千年之久。这是因为秦汉时期新兴的封建制度已经确立，君主专制的政体已经巩固，儒家的独尊地位已经形成。朝政不容议论，学术不容争鸣。在这种情况下，名辩之学也就无用武之地了。而且名家所提倡的科学精神和理性主义，也为封建统治者所憎恨，害怕他们利用逻辑的力量揭露其虚伪性和欺骗性。因此，两千年来，名辩之学一直遭到压制而几成绝学。这给后世研究名学的学者造成了极大伤害。名学著作的散佚、错简、脱漏、讹误的情况十分严重，以致不能成读。

明清之际，实学渐兴，考据学大盛。在这种背景下，名家著作才开始受到一些人的注意。经过一番辑佚、整理、校勘的工作，名家著作大意粗通。鸦片战争以后，中国门户大开，西方文化随着商品的流入而涌进，严重地冲击着一向被奉为正统的儒家学说，使它丧失了往日的权威。随着封建制度的结束和清王朝统治的垮台，种种禁锢一时崩解，被窒息了两千年的思想界顿时活跃起来，再度出现争鸣的局面。在这种背景之下，名家著作又得到众多学者的青睐。他们一方面继承考据学的传统，努力恢复名家著作的原貌，同时又着力于其中蕴含奥妙的抉发和义理的推阐，取得了不少成绩。

二、"遍为万物说"与"历物十事"

"遍为万物说"与"历物十事"的观点都与惠施有关。但"万物说"今已失传，只有十个结论性的命题保留了下来，这十个命题称为"历物十事"，被记载在《庄子·天下》篇中，具体包括："至大无外，谓之大一；至小无内，谓之小一。""无厚不可积也，其大千里。""天与地卑，山与泽平。""日方中方睨，物方生方死。""大同而与小同异，此之谓小同异；万物毕同毕异，此之谓大同异。""南方无穷而有穷。""今日适越而昔来。""连环可解也。""我知天下之中央，燕之北，越之南也。""泛爱万物，天地一体也。"极强的哲理性与科学性，以及辩者注重逻辑思维的特点在这"历物十事"中都有充分的体现。以下选择其中的重点加以论述：

1. "至大无外，谓之大一；至小无内，谓之小一。"

"至大无外，谓之大一；至小无内，谓之小一。"冯友兰先生解释为大到极点而没有外围的，叫作大一；小到极点而没有内核的，叫作小一。[1] "至大无外"形容无穷大的整体空间；"至小无内"是无穷小的空间单位。"至大无外"和"至小无内"的含义是最大的东西，是包括一切、不可穷尽、了无边际、没有别的东西可以在它的外面的；而最小的东西，是可以进入没有缝隙的场所、不可分割、没有别的东西可以在它里面的。

从这一命题，可知对宇宙的有限与无限，惠施已有辩证的思索。庄子也曾考虑过这一问题："又何以知毫末之足以定至细之倪？又何以知天地之足以穷至大之域？"（《庄子·秋水》）庄子用"至大"、"至细"两个概念概括宇宙在

---

[1] 参见冯友兰：《中国哲学史新编》，315页，北京，人民出版社，1982。

宏观与微观上的无限性，但没有对它们的内涵作具体说明。惠施用"无外"来说明"大一"，肯定宇宙的无限之大。因为任何有限的大都会有"外"；用"无内"来说明构成宇宙的最小单位是无法度量的。宇宙的有限与无限是人类思维碰到的一大难题。在自然科学尚处萌芽状态的先秦时代，不可能用实验的手段来对宇宙的大小等问题做出证明，往往只能凭借主观想象来对之进行描绘，这就无法摆脱有限观念的束缚。惠施能同时考察宇宙在宏观和微观两个方向上的无限性，这种认识达到了当时人们可能达到的较高水平。

2."天与地卑，山与泽平"

与惠施对宇宙大小的认识相关的是"天与地卑，山与泽平"的观点。意思是天像地一样卑下，山与水一样平。说天地都是卑下的、山泽都是平坦的，很明显是在反对通常关于天尊地卑、山陂泽平的见解。至于为什么"天与地卑，山与泽平"，历来解释多有分歧。有以相对性观点为说的，认为是由比较的基准、观察者的位置和观察角度不同使然。至于更有认为是从"道"或"合同异"的观点看而毫无差别的，则不是正确的。因为这是庄子的思想而不是惠施的思想。此外，还有以发展观点即宇宙的成毁变化为说的，有以几何学观念解释的，还有据各种特殊情况如高山上的泽或山根、泽沿相比为说的。这些，除了普遍地把"卑"解作"接近"、把"平"解作高度相等外，都可以是一种猜测。

"天与地卑，山与泽平"这一命题是讲高与低的相对性。《荀子·不苟》中说，惠施持"山渊平，天地比"之说。从常识水平来看，天与地、山与泽都有高低之分。但从一个无穷大的宇宙来看，则无甚分别。在惠施心目中，高与低只是相对的。从近代物理学的观点来看，宇宙间的高与低、上与下确实只是相对的。地球与太阳之间的均衡运动，原非日悬中天，地居天下的。惠施与常人立足点不同，做出"天与地卑，地与泽平"的论断，是他在学术上敢于标新立异的表现。

3."无厚，不可积也，其大千里"

"不可积"和"其大千里"，应是同一个对象（"无厚"）所具有的两种属性，而且是两种并列的属性。把"不可积"和"其大千里"当成是一回事，或"其大千里"是"不可积"的量的发展以及一个推出另一个的关系等解法，都不是正确的。

"无厚"实际上只是相当于今天数学的"面"的一个抽象概念而已。正如冯友兰所说："无厚者，薄之至极，至于无厚，如几何学所谓'面'。无厚者不可有体积。然而有面积，故可'其大千里'也。"

4. "日方中方睨，物方生方死"

"太阳刚刚运行到正中，即已开始倾斜了。"说的是视觉上所能得到的太阳连续运行的景象。也就是说，在太阳的连续运行中，中时即是睨时，睨时即是中时。这样描述的，正好就是运动的矛盾性，就是恩格斯所说的"运动本身就是矛盾，甚至简单的机械的位移之所以能够实现，也只是因为物体在同一瞬间既在一个地方又在另一个地方，既在同一个地方又不在同一个地方。这种矛盾的连续产生和同时解决就是运动。"

"物方生方死"，就是生命的基本特征——以代谢的观念述说生命物体的变化。这种观念，也就是亚里士多德所说的"一个活人又……是一个潜在的死人"的意思。站在今天的科学、哲学水平上来看，就是恩格斯所说的："生命，蛋白体的存在方式，首先是在于：蛋白体在每一瞬间既是它自身，同时又是别的东西"；"今天，不把死亡看作生命的重要因素、不了解生命的否定实质上包含在生命自身之中的生理学，已经不被认为是科学的了，因此，生命总是和它的必然结果，即始终作为种子存在于生命中的死亡联系起来考虑的。辩证的生命观无非就是这样。……生就意味着死。"[①]

"日方中方睨"反映了事物运动的辩证规律，"物方生方死"则肯定了生死转化的现实，但相对主义的因素大于辩证法的因素。"日在正中"，时间极短，可忽略不计。一物之生长、发育、成熟，一直到老化、衰亡，这一过程不是瞬息，而是一个人人都感觉到的、可以计量的发展过程。这一过程，物具有质的相对稳定性。惠施的"物方生方死"，同庄子的齐生死一样，把万物存在的真实性给否定了。

5. "大同而与小同异，此之谓小同异；万物毕同毕异，此之谓大同异"

有学者推测上半句原文可能有讹误，疑为"大与小同而有异，此之谓小同异"，即"与小"二字为误植，"有"与"同"为形讹。其意思当是：同一类属而大小不同之物即大物和小物相互比较起来，既有相同处（类属）也有相异处（大小），这种同异是小同异。前后论题的联系，是在从同一类属大物、小物相互间的同异关系进一步推论到不同类属之物（"万物"）相互间的同异关系。再从上一"事"（"至大无外，谓之大一；至小无内，谓之小一"）来看，说的正好是"大"和"小"，也就是大物和小物的定义。这样，从大物和小物的定义开始，讲到大物和小物（同一物类）同而有异，也就是十分自然了。

---

① 恩格斯：《自然辩证法》，见《马克思恩格斯全集》，第 20 卷，639 页，北京，人民出版社，1971。

"万物毕同毕异，此之谓大同异。"这是从共相、自相的关系为说的。因万物各有自相，所以"毕异"；又都有一个共相，所以"毕同"。所谓"毕同毕异"，说的绝不是完全相同和完全相异，即物与物之间处处相同、处处相异。从思想内容看，完全相同与完全相异，就是不可共存的。从文字训释来看，"毕"字的本义是捕鸟兽的网，引申为用网捕取野兽，又引申为网罗无遗，因此训为尽、皆、全等。从句子结构看，这里的"毕"字不在说明后面的同与异，而在总括前面罗列的对象——"万物"；是说万物中间的每物与他物比较都既有同又有异。整个论题根据上述校正后，应解为：同一类属的大物和小物之间既有同又有异，这是一般的"同异"关系；任何不同的事物之间都有同又都有异，这是更为重要的"同异"关系。

6."南方无穷而有穷"

这一命题是考察南方是否有尽头，其科学意义是辨明空间方位上的无限与有限。战国以前，人们对南方知道得很少，以为南方走不至尽头，遂有无穷之说。后来渐渐地知道，南方之国亦有边境可寻，又有南方有穷之说。《墨子·经说下》云："南者有穷则无尽，无穷则不可尽。"从普通人的眼光来看，南方是有穷的；若从"至大无外"的观点看，南方是无穷的。惠施把通常的看法同他的见解综合起来，把空间方位上的无限性和有限性统一起来了。"南方有穷而无穷"是一个综合判断，包含着两个相互矛盾的判断，具有辩证逻辑的特征。

多数人认为惠施主张无穷，而只在某种意义上承认有穷。但也有人认为惠施主张有穷。刘文英认为："一般人认为，南方或者有穷，或者无穷，二者必居其一。但在惠施看来，南方既是无穷又是有穷的，两者并不排斥。"[1]从原文与惠施思想的一贯倾向来看，当以此说为是。那么南方为什么无穷，又为什么有穷呢？有主张"南方"所指是浩瀚的宇宙空间的，认为"无穷"所指的是这整个宇宙，而"有穷"则是地球或地球上的某一个区域。有主张南方所指仅限于地球的，则以地圆、南北为相对的方位或地理知识的增进等为说。孰是孰非现在实难以判定。另外，南方是否包括东、西、北三方呢？多数人都认为"南方"所指不仅为南方，而是指"四方"（《释文》引"司马云"、成玄英《疏》）；唯孙诒让认为"独以南方为无穷"（《墨子间诂·经说下》）。从惠施思想的基本倾向看，应以前一说为是。

① 刘文英：《中国古代时空观念的产生和发展》，78页，上海，上海人民出版社，1980。

7. "今日适越而昔来"

这个论题最早的解释："彼日犹此日"（《释文》引"司马云"），"无昔无今"（成玄英《疏》），都当成了相对主义，不大准确。更多的人则把"适"字和"来"字做了错误的甚至是相反的解释，从而得出"今天到达越国，是昨天出发的。"这样这个论题就完全成了常识之见，还有什么值得争辩的呢？《说文》记载道："适，之也。"是"到……去"的意思。"来"字之义则异于此，是"至"的意思。《说文》段玉裁注："自天而降之麦，谓之来麰，亦单谓之来。因而凡物之至者皆谓之来。"《庄子·齐物论》作"今日适越而昔至"，正可为明证。"至，鸟飞从高下至地也。"（《说文》）"来"和"至"的意思才是"到达"，因此，这个论题的意思应该是：今天出发到越国去，昨天就到达了。至于为什么"今日适越而昔来"，却很难有确解。已有的解释，除了相对主义的无所谓今昔说，如果意识先到达或以地圆为说，都可能是正确的。

8. "连环可解也"

连环原本是不可解的，或者说在常识上不可解。而惠施根据什么而认为连环是可解的，由于文献不足，很难得其确解。已有的解释有：两环环体并不相贯而可解，以连之之法解之，使其毁坏，以不解解之，在四维空间内解之。毁坏一法，实不能"以此为大观于天下而晓辩者"、使"天下之辩者相与乐之"（《庄子·天下》），显然与原意不合。其他则都是可能的解法。

9. "我知天下之中央，燕之北、越之南是也"

天下的中央，在燕的北方、越的南方。这是讲方位是相对的，与一般人以中原为中国的中心的见解相反。春秋战国时期，人们以中国为世界的中心，中原又是中国的中心，以中原为坐标来确定东南西北四方，四周少数民族与周边国家，称为东夷、西戎、南蛮、北狄。从儒家思想来看，他们是化外之民，在文化上比汉族落后。孔子说："夷狄之有君，不如诸夏之无也。"（《论语·八佾》）孟子说："吾闻用夏变夷者，未闻变于夷者也。"（《孟子·滕文公》）这是在中国流行的夷夏之辩的由来，一直到晚清，不思变通的顽固人士还固守着这一信条，并因此而闹出笑话。惠施打破这种局部地理的观念，而把视野放到更为开阔的地区。既然宇宙之大是"无外"的，那么就不可能存在着一个固定不变的中央。中央只能是相对而言的，燕北越南完全有理由成为天下之中央。大地无边际可言，地理方位具有相对性。

"天下之中央"，明代世德堂本无"下"字，《释文》所摘出为注者亦作"天之中央"；成玄英《疏》亦云："可为天中者也。""天下之中央"，即是地面之中央；而"天之中央"当为整个宇宙之中央。二者义本不同，但孰正孰误，已无从判断。惠施的具体论证，亦无从确知。有以空间无限作解的（可能即认为原文是"天之中央"），有以地圆为说的（所据原文当是"天下之中央"），两说皆可从，意思都是任何地方都可以是中央。

10."泛爱万物，天地一体"

历来解者都认为"泛爱万物"与"天地一体"是一个意思，是一个论题。但有人认为"泛爱万物"是"天地一体"的原因和理由，有人则相反地认为"天地一体"才是原因或理由。其实，"泛爱万物"的主观意识是不可能造成"天地一体"这个客观事实的；同时，"天地一体"的客观事实也不足以促成对人的"泛爱"。再从"历物"十事的文例来看，前面九事都只有结论，而没有论据或理由，因此，这一事亦不必有论据或理由，而是两个独立的论题。

对于"天地"为什么是"一体"，历来有以天地万物都是元素、小一构成或都出于大一解释的，有用相对主义、古天文学或"去尊"为说的。其实，这应该就是"万物毕同"的思想。是从"万物毕同"所得到的宇宙论的结论。张岱年先生说："一切毕同，莫不有其统一，故可以说是一体。"①是完全正确的。因为万物都有着相同的方面，是一个相互联系的整体，所以"一体"也就是"统一体"的意思。从万物是毕同又毕异来看，这个统一体当然又是包含着对立的统一体。至于"泛爱万物"的"爱"，则并不是通常的"仁爱"、"惠爱"即今天所说的"爱怜"、"爱抚"、"爱惜"之"爱"。"爱"字除了上述各种解释之外，还可训为"好"，它的对象就不一定是人或有生命物，而可以是无生命物或事，它的目的，也就完全不在施惠于对方，而只是表示自己的兴趣了。因此，"泛爱万物"就是普遍地爱好万物即对万物的研究有广泛兴趣的意思。

把人们感觉到的东西，与他所思维到的东西对立起来，是惠施辩学的主要特征。惠施的"历物十事"，大半同人们习以为常的观点作对，把确定不移的命题加以动摇，提出相反的命题。用今天的话来说，惠施是善于反向思维的辩者。"历物十事"并非概念上的游戏，而是人类思维越过现象深入本质能力的显示。现象常常给人以假象，而感性知识提供的仅是世界的外部特征。哲学和科学不应该做现象和感觉的奴隶，而要提高一步，去把握事物的内在规律。"历物十事"所要破除的是形而上学的思维方式，即：是就是，不是就不是。惠施在相互对立的事物之间搭上沟通的桥梁，就是对非此即彼的思维方式的否定。这是人在认识上的一大进步，是人们思想解放的标志。当然，惠施在冲击传统观念时，也有片面的地方。功过相比，惠施的功大大超出

①　张岱年：《中国哲学大纲》，154 页，北京，中国社会科学出版社 1982。

了过。

《庄子·天下》篇在引述了"历物十事"后说："惠施以此为大，观于天下而晓辩者，天下之辩者相与乐之。"这说明，与惠施同时有一大批辩者，他们在名辩问题上与惠施相互答问，讨论气氛相当热烈。留下来的辩者二十一事，都是结论性的，没有论证过程。如"轮不辗地"，同"日方中方睨"一样，是对运动本身内在矛盾的一种天才的猜测。运行的车轮在每一瞬间只是一点着地，很难计量其长度，故运行的车轮在每一瞬间又不停留在任何一点上。"镞矢之疾，而有不行不止之时"，这一命题肯定了矛盾是事物运动的固有性质，是古代朴素辩证法的体现。至于"一尺之棰，日取其半，万世不竭"，是先秦最有名的辩证法命题之一，涉及物体无限可分的思想，认为有限之中有无限。两千多年前的人们，有如此认识是非常可贵的。

三、"白马非马"

"白马非马"是公孙龙所提出的，它与我们日常的认识存在一定距离。我们一般认为，如果我们可以称一件事物是"白马"，那么，我们一定也可以称谓它是"马"。反过来，如果我们称谓它为"马"，我们却不一定能确定它为"白马"。之所以有这样的判断，主要基于两点：第一，这里的"马"和"白马"都不是某一具体事物的专名，而是表示一个类的概念。其中，"白马"是"马"的子集，"白马"包含于"马"的范围之中。另一点就是对于马来说，颜色与马是不可分割的，"马"的概念中蕴涵着色的概念，"白马是马"中的"白马"则属于"马"的一色。不过，公孙龙却并不这么认为。常识告诉我们，马是白马得以存在的依据，白马显然是马，怎么可能不是马呢？难道是公孙龙把现实世界看成了幻觉，"看山不是山，看水不是水，看马不是马"了吗？仔细研读公孙龙《白马论》一文，就不难发现问题并非我们依据常识所理解的那样。我们可以从以下几个方面来理解"白马非马"的观点：

1. 从认识论的角度理解

《白马论》开头就说："马者，所以命形也；白者，所以命色也；命色者非命形也，故曰：白马非马。"这句话的意思就是说马这一名称是用来表示形状的，白这一名称是用来表示颜色，表示形状和表示颜色是根本不同的两回事，所以说白马不是马。当这么说的时候，问题就出来了。马本来就蕴涵着色的，如果马没有色，那么这个没有色的马究竟是个什么东西呢？而那个非马的白马又是个什么东西呢？在这里，公孙龙想要表达的究竟是一种什么样的思想呢？

从认识论的角度看，我们的认识可分为感性、知性和理性三个部分。认识事物总是从感性认识上升到理性认识，从事物的现象进入事物的本质。感性认识具有直观性，而直观性的特点就是认识事物时从总体上来把握，比如对于一匹具体的白马，我们不是只看到白或只看到马的形状，而是把它当作一个整体去认识，并认为颜色和马形是不可分离、浑然一体的。显然，这是一种直观性的认识，在这种直观性认识中，我们并不能感受到事物的本质属性。要真正认识事物的本质属性，就得有超越，超越我们的感性认识而进入到事物的本质认识。本质认识的特点就是从整体直观中区分事物的属性，区分具体和一般。在"白马"一词中，白的概念指的是一种颜色，而马的概念所指的只是马的形体，白马在他那里"其举也二"，而不是整体的一。

根据属性与个体事物之间的关系，我们可以把事物的属性分为必然属性、偶然属性和本质属性。"马固有色"这是说，颜色是马的必然属性，马的概念中必然蕴涵着色的概念，这也就进一步说明色、形都是马所必须具有的东西。色体现马的可视性、形体现马的延展性，两者不可分割。对于其中具体的颜色，诸如黄色、黑色、白色，每匹马未必都该具有，《白马论》指出，黄色、黑色和白色等则是马的偶然属性，因为马可以对它们任意地"去取"。对具体的马来说，最根本的东西就是"马"，它的外延是所有马的集合，它的内涵就是马的形状，正如《通变论》中所说的"马无角，马有尾"，这就是"马"的本质。也正因为事物是由诸多属性构成这样或那样的事物，而且诸多属性之间又是有区别的，公孙龙才说："求马，黄黑马皆可致；求白马，黄黑马不可致。使白马乃马也，是所求一也；所求一者，白马不异马也。所求不异，黄黑马有可有不可，何也？可与不可，其相非明。故黄黑马一也，而可以应有马，而不可以应有白马。是白马之非马，审矣。"

2. 从语义学角度理解

在语义上，意义是通过语言符号表现出来的，这就是所谓的存言得意；反过来，语言符号必须赋予一定的意义才具有其价值，才能为事物立象，给事物起名字。对于一个语言符号，比如"白马"，它的意义是确定的和唯一的，就是指"白色的马"。反过来，对于一匹具体的白马，就不只是唯一的语言符号对应它，我们既可以叫它"白马"，也可以叫它"马"。从意义上来说，"白马"与"马"的内涵是不同的，具有一定的差异性，这种差异性体现在一个语言符号对应一个确定的意义上，因此，"白马"根本就不是"马"。然而，对于同一个事物，我们具有不同的语言符号对应它，比如一匹白马，我们既可以叫它"白马"，也可以叫它"马"，还可以叫它"四条腿动物"。这样，一个具体的物象也就被缀有无数不同的语言符号，其结果也就导致了此物象具有了不同层次的规定。规定越丰富，事物的形象也就越分明，我们对此事物的了解也就越深入。由这种象意之间的关系，也就必然导致了代表象意的语言符号在语用上的差别。在语用上，就有了客体词和概念词的区分。当一个语言符号指称一个客观事物即象时，它称为客体词，比如莎士比亚、柏拉图；当一个语言符号指称一个包含意义的概念时，它称为概念词，比如马、白马、牛、羊等。客体词有自己确定的对象，而概念词却没有。然而，一个词到底是属于概念词还是属于客体词，这还得把它们放到一定的应用语境中才能确定。比如在日常用语中，我们常常说"白马是马"，这里是把"白马"用作客体词。为什么这么说呢？因为这里的"白马"可以补充为"这(那)匹白马"，在日常的语言中，它表达了"语言—世界"这样一组关系，也就是我们常说的"存言立象"，一个语言符号代表一个确定的物象，我们一般是通过其指称背后的意义来认识这个物象，形成我们对此物象的观念认识。而公孙龙所提出的"白马非马"中的"白马"是用作概念词，概念词是讲究意义确定性的，它表达了"语言—意义"这样一组关系，这组关系表明"白马"和"马"两词的意义和内涵是不同的。其中，马的内涵就是马的形状，也就是无角有尾，它的颜色是不确定的。白马就是白色的马，它的颜色是确定的，白马本身就包含白的属性和马的属性。白在这里是纯而又纯的白，马在这里是指马之为马的马形，"白马"的内涵就是白的内涵与马的内涵的相加。所以，白马不但非马，而且非白。

从以上分析可以明白，"白马论"并不是我们常识所认为的悖论，它主要告诉我们一般的知性认识原理，要求我们正确地区分和使用我们语言上的客体词与概念词。

在公孙龙看来，每一个具体事物的属性，都是一个个共相。比如一个具体的白马，它的属性就是共相"白"和"马"的结合。而且他还认为，共相并不是在于事物之中，也不在于事物之后，而是先于具体事物而独立自在的。他的依据就是"物白焉，不定其所白"。一个物体是白色的，但白色并不限定于这物体。所谓"不限定"，也就表明其他事物也会同样具有此种颜色。"不限定"在这里证明了这样一个事实，那就是事物的这些属性是个个分离的，是具有独立性的存在。这种独立性的存在就好比柏拉图所说的理念，它们是此事物之所以为此事物的原型，是某类事物得以存在的根本依据。从认识论角度分析，这些属性就是一般，就是概念；从共相角度分析，这些属性就是理念、就是本质。在《坚白论》一文中，他明确写道："白固不能自白，恶能白石、物乎？若白者必白，则不白物而白焉。黄、黑与之然。石其无有，恶取坚白石乎？故离也。离也者，因是。"这样，世界在他那里被划分为二元，一个是由万事万物所组成的世界，这是一个现象的世界，在他眼里就是幻觉，它的后面还有一个由不同属性所构成的共相世界，那是一个本质的世界，真实的世界。这个共相世界究竟是一个什么样的世界呢？罗素在他晚年的《西方哲学史》中写道："没有像猫这样的一般的字，则语言就无法通行，所以这些字显然并不是没有意义的。但是，如果猫这个字有任何意义的话，那么它的意义就不是这只猫或那只猫，而是某种普遍的猫性。这种猫性既不随个体的猫出生而出生，而当个体的猫死去的时候，它也并不随之而死去。事实上，它在空间和时间中是没有定位的，它是永恒的。""猫这个字就意味着某个理想的猫，即被神所创造出来的唯一的猫。个别的猫都分享着猫的性质，但却多少是不完全的；正是由于这种不完全，所以才能有许多的猫。猫是真实的，而个别的猫则仅仅是现象。"①

四、"离坚白"

"离坚白"也是公孙龙提出的，这个辩论是围绕着坚硬的、白色的石头进行。就这个石头说，是坚而白的。这个石头是个别，属于坚硬的物类之中。同时它也属于白色的物类之中。坚与白是一般的，一般寓于个别之中，这是正常的认识。公孙龙强调个别与一般的矛盾对立，认为坚只是坚，白只是白，坚与白是分离的。这就叫"离坚白"。

公孙龙用了感觉分析方法，抓住了感官的局限性来进行论证：

"坚白石三，可乎？"曰："不可。"曰："二，可乎？"曰："可。"曰："何哉？"曰："无坚得白，其举也二；无白得坚，其举也二。"

"视不得其所坚而得其所白者，无坚也。拊不得其所白而得其所坚者，无白也。"

有一坚白石，其"坚"、"白"、"石"是分离的。用眼看只能见到白，只得一白石；用手摸只能得其坚，只得一坚石。人们在感觉白色时不能同时感觉到坚硬，同样在感觉坚硬时也不能感觉到白色。所以说坚、白、石三者在一

---

① 参见张耀南：《实在论在中国》，95 页，北京，首都师范大学出版社，2002。

起，是不可以的；说坚、白、石三者中任何两方面合在一起是可以的。这就是"三"为"不可"，而"其举也二"为"可"的道理。公孙龙强调的是，人的各种感觉是一一分离的，是难以知晓的。每一种感官有它的局限性，是无法确定事物各种属性之间联系的。公孙龙的理由是缺乏根据的，不能因为感觉不到事物的各种属性，就否认人的认识能力。不可否认，人的各种感官是有一定局限性的，但人的认识并不是只依赖感官的，感觉只是认识的第一步。在感性认识之上，还有理性认识。理性认识依靠感性认识提供的材料，以解决感性认识所不能解决的问题。无数事实证明，人可以凭借理性认识，来认清事物各种属性之间的内在联系。《庄子·天下》篇说："桓团、公孙龙，辩者之徒，饰人之心，易人之意，能胜人之口，不能服人之心。"桓团的学说后人很少知道，但对公孙龙，这个批评是对的。

"离坚白"的主张，受到了后期墨家与荀子的批评，是非常自然的事情。后期墨家主张"合坚白"，认为坚与白是客观事物所具有的属性。如果这块石头是白的，把这块石头毁了，白也就没有了。说各种性质的相离，只能是指它们为不同的事物所具有，如白雪中之白，与坚石中的坚，是相外的、不相盈的。"抚坚得白，必相盈也。"(《墨子·经说》)这是说，手抚石得其坚，目视石得其白，坚与白都是石的属性，并不是分离的。"相盈"是说坚有白，白有坚。从对公孙龙"离坚白"的批判中可以知道，后期墨家坚持了唯物主义的原则，肯定物体的属性是独立于人的感觉而存在的，是寓于具体的事物之中的。这克服了公孙龙一派的辩者，把个别与一般相割裂的错误观点。

第二节　名家代表人物

一、惠施(惠子)

1. 生活时代及籍贯

惠子姓惠名施，是先秦名家(或称"辩者")的主要代表。《史记》没有为惠施立传，甚至全书都没有出现他的名字。《汉书》中虽略有反映，亦只出现短短数字。因此，他的生卒年与乡里籍贯颇有异说，出身并无直接记载，史书所载活动多数亦难判定其绝对年代。据学者们的推测，惠施可能是战国末年宋国（今河南商丘）人，生卒年约为公元前 370—前 318 年。

2. 出身

关于惠施的出身，没有直接的材料可供确考，只有两条或可据以推测的材料：

庄子与惠子

> 梁相死，惠子欲之梁，渡河而遽堕水中，船人救之。船人曰："子欲何之而遽也？"曰："梁无相，吾欲往相之。"船人曰："子居船楫之间而困，无我则子死矣。子何能相梁乎？"惠子曰："（子）居艘楫之间，则吾不如子。至于安国家全社稷，子之比我，蒙蒙如未视之狗耳。"（《说苑·杂言》）

> 匡章谓惠子于魏王之前曰："螣螟，农夫得而杀之，奚故？为其害稼也。今公行多者数百乘，步者数百人；少者数十乘，步者数十人。此无耕而食者，其害稼亦甚矣。"……惠子曰："今之城者，或者操大筑乎城上，或负畚而赴乎城下，或操表掇以善睎望。若施者其操表掇者也。使工女化而为丝，不能治丝；使大匠化而为木，不能治木；使圣人化而为农夫，不能治农夫。施而治农夫者也，公何事比施於螣螟乎？"（《吕氏春秋·不屈》）

第一条，惠施听说梁相国死了，欲赴梁为相，渡河堕水。从受到船夫的批评来看，惠施当时可能还是未入仕的平民百姓，最多只是初入仕途。从他对船夫所言："在船上我不如你，但讲到安定和保全国家，你简直还只是一只未开眼的小狗罢了。"可见他对船夫是鄙视的。

第二条，匡章在惠王面前攻击惠施"无耕而食"，好比是"害稼"而"农夫得而杀之"的螣螟，惠施答辩说："现在修筑城墙的人，有的拿着大杵在城上捣土，有的背着畚箕在城下往来运土，有的拿着标杆仔细观察方位斜正。像我惠施就差不多是拿标杆的这类人了。让织丝的女工变成丝，就没人能织丝了；让巧匠都变成木材，就没人加工木材了；让圣人变成农夫，就没人能治理农夫了。而我正是治理农夫的一类人啊，你为什么要把我比作蝗虫呢？"即以筑城的活动为例，说明自己正是那位拿着标杆观察方位斜正的指导者一样，在社会里也不是普通的农夫而是管理农夫的人，是以管理农夫为职司的人。

由此可以大致推定，惠施出身于当时劳动者极度鄙视、又以"治农夫"为己任的"士"阶层。他是由"士"上升的一个封建官吏。

3. 主要政治活动

在政治舞台上，惠施曾经担任魏相三十余年。晚年则主要在宋国活动。

自公元前354年引见戴晋人谏止魏惠王行刺齐君开始，惠施就已经在惠王左右活动，并得到了惠王的信任，以后更是一直在魏王左右参与魏国军、政、外交的重要决策。惠王曾对惠施非常礼遇，尊其为"仲父"，还一再想让位给他①。其出行车马"多者数百乘，步者数百人；少者数十乘，步者数十人"，可见惠施政治生涯之煊赫非同一般。魏惠王二十八年，魏国在马陵之战中被齐国打败，太子被杀，惠王"欲悉起兵而攻"齐，惠施劝阻并出谋划策，认为可以借楚之手以报齐仇。在《战国策·魏二》中关于惠施的这一劝谏活动有如下记载：

> （惠子曰）不可。臣闻之，王者得度，而霸者知计。今王所以告臣者，疏于度而远于计。王固先属怨于赵，而后与齐战。今战不胜，国无守战之备，王又欲悉起兵而攻齐，此非臣之所谓也。王若欲报齐乎，则不如因变服折节而朝齐，楚王必怒矣。王游人而合其斗，则楚必伐齐。以休楚而伐罢齐，则必为楚禽矣。是王以楚毁齐也。

以上这段记载，可证惠施的足智多谋以及善于分析利弊。从此以后惠子更是一直活跃在魏王左右，参与魏国的政治活动。不过后来情况发生了变化，张仪到魏后，说服魏王"以魏合于秦、韩而攻齐、楚"，而惠施则主张"以魏合于齐、楚以案兵"，即魏、齐、楚合纵抗秦。张、惠二人发生了争执，朝臣大都附和张仪。惠施曾力谏惠王，争取惠王能够兼听不同意见，他说：

> 夫齐、荆之事也诚利，一国尽以为利，是何智者之众也？
>
> 攻齐、荆之事诚不（可）利，一国尽以为利，何愚者之众也？凡谋者，疑也。疑也者，诚疑；以为可者半。今一国尽以为可，是王亡半也。劫主者固亡其半者也。《韩非子·内储说上》

---

① "仲父"一说参见《吕氏春秋·不屈》。"让位"一说，在《吕氏春秋·不屈》中是这样说的："魏惠王为惠子曰：'上世之有国，必贤者也。今寡人实不若先生，愿得传国。'惠子辞。王又固请曰：'寡人莫有之国于此者也，而传之贤者，民之贪争之心止矣，欲先生之以此听寡人也。'"在《战国策·魏二》有记："犀首……谓张仪曰：'请令王让先生以国，王为尧舜矣；而先生弗受，亦许由也。'"当然，让的人要扮演尧舜的角色，辞的人要扮演许由的角色。让位这样的大事，其中必定有很大的虚假成分，并非出自真心。

尽管如此，惠王最后还是听从了张仪的主张，将惠施逐出魏国。惠施适往楚国，开始楚王接纳了惠施，但后来冯郝进谏，认为这样会"恶王之交于张仪"即得罪张仪，楚王也就为了讨好张仪而"奉惠子而纳之宋"（《战国策·楚三》）。三年以后，惠王后元十六年（前319年），惠王卒，张仪去魏归秦，惠施返魏。临近预定的惠王葬期，天下大雪。群臣多谏太子改期不从，不敢继续劝谏而求告犀首；犀首亦表示无可奈何，认为只有惠施或能谏之。惠施果然不负众望，说服了太子：

> 惠公曰："昔王季历葬于涡山之尾，灓水啮其墓，见棺之前和。文王曰：'嘻！先君必欲一见群臣百姓也夫，故使灓水见之。'于是出而为之张朝，百姓皆见之，三日而后更葬，此文王之义也。今葬有日矣，而雪甚……先王必欲少留而扶社稷、安黔首也，故使（雨）雪甚。因驰期而更为日，此文王之义也。若此而不为，意者羞法文王也？"太子曰："甚善。敬驰期，更择葬日。"（《吕氏春秋·开春》）

就是这样一篇巧妙说辞，真的让太子接受了，答应缓期而另行选择安葬的日子。略后，魏襄王元年（前318年），韩、魏、楚、赵、燕五国共攻秦，不胜，"魏欲和，使惠施之楚。"（《战国策·楚三》）惠施为之出使楚国。魏襄王五年（前314年），"齐破燕"，惠施又为魏出使赵国，"请伐齐而存燕。"（《战国策·赵三》）这是文献可见的惠施在魏的最后活动。

4. 与庄子的交往

惠施被张仪排挤而离魏经楚入宋，已经六十岁左右。以后的十余年时间，主要在宋国度过。大概也就是这个时候，惠子与庄子为友，经常以谈辩相排遣。也许是受到庄子的感染和启发，惠施后来主要从事学术研究，直到去世。这个时期惠施与庄子的关系也发生变化，一扫早期的敌忾而过从甚密：

> 庄子妻死，惠子吊之。庄子则方箕踞鼓盆而歌。惠子曰："与人居，长子老身，死不哭亦足矣，又鼓盆而歌，不亦甚乎！《庄子·至乐》

庄子妻子死了，惠施前去吊唁，庄子却非常随便地蹲在地上敲着盆儿唱歌，而且并不中止，惠施也直言批评了他。彼此游憩亦甚畅：

> 庄子与惠子游于濠梁之上，庄子曰："儵鱼出游从容，是鱼之乐也。"惠子曰："子非鱼，安知鱼之乐？"庄子曰："子非我，安知我不知鱼之乐？"惠子曰："我非子，固不知子矣；子固非鱼也，子之不知鱼之乐，全矣。"庄子曰："请循其本。子曰：'汝安知鱼乐'云者，既已知吾知之而问我。我知之濠上也。"《庄子·秋水》

这里所辩，虽是一个严肃的认识论问题：人不是鱼，能否知道鱼的感情？惠施的"你不是鱼，怎么能知道鱼快乐？"固然无据。庄子的"我是在濠上知道的"，更是偷换概念的诡辩，是把惠施的问语"你怎么知道鱼快乐"偷换成了"在哪里知道鱼快乐？"但是，这个辩论的形式：庄子说"你不是我，怎么知道我不知道鱼的快乐？"惠施又说："我不是你，本来就不知道你；你本来就不是鱼，你不知道鱼的快乐，更无可怀疑。"就完全是一种故为驳诘的游戏文字，又是畅游途中的偶然触发。惠施与庄子还有一些类似的辩论，在《庄子》《寓言》、《徐无鬼》等篇中均有体现。

庄子对惠施有这样的总体评价：

> 惠子……之知几乎皆其盛者也，故载之末年。……故以坚白之昧终……终身无成。

虽然对惠子有糊涂终身、无所成就的不满，但已经肯定他是因为才智的出众而被记载在后世的书中了。庄子甚至将惠子视为自己的莫逆之交：

> 庄子送葬，过惠子之墓，顾谓从者曰："郢人垩慢其鼻端若蝇翼，使匠石斫之。匠石运斤成风，听而斫之，尽垩而鼻不伤，郢人立不失容。"宋元君闻之，召匠石曰："尝试为寡人为之。"匠石曰："臣则尝能斫之。虽然，臣之质死久矣！"自夫子之死也，吾无以为质矣，吾无与言之矣！《庄子·徐无鬼》

在这个寓言故事中，姓石的匠人能够非常熟练自如地运用斧头，他可以飞快地削净楚人鼻尖上像苍蝇翅膀那样微薄的石灰而不伤到楚人的鼻子，而与之配合的楚人亦能够做到十分镇定、面不改色。但是匠人只能跟这个楚人有如此配合，却不能为别人表演这样的技艺。庄子以这个故事来形容他和惠施之间的关系，是想表明只有惠施是自己唯一的辩论对手，惠施死了，自己就没有可以谈话的人了。所以，《淮南子·修务》竟说：

> 钟子期死而伯牙绝弦破琴，知世莫赏也。惠施死而庄子寝说，言世莫可为语者也。

惠施死了，庄子竟至于停止谈说。这件事就好比钟子期死后俞伯牙认为世上再无知音而毁掉了自己的琴一样。

5. 惠施的影响

惠施不只在魏国享有盛名，而且在当时各诸侯国都享有很高的声誉。他曾多次因为外交事务被魏王派往其他国家，曾随魏惠王到齐的徐州朝见齐威王，并为魏国制定过"民人皆善之"的法律。这些政绩说明他具有纵横捭阖的政治才华和重用、务实的政治理念及施政特色，符合了魏国的实际而顺乎人民的真正要求。一言蔽之，惠施堪称战国中后期一位卓有建树的政治家。他政治上主张"去尊"、"偃兵"，与墨家比较接近，他为魏国制定的法律跟法家也有关系，这说明名家的学问和其他学派，尤其是法家、墨家学说是有内在联系的。

惠施是一位博学多才的学者，可惜他的著作却未能保存下来。幸而他与庄子是好朋友，从他先庄子而亡、庄子称其为"夫子"来看，惠施大概略长于庄子。《庄子》中保存了一些有关惠施的信息，成为我们今天了解这位大学者的重要参考资料。其中又以《天下》篇所述者最有价值。

《庄子·天下》说"惠施多方，其书五车"。不过，他的学问不像儒家那样偏重于社会伦理方面，而主要是关于自然界的各种知识。有个叫黄缭的人，曾经向惠施"问天地所以不坠不陷、风雨雷霆之故"，"惠施不辞而应，不虑而对，遍为万物说，说而不休，多而无已，犹以为寡。"可见惠施学问之丰富。另外，《天下》篇还批评惠施"逐于万物而不反"、"以反人为实"，今天看来，这是他的优点所在。前者说明惠施注重研究自然，具有科学精神；后者表明惠施治学有特点，即不受传统与世俗观念的约束，敢于提出与众不同的新见解，有很强的开创精神。惠施是一位不循旧见、自成一家的科学家兼哲学家。

惠施的思想在历史上只是昙花一现。但是他在中国哲学史上却做出了卓越的贡献。尤其是他关于"同异"问题的独特研究。惠施以前的思想家有的已经注意到了事物的同异关系，但都是关于政治理论方面的问题，而不是哲学或逻辑学的同异问题。惠施同异关系研究的特异之处在于，它超越了传统政治伦理的范围，不再是政治伦理的附庸，而是开辟了自己独立的哲学和逻辑学的领域；其思想的实质，也已经不再局限于不同的、对立物的统一，而是达到了同一性自身的差别，即一个统一事物内部对立的认识。在人类认识发展的历史上，从"没有把自己同自然界区分开来"的"本能的人，即野蛮人"到能够"区分开来"的"自觉的人"[1]，即从混沌一片地意识到区别同异的认识，再到异中之同和同中之异的认识，也正是列宁所说的"哲学上的圆圈"[2]，即认识发展的巨大飞跃。惠施的同异思想，是中国哲学史、逻辑史上一颗闪光的明珠。今天，我们应该在深入研究的基础上，还原它的本来面目，并予以批判地继承，以丰富马克思主义的、当代的哲学和逻辑。

---

[1] 《列宁全集》，第 38 卷，90 页，北京，人民出版社，1959。

[2] 《列宁全集》，第 38 卷，411 页，北京，人民出版社，1959。

二、公孙龙

1. 出身、籍贯

公孙龙是名家学派的又一个重要代表人物，传说他字子秉。司马迁在《史记》中并未为之立传，只在《孟子荀卿列传》《平原君虞卿列传》中略一提及，致使今天对于他的生平事迹无法详细得知。

公孙龙子

根据《公孙龙子》(《迹府》)、《赵国策》(《赵三》)、《吕氏春秋》(《审应览》《淫辞》《应言》)、《史记》(《平原君虞卿列传》)、《别录》(《史记·平原君虞卿列传》《集解》引)、《汉书》(《艺文志》自注)、《列子》(《仲尼》)等书的记载，公孙龙与燕昭王、赵惠文王、平原君、孔穿、公魏牟、邹衍、虞卿同时。学界推定其生卒年为公元前 320—前 250 年，大致无误。

公孙龙的国籍也并不十分清楚，能够肯定的是秦以外的东方"六国"人。虽然多数史籍认定公孙龙是赵国人，但也有说是魏人，甚至于有说周人、楚人者，莫衷一是。其实，《战国策》《吕氏春秋》都未名言公孙龙的国籍，《迹府》只说是"六国辩士"、"赵平原君之客"，《史记·孟子荀卿列传》和刘向《孙卿新书·叙录》均只称"赵亦有公孙龙"。但战国是士人朝秦暮楚的时代，赵"有"之人大可不必为赵人，赵贵族之"客"更不必尽为赵人。

2. 生平经历

公孙龙在政界的活动，青年时期在魏；中年以后虽到过燕，但主要则是在赵国。王琯《公孙龙子悬解》有《公孙龙子事辑》一篇，载其事颇详，兹录于下：

> 公孙龙，字子秉，赵人，祖述《辩经》，以正别名显于世。疾名实之散乱，因资财之所长，假物取譬，为守白之论。……适燕，说燕昭王以偃兵。……适赵，与其徒毛公綦毋子等游平原君赵胜家。虞卿欲以信陵君之存邯郸，为平原君请封。龙闻之，夜驾见平原君。……平原君遂不听虞卿。厚待龙。……尝与孔穿会平原君家。穿曰："素闻先生高谊，愿为弟子久，但不取先生以白马非马尔。请去此术。则穿请为弟子。"龙

曰:"先生之言悖。龙之所以为名者,乃以白马之论耳。今使龙去之,则无以教焉。且欲师之者以智与学不及耳。今使龙去之,此先教而后师之也。先教而后师之者悖。且白马非焉,乃仲尼之所取。龙闻楚王张繁弱之弓,载忘归之矢,以射蛟兕于云梦之圃,而丧其弓。左右请求之。王曰:"止。楚王遗弓,楚人得之,又可求乎?"仲尼闻之,曰:"楚王仁义而未遂也。亦曰:人亡弓,人得之而已,何必楚?若此,仲尼异楚人于所谓人。夫是仲尼异楚人于所谓人,而非龙异白马于所谓马,悖。先生修儒术而非仲尼之所学;欲学,而使龙去所教,则随百龙固不能当前矣。"孔穿无以应焉。又尝深辩至藏三耳。……驺衍适赵,过平原君,见龙及綦毋子等,论白马之辩。……尝与辩者桓团之徒以二十一事相訾应。著书十四篇,名《公孙龙子》。持论宏赡,读之初觉诡异,而实不诡异也。

由上文可知,公孙龙曾经较长时间作平原君的门客。《史记·平原君虞卿列传》中所云"平原君厚待公孙龙"可证。约于公元前279—前248年间,公孙龙曾从赵国带领弟子到燕国,据《吕氏春秋·应言》载,是为了说燕昭王以"偃兵"。燕王虽然表示同意,公孙龙却当面对燕王说,当初大王招纳欲破齐、能破齐的"天下之士"到燕国来,后来终于破齐。目前"诸侯之士在大王之本朝者,尽善用兵者",所以我认为大王不会偃兵,燕昭王无言应答。公孙龙又曾游魏,与公子牟论学。据《吕氏春秋·审应览》记载,公孙龙在赵国曾与赵惠文王论偃兵。赵王问公孙龙说:"寡人事偃兵十余年矣,而不成,兵不可偃乎?"公孙龙回答说:"赵国的蔺、离石两地被秦侵占,王就穿上丧国的服装,缟素布总;东攻齐得城,而王加膳置酒,以示庆祝。这怎能会偃兵?"《吕氏春秋·淫辞》说:秦国跟赵国订立盟约:"秦之所欲为,赵助之;赵之所欲为,秦助之。"过了不久。秦兴兵攻魏,赵欲救魏。秦王使人责备赵惠文王不遵守盟约。赵王将这件事告诉平原君。公孙龙给平原君出主意说,赵可以派遣使者去责备秦王,说秦不帮助赵国救魏,也是违背盟约。赵孝成王九年(前257年),秦兵攻赵,平原君使人向魏国求救。信陵君率兵救赵,邯郸得以保存。赵国的虞卿欲以信陵君之地邯郸为平原君请求增加封地。公孙龙听说这件事,劝阻平原君说:"君无覆军杀将之功,而封以东武城。赵国豪杰之士,多在君之右,而君为相国者以亲故。夫君封以东武城,不让无功,佩赵国相印,不辞无能,一解国患,欲求益地,是亲戚受封,而国人计功也。为君计者,不如勿受便。"平原君接受了公孙龙的意见,没有接受封地。

《公孙龙子·迹府》又说,公孙龙与孔穿在平原君家相会,谈辩公孙龙的

"白马非马"。晚年，齐使邹衍过赵，平原君使与公孙龙论"白马非马"之说。公孙龙由是遂诎，后不知所终。

3. 辩士风范

公孙龙善于辩论，是古代赫赫有名的"辩者"、"辩士"。《庄子·秋水》说他自称"合同异，离坚白，然不然，可不可，困百家之知，穷众口之辩"，即能够区别同异、分离坚白，以不对为对，不可为可，难倒百家的才智、众人的口才。《史记·平原君虞卿列传》说"公孙龙善为坚白之辩"，《史记·孟子荀卿列传》、刘向《孙卿新书·叙录》也都说他"为坚白同异之辩"。

汉初，《淮南王书·齐俗训》说："公孙龙析辩抗辞，别同异，离坚白。"东汉王充在《论衡》中也提到"公孙龙著坚白之论，析言剖辞，务曲折之言。"（《案书篇》）可见公孙龙一派名辩论的特点是用非常曲折的道理来说明"别同异、离坚白"的主张。跟惠施一派注重"合同异"的精神是明显不同的。这种思辨方法的特点是仅仅在逻辑概念上进行抽象分析，排斥了感官经验的综合。公孙龙比惠施有更浓厚的形而上学特点，这派思想受到当时各派唯物主义的驳斥，特别是后期墨家学派的系统驳斥。有关的思想斗争也推进了我国古代逻辑学的发展。

关于公孙龙的辩才，历史上有很多神奇的传说。据说，为了把白马与马区别开来，公孙龙曾纵论"白马非马"的观点；众人不能使他屈服，他一个早晨就说服了一千个人。又说公孙龙自恃辩才，无视马不能出关的禁令，公然驾着白马赴关；有说他竟以"我驾的是白马，不是马"的论点折服了掌管关口的小吏，从而得以过关者，但皆为小说家言，不足为信。《公孙龙子·迹府》篇详细记录了公孙龙就"白马非马"与孔穿进行的辩论。

> 龙与孔穿会赵平原君家。穿曰："素闻先生高谊，愿为弟子久，但不取先生以白马为非马耳。请去此术，则穿请为弟子。"龙曰："先生之言悖，龙之所以为名者，乃以白马之论尔。今使龙去之，则无以教焉。且欲师之者，以智与学不如也。今使龙去之，此先教而后师之也；先教而后师之者，悖。且白马非马，乃仲尼之所取。龙闻楚王张繁弱之弓，载忘归之矢，以射蛟兕于云梦之圃，而丧其弓。左右请求之。王曰：'止。楚（王）遗弓，楚人得之，又何求乎？'仲尼闻之曰：'楚王仁义而未遂也。亦曰人亡弓人得之而已，何必楚？'若此，仲尼异楚人于所谓人。夫是仲尼异楚人于所谓人，而非龙异白马于所谓马，悖。先生修儒术而非仲尼之所取，欲学而使龙去所教，则虽白龙，固不能当前矣。"孔穿无以应焉。《公孙龙子·迹府》

孔穿要求公孙龙放弃"白马非马"的学说，然后愿意做他的学生。公孙龙则认为，自己之所以有名并有可以用来教人的东西，就正是这个"白马非马"的学说。孔穿要求他先放弃这个学说，就是先来教他而后再拜他为师，是错误的。而且，从孔子改"楚国人丢失了弓，楚国人拾到了它"为"人丢失了弓人拾到了它"来看，正是主张把楚人从所谓的人中间区别出来，即赞成"白马非马"的；孔穿学习儒家学说而否定孔子所赞成的观点，又是一个极大的矛盾。孔穿终于无言可对了。从这个故事，我们能切实感受到公孙龙的滔滔辩才。

4. 著述及影响

公孙龙的著作，《汉书·艺文志》中著录有"《公孙龙子》十四篇"。公孙龙的主要思想即保存在该作中。今存六篇，除卷首《迹府》一篇非公孙龙手笔而系其弟子辑录的生平事迹之外，其他的《白马论》《指物论》《通变论》《坚白论》《名实论》五篇基本可信为公孙龙本人的作品，其中以《白马论》最为有名。

公孙龙的哲学属于唯心主义和形而上学，但也并不就是完全胡说。在这个"暂时的"、"错误的、但为时代和发展过程本身所不可避免"地决定的唯心主义"形式"中，确实包含着人类思维长期曲折发展所获得的成果。在春秋战国的哲学舞台上，取消同异、抹杀是非的相对主义思想，如庄子的"道通为一"（《齐物论》）、"不谴是非"（《天下》）等，甚为流行。公孙龙的绝对唯心主义思想正好与之针锋相对，起到了纠偏补弊的作用。

中国哲学素以"贤人作风"著称，"以伦常治道的人生智为唯一关心的问题，而无暇论究好像不着边际、不合实用的希腊智者所醉心的宇宙根源问题，以及认识自然与一般知识技能的问题。"从这个方面看，《公孙龙子》这个独具一格的思辨唯心主义体系，与希腊古代思想史上在起点上的那些哲学家比起来，倒更加富有所谓"追求知识、解答宇宙根源问题的智者气象"了[①]。这在当时中国的哲学舞台上，甚至在整个中国哲学史上，都是非常难能可贵的。

三、邓析

《汉志》所录名家代表人物之一，有《邓析子》二篇。"名辩之学"的倡始人、先驱者。河南新郑人，郑国大夫，与子产同时，生卒年约为公元前545—前501年。后人亦尊称其为"邓析子"。邓析是代表新兴地主阶级利益

---

① 侯外庐等：《中国思想通史》，第 1 卷，36、131 页，北京，人民出版社，1957。

的革新派，他比子产的思想还要激进，他第一个提出反对"礼治"的思想。由于邓析反对"刑书"，私造竹刑，并私家传授法律，所以也有将邓析归入法家代表人物的。这在本教材法家部分已经有所涉及。

邓析作为名家代表人物，有一个很重要的思想，就是"两可说"。在正统观点看来，这是一种"以非为是，以是为非。是非无度"的诡辩论，简单地说，就是模棱两可、混淆是非的理论。

《吕氏春秋·离谓》中记载了这样一个故事：

> 洧水甚大，郑之富人有溺者。人得其死者，富人请赎之。其人求金甚多。以告邓析。邓析曰："安之！人必莫之卖矣。"得死者患之，以告邓析。邓析又答之曰："安之！此必无所更买矣。"

洧河发大水，郑国有一个富人被大水冲走淹死了。有人打捞起富人的尸体，富人的家人得知后，就去赎买尸体，但尸体的要价很高。于是，富人家属就来找邓析，请他出主意。邓析对富人家属说："你安心回家去吧，那些人只能将尸体卖给你，别人是不会买这具尸体的。"于是富人家属就不再去找得尸者买尸体了。得尸体的人着急了，也来请邓析出主意。邓析又对他们说："你放心，富人家属除了向你买，再无别处可以买回尸体了。"从这个故事来看，邓析对买卖尸体双方所说的话，确实有一点诡辩的嫌疑，但是，邓析在这件事情中只是一个中立者，所以他没有义务和责任一定要站在某一方的立场上说话。而且，得尸和赎尸者各有正当的理由，邓析也没有理由偏袒任何一方。因此，双方在向邓析咨询的时候，他就只能为对方出有利于其权益的主意。邓析的回答都是正确的，而且反映出他已经具有了相当完整的朴素辩证观念。

在邓析看来，辩论必须根据实际情况，不能任意胡说，否则就会带来祸患，特别是辩论必须要遵循一定的标准，所以"两可"虽然不失为一种辩说方法，但切不可滥用。

四、尹文子

《汉志》所载名家代表人物，有《尹文子》一篇传世。生卒年大致为约公元前360—前280年。战国齐国人，著名的哲学家。尹文子于齐宣王时居住在稷下，为稷下学派的重要代表人物。他与宋钘、彭蒙、田骈同时，都是当时有名的学者，并且同学于公孙龙。尹文子的学说在当时很受公孙龙的称赞。

1."正形名"

上篇论述形名理论，下篇论述治国之道，可以看作是形名理论的实际运用。其思想特征以名家为主，综合道、法，亦不排斥儒、墨。自道以至名，由名而至法，上承老子，下启荀子、韩非。《尹文子》的形名论思想，历来为研究中国逻辑思想史者所重视，其对语言的指称性与内涵等关系的思考，颇值得玩味。尹文的"正形名"，强调"形名相别之理"。他说："察其所以然，则形名之与事物，无所隐其理矣。"他明确区分"形"与"名"，"名者，名形者也；形者，应名者也。"（《大道上》）"形"与"名"各居其所，既有明确的区别，又相互依存。"则形之与名，居然别矣。不可

尹文子

相乱，亦不可相无。"他又说："有形者必有名，有名者未必有形。形而不名，未必失其方圆黑白之实。"（《大道上》）这样看来，这里的"名"，指的是事物的名称或概念；形，指"名"所指对象的形、色；"实"，则指"名"所指称的对象本身。这样，尹文实际上区分开了"形"、"名"与事物的"实"。也就是说，尹文的思想不仅强调"名"本身的独立性，还将它与"形"甚至与事物的"实"相区别，成为一个更独立更清晰的存在。既然形、名有别，那么如何"正形名"呢？尹文提出，"名而无形，不可不寻名以检其差。故亦有名以检形，形以定名，名以定事，事以检名。"（《大道上》）形与名互检、互正。以事物及其"形"来辨别"名"，使其恰当；又以此恰当的"名"来检定事物及其"形"，使事物及其"形"正。这便是尹文"正形名"的方法。

尹文的文章还特别善于运用寓言说理，虽然不如"白马非马"有名，但却很有趣味。其中有一个庄里丈人的故事非常经典：

> 庄里丈人，字长子曰"盗"，少子曰"殴"。盗出行，其父在后，追呼之曰："盗！盗！"吏闻，因缚之。其父呼殴喻吏，遽而声不转，但言"殴！殴！"吏因殴之，几殪。

讲庄里的一个老人，给大儿子起名为"盗"，小儿子为"殴"。盗出去的时候他的父亲在后面，追着喊他："盗！盗！"官吏听见了，就把盗绑了起来。那父亲又想叫小儿子殴来向官吏解说，急切之间说不清楚，就只知道喊小儿子"殴！殴！"官吏于是就把大儿子盗殴打了一顿，差点打死。抛开那些让人犹如雾里看花般的"道"、"名"、"形"等哲学概念，单看尹文的幽默之处，就

颇有趣味。尹文试图通过通俗幽默的寓言故事传达复杂的哲学思想，这一点与庄子颇为相似。

2."无为而自治"与"恕道"

《庄子·天下篇》对尹文的学说有这样的总结评价：

> 不累不俗，不饰于物，不苟于人，不忮于众，愿天下之安宁以活民命，人我之养毕足而止，以此白心，古之道术有在于是者。宋钘、尹文闻其风而悦之，作为华山之冠以自表，接万物以别宥为始；语心之容，命之曰心之行，以聊合欢，以调海内，请欲置之以为主。见侮不辱，救民之斗，禁攻寝兵，救世之战。以此周行天下，上说下教，虽天下不取，强聒而不舍者也，故曰上下见厌而强见也。

说明尹文学说的中心思想就是希望天下太平，社会安宁，每个人都能养活自己，并能供养一下别人，这样就足够了。人不应该有太多的欲望，只有这样才能达到于心无愧，"见侮不辱"，既能对得住别人，也能对得住自己。这就是尹文治理天下的大道理。另外，尹文的思想与宋钘大致相同，都提倡宽容即所谓"恕道"。尹文教导人们不要争斗，即便对待别人的侮辱也要尽量容忍。以此为出发点，尹文对于战争的态度也是极为反对的。他鼓励人们要化干戈为玉帛，提倡以忍为上。尹文认为，"大道容众，大德容下"，君王们如果能将忍让奉为最高尚的东西，并以此对待自己的百姓臣民，一切事情就都好办了。而事情越少越好办，办事情的手续越简便就越容易找出前因后果，掌握重点。因此，一个做国君的人还必须做到"无为而治"，只有这样才能够"容天下"，"容天下"便可得民心。而"容天下"的最好办法就是"深见侮而不斗"，在这个原则下，做到有功则赏，无功则罚，这就是"道用则无为而自治"的道理，这一点跟道家创始人老子的"无为而无不为"的观点是基本一致的。当然，要真正做到"无为而自治"，就要坚持做到"仁、义、礼、乐、名、法、刑、赏"这八条。这八条，是"五帝三王"的"治世之术"。因此，对于"博施于物"的"仁"，"以道之"；对于"以立节行"的"义"，"以宜之"；对于"以行恭谨"的"礼"，"以行之"；对于"以和情志"的"乐"，"以和之"；对于"以正尊卑"的"名"，"以正之"；对于"以齐众异"的"法"，"以齐之"；对于"以威"使服的"刑"，"以威之"；对于"以劝忠能"的"赏"，"以劝之"。尹文认为只有这八个标准（"八术"）"无隐于人而常存于世"，使大家都掌握了，才能够达到天下大治，这就是老子所说的"以政治国，以奇用兵，以无事取天下"，从而达到无为而无不为的所谓"无为而治"的理想境界。

尹文的思想，是以道家"无为而自治"的思想为主，融合了儒家的思想因素。尹文所说的"大道容众，大德容下"的所谓"恕道"，与孔子的"己所不欲，勿施于人"的儒家的"恕道"思想，是一致的。只是，尹文子的思想中更加突出了"名实"思想，即所谓"深见辱而不斗"，"名实审也"，等等。尹文认为，"大道无形，称器有名"。尹文所说的"名"，就是"正形"，使名实相符。尹文说："形正由名，则名不可差"，而且是相互作用，相辅相成的。他引用孔子的话说："故仲尼云：'必也正名乎！名不正则言不顺也。'"这样，他的"无为而自治"的思想不仅与"恕道"联系在一起，而且也与"名实"思想联系在一起。这些哲学上的命题，在儒家思想中也都能找得到。尹文又引用老子的话说："道者，万物之俱，善人之宝，不善人之所宝，是道治者，谓之善人。籍名、法、儒、墨者，谓之不善人。"他认为"善人与不善人，名分日离。"这就指出了二者之间的差别。他认为"有形者必有名"，反过来"有名者未必有形"，因此，虽然有理但无益于治理国家的事，"君子弗言"；有能力办到而对于治事没有好处，这样的事"君子弗为"。他要求人们做事情要看对于国家和人民是否有益，从而做到"名""实"相副。否则，便会"相乱"。因此，"道不足以治则用法，法不足以治则用术，术不足以治则用权，权不足以治则用势。"一切要按"名""实"相符的次序办事，只有这样，才能做到"势用则反权，权用则反术，术用则反法，法用则反道，道用则无为而自治。"达到致世经用的目的。

尹文不仅在伦理学上用"恕道"容忍别人，做到"见辱而不斗"；而且还用"大道容众，大德容下"的"恕道"思想反对战争，提倡"无为而能容天下"，这不仅与儒家思想相通，而更重要的是与老子的无为而治的"尚柔"精神一脉相承。

第三节　名家著作选解

庄子·天下（节选）

【解题】

本篇节选自《庄子》。惠施的著作亡佚已久。古籍记载惠施学说较详细的有《庄子·天下》和《荀子·不苟》。其中，又以《庄子·天下》为比较完整和确实。该文大致记录了惠施提出的"历物十事"。所谓"历物之意"，梁启超说："历，盖含分析量度之意。意，大概也。"意思就是分析事物的要点。马国翰认为"历物"是书的"篇名"，冯友兰推测"十事"是"万物说"的十个主要论点。

惠施多方[1]，其书五车，其道舛驳[2]，其言也不中[3]。历物之意[4]，曰："至大无外[5]，谓之大一；至小无内[6]，谓之小一。无厚[7]，不可积也[8]，其大千里。天与地卑[9]，山与泽平。日方中方睨[10]，物方生方死。大同而与小同异，此之谓'小同异'；万物毕同毕异[11]，此之谓'大同异'。南方无穷而有穷[12]。今日适越而昔来[13]。连环可解也[14]。我知天下之中央，燕之北、越之南是也[15]。泛爱万物，天地一体也。"

惠施以此为大，观于天下而晓辩者[16]，天下之辩者相与乐之[17]。卵有毛。鸡三足；郢有天下[18]；犬可以为羊；马有卵；丁子有尾[19]；火不热；山出口[20]；轮不碾地[21]；目不见[22]；指不至[23]，至不绝[24]；龟长于蛇；矩不方[25]，规不可以为圆[26]；凿不围枘[27]；飞鸟之景未尝动也[28]；镞矢之疾而有不行、不止之时[29]；狗非犬[30]；黄马骊牛三[31]；白狗黑[32]；孤驹未尝有母[33]；一尺之棰[34]，日取其半，万世不竭[35]。辩者以此与惠施相应，终身无穷。

桓团、公孙龙辩者之徒[36]，饰人之心[37]，易人之意[38]，能胜人之口，不能服人之心，辩者之囿也[39]。惠施日以其知与之辩，特与天下之辩者为怪[40]，此其柢也[41]。

然惠施之口谈，自以为最贤，曰："天地其壮乎[42]！"施存雄而无术[43]。南方有倚人焉，曰黄缭[44]，问天地所以不坠不陷，风雨雷霆之故。惠施不辞而应[45]，不虑而对，遍为万物说。说而不休，多而无已，犹以为寡，益之以怪[46]。以反人为实，而欲以胜人为名[47]，是以与众不适也[48]。弱于德，强于物，其涂隩矣[49]。由天地之道观惠施之能，其犹一蚊一虻之劳者也[50]，其于物也何庸[51]！夫充一尚可[52]，曰愈贵道，几矣[53]！惠施不能以此自宁[54]，散于万物而不厌，卒以善辩为名。惜乎！惠施之才，骀荡而不得[55]，逐万物而不反[56]，是穷响以声[57]，形与影竞走也[58]，悲夫！

【注释】

　　[1] 方：方术。

　　[2] 舛(chuǎn)：差错，错字。驳杂：杂乱。

　　[3] 中(zhòng)：不当于道，不中肯。

　　[4] 历物：分别观察万物，分析事理。学术界称惠施的史料为"历物十事。"

　　[5] 无外：无有外部，无限大。

　　[6] 无内：无有内部，无限小。

　　[7] 无厚：无有厚度。

　　[8] 积：重叠。

　　[9] 卑：低。

　　[10] 睨(nì)：偏斜的意思。

　　[11] 毕同：完全相同。毕异，完全不同，完全相异。

　　[12] 无穷：没有穷尽。

　　[13] 适：到。越：越国。昔：昨天。

　　[14] 连环：古时"连环"本不可解。

　　[15] 燕：燕国。

　　[16] 观：显示。晓：引导。

　　[17] 乐：愿意。

　　[18] 郢：楚国的都城。

　　[19] 丁子：蛤蟆。

　　[20] 山出口：山谷可传声，声从口出，所以山有口。

　　[21] 轮不碾(zhǎn)地：车轮只跟地一部分，而不是地，所以轮没跟地。碾，压。

　　[22] 目不见：眼睛看不见。

　　[23] 指：指物的概念。不至：感觉不到。

　　[24] 至不绝：指物不尽，即概念与事物完全相称是没有止境的。

　　[25] 矩：画方的工具。

　　[26] 规：画圆的工具。

　　[27] 凿：卯眼，样眼。枘(ruì)：榫头。

　　[28] 景：影子。

　　[29] 镞矢：箭头。疾：疾速，快速。

　　[30] 狗：小狗。犬：大狗。

　　[31] 黄马、骊牛三：黄马骊牛为一个概念。分则为两个概念，相加为三个概念。

　　[32] 白狗黑：白毛为白狗，眼珠黑为黑狗，所以白狗也是黑狗。

　　[33] 孤驹：母马死后称孤驹，所以没有母。

　　[34] 棰(chuí)：亦作"箠"；指鞭子。

　　[35] 不竭：不尽。

[36] 桓团：先秦名家学派人物，《列子·仲尼》作韩檀。

[37] 饰：掩饰，蒙蔽。

[38] 易：改变。

[39] 囿：局限。

[40] 特与：专与。为怪：造出怪论。

[41] 柢：通抵，大概。

[42] 壮：大。

[43] 雄：雄才。

[44] 倚：通奇，异人。黄缭：楚人。

[45] 不辞：不辞让，不谦虚。

[46] 益：更加。怪：怪诞。

[47] 胜人：辩胜别人。为名，为了名声。

[48] 不适：不适于用。

[49] 涂：道路。隩(ào)：深曲，狭隘。

[50] 劳：功劳，功能。

[51] 庸：用。

[52] 充一：充当一家之言。

[53] 愈：可以，宽愈。贵道：尊重道。

[54] 此：指充一。宁：安宁。

[55] 驳荡：使人舒畅。不得：不能得以正道。

[56] 不反：知迷不返。

[57] 穷响以声：以声音追逐回响。

[58] 形与影竞走：用形体和影子竞走。

公孙龙子·白马论

【解题】

　　《白马论》讨论了"白马"与"马"两个概念的关系。这两个概念的同异是一个逻辑学问题。专门讨论逻辑问题是这篇文章的价值，它标志逻辑学在先秦时代的发展。因为秦汉以后中国古逻辑学的发展停滞，缺乏一个逻辑学体系，很少有人用逻辑学眼光看待它，它的价值也就渐趋消失。《白马论》对白马与马两概念的关系的看法颇有独特之处。《白马论》的逻辑很简单，熟悉西方形式逻辑的人也会感到它的某些观点新颖正确，形式逻辑是可以接受它的。

“白马非马”，可乎？

曰：“可。”

曰：“何哉？”

曰：“马者所以命形也[1]，白者所以命色也[2]；命色者非命形也[3]，故曰‘白马非马’。”

曰：“有白马不可谓无马也。不可谓无马者，非马也[4]？有白马，为有白马之非马[5]，何也？”

曰：“求马，黄黑马皆可致。求白马，黄黑马不可致。使白马乃马也，是所求一也[6]；所求一者，白马不异马也[7]。所求不异，如黄黑马有可有不可[8]，何也？可与不可，其相非明。故黄黑马一也，而可以应有马，而不可以应有白马[9]。白马之非马，审矣！”

曰：“以马之有色为非马，天下非有无色之马。天下无马，可乎？”

曰：“马固有色[10]，故有白马。使马无色，如有马而已耳[11]，安取白马[12]？故白者，非马也[13]。白马者，马与白也[14]。马与白马也[15]。故曰‘白马非马’也。”

曰：“马未与白为马[16]，白未与马为白。合马与白[17]，复名白马[18]。是相与以不相与为名[19]，未可。故曰‘白马非马未可’。”

曰：“以有白马为有马，谓有白马为有黄马，可乎？”

曰：“未可。”

曰：“以有马为异有黄马，是异黄马与马也。异黄马于马，是以黄马为非马。以黄马为非马，而以白马为有马——此飞者入池，而棺椁异处[20]——此天下之悖言乱辞也。”

曰：“有白马不可谓无马者[21]，离白之谓也。是离者，有白马不可谓有马也[22]。故所以为有马者[23]，独以马为有马耳[24]，非有白马为有马。故其为有马也，不可[25]以谓‘马马’也[26]。”

曰：“白者不定所白[27]，忘之而可也[28]，白马者，言白定所白也[29]。定所白者，非白也[30]。马者，无去取于色，故黄黑皆所以应白马者，有去取于色，黄黑马皆所以色去[31]。故唯白马独可以应耳。无去者，非有去也，故曰'白马非马'。"

【注释】

[1]"命形"，为"命马之形"之省略。"形"，指不涉及马之毛色白不白，而仅仅分辨马与非马。

[2]"命色"，为"命马之毛色"之省略。

[3]"命形"，与"命色者"相对而言，即不命色而仅命形者。"命"，指定。

[4]俞樾云："非马也"读作"非马邪"，古"也"、"邪"通用。

[5]"之"指代马。"白"，动词。"白之"，以"白"字修饰马。

[6]"一"，相同。

[7]"白马"，《道藏》本作"白者"。此从《白子全书》本校改。

[8]"如"，而。

[9]王琯疑上"而"字为衍文（见《公孙龙子悬解》）。金受申疑下"而"字为衍文（见《公孙龙子释》）。按这两个"而"字都和"乃"同义，连用以强调"可与不可"的对比，非有衍文。

[10]"固"，诚然。

[11]"如"，而。

[12]"安"，如何。

[13]"白者"，白马。庞朴释曰："'故'同'顾'，但是。"按："使马无色，有马如已耳，安取白马？故白者非马也"是一因果复句。"故"，连词，所以。这个复句中的释因部分是一个假设复句："使马无色，有马如已耳，安取白马？"

[14]"马与白"，指白马一词言白又言马。"与"，连词，和。

[15]此句当读为"'马''白马'也"，即：此，马也；彼，白马也。

[16]"与"，动词，结合。

[17]"与"，连词，和。

[18]客针对上文主语"马与白也"句，说明白马是复合之名，不可分。

[19]白马是一个词，则未相结合的"白"与"马"是两个词。上文主曰："白马者，白与马也。"是以两个词释白马。因此客指出白马是"复名"，不可分拆为两个词。反驳"马与白也"句。客所谓"复名"，指白是马的修饰语。

[20]王琯注云："飞者本应上翔，而乃下潜入池；棺椁本应相依，而乃异地分处。此处所谓悖言乱辞也。"按："飞者入池"，以"入池"为飞也。"棺椁与处"，以异处释同处也。两语皆自语相违，比喻"以黄马为非马而以白马为有马"之自相矛盾。

[21]"曰"，傅山曰："此曰字是与上文一人口气！非又设一难问之人也。"（见《霜红龛集·外编》）庞朴引傅氏说，注曰："此曰字疑为吕字形误。"按傅氏说不误。此曰字用法见《古书疑义举例》。俞樾称此类曰字之作用为"别更端之语"。马叙伦曰："（俞樾）所举之辞，其又用曰字者，盖当读为唯。"（《古书疑义举例校录》）

[22]"离"，离弃。"离白"，白马一词离弃白则为马。不离白则白马不等同马。这是以"离白"释白马是马；以"不离"释白马非马。

[23]"故"，先。指上文"有白马不可谓无马"句以有白马为马。

[24]"独以马"之"马"，指白马一词中之马。"以"，各本俱作"有"，此从《百子全书》本校改。

[25]"故"，因果连词。"其"，承前指代"曰有白马不可谓无马"句中的"有白马"。"也"，句中语气词。"故其为有马也不可"，相当于：故不可以有白马为有马。

[26]"以"，此。这里指代"有白马不可谓无马者"句。"谓马，马也"，与上文"独以马为有马"意义相同。"以谓马，马也"语意未完，应联系下句组成复句。此复句为："以谓马，马也；曰白者不定所白，忘之而可也。""可"，指有白马可谓有马。

[27]"曰"，与上文"以谓马"的谓字同义。"谓马"与"曰白"相对应。"定"。限定。"白者不定所白"相当于：白者不定所白之白马。就"有白马不可谓无马"句而言，"白"字不限定白马于马之外，即白马可视为马，所以"有白马不可谓无马"。

[28]"忘"，忽视，遗忘，视之若无。"之"，指白。"忘之而可"，承上文"故其为有马也不可"句。这是说，有白马本不可为有马，忽视此"白"字则有白马亦可为有马。这是就白马与马可相等相同而言，指出可相等同是因为忘白。忘白，即离白。

[29]"言白，定所白也"，与上"曰白者不定所白"相对。也就是"不离"与"离白"相对。"言白定所白"相当于言白定所白之白马。就"有白马不可谓有马也"句而言，"白"字限定白马于马之外，即白马不可视同马。故"有马者不可谓有马"。

[30]"定所白者，非白也？"是反诘句。陶鸿庆曰："'非白也'，'也'读为'邪'。主言：子离白言马，是不定所白也。不定所白则竟忘其白可也。今明言白马，是定所白。岂得谓之非白邪？故曰白马非马也。"（《读诸子札记》）按：陶氏所释大体可从。"离白言马"不必归之于客论。"离白"与"不离"皆主之言。

[31]"黄黑马皆所以色去"，相当于：黄、黑马以色（异）皆所去。

公孙龙子·坚白论

【解题】

《坚白论》论"坚"、"白"、"石"三个概念之间的关系。原文文字颇有错乱。某些有疑点的字句只能存疑。某些研究者把《坚白论》的"离"、"藏"作为解释公孙龙思想的基础，但是他们并不能对"离也者因是"、"离也者天下故独而正"这些显然不完整的语句提出合理的解释。这个基础是不稳固的。坚白之辩曾是很有名的，司马迁两次记载它。《史记·孟子荀卿列传》记自孟子至吁子十七位学者，列入公孙龙，曰："赵亦有公孙龙为坚白同异之辩。"《平原君虞卿列传》又记曰："公孙龙善为坚白之辩。"重复记载，可见重视程度非同一般。《坚白论》应该是公孙龙的著名学说。

"坚白石三，可乎？"

曰："不可。"

曰："二[1]，可乎？"

曰："可。"

曰："何哉？"

曰："无坚得白，其举也二[2]；无白得坚，其举也二。"

曰："得其所白，不可谓无白；得其所坚，不可谓无坚；而之石也之于然也[3]，非三也？"

曰："视不得其所坚而得其所白，得其白也无坚也[4]。拊不得其所白而得其所坚，得其坚也，无白也。"

曰："天下无白，不可以视石；天下无坚，不可以谓石。坚白石不相外，藏[5]三可乎？"

曰："有自藏也[6]，非藏而藏也[7]。"

曰："其白也，其坚也，而石必得以相盛盈[8]。其自藏奈何[9]？"

曰："得其白，得其坚，见与不见离一，二不相盈[10]，故离。离也者，藏也[11]。"

曰："石之白，石之坚，见与不见二[12]。与三，若广修而相盈也[13]。其非举乎？"

曰："物白焉，不定其所白[14]；物坚焉，不定其所坚。不定者兼[15]，恶乎其石也。"

曰："循石[16]，非彼无石。非石，无所取乎白石。不相离者，固乎然其无也[17]？"

曰："于石一也；坚白二也，而在于石。故有知焉，有不知焉；有见焉，有不见焉[18]。故知与不知相与离，见与不见相与藏[19]。藏故。孰谓之不离？"

曰：“目不能坚，手不能白。不可谓无坚，不可谓无白。其异任也[20]，其无以代也。坚白域于石[21]，恶乎离？”

曰：“坚未与石为坚[22]，而物兼未与为坚[23]。而坚必坚其不坚。石物而坚[24]。天下未有若坚，而坚藏[25]。

白固不能自白[26]，恶能白石物乎[27]？若白者必白，则不白物而白焉。黄黑与之然[28]，石其无有[29]，恶取坚白石乎？故离也。离也者因是。力与知果，不若因是[30]。

且犹白以目、以火见[31]，而火不见[32]；则火与目不见，而神见[33]。神不见而见离[34]。

坚以手，而手以捶。是捶与手知而不知，而神与不知。神乎[35]？是之谓‘离’焉[36]。离也者天下，故独而正[37]。”

【注释】

[1]“二”，指坚与白。上“坚白石三”，指坚与白与石。

[2]“举”，称、言。《礼记·杂记》：“过而举君之讳则起。”“也”，句中语气词。其言“也二”，言坚白石二也。

[3]“之”，是。“然”，状态。指“得坚”、“得白”。上文主语仅言“得坚”、“得白”，故客再举石。

[4]此句原作“视不得其所坚而得其所白者，无坚也”，与下句不相应。兹据下句删“者”字，增“得其坚也”。“得其坚也无白也”、“得其白也无坚也”，即上文之“无坚得白”、“无白得坚”。“视不得其所坚而得其所白”、“拊不得其所白而得其所坚”为所举之证。“其所白”、“其所坚”之“其”字，指代“坚白石”。

[5]“坚白石不相外藏”，相当于：坚、白、石不相外而藏。“藏”，指“视不得其所坚”、“拊不得其所白”之“不得”。

[6]“有自藏也”，等于：石有坚白而石自藏。指“坚白石二”无坚得白、无白得坚而不得石为石自藏。

[7]与上“自藏”相对，此“藏”指“相藏”或“被藏”。“非藏而藏”，指坚白石非相藏。答复“坚白石不相外（相）藏”之问。

[8]客认为坚、白藏于石。从坚或白方面言之为被藏，从石方面言之为被盈。“相盈”之“相”，指代性副词，指代受事者石。“相盈”等于：盈之。

[9]“其”，指代石。“奈何”，如何？“其自藏奈何？”问上“有自藏也”的意义。

[10]《道藏》本作“见与不见与不见离一一不相盈”。守山阁本作“见与不见离不见离一一不相盈”。疑《道藏》本衍“与不见”，守山阁本衍“不见离”。“一一”，据孙诒让校改为“一二”。见白不见坚，为“离一”。“二不相盈”，指见与不见分为二。

[11]"藏",指"其自藏"。坚白石离为坚白二,无坚得白,无白得坚,而不得石。不得,故曰"藏"。

[12]见白不见坚,则坚白分为二。

[13]坚与白为二,坚白石为三。"广",宽。"修",长。"广、修"相等为"相盈"。以广、修之不相等比喻二与三不相等。以二与三为相等,故曰"其非举乎"。

[14]"定",决定。"不定",不能认定。

[15]"兼",两,俱。

[16]"循",追溯。

[17]"也",《道藏》本作"已",《说郛》本作"也"。

[18]"有不见焉"四字,旧脱。

[19]"知与不知"、"见与不见"均指坚、白。所指相同,两句不应一言"离",一言"藏"。疑"相与藏"亦当作"相与离"。"知"、"见"分言,故分为两句。下文"藏故,孰谓之不离",即以"藏"释"相与离"之因。

[20]"任",功能。

[21]"域",局限。

[22]"与",介词,以。石与坚是不同概念,以石为坚,则坚与石混。

[23]"兼",同。此句等于:而兼未与物为坚。

[24]"其",疑为"则"字之误。下文有"则不白物而白焉",两句相对应,"不白"之下疑挩"石"字。

[25]"天下未有若坚而坚藏",等于:"若坚而坚藏,天下未有。"坚则不藏,藏则不坚。坚而藏为天下之所无。这是就客观存在而言。上文"视不得其所坚……,无坚也;拊不得其所白,……无白也",是就视与拊而言,不相矛盾。即"坚白石二"只能从认识方面分析。

[26]"固",疑为"苟"字之误。上文有"而坚必坚",则白当言必白。"白苟不能自白"为假设之语。

[27]"白石物",使石、物白。原作"白物"。见注[24]。

[28]伍非百曰:"不但白色如此,其他种种色相亦复如是,故曰'黄黑与之然'。"

[29]"石其无有",等于:其无有石。"其",将。伍非百曰:"夫客所谓'坚白域于石'者,是合坚与白言之也。今去坚与白,则石无有矣。石既无有,安能成立'坚白石三'之论? 故曰:'恶取坚白乎?'言客既主'坚白石三'之宗,又持'坚白不相离'之因,是两不立之说也。何则? 坚白二而合为石,石一而析为坚白。有坚白则无石,有石则无坚白。石与坚白有变相而无并存。"(《中国古名家言》)坚白不可分,则坚白石亦不可分为三,故伍氏曰"两不立"。

[30]此句疑有脱误错乱,已不可句读。

[31]"以",用,介词。"白以目","目"字后省略"见"字。"白以目见",等于:以目见白。"以火见","以"字前省略"目"字,"见"字后省略"白"字。"目以火见白",等于:

目因火见火之白(光)。白即光,即火之色。

[32]"而火不见",等于:而不见火。

[33]"与",以。《礼记·中庸》:"可与入德矣。"王引之曰:"言可以入德矣。""火与目不见",等于:以目不见火。宾语"火"字被提前。"神见"即心知。火可以分析为火之色与火之热等。比喻石分析则为坚与白。火之色可见,而火之热不可见。所见为火之部分,故曰"而火不见"。心能综合所见与所不见,故曰"神见"。

[34]神(心)不知火之全体,仅知目之所见,则神不见目之所不见(热等),而见与不见离,故曰"神不见而见离"。

[35]"坚以手,而手以捶。是捶与手知而不知,而神与不知。神乎?"此段文字有颠倒脱误。伍非百补正为:"坚以手知,而手以捶知,而捶不知。是捶与手不知而神知,神不知而知离。"(《中国古名家言》)按:伍氏之所以补正,可再补足于下:"坚以手知,而手以捶知(捶之坚),而捶不知。是捶以手不知,而神知(捶)。神不知(捶),而知(与不知)离。""捶",同"棰"。"坚以手……"是与"白以目……"相对应的另一个比喻。棰可以分析为棰之坚与棰之色等。棰之坚可以手知,棰之色不可以手知,即知与不知离。火与棰两个比喻的句法相同。

[36]"是之谓离焉","是"指代"白以目"、"坚以手"两比喻。"见与不见"、"知与不知",均分为二,即所谓"离"。

[37]此句语义不明。

公孙龙子·名实论

【解题】

《名实论》论述"名"与"实"的关系,规定"物"、"实"、"位"、"正"等概念的含义,完整地表达了公孙龙的正名学说。"实"是诸子学术中的重要概念,公孙龙给"实"做出了一个逻辑学的规定。"名实当"也是一种逻辑关系。"名"的正不正决定于"实",公孙龙的"正名"是有客观标准的。

天地与其所产焉,物也。

物以物其所物[1]而不过焉,实也[2]。实以实其所实,不旷焉[3],位也[4]。出其所位,非位;位其所位焉[5],正也。

以其所正,正其所不正;以其所不正,疑其所正[6]。

其"正"者[7],正其所实也[8];正其所实者,正其名也[9]。

【注释】

[1]"物其所物"，以其物为称。韩愈《原道》"道其所道"、"德其所德"即仿此句法，以其道为道，以其德为德也。

[2]"过"，错误。"实"，物不虚为实。"物以物其所物，而不过焉"，即对于"实"的界说。根据这一界说，"实"可称为"真实"或"本然"，它已成为名家或古逻辑学的术语。

[3]"实其所实"，以其为实。"旷"，虚缺，空虚不实。

[4]"位"，地位。引申为存在。物不虚，为有实。实存于物，为实在其位。韩愈《原道》："仁与义为定名，道与德为虚位。"《黄氏日抄》曰："仁与义为道德；去仁与义亦自以为道德，故特指其位为虚，而未尝以道德为虚也。"韩文"位"字的用法与《名实论》用意相合。物不虚，为实在其位。无实，则物为虚位。

[5]"出"，去。"出其所位非位"，前省略了"实"字。物真实不虚，则实为"位其所位"，即以其位为位。物虚而不实，则实为"所位非位"。

[6]《道藏》本无"不以其所不正"六字。《绎史》本无"不"字。从胡适增补。

[7]"其正者"，疑当作"正者"。

[8]"正其所实"，物不真实则是以不实为实。以不实为实则实误。"正其所实"即正其误。

[9]物不实，则名不实。有其名无其实。下文即论如何正名以正实。

　　其"名"正，则唯乎其彼此焉[1]。谓彼而彼不唯乎彼[2]，则彼谓不行[3]。谓此而此不唯乎此，则此谓不行[4]。

　　其以当不当也[5]，不当而当乱也[6]。

【注释】

[1]"唯"，《广雅·释诂》："唯，独也。""唯乎其彼此"，指彼物独有彼名、此物独有此名。"其"，指代物。

[2]"谓"，言，说。

[3]"彼谓不行"后省略了"彼"字。彼谓不行彼，与下文"其谓行彼"相对应。"行"，《尔雅·释诂》："行，言也。""行彼"即言彼。

[4]"此谓不行"后省略了"此"字。

[5]"当"，合，对应。《墨子·经下》："谓辩无胜，必不当。说在辩。"《经说下》："……当者胜也。"《通变论》："名实无当"。

[6]《道藏》本作"不当而乱也。"此从《绎史》本补"当"字。

故彼，彼当乎彼[1]，则唯乎彼[2]，其谓行彼[3]。此，此当乎此，则唯乎此，其谓行此[4]。其以当而当也，以当而当，正也。

故彼，彼止于彼[5]；此，此止于此，可。彼此而彼且此[6]，此彼而此且彼，不可[7]。

【注释】

[1]"彼彼"，以"彼"名谓"彼"物。"当乎彼"，指彼物实为彼物。"彼"有实，彼名与彼物合，即名实当。

[2]"唯乎彼"，前省略了"彼"字。"彼唯乎彼"，指彼名独指彼物或彼物独有彼名。

[3]"其"，指代"彼彼"。以彼名指彼物，唯乎彼物，彼名与彼之实相合，故"彼彼"所言者为彼。

[4]"行此"，言此。

[5]"止"，限止。"止于彼"之"彼"，指"彼物"。"彼彼"，以彼名称彼物。

[6]"彼此"，以彼名称此物。"彼且此"，彼等同此，彼又为非彼。

[7]"此彼"，以此名称彼物。"彼此"、"此彼"，即上文"谓彼而彼不唯乎彼"之义。

夫名实谓也[1]。知此之非此也[2]，知此之不在此也，明不谓也。知彼之非彼也，知彼之不在彼也，则不谓也[3]。

至矣哉，古之明王！审其名实，慎其所谓。至矣哉，古之明王！

【注释】

[1]"实谓也"，等于"实则谓也"。名所以谓实，实则以名谓之。

[2]此句《道藏》本作"知此之非也"。从俞樾增补。

[3]"则"，《道藏》本作"明"，从俞樾改。陶洪庆曰："此四'此'字四'彼'字，或谓名或谓实也。今试增其文云：'知此实之非此名也，知此名之不在此实也，则不谓也；知彼实之非彼名也，知彼名之不在彼实也，则不谓也。'文义自明。"（《读诸子札记》）按："则不谓也"，为"则不谓此名也"、"则不谓彼名也"之省略。陶氏区分名实可从。

公孙龙子·指物论

【解题】

《指物论》是公孙龙文中文句疑难较多的一篇。它有一个明确的中心命题"物莫非指，而指非指"，所论是指称和事物的变化关系，其逻辑推理层次分明。先秦诸子散文中很少有这种纯粹逻辑学性质的论文，其出现颇令人惊讶。公孙龙子正是因为这种特色而被列为"名家"。

物莫非指，而指非指[1]。天下无指，物无可以谓物[2]。非指者[3]，天下无指[4]，物可谓指乎？指也者，天下之所无也[5]；物也者，天下之所有也。以天下之所有为天下之所无，未可[6]。

【注释】

[1]"指"，指称。"物莫非指"，"指"字前省略"所"字。"莫"，无指代词。《孟子·公孙丑》上："尺地莫非其有也，一民莫非其臣也。"与此"物莫非指"是同一句法。此句等于：一物莫非其所指，亦即：其所指为一切物。"而"，则也，因果连词。下文有"（指）非指者，物莫非指也"。即这一句的颠倒，以因推果变为以因释果。此句式说明：指称作用是要有所不指称，才能有所指称。指称一切物，就不成其为指称。

冯友兰先生释此"指"字为"共相"。他说："一般亦称共相或要素。从认识论方面说，就是概念。"释"物莫非指而指非指"句曰："公孙龙认为每一个个别都是许多一般联合而成的，也就是说，个体是许多共相联合而成的。他认为天下之物，若将其分析，则唯见其为若干共相；但是共相却不是由共相组成的，不可再分析为共相。"（《中国哲学史新编》）但若以"指"之意为共相，则原句应成为："物莫非共相，而共相非共相。"第三个"共相"不可能包含"由共相组成的，不可再分析为共相"这样一些意义。"指非指"不能释为"共相不是共相"，这是冯友兰遇到的困难。

庞朴释此"指"字为"意识"。庞氏认为："所谓'物莫非指'，是说'万物没有不是意识的显现'；而'指非指'是说'而意识本身则不是意识的显现'。"（《公孙龙子研究》）。"指"字在此被释为两种含义：意识本身和意识的显现。"而指非指"不能释为"而意识不是意识"，这就是庞朴遇到的困难。

《指物论》全篇共有四十多个"指"字。如果第一句中的"指"字就有两种意义，怎样划分全文的"指"字含义呢？对"指"字的解释如果不全篇专守一义，就很难相信哪一种解释是正确的。

[2]第一"物"字指所谓的对象，即客观存在的事物。第二"物"字指所以谓的名。"天下无指"等于：于天下之物无所指称。

[3]"非指者"，前承"而指非之句"，省略了主语"指"字。

[4]"天下无"，"无"字原作"而"，从俞樾改为"无"。旧注以"天下"二字连上读为"非指者天下"，庞朴语释为"不可指者充满天下"。不过，"非指者天下"不成句，义不可通。庞氏增补"充满"二字并无根据。"天下无"下原无"指"字，金受申连下读为"天下无物，可谓指乎？"语句较完整。但是下文有"指也者，天下之所无也；物也者，天下之所有也"则此处不应言"天下无物"，而应言"天下无指"。故怀疑"天下无"下脱"指"字，"物"字仍应属下句。

[5]"指也者"，是就"物莫非指"句进行分析。"物莫非指"等于：一物莫非（名）之所指。即等于：不指称任何一物。不指称任何一物，则所指称者为"天下之所无"。

[6]客观存在之物不能作为物（名）指称的对象，这是因为指称已变为非指称。"未可"是对"物可谓指乎"的判断。

冯友兰释"指也者，天下之所无也；物也者，天下之所有也"句曰："这两句话肯定，无所'定'、不'与物'的共相，是天下之所无；实际上是说，共相不是具体的事物，不是感觉的对象。"（《中国哲学史新编》）《指物论》通篇无"定"字。"无所'定'、不'与物'"之语于原文没有根据，似乎只能是主观猜测之语。

  天下无指，而物不可谓指也[1]；不可谓指者[2]，非指也[3]；非指者[4]，物莫非指也。
  天下无指而物不可谓指者，非有非指也。非有非指者[5]，物莫非指也。物莫非指而指非指也。

【注释】

[1]"而"，则。此句承上文"天下无指，物可谓指乎"，再逐句反推至"物莫非指"。

[2]"不可谓指者"，句前省略了"物"字，承上"而物不可谓指也"句而省。

[3]"非指也"，句前省略了"指"字。

[4]"非指者"，句前省略了"指"字，承上"非指也"句而省。

[5]必须有所不指称才能有所指称。所指称者既为一切物，即"非有非指"，亦即不存在所不指称之物。这是"指非指"的原因。

  天下无指者，生于物之各有名，不为指也[1]。不为指而谓之指[2]，是无不为指[3]。以"有不为指"之"无不为指"[4]，未可。

【注释】

[1]"生于"二字疑有讹误，义不明。"各有名"之"名"指各个事物之名。

[2]"谓之指"，以各有其名之客观事物为物（名）指所指称。

[3]"无"原作"兼"，从俞樾改。

[4]"之"，疑当作"为"。

且指者[1]天下之所无[2]。天下无指者，物不可谓指也[3]。不可谓指者[4]，非有非指也。非有非指者，物莫非指。指非非指也，指与物非指也[5]。

【注释】

[1]"指"，所指，即"物莫非指"句之"指"，故不加"所"字。

[2]"无"原作"兼"，从俞樾改。

[3]"物不可谓指也"，原作"物不可谓无指也"。根据上文"天下无指而物不可谓指也"句，此处当为"物不可谓指也"。"无"字误衍，当删。

[4]"不可谓指者"，原作"不可谓无指者"。这是承上句之衍文而衍"无"字，亦当删。

[5]"与"，介词，以也，因也。"指与物非指"等于：指以物莫非指而非指。即：指以其所指称者为一切物，而变为非指。此释指非非指而乃非指之义。

使天下无物，指，谁径谓非指[1]？天下无物[2]，谁径谓指[3]？天下无物[4]，指，谁径谓非指[5]？径谓无物非指[6]？

且夫指固自为非指[7]，奚待于物而乃与为指？[8]

【注释】

[1]"径"，遂。"指，谁径谓非指"等于：谁径谓指非指？这一句承上"指以物非指也"句而言，申述"指非指"是由于"物"的含义（包括一切事物）而产生的推论。"使天下无物"，则"指"将不以物而为非指。指不会成为非指，即"指非指"之说也不会存在。

[2]"天下无物"句前省略了"使"字，承上"使天下无物"句而省。

[3]"谁径谓指"等于：谁径谓物（之名）有所指。

[4]"天下无物"原作"天下有指无物"。"有指无物"四字与上文"天下无物，谁径谓指？"句，意义不相容。根据上下文句义则无物不能有指。此举当仍为假设问句，但只能假设"无物"，不能假设"有指无物"。根据"指，谁径谓非指"句的重复出现，此举假设句当同样承"使天下无物"而言，重复此一假设。重复此一假设，即强调"物与物非指也"中"物"的作用。"有指无物"中的"有指"二字，当为衍文。

[5]"指，谁径谓非指"等于：谁径谓指非指？

[6]"径谓无物非指？"是就篇首"物莫非指而指非指"句而言，以问句申释其义。上文"使天下无物，指，谁径谓非指"，是以问句申释"指与物非指也"之义。层次不同，不相重复。

[7]"指固自为非指"等于：指固自与物而为非指。上文已言"指与物非指也"，此句可省"与物"二字。

[8]"指"，所指。此句等于：奚待于物而乃以物为其所指？上文"指与物非指也"，说明因为物的指称一切物，指称才不是指称。此句承"指与物非指也"而言，指即非指，则不需以物为其所指称之对象，不需作为指称对象之物。说明物莫非指则不必更求所指称之对象。

思考与讨论

1. 简述名家学派的思想主张。
2. 试析"白马非马"与"离坚白"这两个命题。
3. 分析名家与道家思想的异同。

延伸阅读书目

1. 杨俊光：《惠施 公孙龙子评传》，南京，南京大学出版社，1992。
2. 朱前鸿：《先秦名家四子研究》，北京，中央编译出版社，2005。
3. 谭业谦：《公孙龙子译注》，北京，中华书局，1997。
4. 谭戒甫：《公孙龙子形名发微》，北京，中华书局，2008。
5. 王琯：《公孙龙子悬解》，北京，中华书局，1992。
6. 国学整理社：《诸子集成》，北京，中华书局，2006。

第六章　纵横家

　　所谓纵横家，也就是从事合纵和连横活动的人。韩非子说"纵者，合众弱以攻强者也；横者，事一强以攻众弱也"，即联合弱小的国家抵御强国的进攻则为合纵，而依附一个强国去进攻其他弱小的国家则为连横。

　　后人以黄帝、姜太公和孔门的子贡为纵横家的先驱，并以鬼谷子为纵横家的鼻祖。若论起纵横家们的来源，《汉书·艺文志》有一句话可以作为它的概括——"纵横家者流，盖出于行人之官"。也就是说，纵横家最初是由"行人之官"发展而来的。"行人之官"在周朝时就已经出现，并有"大行人"和"小行人"之分，前者掌周王朝一切外事活动，接应诸侯及四夷进朝，并负责督教各邦交国外交礼仪的官吏，是王朝外事礼仪的总负责人，后者是执掌具体的接待事务的官吏。行人大都具有"明辩说，善辞令"的特长。

　　战国时代诸侯争霸，齐、楚、燕、韩、赵、魏、秦七国之间关系错综复杂，军事外交的斗争尤为突出，纵横家们各逞口舌之利，周旋于诸侯之间，各有自己的一套说服口才模式。在战国时期，国际关系差不多完全是由这群舌辩之士左右的。他们知大局、善揣摩、通辩辞、会机变、全智勇、长谋略、能决断，无所不出、无所不入、无所不可、纵横自如，把战国七雄当作一盘任由他们拨弄的棋，玩弄于股掌之上，可谓"一怒而诸侯惧，安居而天下息"。

第一节　纵横家简介

一、名称由来

　　"纵横"一词，最初见于《诗经·齐风·南山》："艺麻如之何？衡从其亩"。《毛诗正义》引韩婴语曰："东西耕曰横（衡），南北耕曰由（从）。""纵横"

一词本义如此。对"纵横"一词，学者有不同的解释。有些学者认为"纵横"是一个地理学上的概念，例如《史记三家注·周本纪》学者对"约从"一词的解释：

①文颖曰："关东为从，关西为横。"

②孟康曰："南北为从，东西为横。"

③张守节曰："关东地南北长，长为'从'，六国共居之。关西地东西广，广为'横'，秦独居之。"

有些学者认为"纵横"是一个政治学上的概念，例如：

《韩非子·五蠹》曰："纵者，合众弱以攻一强也；而横者，事一强以攻众弱也。"

《韩非子·忠孝》云："故世人多不言国法而言纵横"。

《史记三家注·周本纪》傅瓒曰："以利合曰从，以威势相胁曰横。"

其实"纵横"一词本来是表示地理方位的，后来延伸到政治领域，"合纵"与"连横"特指两种针锋相对的外交策略名称。《资治通鉴·卷一》"安王十五年"条下，胡三省同时从地理学的角度和政治学的角度对"纵横"一词作了全面的解释："南北为从，从者，连南北为一，西乡摈秦。东西曰横，横者，离山东之交，使之西向以事秦。"

"纵横"由地理学上的概念演变成为外交策略的名称，所以"纵横家"一词的最初的含义是从事"合纵"或"连横"外交活动的政治家。然而，把纵横家定义为"从事'合纵'或'连横'外交活动的政治家"却又稍嫌狭隘。因为"合纵"或"连横"的外交活动仅仅发生在战国时代，而《汉书·艺文志》所列纵横家十二人，却不全是战国人（如邹阳、主父偃），自然就更谈不上从事"合纵"或"连横"的外交活动了。

纵横家是战国这一特殊时代的产物。战国时代，思想上自由争鸣，政治上争霸兼并，于是各国纷纷弃礼让而贵战争，弃仁义而用谲诈。孟子、荀卿儒术之士，见弃于世；而游说权谋之徒，见贵于俗，这无疑为纵横家提供了大展身手的舞台。这一时期涌现出一大批最杰出的纵横家人才，包括苏秦、张仪、公孙衍、陈轸、楼缓、郭隗、虞卿、甘茂、范雎、蔡泽及前期的李斯等，他们出将入相，甚至兼佩多国相印，"所在国重，所去国轻"，"一怒而诸侯惧，安居而天下息"，他们在战国的舞台上叱咤风云，独领风骚。"纵横"之学也因此盛极一时，习者趋之若鹜。相比之下，号称当时"显学"的儒墨两家，尽管门徒甚众，却颇受当权者的冷遇，考其缘由，正如司马谈《论六家要旨》所言："儒者博而寡要，劳而少功"，"墨者俭而难遵，是以其事不可遍循"。他们不受统治者青睐是理所当然的。所以，孔子的门徒子贡，荀卿的高足李斯，都不是凭借从恩师那里学得的东西，而是凭借纵横家的手段青云直上的。难怪章学诚感慨道："既无战国，则无纵横矣！"（《校雠通义·卷三》）可见，战国时代既是纵横学派产生的时代，也是纵横学派鼎盛的时代。

汉初推行分封制，侯国林立，各诸侯王如淮阴侯韩信、淮南王刘安、吴王刘濞等为积蓄势力、谋取天下，大量网罗人才，为纵横家营造了与春秋战国较为相似的生存活动空间。这一时期的纵横家以邹阳、主父偃为代表。到了汉武帝时代，因为吸取七国之乱的教训，大力削减藩国势力，加强中央专制集权，思想上也罢黜百家、独尊儒术。自此，作为学派意义上的纵横家衰落下去。而纵横派之习气却不绝如缕，代代相传，或习纵横之术，或法纵横之文。例如，陈子昂在其《卧疾家园》中自述："纵横策已弃，寂寞道为家。"章学诚在《校雠通义·宗刘》中甚至将苏轼也列为纵横家。可见，战国以后，纵横学派由于受正统儒学的排斥，虽然渐渐衰微，但始终绵延不绝，代有其人。

因此，纵横家的含义有狭义的和广义的两种。狭义的纵横家是指战国舞台上从事"合纵"或"连横"外交活动的政治家，以苏秦、张仪为代表；广义的纵横家则既不仅仅局限于战国时代，也不仅仅局限于从事外交活动的政治家，大凡历史上工于谋策、雄辩有才、积极用世的士人都具有纵横色彩，都可称为纵横家。

二、分布情况

纵横家的分布差异有文化和地理环境两方面的原因。

文化在原始社会是和日常生活融合在一起的，但进入阶级社会之后，文化作为意识形态的一部分，是统治阶级的特权，因此早期的国家中心往往也就是某一区域的文化中心。中国早期国家的建立都在黄河中下游的河南、陕西一带，夏后氏早期活动于河南地区，据考证，夏都阳城就在今天的河南登封市告成镇，商部族早期是一个游牧部落，到处迁徙，盘庚迁殷后，商王朝的统治才稳定下来，据考古发掘，殷墟就是今天河南安阳市西北的小屯村。而西周都于镐（今陕西西安市长安区），东周都于洛邑（今河南洛阳）。这里是古代农业发展中心，也是文化中心。周朝建立分邦建国制度，疆域扩大，但周、宋、鲁是文化中心，其中以周王室的文化影响最大。周为天子之国，必然会拥有大批才识之士，"天子失官，官学在四夷"，标志着知识的下移、人才的散落。三晋两周地区开发较早，是中华文明的发祥地，文化浸染对其人民影响巨大，这是文化潜移默化的结果。

早期文化中心就是在黄河中游南北两岸，这里是中国文化的发源地，也是纵横之士的发源地。就纵横家分布的地域而言，三晋多权变之士是有其历史原因的。晋是周成王弟叔虞的封国，都唐（今山西翼城西）。唐是古夏墟之地，夏亡后就已非统治中心，历数百年，已成为戎、狄杂居之地，"晋居深山，戎狄之与邻"。这些戎、狄族的小国，是很有影响的地方势力，因此叔虞治唐，采取"启以夏政，疆以戎索"的方针。这种兼用华夏族和戎、狄族的政治制度、律令刑法治理国家的做法，实际上倡导了一种与时俱进、应世而变的思想方法，形成了先秦三晋地区政治文化发展的格局，这是晋国不同于其他分封国的一大特色，也是山西尚法、务实和变革传统的肇始。

三晋严峻的地理条件，多民族杂居的特点又形成了晋文化显著的功利色彩，近代学者刘师培总结为："三晋地区是一个多山多丘陵地带，土厚水深，人们崇尚实际、崇尚功利，养成坚忍不拔之风，同时又任侠为奸，雕悍少虑。"如此的民风加之以独特的政治文化传统，形成了纵横家重功尚利、宗法观念淡薄、政治权力观念强烈的思想特色。

除了独特的文化传统外，三晋特殊的地理环境也是纵横家涌现的一个重要原因。战国时期三晋严峻的地理环境、长期讲究攻伐交合的历史实践使其成为连横的重心所在和合纵的策源地，因此三晋成为战国纵横家的主要发源地。

战国初年，魏文侯实际上已看到了复杂的周边环境，为了避免多面作战，采取联合韩、赵一面出击的战略方针，这实际上就是纵横策略的萌芽。魏称雄天下，与外交策略的恰当运用有极大关系。战国中后期，由于特殊的地理位置，三晋成为战场。当时的地理分布是：秦国在西，楚国在南，齐国在东，燕国在北，魏国、赵国、韩国在四国之中，分别占有旧晋原来的土地。魏国占有旧晋的中部和西南部，在今陕西、山西、河南等省，都安邑，后徙都大梁。魏国北为赵国，东为齐国，南为韩国、楚国，西为秦国，正是张仪所说的"地四平，诸侯四通辐辏，无名山大川之限"的"四分五裂"之国。赵国占有旧晋的北部，在今河北、山西等省，都邯郸。赵国北为燕国，东为齐国，南为魏国、韩国，西为秦国，正是张仪所说的"杂民所居"的"中央之国"，也是商君所说"四邻之国，一兴事而已四兴军"的"四战之国"。韩国占有旧晋的南部，在今山西、河南等地，都阳翟，后都新郑。韩国北为魏国、赵国，东为齐国，南为楚国，西为秦国，正是韩非所说的"天下四击"的"小国"。进入战国，中原各国互相攻战，三晋尽管经济富饶、文化发达，但由于四面强敌压境，无法像秦、楚那样扩张。国土和人力便越来越不及周边的大国。在战国中期，齐、秦强大，三晋正处其中，后来秦国独强，三晋又首当其冲，所以三晋联合其他国家抗强的需要更强烈，三晋往往是合纵的策源地，也由于受战争的威胁最大，连横也多先从三晋开始。三晋特殊的地理位置，使其成为合纵连横的焦点，三晋面临的严峻形势，使人们普遍认为合纵抗强才是最终出路。而在一个"海内争予战功"、"矫称蜂出，誓盟不信，虽置质剖符犹不能约束"的时代，三晋国势江河日下。三晋人士面对国家的危难，多数人想有所作为，重振往日的雄风，所以三晋成为战国时代人才的主要发源地。

《孙子兵法·九地篇》说："衢地则合交"。所谓衢地，即四通之地。这也就是说，当处在四面通达的地理环境中，必须讲究交合，否则就可能陷入四面受敌的不利境地。三晋地处中间地带，是列国扩张的首要争夺之地，因此在战略、策略的选择上，更需要讲究交合。三晋独特的文化氛围，长期讲究攻伐交合的历史实践培养出了大批的纵横家。所以司马迁在《史记·张仪列传》的论赞中特别指出："三晋多权变之士。夫言纵横强秦者，大抵皆三晋之人也。"

齐国纵横家也较多，这主要是由于齐文化开放，兼容并蓄，稷下学宫培养了大批士人，不治而议论，各学派互相辩难，有助于机谋、善辩之术的发展，更直接的因素是鬼谷之学的成形和发展。作为纵横家的鼻祖鬼谷子，据考证隐居于齐地泰山脚下。他传授纵横之术，培养了许多人才。

三、发展演变

战国时期的纵横家的发展，具体可分为三个阶段。

第一阶段：战国七雄确立的初期，各国虽都纷纷称王，但立国尚未稳固，大都忙于巩固内政，而无力外战，各国之间的兼并战争规模还不太大。这一阶段的特点是以众弱联合以攻伐一强的合纵运动为主。

公孙衍和张仪是这一时期的风云人物。公孙衍是合纵说的始倡者。公元前324年，他首先发起魏、韩、赵、燕、中山五国"相王"（互尊为王）组成了第一次联合抗秦的统一阵线，而后又于公元前318年再次发起魏、赵、韩、燕、楚五国合纵，以楚为纵长，向秦发动进攻。在公孙衍合纵的同时，张仪入魏，进行连横活动，策动魏合于秦、韩而攻齐、楚。

合纵活动萌芽于魏惠王为抵御秦的骚扰而发动的逢泽之会，目的是借他国之力以御秦，结果被商鞅施以离间计，挑起齐、楚对魏惠王的讨伐，使合纵御秦失败。连横活动则萌芽于魏惠王策划的"徐州相王"活动，目的是挑动齐、楚的矛盾，借强楚之力来抑制另一强国齐国的发展。

第一次真正意义上的连横活动是张仪入魏，说动魏惠王"合于秦、韩而攻齐、楚"，挑动起关东诸侯间相互的争斗，为秦蚕食六国奠定了基础。第一次真正意义上的合纵活动，是由陈轸说动，公孙衍发起的"五国相王"活动，这是关东诸侯合纵抗秦的开始，但不久合纵攻秦宣告失败。以后合纵连横活动得到不断的发展，而合纵连横也成为当时影响最大，而又针锋相对的两种策略。

第二阶段：经历一个较长的时期，大国之间的兼并战争更加激烈，纵横家影响也更为巨大。

战国中后期，秦国经过商鞅变法，国力日益强盛。不再甘心居于一隅之地，遂把侵略的矛头指向东方；马陵战后，齐国代替魏国成了中原地区的霸主。

这样，秦、齐都以向中原地区扩张作为自己的主要发展方向，已有的混战局面更为错综复杂。处在东西二强夹击下的韩、赵、魏三国为了图谋自存，联合起来并且北连燕、南接楚，东抗齐或西抗秦，被称为"合纵"，也就是"合众弱以攻一强"；如果弱国被齐国或秦国拉拢联合，进攻其他弱国，就被称为"连横"，就是"事一强以攻众弱"。

这一时期的特点是形成了东西方各以齐、秦为核心的两大政治集团对峙的局面，合纵连横的盟主在齐秦之间变换，双方都企图通过合纵连横运动有效地遏制对方的兼并战争，阻止对方的过分强大。

合纵连横运动适应着各国之间政治、军事、外交及经济形势迅速而复杂的变化，而达到了整个纵横家发展历史中的第一个高潮，其标志一是产生了众多的纵横家代表人物，最为著名的有苏秦、陈轸、楼缓、郭隗、虞卿、甘茂等人；二是纵横家的行为模式基本形成，而其思想与文化的内容也发展成熟，终于确立起独具特色的纵横家思想及学术流派。

第三阶段：战国时期以统一中国为目的的兼并战争已经接近尾声，乐毅破齐，齐国一蹶不振；长平之战，赵国严重削弱，秦国取得了对东方六国的绝对优势，合纵连横政策也就包含了新的含义：即东方六国并力抗秦，称为合纵；秦联合东方某一弱国对付其他弱国称为连横。

这一时期，秦国由于成功地实行了纵横家范雎提出的"远交近攻"为特点的新的连横政策，经过长期的政治和外交攻势，发展成为最大的强国。这个阶段纵横家发展的特点是以秦国纵横家的连横运动为主。这一阶段纵横家的代表人物是范雎、蔡泽与李斯。

公元前221年秦始皇统一中国，结束了战国的兼并斗争，把中国历史推入了统一的中央集权时代，纵横家失去了生存发展的直接基础。秦始皇焚书坑儒，纵横家与其他学派一样，一时间光芒顿失，不过仍然学有传人。秦末汉初的不稳定局面，为纵横家提供了再展雄风的机遇，战国的养士之风、游说之举和长短纵横之术东山再起，一批专务韬略智谋的新时期纵横家和专研长短纵横之术的著作适时出现。

《战国策》就是影响深远的一部纵横家宝典，内容是战国纵横家们的成功游说辞、书信及言行录。

《战国策》和《鬼谷子》同是纵横家名著，但后者多为哲学话语和抽象的理论原则，晦涩艰深，而《战国策》是由鲜明的人物和生动的事件组成的无数案例，是实践《鬼谷子》的案例宝库。

由于历史环境的变化，汉代纵横家的主要活动，先是辅弼刘邦君臣灭秦击楚建立西汉王朝，后是或为封王出谋划策，奔走联络，或辅佐中央政府断灭割据隐患和削藩。主要代表人物有陈平、张良、蒯通、郦食其、陆贾、伍被、枚乘、主父偃、羊胜、公孙诡、严助、徐乐、曾王生、邹阳等。

随着西汉经济力量的恢复，汉武帝"罢黜百家，独尊儒术"，纵横家走进了历史深处。但这并不意味着它的销声匿迹，而是逐步地向儒家靠拢和渗透。

章太炎在《诸子学略论》中指出："儒家不兼纵横，则不能取富贵。纵横之术，不用于国家，则用于私人。而持书求荐又在其末流。韩愈以儒家得名，亦数数腾言当道，求为援乎，乃知儒与纵横相为表里，犹乎足之相支，毛革之相附也。宋儒稍能自重。降及晚明，何心隐辈又以相术自豪。及满洲而称理学者，无不习捭阖，知避就矣。孔子言达者察言观色，虑以下人；闻者与纵横稍远，而达者与纵横最正。"

也就是说，纵横之术以其独特的魅力，对儒道文化产生着不易为人察觉的影响，使它们的实用理性精神强化，谋略权术含量增大。东汉的冯衍，魏晋的秦密、袁悦，唐代的魏征、李靖和陈子昂，宋代的苏洵、苏轼、陈亮、叶适，明代的王世贞、李贽等，无不是如此。

纵横家是一个流动的、成分复杂的社会群体，《战国策》突出了游说和计谋，但也流露出对英武之风的崇拜。《战国策》浓墨特书唐雎斥秦王、聂政刺韩傀、荆轲刺秦王等都是纵横家对仗义行侠向往的表达。

此后，部分人继承了纵横家的游与侠之风，衍化出纵横家的变种。司马迁在《史记·游侠列传》中独具慧眼地指出游侠与纵横家的联系："古之布衣之侠，靡得而闻已。近世延陵、孟尝、春申、平原、信陵之徒，皆因王者亲属，藉于有土卿相之富厚，招天下贤者，显名诸侯，不可谓不贤者矣。"

对于这种关系，班固在《汉书·游侠传》中说得更清楚："陵夷至于战国，合纵连横，力政争强。列国公子，魏有信陵，赵有平原，齐有孟尝，楚有春申，皆藉王公之势，竞为游侠，鸡鸣狗盗，无不宾礼。而赵相虞卿弃国捐君，以周穷交魏齐之厄；信陵无忌窃符矫命，戮将夺师，以赴平原之急；皆以取重诸侯，显名天下。"

司马迁和班固说的战国四君子，就是积极的纵横家和各种士人的豢养者，秦汉以后，正史中再也没有纵横家出现，但是他们的思想火花，仍然跳跃其中。

四、主要思想

与儒、墨、道、法相比，纵横家的现有著述内容主要是游说的技巧，其中对自身理论的架构远没有明晰，其典籍中确实缺少自己的学术观点和思想体系。也许正因如此，有人下断言说："纵横家朝秦暮楚，颇能兴风作浪，但是就其学术而言，实在谈不上，远不如兵家。"但是事实上，纵横家是一个思想观念约束最小的学派，以主体的姿态审视一切，高度自信，高度自尊，认为通过主观努力，能转祸为福，因败为胜，甚至可以战胜一切。在行为上，以主体的姿态投身于社会，英勇进取，精心设计，认真施谋。

在《史记》中，纵横家的分量大大超过了道家、墨家、法家以及兵家，包罗的人物除了苏秦、张仪外，还有樗里疾、甘茂、范雎、蔡泽、陈轸、鲁仲连、邹阳、主父偃、郦食其、蒯通等。这表明纵横家直到汉代，仍然是声名赫赫的大家。

纵横家又是时代的推进器，他们将"春秋无义战"的无序纳入或"纵"或"横"有序的轨道，巧妙设谋，不烦寸铁，谈笑解围。历史上一策而转危为安，一语而巧退千军，一计而平定叛乱，数语而定国安邦的例子是很多的。

纵横家的主要现实理念，大概归纳如下。

(一)韬略智谋为万事之本

鬼谷子认为在外交、政治、军事活动中，纵横家高度重视韬略智谋，同时认为传播可以决定和改变事实的真相。语言作为一种传播方式，对事实真相会起到支配、改变甚至颠覆的作用。

因此，纵横家高度重视语言对实现图谋、达成事功的功能。苏秦甚至认为明君贤相，总是力求不施攻伐而臣服诸侯，以谦恭辞让获得更多的财货土地，因为明君之于战事，不动刀兵就能战胜敌国，不用武力就可掠夺到土地，别人尚未察觉而王业就可完成。明君之处事，小费财力，而以长期的策划取得永久的利益。……战争之道不在军队的多少，即使有百万敌军，也能败之于朝堂之上、帷幄之中；即使遭遇阖闾、吴起那样的将帅，也能通过室内的策划擒获他；虽然有千丈的城池，也可以在酒席之间摧毁它；虽然有百尺高的战车，也可以在坐卧之时摧折它。所以，丝管之声在朝堂不绝于耳、和着优伶和侏儒欢笑歌舞之时，国土已经扩张，诸侯前来臣服。如此的君王，名号与天地相等不算高贵，政权控制海内也不算巨大。

(二)以说为谋，解决问题

据《战国策》《战国纵横家书》和《史记》等记载，纵横之术不仅是自我推荐、自我实现的最佳手段，而且还是施展胸中韬略的有效形式，进言献谋，外交斡旋，权力争斗，利益攫取，等等，都是在游说中完成的。

说是为了谋，但本身也蕴含着说之谋，所以说本身成为纵横家为谋的枢纽。得情钓机，把握时势，因情进说，能言善辩等都是纵横家刻意追求的游说之术。苏秦以连横游说秦，狼狈而归，头悬梁，锥刺骨，刻苦钻研《太公阴符》，悟出名为"揣摩"的游说之术，最终成为战国最著名的纵横家之一。

(三)至刚易折，政治中的退让、等待、忍耐比勇猛的义无反顾有用得多

政治就是一门把握可能性的艺术，《周易》中讲"灭蠖之屈，以求信（伸）也"，韬光养晦、以退为进、坚韧地耐力方可成事。

《鬼谷子·谋篇》说：有智慧的人是选择容易取胜而获利大的事去做，没有智慧的人则是选择不容易成功而获利微小的事去做。因此像豫让、荆轲、高渐离所做的这种以命相拼，而又得不到实质性好处的事，纵横家们是绝对不会做的。

(四)谋略与口才相辅相成、互相促成

谋略是因，口才是果。谋略用来策划、找出解决问题的方法，而口才用来实现策划、通过说服人直接解决问题。没有谋略的口才会变成信口乱说，没有雄辩的谋略也会被束之高阁、因得不到实践而成为水中之月。

(五)纵横之术的根本在于对人性的把握上

在纵横家长期游说为谋的实践中，形成了谨守秘密、含而不露，创造局面，力争主动，以利益为轴心，相互利用，相互倾轧，度势进退、随机应变，不择手段等行之有效的为谋原则。

其中，对每个人人性要有清晰的衡量和娴熟的引导，说服对方，必须要有一个将自己置换成对方的过程。掌控对方的状况和需求，才能对症下药、以为我用。对待人性，如果良性成分多，就用褒扬的、激励的方式以利益和荣誉使其就范，若人性中恶性成分多，就要靠威胁、惩罚的方式以恐惧和灾难使他就范。

《战国策·齐策六》记载：燕国攻打齐国，攻占了齐国70余座城池，唯独莒、即墨两城迟迟没有攻破。齐国的大将田单在即墨击破燕军，杀死了燕国的大将骑劫。开始的时候，燕国一位将领率军攻占了齐国的聊城。聊城有人向燕王进谗说那燕将的坏话，燕将担心被杀，就据守聊城，不敢回燕国。齐国田单攻打聊城，攻了一年多，虽然士兵死了很多但城池还是攻不下来。

鲁仲连就写了一封信，系在箭上射进城去，送给燕将。信中写道："我听说，聪明的人不违背时势而丢弃利益，勇敢的人不逃避死亡而埋没名声，忠臣不会先顾自己而后顾君主。如今您逞一时之忿，冒着使燕王失却一个大臣的危险作战，这是不忠；自己战死而聊城失守，威名并不能张扬于齐国，这是不勇；功败名灭，后世对您无所称道，这是不智。有此三个短处，现世的君主不会要他做臣子，游士说客不会向世人称道他。"

燕将看了鲁仲连的信之后流了三天的眼泪，犹豫不定，难以自决。想回燕国，却已与燕王有嫌隙，担心被杀；想投降齐国，又担心自己杀虏齐人太多，降后受辱。他长声叹息说："与其让人杀我，不如自杀。"于是自杀而死。

田单收复了聊城。《战国策·齐策六》赞扬鲁仲连说："解齐国之围，救百姓之死，仲连之说也。"鲁仲连的成功，就存于对人性的深刻把握上。

(六)为达目的而不择手段

对纵横家来说，为达到目的而不择手段是他们的一个重要特征。纵横家们认为，手段取决于目的，这个目的一定是有利于自己或社会的。

在一般人的思想和行为中，常常把善与恶、是与非作标尺，思想和行为正确与否，常常受这种善恶、是非观的检验和评判。纵横家们不同，善与恶、是与非常常都是那样的微不足道，他们生活的目的性很强，功利性很强，往往只问目的，而不问手段。

(七)纵横术本身无善恶，是使用者的动机和目的有卑贱崇高之分

它是与纵横家们不问手段相联系的，就是他们不问手段的善恶，不问手段的是非。所以，纵横家们是主张王道、霸道或诡道一起并用的。阴谋诡计应用在日常生活，那是卑鄙小人的伎俩，而如果用在国家大事上，那是枭雄谋士的雄才大略。

苏秦认为谋略权术是政治科学，与日常道德断然无涉。谋略并非教人奸诈和邪恶，相反，它正是为了战胜邪恶和侵害、为了保证道义的实现而必须运用的智慧和手段。

(八)合纵连横，分化敌方、争取同盟的关键手段在于威逼和利诱

投其所好、嫁祸陷害、威胁恫吓、利诱欺诈等，都是纵横家经常使用的伎俩，而核心则是利与害两个字。利有久暂之分，害有远近之别，诱之以利，使之惑近利、忘远害而为我所驱；胁之以害，使之避危亡之近祸而就我掌控。以利诱之，实质上是以利害之。在合纵连横反复无常的变化中，败者多败于不能明察事机、丧失同盟而自陷于孤弱；胜者多胜于善于结盟联合、充分利用趋利避害的人性本质而益强。

刘勰在《文心雕龙·论说》中，赞扬纵横家们"一人之辩，重于九鼎之宝；三寸之舌，强于百万雄师"。而司马迁的《史记》中，对纵横家的长于谋划也有不少盛赞激赏之处。这些不仅表明古人对纵横家的辩才和心智的推崇和赞誉，而且也说明对其基本理念的一种强烈认同。

(九)纵横术是为了获取功名，但其中也显露出纵横家的生命力和存在价值

纵横家大多来自社会底层，功名利禄对他们有着特殊的诱惑力。苏秦生于平民之家，早年四处游说，"大困而归"，受尽了父母、妻嫂的冷落与难堪；张仪则是没落贵族的后裔，早年也贫困潦倒，曾被人疑为偷玉之人；甘茂出身下蔡民间；虞卿则是穿着草鞋，打着雨伞，去游说赵孝成王的；范雎因为贫穷，无法自助，曾做别人随从以度日；蔡泽早年因贫困，而找唐举看相，希望能时来运转，不料反被唐举讪笑了一番；郦食其家境贫穷落魄，只好做个看管城门的小公务员。

可见大多的纵横家都是贫苦出身，但他们又都往往不甘于贫苦，因此，获取功名利禄，以摆脱制约他们的贫穷困苦，是他们人生的一大动力。

苏秦锥刺股的精神，发誓要获取卿相富贵之位；范雎遭人嫉妒，被打得半死，受到被人轮流把小便撒在身上的耻辱，还能忍辱偷生；甘茂遭人陷害，离秦去齐时，甘愿做人仆人，以求东山再起。

这些都足以说明，为着生存，为着向上发展，在他们身上都蕴藏着一股顽强的向上攀升的生命力，帮助他们成就了显赫的功名。苏秦"挂六国相印"，张仪贵为秦相和魏相，甘茂、范雎、蔡泽都相继做了秦国的宰相，虞卿见赵王第一面，就得百金赏赐，见第二面就被封为上卿。

纵横家们以辞锋相争，以智谋相夺，"人生在上，势位富贵，盖可忽乎哉"。没有遮蔽道德虚饰的纵横家的这种进取有为的人生观，在现代社会仍然有一定的积极意义。

五、纵横家著作

汉刘歆"集六艺群书，种别为《七略》"，其中诸子略分九流十家，即儒、道、阴阳、法、名、墨、纵横、杂、农、小说。纵横家由此在诸子中占有了一席之地，延至明代而未变。《七略》未能传世，但是《汉书·艺文志》实本《七略》而略有增删。《汉书·艺文志》"诸子略"中"纵横家"一栏所列著述有：

《苏子》30 篇，名秦，有列传。《张子》10 篇，名仪，有列传。《旁煖》2篇，为燕将。《阙子》1 篇。《国筮子》17 篇。《秦零陵令信》1 篇，秦相李斯。《蒯子》5 篇，名通。《邹阳》7 篇。《主父偃》28 篇。《徐氏》1 篇。《庄安》1 篇。《待诏金马聊苍》3 篇。

这实际上也是后来官私书目中关于纵横家记载的主要内容。现据姚名达《中国目录学史》所附四部分类源流一览表，来看一看纵横家在中国古代目录学中名称、地位的历史变迁。

《七略》诸子略之七：纵横。

《七录》子兵录之七：纵横部。

《隋书·经籍志》子部之六：纵横。

《古今书录》(《旧唐书·经籍志》同)子部之六：纵横家。

《新唐书·艺文志》子部之六：纵横家类。

《崇文总目》子部之六：纵横家类。

《郡斋读书志》子部之六：纵横家。

《遂初堂书目》子部无纵横家。

《直斋书录解题》子部之六：纵横家。

《文献通考·经籍考》子部之六：纵横家。

《宋史·艺文志》子部之六：纵横家类。

《明史·艺文志》子部之十一：杂家类(名、法、墨、纵横附)。

《四库全书总目》子部之十："杂家类"之杂说。

　　《四库全书总目》在"杂家类"序中说:"哀周之季,百氏争鸣。立说著书,各为流品。《汉志》所列备矣。或其学不传,后无所述。或其名不美,人不肯居。故绝续不同,不能一概著录。后人株守旧文,于是墨家仅《墨子》《晏子》二书,名家仅《公孙龙子》《尹文子》《人物志》三书,纵横家仅《鬼谷子》一书,亦别立标题,自为支派。此拘泥门目之过也。黄虞稷《千顷堂书目》于寥寥不能成类者并入杂家。杂之义广,无所不包。班固所谓合儒墨兼名法也。变而得宜,于例为善。今从其说,以立说者谓之杂学;辩证者谓之杂考;议论而兼叙述者谓之杂说;考究物理,胪陈纤琐者谓之杂品;类辑旧文,途兼众轨者谓之杂纂;合刻诸书,不名一体者谓杂编。凡六类。"至此,纵横家在诸子中的地位遂失往日之显耀,沦入可有可无的境地。其实,《七略》将书籍分为六类,"首先是学术有不同。《六艺略》的主要部分是王官之学。《诸子略》所收为个人以及他那个学派的书,是私门之学。诗赋、兵书、数术、方技则各有专门,必加分列。"这一分类,"有比较严密的分类系统,通过分类,能反映学术的变迁,横观可以看出学术的异同,纵观可以看出学术的发展,这就显示了中国古典目录学辨章学术考镜源流的特点,并给后代建立了模式。"后世遵此模式,相沿成习,而纵横家亦得以长期充数于诸子之间。考察一下纵横家的"私门之学"对这一点的认识就会更清楚些。

　　《七略》"全书分类皆以义(书籍包含的内容)为准",至于刘歆时所能见纵横家著述之多寡,我们现在仅能据《汉书·艺文志》所列,略事了解。至于纵横家之"义",因纵横家当时之作现全佚,故无从把握。纵横家之作,《汉书·艺文志》所列 12 家 107 篇,至《新唐书·艺文志》已衰变为 4 家 4 部 15 卷,至清代编《四库全书》时便只有后来居上的《鬼谷子》一书支撑门面了。纵横家逐渐衰微的命运和名、墨两家略有相似之处。名家本使用诡辩术,亦是"术"的问题,其著渐录渐少不难理解;墨家因其思想不便改造为用等原因而渐衰。但名、墨两家有自己的私门之学,其著精华尚存。纵横家之衰却主要是因为他们仅仅是时代的产物,离开那样的时代,纵横就无从谈起。纵横家们只是实践了纵横,根本没有什么学术。明代黄虞稷大胆质疑,斧削郢正,将纵横家并入杂家,成其一小类,《明志》承之,至清编《四库全书总目》时,纪昀还纵横家本来面目,断然定为杂说一类。

　　如果一定要看纵横家的"私门之学",现在仅《鬼谷子》可勉为其难了,这也从一个侧面证明纵横家注重的不是自然科学、人文科学之类的学问。《鬼谷子》一书从著者至内容均有不少尚未弄清的问题,这在《四库全书总目》杂家类中《鬼谷子》一栏中有详细解说。

（一）鬼谷子

现据梁陶弘景对《鬼谷子》主要内容作一点分析。

《鬼谷子》共 16 篇，各篇主要内容如下：

1. 捭阖。"捭，拨动也；阖，闭藏也。凡与人言之道或拨动之令有示其同也。或闭藏之令自言示其异也。"事实上是介绍说话的艺术，如何捭，如何阖，以便求同存异。

2. 反应（《太平御览》作"反复篇"）。"听言之道，或有不合，必反以难之，彼困难而更思，必有以应也。"可见"不合"出发而察其变化，反应也。

3. 内揵。"揵者，持之令固也。言君臣之际，上下之交，必内情相得然后结固而不离。"显然谈建立稳固君臣关系的。

4. 抵巇。"抵，击实也。巇，衅隙也。墙崩因隙，器坏因衅，方其衅隙而击实之，则墙器不败若不可救，因而除之更有所营，置人事亦犹是也。"谈如何出击，一举而胜。

5. 飞箝。"飞，谓作声誉以飞扬之；箝，谓牵持缄束令不得脱也。言取人之道，先作声誉以飞扬之，彼必露情竭志而无隐，然后因其所好牵持缄束令不得转移也。"先拍马屁，令其得意忘形，然后套上组绳，使其俯首就擒。

6. 忤合。"大道既隐，正道不得坦然而行，故将合于此必忤于彼，令其不疑，然后可行其意，若伊吕之去就是也。"分析方方面面，排除其他，令人别无选择。

7. 揣篇（《太平御览》作"揣情篇"）。也就是分析历史情况、政治形势、人际关系、人心向背等，真正把握人、事的本质，然后行事。

8. 摩篇（《太平御览》作"摩意篇"）。原文为："摩者，揣之主也，内符者揣之主也。"陶注："谓揣知其情，然后以其所欲切摩之，故摩为揣之主也，内符者谓情欲动于内而符验见于外，揣者见外符而知内情，故内符为揣之主也。"

9. 权篇（《太平御览》作"量权篇"）。是指发现对方长处而避之，因人而异，"策选进谋"。

10. 谋篇（《太平御览》作"谋虑篇"）。是讲因势利导，以出计谋。

11. 决篇。决托于疑，要决须"度之往事，验之来事，参之平素"。主要是谈哪一类事可以随便做出决定，哪些须讲求原则，哪些看神意。

12. 符言。"发言必验，有若符契，故曰符言"。

13. 转丸、胠乱（"乱"当作"箧"）。二篇皆亡。

14. 本经阴符。谈修身养性，处世道理。

15. 持枢。"枢者，居中以运外。处近以知远。至于动者也……持枢者，执运动之柄以制物者也"。

16. 中经。"谓由中以经外发于心，本以弥缝者也，故曰中经。"

前人对《鬼谷子》一书多所诋斥，少有誉美，"高似孙《子略》称其一阖一辟，为易之神。一翕一张，为老氏之术……宋濂《潜溪集》诋为蛇鼠之智……柳宗元《辨鬼谷子》以为言益奇而道益隘，差得其真。盖其术虽不足道，其文之奇变诡伟，要非后世所能为也。"卢文弨说："《鬼谷子》，小人之书也。凡其捭阖钩箝之术，只可施于阁君耳。其意欲探厥意指之所向，从而巧变其说以要结之，使得亲悦于我，胶固而不可离，千古奸邪之愚美其主者，莫不如是，彼其待教之而后知，学之而后能哉！"前人评述或有偏激，从《鬼谷子》内容可以看出，虽其行文有似学术著作者，但它却不是学术著作！它教人以捭阖也好，教人以阴谋也好，总还是一个"术"的问题，也只是部分实践知识的总结，不足称为"私门之学"的专著。

《鬼谷子》一书，旧题周鬼谷子撰，其实并不可靠。鬼谷子是历史上极富神秘色彩的传奇人物。汉代应劭在《风俗通义》里说："鬼谷先生，六国时纵横家。"《史记·张仪列传》记载张仪曾与苏秦一起事奉鬼谷先生学习术数；南朝梁萧绎《金楼子·箴戒篇》记载秦始皇派人询问过鬼谷先生，也听过鬼谷先生的言论；唐代李善注晋代郭璞《游仙诗》说："鬼谷子序曰：'周时有豪士隐于鬼谷者，自号鬼谷子，言其自远也。'然鬼谷之名，隐者通号也。"宋代李昉等编的《太平广记》卷四记载说："鬼谷先生，晋平公时人。隐居鬼谷，因为其号。先生姓王名诩，亦居清溪山中。"各家的说法不一，我们只能认为鬼谷子其人不过是隐者的代称，应劭的说法近乎实际。鬼谷作为地名，也只能是泛指隐者居住之地。唐代司马贞《史记索隐》说："鬼谷，地名也，扶风池阳、颍川阳城并有鬼谷墟，盖是其人所居，因为号。"晋代王嘉《拾遗记》记作"归谷"。鬼谷究竟在何处，无法考证。

根据鬼谷子其人的有关传说。他的言论在战国时期已经流行，西汉刘向在《说苑》中已经引用了鬼谷子的一段言论，至少说明当时已有关于鬼谷子的言论记载；虽然成书直到《隋书·经籍志》才有著录，列入纵横家，这恐怕与纵横家所处的地位和遭遇有关。纵横家产生于礼崩乐坏的战国时代，是九流十家之一。虽然在百家争鸣时代风靡一时，毕竟在当时不像儒、墨那样称为显学，而视为权诈阴谋之徒，以后又被罢黜百家、独尊儒术的汉代一统的社会思潮所排斥、压抑，因此得不到社会的承认而湮没不彰，刘向校理群书自然不会让《鬼谷子》登上大雅之堂。因此，《鬼谷子》究竟成书于何时，只有等出土文献才有印证，否则只能成为永远的历史之谜了。

但这丝毫不会影响《鬼谷子》的价值。纵横之学曾在历史上写下辉煌的一页，并不断闪耀着智慧的光华。韩非子虽然在《五蠹》中说："其言谈者，为设诈称，借于外力，以成其私，而遗社稷之利。"这也许是纵横家处世的一个方面，但他写的《说难》却说明了游说技巧的重要性，从而客观上肯定了《鬼谷子》这类书籍的重要价值。汉代东方朔曾写了《答客难》，感慨自己的不遇，而羡慕苏秦、张仪的逢时。历代虽然存在着对纵横之学的偏见和歧视，甚至歪曲变形；但其学说也得到不断地阐发和光大，智谋之书时时问世；像唐代赵蕤的《长短经》不仅书名来自《战国策》的别名，内容也吸取了纵横家学说及《鬼谷子》的精华。《鬼谷子》作为纵横家游说经验的总结，它的价值是不言自明的。《隋书·经籍志》说得颇为公允："纵横者，所以明辩说、善辞令，以通上下之志者也"；"佞人为之，则便辞利口，倾危变诈，至于贼害忠信，覆邦乱家。"我们不能因为某种事物能用于坏的方面就否定它自身的价值。

有人把鬼谷子推为纵横家的师祖，《鬼谷子》是独传的纵横家学派的子书。就理论性和系统性而言，《鬼谷子》无疑是第一部理论著作。1973年长沙马王堆汉墓发掘的纵横家书，经学者考证，多是苏秦的言论，与被誉为"纵横家实务全书"的《战国策》的体裁、风格相近，是纵横家运用纵横之术进行游说的实践记录。而《鬼谷子》则是集经验总结和理论概括之大成的著作，是纵横之术的系统化和理论化。全书共十七篇，除《转丸》《胠乱》二篇亡佚内容不得而知外，可以分为两大部分，上卷和中卷的十二篇，主要是讲谋略和权术，而《符言》是作为国君或处于上位的统治者言行修养的标准，也是对前面十一篇的总结，即游说也好，谋略权术的使用也好，目的是要使君主或上位者达到这样的标准。第一篇《捭阖》是全书的总纲，是纵横学说的理论依据。《反应》《内揵》《抵巇》《飞箝》《忤合》《揣》《摩》《权》《谋》《决》共十篇是分别论述游说权谋之术的某个方面的，以阴阳捭阖为基础，各种谋略和权术可以参互使用。如《捭阖》篇讲到"纵横、反出、反复、反忤"由捭阖产生，《内揵篇》讲到兼用飞箝之术，《抵巇》篇讲到兼用捭阖、反复之术，《飞箝篇》讲到兼用量权、抵巇之术，《忤合》篇讲到兼用反复、揣情、量权、谋虑、飞箝之术，《谋》篇讲到兼用揣情、量权、摩意、抵巇之术，等等。可见各篇是有机地联系在一起的，有很强的系统性。第二部分即下卷的《本经阴符七篇》《持枢》《中经》三篇，似乎与前面重点论述谋略和法术不同，但正如《中经》篇中说："本经纪事者纪道数，其变要在《持枢》《中经》。"可见这三篇也是有机地联系在一起的，《本经》重点论述的是修身养性的方法，这是谋略法术的实施以及治国处事的基础。《鬼谷子》一书对纵横家学说加以理论化的主要标志在于它不同于苏秦、张仪等把纵横之术应用于实践，而把纵横之术纳入中国古代思想及各家学说的源头——道，这不仅表现在以天地之道和阴阳学说为基础，如《捭阖》篇："捭阖者，天地之道。捭阖者，以变动阴阳，四时开闭以化万物"，"捭阖之道，以阴阳试之"；《抵巇》篇"物有自然，事有合离"；"自天地之合离终始，必有巇隙"；还在于把这些学说与儒家、道家、兵家等思想融合起来，如《持枢》篇把天时的运行规律与人君治国的道理结合起来，这是汉代儒学天人合一观点的先行论述。《摩》篇中讲到的"成而不抱，久而化成"，《本经阴符七篇》中的第三篇所说的"以观天地开辟，知万物所造化，见阴阳之终始，原人事之政理，不出户而知天下，不窥牖而见天道"；都与《老子》的有关论述非常相似。而在运用智谋、正奇并用、知彼知己、随机应变等法术方面，与兵家的学说联系更加紧密。所以，兵家可以把它看作兵书，纵横家可以把它看作纵横家的著作，阴阳家可以把它看作阴阳家的著作。今天，有学者认为它是一部说术的理论专著，它第一次比较系统地整理了说术研究的理论成果；也有学者对它的理论建树作了三方面的总结：一是系统地总结了游说之术，二是旗帜鲜明地亮出了纵横家们的政治态度，三是反映出战国后期综合百家学说的趋势。

由于《鬼谷子》具有较强的理论性，因而它具有很鲜明的针对性和很强的功利性。纵横之术是在战国乱世中兴起并运用。因此它成为游说之世帮助国君治理天下，同时也为自己谋取功名利禄的工具，因此可以形成"一怒而诸侯惧，安居而天下息"的威势。书中多次强调针对不同的具体对象，使用不同的谋略法术。如《飞箝篇》中论及"用之天下"和"用之于人"的区别，"天下"指诸侯君主，而"人"指国君诸侯之外的一般人。《内揵篇》中说"不见其类而说之者见逆，不得其情而说之者见非"；强调了使用对象和场合的针对性。《抵巇篇》中说"世无可抵，则深隐而待时"；强调了使用时机的重要性。《忤合篇》中说"忤合之道，己必自度材能智睿，量长短远近孰不如，乃可以进，乃可以退，乃可以纵，乃可以横"。具体指出了把纵横之术使用于不如自己的对象的必要性。因此清代卢文弨在《鬼谷子跋》中批评《鬼谷子》的一些法术只能用于庸君和昏邪庸怯之辈，遇明君治世，术无所用，遇正人而行不通。《鬼谷子》一书中，处处表现出强烈的功利性，正如《权篇》所说的"出言则欲听，举事则欲成"，以此为依据，各种谋略法术的使用都要用其所长，知用其用，取得"可以说人，可以说家，可以说国，可以说天下"(《捭阖篇》)，"可箝而从，可箝而横；可引而东，可引而西，可引而南，可引而北；可引而反，可引而复；虽覆能复"(《飞箝篇》)的效果，达到成事、全身、远害的目的。

出于这种功利目的，书中多处强调使用谋略法术要奇要密，充满神秘色彩。如"圣人之道阴，愚人之道阳"，"圣人之制道，在隐与匿"，"计谋之用，公不如私，私不如结"，"正不如奇"(《谋篇》)；主张使用"钩箝之辞"(《飞箝》)、"钓人之网"、"欲闻其声反默，欲张反脸，欲高反下，欲取反与"(《反应》)等出奇制胜的手段。张世欣先生评价说："鬼谷先生的说术理论融合了兵家之诡，老子之隐，周易之化"、"在政治斗争中，可以诡制敌；在论辩中，可以诡制胜；在对方昏庸时，可以诡治庸；在说服动机、目标不宜暴露时，可以诡隐身；当自己观点、利益受到威胁时，可以诡自卫"；对该书的诡秘特点作了全面的概括和总结。正因为如此，它招来后世不少非议与批评。如唐代柳宗元在《辩鬼谷子》一文中认为，《鬼谷子》"险盭峭薄，恐其妄言乱世，难信，学者宜其不道……尤者，晚乃益出《七术》(按：指《本经阴符七篇》)，怪谬异甚。不可考校，其言益奇，而道益陋，使人狙狂失守，而易于陷坠"。宋代晁公武《郡斋读书志·鬼谷子》引来鹄说："鬼谷子昔教人诡绐激讦揣测险猾之术，悉备于章。"明代宋濂在《诸子辩》中斥为"小夫蛇鼠之智"，认为"家用之则家亡，国用之则国偾，天下用之则失天下，学士大夫宜唾弃不道"。凡此等等，都与《鬼谷子》的诡秘性有关。

虽然如此，《鬼谷子》的智慧价值并没有被磨灭。宋代高似孙在《子略》中说："战国之事危矣。士有挟隽异豪伟之气求聘乎用，其应对酬酢变诈激昂以自放；于文章见于顿挫险怪离合揣摩者，其辞又极矣。《鬼谷子》书，其智谋，其数术，其变谲，其辞谈，盖出于战国诸人之表。夫一辟一阖，易之神也；一翕一张，老氏之几也。鬼谷之术，往往有得于阖辟翕张之外，神而明之，益至于自放溃裂而不可御。予尝观《阴符》矣，穷天之用，贼人之私；而阴谋诡秘有《金匮》《韬略》之所不该者，而鬼谷尽得而泄之，其亦一代之雄乎！"对它的智谋、数术都做了充分的肯定。

迄今为止，有关《鬼谷子》的研究整理著作不下二三十种，对它的智谋在政治、经济、军事、外交等方面的价值作了充分的挖掘，被学者誉为"一部外事、商贸、公关领域里的孙子兵法"。有关智谋的发挥研究更多，如江明新先生的《鬼谷子谏君说人九条秘诀》，李满意先生的《鬼谷子巧制小人十八绝招》，余道德先生的《鬼谷子三十六无敌神招》，张志刚先生的《鬼谷子七十二斗智谋略》等，由此可见，对《鬼谷子》的研究已到了至细入微的程度。

《鬼谷子》的注本，据《隋书》和《旧唐书》的"经籍志"记载，有晋皇甫谧、乐一(又作"乐壹")、陶弘景、尹知章四家,今仅存陶弘景一家注,其余三家皆亡佚。今存的主要版本有:《正统道藏》本、《四库全书》本、《四部丛刊》本、《景印元明善本丛书十种》本、《石研斋四种》本、《四部备要》本等。

(二)战国策

《战国策》是一部独特的国别体史书,原有《国策》《国事》《短长》《事语》《长书》《修书》等名称。全书按东周、西周、秦国、齐国、楚国、赵国、魏国、韩国、燕国、宋国、卫国、中山国来分国编写。《战国策》主要记述了战国时的纵横家的政治主张和策略,展示了战国时代的历史特点和社会风貌,是研究战国历史的重要典籍。

《战国策》是汇编而成的历史著作,作者不明。西汉末年,刘向校录群书时在皇家藏书中发现了六种记录纵横家的写本,但是内容混乱,文字残缺。于是刘向按照国别进行了编订。因其书所记录的多是战国时纵横家为其所辅之国的政治主张和外交策略,因此刘向把这本书命名为《战国策》,共 33 卷,分为 12 国,是为古本。北宋时,《战国策》散佚颇多,经曾巩校补订正,复定为 33 篇。到了南宋,在曾巩校补本的基础上又出现了两种新本子:一是姚宏的续注本,号称善本;一是鲍彪的重定次序的新注本。元代吴师道在鲍本的基础上,又作了补正,于元朝泰定二年(1325 年)刻成新本,通行至今。目前常见的有:上海古籍出版社出版的以姚宏的续注本为底本的《战国策》、诸祖耿《战国策集注汇考》、郭人民《战国策校注系年》、缪文远《战国策新校注》、何建章《战国策注释》等多种版本。

《战国策》记事年代大约在春秋之后、楚汉相争之前,达二十多年。《战国策》的主角是来自各个国家的谋臣策士,他们共同的身份是说客,各自代表不同利益团体的利益,奔走于各个诸侯国之间,而他们的活动反映了战国时期各个诸侯国之间尖锐激烈的斗争情况,为我们展现了一幅鲜活生动、波澜壮阔的战国时期的美丽画卷。

刘向《战国策》序说:"战国之时,君德浅薄,为之谋策者,不得不因势而为资,据时而为画。故其谋扶急持倾,为一切之权,虽不可以临教化,兵革救急之势也。"活跃在政治舞台上的纵横家们,也只是以自己的才智来换取功名利禄,朝秦暮楚自然也不足为奇。纵横家们在一定程度上改变了各国的力量对比和外交政策,并在一定程度上左右着历史的发展趋势,推动了当时历史的发展进程。而本应该是当时历史主角的各国国君即游说客体,却退居了二线,他们不仅大多自称愚笨,或以前所采取的政策是错误的、要听从说客的计策,而且他们最终都被说服了,这也从一个侧面反衬出谋臣策士们高超的逻辑思维能力、语言驾驭能力、心理揣测能力、人性洞察能力和高超的游说策略和技巧。

(三)《战国纵横家书》

1973 年年底，长沙马王堆三号汉墓中出土大批帛书，其中一部分，经文物考古工作者整理研究，共二十七章，一万一千多字，定名为《战国纵横家书》。其中 11 章内容见于《战国策》和《史记》，文字大体相同。另 16 章，是《史记》、《战国策》没有载录的。

这部书大约编成于秦汉之际，类似后来刘向重编许多纵横家言为《战国策》所根据的一种被淹没的纵横家言的辑本。《战国纵横家书》为战国历史的研究提供了若干新的资料，但就其主体而言，它的价值远逊于《史记》《战国策》的相关记载。帛书将苏秦、张仪的顺序颠倒为张仪、苏秦，尤不可信。

第二节　纵横家代表人物

一、鬼谷子

在先秦诸子中，有关鬼谷子的生平事迹是最缺乏历史考证的。在先秦典籍中也没有关于鬼谷子的历史记载。人们提到鬼谷子时，往往只能引用司马迁《史记·苏秦列传》中"苏秦者，东周洛阳人也。东事师子齐，习之于鬼谷先生"和《张仪列传》"始尝与苏秦俱事鬼谷先生学术"两句话说明苏秦、张仪曾当过鬼谷的学生。

鬼谷子又称王诩、王蝉、王利，道号鬼谷子，春秋战国时期楚国人（或卫国人），相传祖籍朝歌（今河南淇县）城南。常入云梦山采药修道。因隐居周阳城清溪之鬼谷，故自称鬼谷先生。

《隋书·经籍志》鬼谷子三卷。皇甫谧注："鬼谷子，楚人也，周世隐于鬼谷。""王禅老祖"是后人对鬼谷子的称呼，是先秦诸子之一。

鬼谷子精通数学、兵法、地理学、医学及纵横术，周游四方，广交朋友。鬼谷子的主要著作有《鬼谷子》及《本经阴符七术》。《鬼谷子》侧重于权谋策略及言谈辩论技巧，《本经阴符七术》则集中于养神蓄锐之道。鬼谷子后在云梦山（朝歌城西 15 公里）水帘洞隐居讲学，创建中国古代第一所军事学校。清同治年间《远安县志》载："鬼谷洞在县南五十里，清溪寺迤西五里，洞门

高阁，进数步有石龛，相传为鬼谷子讲《易》所。洞深不可测，内白蝠如鸦，层池如莲。洞前有玉皇阁，久废。窟中玉泉交流。《述冀记》、李太白皆云：'古藤迷径，石浮滴池，蝙蝠车轮，千百盈室，先生晏然，研朱点《易》，门外纵横，其生不知。'"

传说，那时跟随鬼谷子的还有苏秦、孙膑、庞涓。张仪、苏秦、孙膑、庞涓是其四大弟子，皆为战国时的风云人物。其后习鬼谷纵横术者甚多，著名者十余人，如甘茂、司马错、乐毅、范雎、蔡泽、邹忌、毛遂、蒯通等。

首先，鬼谷子擅长权衡。权衡，权指的是秤锤，衡指的是秤杆。它的引申意思是平衡、度量，就是说为政者首要的问题是考虑如何权衡轻重、利弊、得失。谁在这个方面做得好，谁的平衡能力就强，谁的控制力就强，谁的影响力就大。那么，怎样才能做到这些呢？鬼谷子不愧为这方面的大师。他提出了许多办法。其中，主要有三。

一是捭阖术。所谓捭就是打开，阖就是封闭。"捭阖"，意味着分开与闭合。所谓："此天地阴阳之道，而说人之法也，为万事之先，是谓圆方之门户。"再进一步引申的意思是：世界上所有的问题其实就是阴阳、刚柔、张弛、动静的问题。这是天地之道。把握了这个道理，就把握了天下。就是说，你想赢得天下就必须注意分寸、把握火候、拿捏有度，按照现在的说法就是掌握辩证法。掌握了这个道理，就掌握了游说他人的基本方法。用这个道理就可以游说人，可以游说家，可以游说国，可以游说天下！

二是揣情摩意。所谓揣情摩意就是琢磨对方所思、所想、所恨、所爱。了解对方究竟想什么，然后对症下药，这叫知己知彼，百战不殆。

三是牵制。鬼谷子在如何更好地游说别人、牵制住别人方面，非常有心得。其中，一个非常重要的要领就是运用钳术。钳术就像放风筝一样（要注意力度、角度、风向、节奏），就是能钳制住别人，你的谈话、你的谋略一定要钳制住对方，牵着对方的鼻子走。

其次，擅长兵法。鬼谷子对兵法非常有研究。比如他强调"乃通于天，以化四时"，说的就是天时；"审知地势"说的就是地利的道理；"立功建德"，"内合人民"，说的就是人和（《鬼谷子》）。只有做到天时、地利、人和，才能赢得胜利。由于他研究兵法十分厉害，旗下聚集了许多后来影响战国军事格局的人物。其中，最著名的就是孙膑、庞涓。

最后，博学多才。鬼谷子精通各种学科，是一个思想家、哲学家、军事家。当时很多人知道他有学问、有能耐，就慕名而来。他的旗下确实有很多后来很知名的人士，如司马错、范雎、蔡泽。这些人都是深深影响战国发展的一些说客、纵横家。

二、张仪

张仪是战国时代魏国贵族的后代，后来却成了新兴地主阶级的雄强策士。他从担任秦国相国后，十九年间出将入相，迫使魏王献上郡，游说六国服从秦国，拥立秦惠文君称王，瓦解齐、楚联盟，击败楚国，夺取汉中之地，为秦国逐步统一中国的事业做出了历史贡献。

张仪成功的原因，司马迁在《史记·张仪列传》中一开始就突出他的"舌头"，但全篇却充分地记叙了他的"头脑"。张仪的"头脑"正确地反映了他所处时代的形势，所以他瓦解纵约势如破竹，组织连横节节成功，使秦国的"王业"蒸蒸日上。

战国时期，新兴地主阶级取代领主阶级的历史地位，统一天下的趋势越来越明显。由于秦国厉行变法，限制特权，变领主为地主，奖励耕织，奖励军功，因而家给人足，路不拾遗，山无盗贼，民勇于公战，成为七国中第一大强国。张仪看准了这种绝对优势，在游楚蒙"盗璧"之污、受鞭笞之辱后，便毅然赴秦，为秦国统一天下的事业服务。

他游说各国，瓦解纵约，主要不是靠吹捧和恫吓，而是以不可抗拒的形势进行说服。在宣传秦国地广势险、国富兵强的同时，突出宣传秦国"法令既明，士卒安难乐死，主明以严，将智以武"等六国所不及的政治优势和"虽无出甲，席卷常山之险，必折天下之脊"，"天下有后服者先亡"的强大武力。秦国于公元前 318 年打败六国联军，前 317 年打败五国联军，楚国连续攻秦，一败再败，覆军丧地。这些活生生的事实，雄辩地证明张仪的宣传令人折服。

张仪宣传秦国强大，不是一般用强力恫吓，而是区别各国之强弱，政治上采取不同策略。对弱国如魏，围占蒲阳之后又归还，并和魏互换人质结成友好；对强国如齐、楚，先行分化瓦解，然后分别结盟或战而胜之。

张仪熟悉历史，了解形势，大至七国力量对比，君主特性，小至宴会阴谋，宠臣佞妾的勾搭，等等。他都了如指掌，并且信手拈来，用于权变，为连横事业服务。最典型的是对待强大的楚国，他了解楚怀王骄傲、贪婪、昏庸、鲁莽等特点。为了破坏齐楚联盟，他赴楚劝楚怀王绝齐，说秦王愿意"献地"、"嫁女"，"长为兄弟之国"。楚怀王利令智昏，竟派使者北骂齐王，与齐绝交。在不顾陈轸谏阻，发兵攻秦，两战两败，丧地辱国之后，又不顾屈原劝谏，听信接受了张仪重赂的宠臣靳尚和夫人郑袖的话，放免已被囚禁的张仪，重新与秦和好。一个七国中土地最广、人口最多、兵员百万的楚国，就让张仪凭借桌上谈判、私行贿赂和明欺暗骗等手段，乖乖制服了。

又如对待弱小的赵国，与齐、楚就不相同了。赵是合纵盟主，张仪故意说秦王"积忿含怒"于赵，并以"合兵"、"请战"相威胁，最后以"面相见而口相结"约赵王在渑池与秦王相会，"请案兵无攻"。赵王害怕，只得割地谢过，请求事奉秦国。张仪仅凭一席话就折服了赵王。

张仪正确的战略和策略思想等是建立在对形势正确估计的指导原则上的，那就是：保国力，不轻战，战则必处于"垂千钧之重于鸟卵之上"。为了保持国力，即使在他游说各国、诸侯纷纷折服归顺秦国的绝对优势下，也不轻易与别国交战。对强国如楚，必待齐、楚解盟，楚兵来攻，方与之战，战胜之后又继之以讲和修好。对弱国如魏，必待魏国拒绝亲善之后，方与之战，战胜之后又退地交好。他批评六国"聚众弱而攻至强，不料敌而轻战，国贫而数举兵"的"危亡之术"。说燕，说魏、说赵，都强调了保国力的重要。秦国就在保国力、不轻战、战则必胜的原则指导下，逐步积蓄力量，成为统一中国的决定性力量。

张仪正确的战略、战术思想和善于权变，不是他的独创，而是他继续坚持和灵活运用秦孝公、商鞅变法以来图强称霸的国策，并不断总结经验的结果，是战国时代新兴地主阶级奋发向上的生动体现。

张仪辅秦，在解决统一中国的事业中做出了历史贡献。但张仪距秦始皇对东方六国各个击破，最后使合纵盟约完全瓦解还有相当一段距离，因此他的作用也还是有其历史局限的。

三、苏秦

苏秦(？—前284年)，战国时东周洛阳乘轩里人，字季子。我国战国时期著名的纵横家。

苏秦的主要活动年代，正值战国中晚期。这时，诸侯国家间的封建兼并战争发展的结果，使得韩，赵，魏、齐，楚、燕、秦等七个大国各据一方，形成了七雄对峙的局面。其中东有大齐，西有强秦，均由于在政治和经济上进行了重大的改革，国势蒸蒸日上，因而进一步出现了两强对立，争相兼并的政治趋势。魏国是一个战国初期就强盛起来的国家，在这种争霸斗争中也不甘落后，跃跃欲试。其余国家，则处于齐，秦之间，一合一离，以求自保。"强者兼人而弱者图存"，正是对当时这种政治形势的最好概括。在这种形势下，"合纵"、"连横"之说，也就应运而生。

"合纵"、"连横"，在当时是以三晋（魏、赵、韩）为主，北连燕、南连楚为"纵"，东连齐、西连秦为"横"。合纵，实际是"合众弱（山东六国）以攻一强（秦）"，意在阻止强国对弱国的兼并；连横，则是"事一强以攻众弱"，即强国迫使弱国帮助自己进行兼并。

在这种连横合纵的斗争中，各国君主把对外政策看得非常重要。正如韩非所指出的："外事，大可以王，小可以安"（《韩非子·五蠹》），"从（纵）成必霸，横成必王"（《韩非子·忠孝》）。这样，也就使得那些靠着游说获取利禄、跻进仕途的学人有了"用武之地"。他们讲究权变，通晓天下大势，了解各国之间的利害冲突及其相互制约、相互依存的关系，适合于合纵的为"纵说"，适合于连横的为"横说"。历史上把这些人称为"纵横家"。苏秦，乃是其中主张合纵的重要代表人物。

据《史记·苏秦列传》所载，苏秦自称"鄙人"，可能出身于一个没有田产的城郊贫民家庭。苏秦从鬼谷子学成之后，出游数载，一无所成，搞得"妻不下纴，嫂不为炊，父母不与言。"苏秦感叹说："妻不以我为夫，嫂不以我为叔，父母不以我为子，是皆秦之罪也！"乃闭室不出，出其书遍观之。苏秦苦读《太公阴符》之时，每逢困乏欲睡，便用锥自刺其股。这是成语"悬梁刺股"中之"刺股"的由来。苏秦最为辉煌的时候是劝说六国国君联合，堪称辞令之精彩者。他先后游说燕、赵、韩、魏、齐、楚等六个国家，合纵抗秦，使"秦兵不敢窥函谷关十五年"。苏秦身佩六国相印，进军秦国，可是由于六国内部的问题，轻而易举就被秦国击溃。

《史记·苏秦列传》记载齐侵燕时，苏秦奉燕昭王之命入齐，从事反间活动，使齐疲于对外战争，以便攻齐为燕复仇。苏秦为燕说齐，使齐"归燕之十城"。不久，苏秦"佯为得罪于燕而亡走齐"，在齐国行反间，"欲破败齐而为燕"，后遇刺，最后，被车裂而死。这也就是《苏秦列传》所记叙的苏秦的主要事迹。

司马迁在《苏秦列传》的赞语中曾经指出："世言苏秦多异，异时事有类之者皆附之苏秦……吾故列其行事，次其时序，毋令独蒙恶声焉"。从这里

苏秦像

可以看出他在写作态度上的严肃不苟。他在撰写《史记》的过程中，曾参照了大量的史料，并且曾周游各地，作过大量的实地调查，采集了不少遗闻佚事来充实《史记》的内容。从秦惠文王元年（前337年，即苏秦入秦的次年）到汉武帝建元元年（前140年），才一百九十七年。司马迁是汉武帝的同时人，他写不到两百年以前的重要历史人物和事件，照常理而论，在史实的记叙上，尽管有某些细枝末节不一定全都准确，但在大体轮廓上，应该说，还是可以相信的。

1973年年底，长沙马王堆汉墓出土了帛书《战国纵横家书》，其中保存了苏秦的大量书信和游说辞。这是一份十分珍贵的有关苏秦的较原始资料。这一资料的传世至少早于汉武帝建元初年约半个世纪（墓主人利仓被封为轪侯，系汉惠帝二年，即前193年）。资料所反映的有关苏秦的史实，较之《苏秦列传》中的记述，有着较大的出入。专家们对此做出了认真的分析和考证。这表明我们对苏秦史实的研究已获得了新的重大的进展。但汉墓出土的这一史料，在当时也还只是从战国以至秦汉世代流传，以及从竹简到帛书众手传抄的产物，也很难说百分之百的准确。因此，这一问题的研究，似乎还有待于新的史料的发现为之佐证，有待于作进一步的努力。

对于苏秦的一生，历来有着各种不同的评价。荀子说他"内不足使一民，外不足使拒难"，是一个"巧佞便说，善取宠乎上"的"态臣"（《荀子·臣道》）；《吕氏春秋·知度》把他比做夏桀时的羊卒、商纣时的恶来。很明显，这都是站在齐国的角度，对他采取否定的态度。一九七二年出土的西汉初银雀山竹简中的《孙子·用间》指出："燕之兴也，苏秦在齐"，把他与商的伊挚、周的吕牙并提；《说苑·君道》把他与邹衍、乐毅，屈景并称为"四子"；而汉初的邹阳则把他称为"燕之尾生"。这些都是从燕国的立场出发，给予他以充分的肯定。其实，这正好从两个不同的角度，说明了在促使燕国由败转胜、由弱变强，以及使齐国由胜转败，由强变弱的过程中，苏秦起了极其重要的作用。

苏秦的"连六国纵亲"，其目的虽然在于使各国无强秦之患力，但客观上，在长时期组织合纵抗秦的过程中，反而使秦国获得了闭关自守，积蓄力量的机会，为完成统一全中国的历史使命作好一定的准备；另一方面，他的

"破败齐而为燕"的策略，导致齐国的力量遭到了削弱，也有助于为秦统一全中国扫除了阻力。这都是苏秦始料未及的。

四、范雎

范雎（？—前255年），字叔。战国时魏人，著名政治家、军事谋略家。他同商鞅、张仪、李斯先后任秦国丞相，对秦的强大和统一天下起了重大作用。

范雎是继张仪之后主张连横的谋士，他以旷世奇才曾经侍奉过魏国大夫须贾，被魏国相国魏齐所羞辱，被抛弃到茅厕中，受到人们的便溺。后来被郑安平救回，在秦国使者王稽的引荐之下来到秦国，为秦昭襄王提出了著名的"远交近攻"的外交策略，使秦国在对外策略上有了明确的目标和手段。后来在秦国三代帝王的不懈努力之下，逐步灭掉了崤山以东的六国，统一了天下，成就了帝王之业。虽然范雎明确提出了远交近攻的对外策略，但远交近攻并不是范雎所独创。早在春秋时期，诸侯之间就为了称霸而互相攻打讨伐。在这个过程中，各种斗争策略逐渐积累丰富和发展成熟，这在史书中有大量的记载。到了战国时期，苏秦最初倡导连横，向秦王进献连横策略，但由于所处的时期稍微早了些，就没有得到秦王的采纳，后来苏秦就转而主张合纵。苏秦和张仪共同就学于鬼谷子，张仪主张的就是连横。但这个时期，依然没有达到最有利的时机，所以秦国的对外策略还是并不明确。到了范雎所处的时期，他就独得天时，在前人的基础上明确提出了远交近攻的对外策略，并得到秦王的采纳和有效的实行，使他为秦国统一天下，也为我国历史的发展立下了彪炳史册的功绩。

范雎是战国时期秦国名相，他为秦统一天下发挥过巨大的作用。然而，就是这样一位对秦国有巨大贡献者，却为了一己私利，在用人问题上一步步走上了腐败的道路，犯下了不可饶恕的罪过。

罪过之一：妒杀白起。白起是秦国著名大将，有常胜将军之称。特别是长平之战，一举歼灭赵国主力军45万之众。当然，长平之战之所以全胜，也有范雎的功劳，因为正是他用反间计，使赵王临阵换掉名将廉颇，代之以只会

范雎像

纸上谈兵的赵括。然而战役之后，正当白起欲乘胜追击时，范雎却嫉贤妒能，害怕白起的功劳超过自己，于是，花言巧语说服秦昭王收兵。白起获知范雎暗中作梗后，便与之结怨。后来，在范雎的挑拨下，秦昭王先将白起贬为士卒，随后又令其自杀。

罪过之二：提拔亲信。范雎是魏国人，曾被魏中大夫须贾所诬，受到相国魏齐的迫害，后来在好友郑安平和秦国使者王稽的帮助下，才逃到秦国。范雎得志后，就利用职权报私仇，先廷辱须贾、后计杀魏齐，对王稽与郑安平他却十分关心。在他的精心安排下，王稽被任命为河东太守、郑安平被任命为将军，他还安排郑安平接替白起率兵攻赵，结果不但被赵国打得大败，郑安平还率两万士兵投降了赵国。当时，要按照秦律，范雎用人失察应受到株连，并祸及三族，只不过秦昭王念其功劳大，未加追究。他的另一亲信王稽也不争气，竟"里通外国"。尽管秦昭王仍未追究范雎的责任，但范雎深深感到了害怕，因为白起的死与王稽、郑安平的被提拔重用，都是他一手策划的。此后，他考虑再三，不得不放弃荣华与权力，称病辞去相位，退出政治舞台。

范雎的腐败，关键在于不是以国家利益为重，而是以自己为核心。司马迁如此评价范雎："一饭之德必偿，睚眦之怨必报。"

五、公孙衍

公孙衍，魏国阴晋人。曾仕魏，任犀首，人因以犀首称之。《史记集解》引司马彪曰："犀首，魏官名，今虎牙将军。"犀首当是武职。

公孙衍于秦惠文王五年（前333年）在秦，为大良造，后居魏。楚使者陈轸，也是一个纵横家，他过魏，献计于公孙衍。他说："魏相田需约诸侯纵亲，楚王疑而未信。如果您请于魏王，说您与燕赵之王有交情，多次有使者来邀请相见。魏王如果答应了您，给您车子，你也不必多要，有三十辆就可以了。您把车子陈列在庭中，公开宣称，要到燕国和赵国去。"公孙衍照办了，燕赵之王派使者迎公孙衍到他们的国中，楚王听说，大怒，以为田需欺负他，就全不听从田需的话了。齐国听说公孙衍要到燕赵去，也派人以国事相托。于是，公孙衍行三国相事，有了相当大的权力。

公孙衍主张合纵，张仪宣扬连横。他们在政治上和私人关系上都是对手。公元前322年，张仪相魏。公孙衍设法取得韩国当权的支持，破坏了张仪联合秦魏的政策。公元前319年，张仪被迫去魏，公孙衍代张仪为魏相。

公元前318年，魏、赵、韩、燕、楚合纵攻秦。这次进攻，没有取胜，军至函谷关而还。但这次进攻，还是一次有名的对秦的进攻。

第三节　纵横家作品选介

鬼谷子·捭阖

【解题】

开合运用在纵横之术中，成为言谈的技巧，由于语言是思想的交际工具，言谈中运用开合的方法控制对方就显得十分重要。在使用开合之术时，根据对方的情况灵活运用，或者用开的方式排斥对方，或者用开的方式接纳对方；或者用合的方式吸取对方，或者用合的方式排除对方。正如文中所说"故捭者，或捭而出之，或捭而纳之；阖者，或阖而取之，或阖而去之。"用同样的方式达到不同的目的，或者用不同的方式达到相同的目的。

粤若稽古[1]，圣人之在天地间也，为众生之先[2]。观阴阳之开阖以名命物[3]，知存亡之门户[4]，筹策万类之终始[5]，达人心之理[6]，见变化之朕焉[7]，而守司其门户[8]。故圣人之在天下也，自古至今，其道一也[9]。

变化无穷，各有所归[10]，或阴或阳，或柔或刚[11]，或开或闭，或弛或张。

是故圣人一守司其门户，审察其所先后[12]，度权量能[13]，校其伎巧短长[14]。夫贤不肖、智愚、勇怯有差[15]。乃可捭，乃可阖[16]；乃可进，乃可退；乃可贱，乃可贵，无为以牧之[17]。审定有无与其实虚[18]，随其嗜欲以见其志意[19]。微排其所言而捭反之，以求其实，贵得其指[20]；阖而捭之[21]，以求其利[22]。

或开而示之，或阖而闭之。开而示之者，同其情也[23]；阖而闭之者，异其诚也。可与不可[24]，审明其计谋，以原其同异[25]。离合有守[26]，先从其志。即欲捭之贵周[27]，即欲阖之贵密[28]。周密之贵微，而与道相追[29]。

【注释】

[1] 粤：句首语气词。若：陶注为顺。稽：陶注为考。意思是"如果顺着往上考察古代的历史"。

[2] 圣人：古代指有道德有才能的杰出人物。

[3] 阴阳：古代指创造世间万事万物的二气，后泛指事物矛盾对立的两个方面，属哲学范畴。命：命名。

[4] 门户：原指房屋出入之处，泛指事物的关键。

[5] 筹策：原指古代计算工具，多用竹、木做成；泛指谋划。类：秦恩复校："一本作'物'。"

[6] 达：通达。

[7] 朕：征兆，迹象。

[8] 守司：主管，把持。

[9] 道：顺应自然的规律、法则。

[10] 归：归属。

[11] 或柔或刚：《百子全书》本倒作"或刚或柔"。

[12] 先后：指应该在先应该在后的次序。

[13] 权：陶注为权谋，指变通的计谋。

[14] 校：考核。伎巧：技巧，技艺。

[15] 差：差别，等级。

[16] 捭：与"阖"相对。捭的本义是开，阖的本义是合。开合是事物发展变化的总规律。本文从这个基本点出发，把捭阖的内容系统化具体化。落实到具体运用时，捭是言说，阖是沉默；从技巧的角度看，捭是拨动，阖是闭藏；据适用的对象看，世间的事物都有阴阳两种属性，捭用于阳性，阖用于阴性。捭阖作为手段，可以灵活地交替使用。

[17] 无为：道家指顺应自然规律的约束，而反对破坏或违反自然规律的所作所为。牧：原指放养牲畜，后泛指统治、管理。

[18] 以：秦恩复校："一本作'与'。"实虚真实和虚假。

[19] 嗜欲：爱好和欲望。志意：志向，意图。

[20] 指：宗旨。

[21] 阖而捭之：先用闭藏的方法后用开启的方法。

[22] 利：依陶注，指所言之利。

[23] 同其情：使对方与我方的心意相同。

[24] 可：指合适、正确。

[25] 原：推究，追根求源。

[26] 离合：离指意见不一致，合指意见一致。

[27] 周：周详。

[28] 密：隐秘。

[29] 微：微妙。追：指依随。

　　捭之者，料其情也[1]；阖之者，结其诚也[2]。皆见其权衡轻重[3]，乃为之度数[4]，圣人因而为之虑，其不中权衡度数[5]，圣人因而自为之虑。

　　故捭者，或捭而出之，或捭而纳之[6]；阖者，或阖而取之，或阖而去之[7]。捭阖者，天地之道。捭阖者，以变动阴阳，四时开闭，以化万物[8]，纵横反出，反复反忤，必由此矣[9]。

【注释】

　　[1] 料：估计，推测。

　　[2] 结：缔结，交结。

　　[3] 皆：秦恩复校："一本作'既'。"权衡：权原指秤锤，衡原指秤杆，泛指衡量、比较。

　　[4] 度数：测量重量和长短的数值。

　　[5] 中：符合。

　　[6] 纳：收纳，接纳。

　　[7] 去：指废弃。

　　[8] 此句原在"纵横"下断句，今改。

　　[9] 忤：抵触，违反。反出反忤：俞樾《诸子平议·补录》认为此四字是衍文。

　　捭阖者，道之大化，说之变也[1]。必豫审其变化[2]，吉凶大命系焉。口者，心之门户也；心者，神之主也[3]。志意、喜欲、思虑、智谋，此皆由门户出入。故关之捭阖，制之以出入。

【注释】

　　[1] 大化：俞樾《诸子平议·补录》认为"大"字是衍文。说之变：指言说的变化。

　　[2] 豫：通"预"，预先。

　　[3] 主：主宰。

　　捭之者，开也，言也，阳也[1]；阖之者，闭也，默也，阴也。

阴阳其和，终始其义[2]。故言长生、安乐、富贵、尊荣、显名、爱好、财利、得意、喜欲，为"阳"，曰始[3]。故言死亡、忧患、贫贱、苦辱、弃损、亡利、失意、有害、刑戮、诛罚，为"阴"，曰终[4]。诸言法阳之类者，皆曰始，言善以始其事；诸言法阴之类者，皆曰终，言恶以终其谋[5]。

【注释】

[1]言：指可以言说。

[2]义：宜。

[3]此句陶注云："凡此皆欲人之生，故曰始曰阳。"

[4]此句陶注云："凡此皆欲人之死，故曰阴曰终。"

[5]诸言：指各种言说。法：效法。为：秦恩复校本作"其"。

捭阖之道，以阴阳试之[1]。故与阳言者，依崇高，与阴言者，依卑小[2]。以下求小，以高求大[3]。由此言之，无所不出，无所不入，无所不言可[4]。可以说人，可以说家，可以说国，可以说天下[5]。为小无内，为大无外[6]。益损、去就、倍反[7]，皆以阴阳御其事[8]。

阳动而行，阴止而藏，阳动而出，阴隐而入。阳还终始，阴极反阳。以阳动者，德相生也；以阴静者，形相成也。以阳求阴，苞以德也[9]；以阴结阳，施以力也。阴阳相求，由捭阖也。此天地阴阳之道，而说人之法也[10]。为万事之先，是谓圆方之门户[11]。

【注释】

[1]阴阳：此处指人物分成阴阳两类，阴指性情柔弱的人，阳指性情阳刚的人。下句同。

[2]卑：低下。

[3]下、小属阴类，高、大属阳类。

[4]台湾萧登福《鬼谷子研究》据他本认为"言"字是衍文。《四部备要》本无"言"字。

[5]家：古代卿大夫的封地。国：指当时诸侯的封地。

[6]根据古代阴阳观念，内属阴，外属阳。

[7]倍：背叛。反：返归。陶注云："去而遂绝曰'倍'，去而复来曰反。"

[8]阴阳：自此至文末所言阴阳是广义的，非专指。御：治理，处理。

[9] 苞：包含，包孕。

[10] 说：劝说，说服。

[11] 圆方：圆代称天，方代称地。捭阖乃天地间处理万事的根本法则。

鬼谷子·权篇

【解题】

"权"的本义是秤锤，引申为权衡、审察。本篇的要旨是阐述如何审度形势、选择进言的技巧和游说的对象。游说必须考虑到对方的特点，并选择适当的言辞。游说的基本原则有四点：一是"饰言"，说服别人，言辞要经过修辞；二是"应对"，回答别人问话时，要言辞便捷，能应答如流，使言谈轻松自如。三是"成义"，成义是指言辞成理，辨明真伪，有验可证；四是"难言"，难言是指驳难，双方意见不合时，就会出现辩论，需要用驳难的方法诱导对方说出心中隐藏的机密，或了解事物的隐情。

　　说之者，说之也[1]；说之者，资之也[2]。饰言者[3]，假之也[4]，假之者，益损也[5]；应对者[6]，利辞也[7]，利辞者，轻论也[8]；成义者[9]，明之也[10]，明之者，符验也[11]。难言者[12]，却论也[13]，却论者，钓几也[14]。

　　佞言者[15]，谄而干忠[16]；谀言者[17]，博而干智[18]；平言者[19]，决而干勇[20]；戚言者[21]，权而干信[22]；静言者[23]，反而干胜[24]。先意承欲者，谄也；繁称文辞者，博也；纵舍不疑者，决也；策选进谋者，权也；先分不足而窒非者[25]，反也。

【注释】

[1] 依陶注："说者，说之于彼人也。"则前一"之"字是衍文。

[2] 资：指借助。

[3] 饰言：修饰言辞。

[4] 假：借助。

[5] 此句意谓借助这些言辞去说服别人，要进行增减，即斟酌言语的多与少。

[6] 应对：对答。

[7] 利辞：巧辩的言辞。

[8] 轻论：轻浮、不庄重的言论。

[9] 成义者：指合道理的言论。

[10] 明之：指辨明真伪。

[11] 符验：指内心情感变化导致外在表现有了应验。

[12] 难言：反驳诘难的言辞。

[13] 却论：退回到原来的论题。

[14] 钓几：诱导对方说出隐藏的机密。陶弘景注云："求其深微曰钓也。"

[15] 佞言：奉承讨好的花言巧语。

[16] 谄而干忠：陶注云："谄者，先承意欲以求忠名，故曰谄而于（干）忠。"谄，阿谀奉承。干忠，原作"于"字，误，下文"干"字同，据《百子全书》本改。干忠，求取忠臣之名。

[17] 谀言：奉承讨好的言辞。

[18] 博而干智：假装博学求取智者之名。

[19] 平言：指直来直去的生硬言辞。

[20] 决：果决，果断。

[21] 戚：忧愁。

[22] 权：指变通诡诈。

[23] 静言：稳健沉着的言辞。

[24] 反：自己不足而责备他人的不足。

[25] 先分不足：天分不足，指言说理由不足。窒非：堵塞遗缺，指责备他人的过错。

故口者，机关也[1]，所以关闭情意也[2]；耳目者，心之佐助也[3]，所以窥间见奸邪。故曰参调而应[4]，利道而动[5]。故繁言而不乱，翱翔而不迷[6]，变易而不危者[7]，观要得理。故无目者[8]，不可示以五色[9]；无耳者，不可告以五音[10]。故不可以往者[11]，无所开之也[12]；不可以来者[13]，无所受之也[14]。物有不通者，圣人故不事也[15]。古人有言曰："口可以食，不可以言[16]。""言"者，有讳忌也[17]；"众口铄金[18]"，言有曲故也[19]。

【注释】

[1] 机关：机械发动的部件叫做机关，此处指言语的发动机关。

[2] 此句意谓口这个机关是用来锁闭情意的。

［3］佐助：辅助。

［4］参：同"三"，指口、耳、目。调：协调。

［5］道：通"导"，引导。

［6］翱翔：原指鸟在空中飞舞，这里指言辞纵横自如。

［7］变易：变化。危：通"诡"，怪异。

［8］无目：指没有视力。

［9］示：给……看。五色：青、黄、赤、白、黑五种颜色，泛指各种色彩。

［10］五音：宫、商、角、徵、羽五个音阶，泛指音乐。

［11］往：指前去游说。

［12］开：指耳目的开启。

［13］来：指前来听言。

［14］受：接受。指言辞听不进去。

［15］不事：不做。

［16］不可以言：指下文所说的"言有讳忌"、"言有曲"。

［17］俞樾《诸子平议·补录》认为"者"字是衍文，当从。讳忌：隐讳顾忌。

［18］众口铄金：形容舆论的力量大。铄，熔化。

［19］曲：偏私。

　　人之情，出言则欲听[1]，举事则欲成[2]。是故智者不用其所短，而用愚人之所长；不用其所拙[3]，而用愚人之所工[4]，故不困也[5]。言其有利者，从其所长也；言其有害者，避其所短也。故介虫之捍也[6]，必以坚厚[7]；螫虫之动也[8]，必以毒螫。故禽兽知用其长，而谈者亦知其用而用也[9]。

【注释】

　　［1］人之情：人的常情。

　　［2］举事：行事，做事。

　　［3］拙：笨拙，不灵活。

　　［4］工：工巧，灵巧。

　　［5］困：困窘。

　　［6］介虫：带有甲壳的虫。捍：捍卫，保卫。

　　［7］坚厚：指坚固厚实的甲壳。

　　［8］螫虫：有毒刺的虫。

　　［9］上句"知"字原作"之"，台湾萧登福据他本改作"知"，今从。

故曰：辞言五[1]，曰病、曰怨、曰忧、曰怒、曰喜。病者，感衰气而不神也[2]；怨者，肠绝而无主也[3]；忧者，闭塞而不泄也[4]；怒者，妄动而不治也[5]；喜者，宣散而无要也[6]。此五者，精则用之[7]，利则行之[8]。故与智者言，依于博[9]；与拙者言，依于辩[10]；与辩者言，依于要[11]；与贵者言[12]，依于势[13]；与富者言，依于高[14]；与贫者言，依于利；与贱者言，依于谦[15]；与勇者言，依于敢[16]；与过者言[17]，依于锐[18]。此其术也，而人常反之[19]。

是故与智者言，将此以明之；与不智者言，将此以教之，而甚难为也。故言多类，事多变。故终日言，不失其类而事不乱。终日不变[20]而不失其主[21]，故智贵不妄[22]。听贵聪，智贵明，辞贵奇。

【注释】

[1] 辞言：即言辞。《百子全书》本作"言辞"。

[2] 不神：没有精神，无精打采。

[3] 怨：秦恩复据别本改为"恐"，上"怨"字同。绝：断。无主：没有主见。

[4] 闭塞：指情志抑郁。泄：宣泄。

[5] 妄：乱。治：指秩序、条理。

[6] 宣散：发泄，舒散。要：要领。

[7] 精：指精通量权之术。

[8] 利则行之：有利的时候使用它。

[9] 依于博：依靠广博。指遵循显示博闻广见的原则。

[10] 辩：巧辩。

[11] 要：要领，简明扼要。

[12] 贵者：地位高贵显赫的人。

[13] 势：权势。

[14] 高：秦恩复校："'高'当从《邓析子》作'豪'为是。"高，指高标准。

[15] 谦：谦让，谦恭。

[16] 敢：果敢，指勇猛的气势。

[17] 过：秦恩复校："'过'当作'进'，别本作'通'，《邓析子》作'愚'。""过"字当不误，犹"过而不及"之"过"，指激进。

[18] 锐：锐气，指勇往直前的气概。

[19] 反之：与此相反。

[20] 俞樾《诸子平议·补录》认为"不"字是衍文。

[21] 主：主旨。

[22] 妄：乱。

鬼谷子·谋篇

【解题】

"谋"在本篇指出谋划策和用计施谋两大方面，讨论了与计谋有关的问题。"运筹帷幄之中，决胜于千里之外"，说的是出谋划策和用计施谋的威力。谋略的重要性，古今中外尽人皆知。本篇与上篇《权篇》为姊妹篇，可以参互运用。

为人凡谋有道[1]，必得其所因[2]，以求其情[3]。审得其情[4]，乃立三仪[5]。三仪者：曰上，曰中，曰下。参以立焉，以生奇[6]。奇不知其所拥[7]，始于古之所从[8]。故郑人之取玉也，载司南之车[9]，为其不惑也[10]。夫度材量能，揣情者，亦事之司南也。

故同情而相亲者，其俱成者也[11]；同欲而相疏者，其偏害者也[12]。同恶而相亲者，其俱害者也；同恶而相疏者，偏害者也。故相益则亲[13]，相损则疏[14]。其数行也[15]，此所以察同异之分也[16]。故墙坏于其隙，木毁于其节[17]，斯盖其分也[18]。故变生于事，事生谋，谋生计，计生议，议生说，说生进，进生退，退生制。因以制于事[19]，故百事一道而百度一数也[20]。

【注释】

[1] 为人：秦恩复校："别本无'为人'二字。"谋：谋划。道：规律，法则。

[2] 因：依据。

[3] 情：实情，真相。

[4] 审：弄明白。

[5] 仪：标准。

[6] 参：参考，比照。奇：指奇谋。

[7] 奇：秦恩复校："一本作'计'。"拥：壅塞，壅蔽。

[8] 从：遵从。

[9] 司南：指示南北方向的装置。

[10] 惑：指迷失方向。

[11] 同情：心意相同。俱成：双方都取得成功。

[12] 同欲：愿望相同。偏害：俞樾《诸子平议·补录》认为当作"偏成"，可从。偏害，一方受害，即另一方成功之意。

[13] 相益：指双方受益、有利。

[14] 相损：指双方受损、有害。

[15] 此句指规律发挥作用。

[16] "类"上，秦恩复校："一本有'其'字。"分：标准。

[17] "隙"上"其"字，秦恩复校本据别本增。节：指节疤。

[18] 此句意谓：这大概由于有缝隙导致分裂的缘故。

[19] 议：议论，讨论。说：指观点。制：制约，约束。

[20] 百事：指各种事情。道：道理，法则。度：法度。数：术，方法。

夫仁人轻货[1]，不可诱以利，可使出费[2]；勇士轻难[3]，不可惧以患，可使据危[4]；智者达于数，明于理[5]，不可欺以不诚[6]，可示以道理，可使立功[7]；是三才也[8]。故愚者易蔽也，不肖者易惧也，贪者易诱也，是因事而裁之[9]。故为强者，积于弱也；为直者，积于曲也；有余者，积于不足也。此其道术行也[10]。

【注释】

[1] 仁人：指有德行的人。货：财物。

[2] 费：费用，指钱财。

[3] 难：患难。与"患"义近。

[4] 据危：处于危险的地方。

[5] 达于数明于理：即明达数理，通晓各种规律和方法。

[6] "不"字原无，台湾萧登福据他本有，今据补。

[7] 立功：建立功业。

[8] 三才：本指天、地、人。此指仁人、勇士、智者。

[9] 因事而裁之：指根据具体事情决定使用什么计谋。裁，裁决，决定。

[10] 此其道术行也：这就是规律和方法发挥作用。

故外亲而内疏者，说内[1]；内亲而外疏者，说外。故因其疑以变之[2]，因其见以然之[3]，因其说以要之[4]，因其势以成之[5]，因其恶以权之[6]，因其患以斥之[7]。摩而恐之[8]，高而动之[9]，微而证之，符而应之[10]，拥而塞之，乱而惑之[11]，是谓计谋。

计谋之用，公不如私[12]，私不如结[13]，结而无隙者也。正不如奇，奇流而不止者也[14]。故说人主者，必与之言奇；说人臣者，必与之言私。其身内，其言外者疏；其身外，其言深者危[15]。无以人之所不欲[16]而强之于人，无以人之所不知而教之于人。人之有好也[17]，学而顺之；人之有恶也[18]，避而讳之。故阴道而阳取之也[19]。

【注释】

[1] 外：指表面。内：指内心。

[2] 因其疑：利用他的疑惑。

[3] 然：对，指肯定。

[4] 要：通"邀"，指交结。

[5] 此句指借助对方的形势取得成功。

[6] 恶：讨厌，不喜欢。权：变。

[7] 此句指根据对方担心的事排除自己言说中的那些内容。

[8] 恐：使对方受到恐吓。

[9] 高而动之：把所说的事情拔高来打动他。

[10] 微而证之：指稍加引证。符而应之：指外部有表现要与他相配合。

[11] 此二句意谓蒙蔽他，使他糊涂。

[12] 公：指公开。私：指秘密地。

[13] 结：交结，缔结。指结交密谋。

[14] 流：像流水一样弯弯绕绕。

[15] 内：指亲近。外：指疏远。

[16] 无：通"毋"，不要。近：俞樾《诸子平议·补录》认为是衍文，依陶注"谓其事虽近，彼所不欲"，其义可通。此句秦恩复校云："别本作'无以身之所不欲'。"

[17] 好：指优点、长处。

[18] 恶：指缺点、短处。

[19] 阴道而阳取：指暗中施谋，公开取得效果。

故去之者纵之，纵之者乘之[1]。貌者，不美又不恶，故至情托焉[2]。可知者[3]，可用也[4]；不可知者，谋者所不用也。故曰事贵制人[5]，而不贵见制于人[6]。制人者，握权也；见制于人者，制命也[7]。故圣人之道阴[8]，愚人之道阳[9]。智者事易[10]，而不智者事难。以此观之，亡不可以为存，而危不可以为安，然而无为而贵智矣[11]。

智用于众人之所不能知，而能用于众人之所不能见。既用，见可，否择事而为之[12]，所以自为也[13]；见不可，择事而为之，所以为人也[14]。故先王之道阴。言有之曰："天地之化[15]，在高与深；圣人之制道[16]，在隐与匿。非独忠信仁义也，中正而已矣[17]。道理达于此义之[18]，则可与语。由能得此，则可与谷远近之义[19]。

【注释】

[1] 去：除掉。纵：放纵。乘：乘机。

[2] 不美不恶：陶注云："见善不美，见恶不非。"指不为外物所动。至：真。托：交付。

[3] 可知者：可以了解的人。

[4] 可用：指可以使用谋术。

[5] 制：控制，制约。

[6] 见制于人：被人控制。见，表示被动。

[7] 制命：命运被人控制。

[8] 道：指谋划的原则，下句同。阴：隐而不露。

[9] 阳：张扬外露。

[10] 事：办事，动词。下句同。

[11] 无为而贵智：指行事顺从自然法则，并且重在智慧。

[12] 俞樾《诸子平议·补录》认为"否"字是衍文，据下文"择事而为之"来看，有"否"字文义完整。

[13] 自为：为自己，有保全自己的意思。

[14] 为人：为了别人。

[15] 化：化育，指自然的运转变化生成万物。

[16] 制道：指掌握自然法则。

[17] 中正：指不偏不倚，不过无不及。

[18] "之"当依《四库全书》本作"者"。秦恩复校本改作"者"。

[19] 谷：陶注为养。俞樾《诸子平议·补录》认为当读为"觳"，义为尽。疑通作"毂"，有聚束义。毂远近，即悦远来近、远近辐辏之义。

战国策·秦策一·苏秦始将连横

【解题】

　　本文内容主要包括两个方面：一是苏秦游说秦王的具体内容。在这部分里，苏秦极力鼓动秦王依据秦国自身具备的诸多条件和资本一统天下。但秦王却颇多顾虑，所以苏秦的建议遭到拒绝。二是直写苏秦从失败到成功的经历，描写了苏秦为猎取功名富贵而刻苦自励的过程，并间接地反映了当时社会的世态人情和伦常关系的实质。文中对人物的塑造十分成功，叙事层次分明。苏秦的说辞，语言锐利，铺张排比，逐步深入，代表了当时游臣策士的水平。

　　苏秦始将连横说秦惠王曰[1]："大王之国[2]，西有巴、蜀、汉中之利[3]，北有胡、貉、代、马之用[4]，南有巫山、黔中之限[5]，东有肴、函之固[6]。田肥美，民殷富，战车万乘，奋击百万[7]，沃野千里，蓄积饶多，地势形便，此所谓天府，天下之雄国也！以大王之贤，士民之众，车骑之用，兵法之教，可以并诸侯，吞天下，称帝而治，愿大王少留意，臣请奏其效。"

　　秦王曰："寡人闻之，毛羽不丰满者，不可以高飞；文章[8]不成者，不可以诛罚；道德不厚者，不可以使民；政教不顺者，不可以烦大臣。今先生俨然不远千里而庭教之，愿以异日。"

【注释】

　　[1]苏秦（？—前284年）：字季子，河南洛阳人。战国时期著名纵横家。活动于齐愍王、燕昭王时期。秦惠王：孝公子。公元前336年至前312年在位。

　　[2]大王：指秦惠王。

　　[3]巴、蜀：二国名。巴国在今四川巴县，蜀国在今四川成都。汉中：在今陕西南部、湖北西部。原属楚，后为秦占。

　　[4]胡、貉、代、马：胡、貉指北方少数民族地区，今内蒙古南部。代、马指代郡、马邑，今山西东北部和河北蔚县一带。

　　[5]巫山、黔中：巫山在今四川巫山县东。黔中在今湖北西南与湖南西北一带。

[6] 肴、函：崤山和函谷关。

[7] 奋击百万：数百万能奋勇击敌的战士。

[8] 文章：这里指法度。

苏秦曰："臣固疑大王之不能用也。昔者神农伐补遂[1]，黄帝伐涿鹿而禽蚩尤[2]，尧伐骓兜[3]，舜伐三苗[4]，禹伐共工[5]，汤伐有夏[6]，文王伐崇[7]，武王伐纣，齐桓任战而伯天下。由此观之，恶有不战者乎？古者使车毂击驰[8]，言语相结，天下为一；约从连横，兵革不藏；文士并饬[9]，诸侯乱惑；万端俱起，不可胜理；科条既备[10]，民多伪态；书策稠浊[11]，百姓不足；上下相愁，民无所聊；明言章理[12]，兵甲愈起；辩言伟服，战攻不息；繁称文辞，天下不治；舌弊耳聋，不见成功；行义约信，天下不亲。于是乃废文任武，厚养死士，缀甲厉兵[13]，效胜于战场。夫徒处而致利，安坐而广地，虽古五帝、三王、五伯[14]、明主贤君，常欲坐而致之，其势不能，故以战续之。宽则两军相攻，迫则杖戟相橦[15]，然后可建大功。是故兵胜于外，义强于内，威立于上，民服于下。今欲并天下，凌万乘，诎敌国[16]，制海内，子元元[17]，臣诸侯，非兵不可！今之嗣主忽于至道，皆惽于教[18]，乱于治，迷于言，惑于语，沉于辩，溺于辞，以此论之，王固不能行也。"

【注释】

[1] 神农：指炎帝神农民，姜姓。古史记载中的三皇五帝之一，实为古代部落联盟首领。补遂：亦作辅遂。上古部落名。

[2] 黄帝：即黄帝轩辕氏，姬姓。古史记载中的三皇五帝之一，实为古代部落联盟首领。涿鹿：在今河北涿鹿县北。禽：通"擒"，擒获。蚩尤：九黎族部落联盟首领。

[3] 尧：即帝尧，陶唐氏，名放勋。古史记载中的五帝之一，后让位于舜。骓兜：尧臣，后作乱，被流放于崇山。

[4] 舜：即帝舜，有虞氏，名重华。古史记载中的五帝之一，后让位于禹。三苗：亦称有苗、苗民。古代部落名。因为作乱，被流放于三危。

[5] 禹：即大禹，鲧之子，名文命。夏朝开国君主。因治理洪水有功，接受舜的禅让。共工：尧臣。因作乱，被流放至幽州。

[6] 汤：即商汤，姓子名履。商朝开国君主。有夏：夏朝末代君主夏桀。被商汤流放至鸣条，夏亡。

[7] 文王：即周文王，姓姬名昌，商末周族首领。崇：商之诸侯国，其君崇侯虎助纣为虐，被周文王攻灭。

[8] 车毂击驰：使者的车子川流不息。车毂：车轮中心有窟窿可以插轴的部分。

[9] 饬：通"饰"。伪装，装扮。

[10] 科条：法律规章。

[11] 稠浊：繁多杂乱。

[12] 明言章理：使言语与道理讲得更加明白晓畅。

[13] 缀甲厉兵：缝制盔甲，磨砺武器。

[14] 五帝、三王、五伯：五帝通常指少昊、颛顼、帝喾、唐尧、虞舜。三王通常指夏禹、商汤、周文王（或周武王）。五伯即五霸，指齐桓公、晋文公、楚庄王、吴王阖闾、越王勾践。

[15] 橦：击、刺。

[16] 诎：同"屈"，屈服。

[17] 子元元：以百姓为子女。

[18] 惽：同"惛"，糊涂。

　　说秦王书十上而说不行。黑貂之裘弊，黄金百斤尽。资用乏绝，去秦而归。赢縢履屩[1]，负书担橐，形容枯槁，面目犁黑[2]，状有归色[3]。归至家，妻不下纴[4]，嫂不为炊，父母不与言。苏秦喟叹曰[5]："妻不以我为夫，嫂不以我为叔，父母不以我为子，是皆秦之罪也。"乃夜发书，陈箧数十，得太公《阴符》之谋[6]，伏而诵之，简练以为揣摩[7]。读书欲睡，引锥自刺其股，血流至足。曰："安有说人主不能出其金玉锦绣、取卿相之尊者乎？"期年，揣摩成，曰："此真可以说当世之君矣。"

【注释】

[1] 赢縢（téng）履屩（jué）：裹着绑腿，穿着草鞋。

[2] 犁：同"黧"，黑。

[3] 归色：犹言愧色。

[4] 纴：织布帛的丝缕。

[5] 喟：鲍本"喟"下有"然"字。

[6] 太公《阴符》：相传是姜太公吕望所著的兵书。

[7] 简练：选择习练。

于是乃摩燕乌集阙[1]，见说赵王于华屋之下[2]，抵掌而谈。赵王大悦，封为武安君，受相印，革车百乘，锦绣千纯，白璧百双，黄金万溢[3]，以随其后，约从散横，以抑强秦。

故苏秦相于赵而关不通。当此之时，天下之大，万民之众，王侯之威，谋臣之权，皆欲决于苏秦之策。不费斗粮，未烦一兵，未战一士，未绝一弦，未折一矢，诸侯相亲，贤于兄弟。夫贤人在而天下服，一人用而天下从。故曰，式于政[4]，不式于勇；式于廊庙之内[5]，不式于四境之外。当秦之隆，黄金万溢为用，转毂连骑，炫熿于道[6]，山东之国，从风而服，使赵大重。

且夫苏秦特穷巷掘门、桑户棬枢之士耳[7]，伏轼撙衔[8]，横历天下，廷说诸侯之王，杜左右之口[9]，天下莫之能伉[10]。将说楚王，路过洛阳。父母闻之，清宫除道，张乐设饮，郊迎三十里。妻侧目而视，倾耳而听；嫂蛇行匍伏，四拜自跪而谢。苏秦曰："嫂何前倨而后卑也？"嫂曰："以季子之位尊而多金。"苏秦曰："嗟乎！贫穷则父母不子，富贵则亲戚畏惧。人生世上，势位富贵，盖可忽乎哉[11]？"

【注释】

[1] 摩：接近，经过。燕乌集阙：当为燕国关塞名。今地无考。

[2] 赵王：按苏秦活动年代推算，应指赵武灵王，公元前325—前299年在位；或赵惠文王，公元前298—前266年在位。华屋：华美之屋。

[3] 溢：同"镒"，二十四两为一镒。

[4] 式：用。

[5] 廊庙：代指朝廷。

[6] 炫熿：光耀辉煌。

[7] 掘门：凿墙为门。桑户：用桑树条编的门。棬枢：用椽木条做的门轴。形容出身贫寒。

[8] 伏轼撙衔：坐在车上，揽着马缰绳。

[9] 左右：指国君左右的大臣和谋士。

[10] 伉：同"抗"，匹敌，抗衡。

[11] 这句话的意思是，人生在世，权势和财富这两样东西，怎么可以忽视呢？

战国策·秦策三·范睢至秦

【解题】

范睢在魏国遭到陷害，心有余悸地通过王稽的引荐来到秦国。但他对秦王还不了解，尤其是秦王对自己的态度是什么样的，心里并没有底。所以他没有冒昧地立刻就去面见秦王，而是巧妙地先给秦王写了一封信。这封信表面上是在谈论国家的用人政策，但实质上是在试探秦王，并在字里行间对秦王推销自己，希望自己能够在秦国得到重用。范睢初见秦王，向秦王分析了秦国的优势，明确提出了远交近攻的外交策略，"王不如远交而近攻，得寸则王之寸，得尺亦王之尺也"，这在战略上和实践的结果来看都是正确的。在错综复杂的战国关系中，范睢为秦王指明了方向，为秦国统一天下奠定了基本的方略。

　　范睢[1]至秦，王[2]庭迎，谓范睢曰："寡人宜以身受令久矣。今者义渠[3]之事急，寡人日自请太后。今义渠之事已，寡人乃得以身受命。躬窃闵然不敏，敬执宾主之礼。"范睢辞让。

　　是日见范睢，见者无不变色易容者。秦王屏左右，宫中虚无人。秦王跪而请曰："先生何以幸教寡人？"范睢曰："唯唯[4]。"有间，秦王复请，范睢曰："唯唯。"若是者三。秦王跽[5]曰："先生不幸教寡人乎？"范睢谢曰："非敢然也。臣闻始时吕尚之遇文王也，身为渔父而钓于渭阳之滨耳，若是者，交疏也。已一说而立为太师，载与俱归者，其言深也。故文王果收功于吕尚，卒擅天下而身立为帝王。即使文王疏吕尚而弗与深言，是周无天子之德，而文、武无与成其王也。今臣羁旅之臣也，交疏于王，而所愿陈者，皆匡君之事，处人骨肉之间，愿以陈臣之陋忠，而未知王心也，所以王三问而不对者是也。"

　　"臣非有所畏而不敢言也，知今日言之于前，而明日伏诛于后。然臣弗敢畏也。大王信行臣之言，死不足以为臣患，亡不足以为臣忧，漆身而为厉，被发而为狂，不足以为臣耻。五帝之圣焉而死，三王之仁焉而死，五伯之贤焉而死，乌获[6]之力焉而死，奔、育[7]之勇焉而死。死者，人之所必不免也。处必然之势。可以少有补于秦，此臣之所大愿也。臣何患乎？"

【注释】

[1]范雎(jū)：战国时魏国人，著名辩士，因得罪魏相魏齐，受鞭笞刑几乎死去，后被郑安平所救，改名张禄，由秦国使者谒者令王稽秘密带入秦国，后封应侯。

[2]王：即秦昭襄王，前306—前250年在位。

[3]义渠：羌族建立的小国。

[4]唯唯：即啊啊，敷衍的应答之语。

[5]跽：双膝着地，上身挺直，表示敬意加深。

[6]乌获：人名。秦武王时力士。

[7]奔、育：孟奔、夏育，战国时勇士名。

"伍子胥橐载而出昭关[1]，夜行而昼伏，至于菱水[2]，无以饵其口，坐行蒲服，乞食于吴市，卒兴吴国，阖闾为霸。使臣得进谋如伍子胥，加之以幽囚，终身不复见，是臣说之行也，臣何忧乎？"

"箕子、接舆[3]，漆身而为厉，被发而为狂，无益于殷、楚。使臣得同行于箕子、接舆，漆身可以补所贤之主，是臣之大荣也，臣又何耻乎？臣之所恐者，独恐臣死之后，天下见臣尽忠而身蹶也，是以杜口裹足，莫肯即秦耳。"

"足下上畏太后之严，下惑奸臣之态；居深宫之中，不离保傅之手，终身暗惑，无与照奸；大者宗庙灭覆，小者身以孤危，此臣之所恐耳。若夫穷辱之事、死亡之患，臣弗敢畏也。臣死而秦治，贤于生也。"

秦王跽曰："先生是何言也？夫秦国僻远，寡人愚不肖，先生乃幸至此，此天以寡人恩[4]先生，而存先王之庙也！寡人得受命于先生，此天所以幸先王而不弃其孤也！先生奈何而言若此？事无大小，上及太后，下至大臣，愿先生悉以教寡人。无疑寡人也。"范雎再拜，秦王亦再拜。

【注释】

　　[1]伍子胥囊载而出昭关：伍子胥，名员，字子胥。春秋末期吴国大夫，军事谋略家，父兄被楚平王所杀，子胥由楚奔吴。囊 tuó，口袋，子胥藏身其中，车载出关。昭关，楚关名，在今安徽含山北二十里小岘山上。

　　[2]菠水：即溧水，源出今安徽芜湖，东流注入太湖。

　　[3]箕子、接舆：名胥余，因封国于箕（今山西太谷县东北），爵为子，故称箕子。箕子是殷商贵族，性耿直，有才能，在纣朝内任太师辅朝政。接舆：春秋时楚国隐士。

　　[4]恩（hùn）：烦扰，打扰。

　　范雎曰："大王之国，北有甘泉、谷口，南带泾、渭，右陇、蜀，左关、阪[1]；战车千乘，奋击百万。以秦卒之勇，车骑之多，以当诸侯，譬若驰韩卢而逐蹇兔也[2]，霸王之业可致。今反闭关而不敢窥兵于山东者，是穰侯[3]为国谋不忠，而大王之计有所失也。"

　　王曰："愿闻所失计。"雎曰："大王越韩、魏而攻强齐，非计也。少出师则不足以伤齐，多之则害于秦。臣意王之计，欲少出师而悉韩、魏之兵，则不义矣。今见与国之不可亲，越人之国而攻，可乎？疏于计矣！昔者，齐人伐楚，战胜，破军杀将，再辟千里，肤寸之地无得者，岂齐不欲地哉？形弗能有也！诸侯见齐之罢露[4]，君臣之不亲，举兵而伐之，主辱军破，为天下笑。所以然者，以其伐楚而肥韩、魏也。此所谓藉贼兵而赍[5]盗食者也。王不如远交而近攻，得寸则王之寸，得尺亦王之尺也。今舍此而远攻，不亦缪乎？""且昔者，中山之地方五百里，赵独擅之，功成、名立、利附，则天下莫能害。今韩、魏中国之处而天下之枢也。王若欲霸，必亲中国而以为天下枢，以威楚、赵。赵强则楚附，楚强则赵附。楚、赵附则齐必惧，惧必卑辞重币以事秦，齐附而韩、魏可虚也。"

【注释】

　　[1]关、阪：函谷关与陇阪。

　　[2]韩卢：韩国出产的著名猛犬。蹇（jiǎn）兔：跛足的兔子。

　　[3]穰（ráng）侯：战国时楚国人，名魏冉，秦昭王母宣太后异父弟。昭王年少，宣

太后掌权，他被任为相。封于穰（今河南邓县），号穰侯。

　　[4] 罢露：人力物力遭到很大的消耗。

　　[5] 赍：把东西送给别人。

　　王曰："寡人欲亲魏，魏多变之国也，寡人不能亲。请问亲魏奈何？"范雎曰："卑辞重币[1]以事之，不可；削地而赂之，不可；举兵而伐之。"于是举兵而攻邢丘，邢丘拔[2]而魏请附[3]。

　　曰："秦、韩之地形相错如绣。秦之有韩，若木之有蠹，人之病心腹。天下有变，为秦害者莫大于韩。王不如收韩。"王曰："寡人欲收韩，不听，为之奈何？"范雎曰："举兵而攻荥阳[4]，则成皋之路不通；北斩太行之道[5]，则上党之兵不下；一举而攻荥阳，则其国断而为三。[6]韩见必亡，焉得不听？韩听而霸事可成也。"王曰："善。"

【注释】

　　[1] 卑辞重币：谦卑的言辞和丰厚的财物。

　　[2] 邢丘拔：攻下邢丘。邢丘，地名，在今河南温县东南七十里。

　　[3] 附：归附。

　　[4] 荥（xíng）阳：地名，在今河南荥阳东北。

　　[5] 太行之道：即羊肠道，在山西晋城南太行山上。

　　[6] 其国断而为三：新郑以南一，上党以北二，荥阳以西三。

思考与讨论

　　1. 纵横家的分布情况是怎样的？

　　2. 纵横家是如何发展演变的？

　　3. 纵横家的主要思想是怎样的？

　　4. 如何理解纵横捭阖之术？

拓展阅读书目

　　1. 方向东注评：《鬼谷子》（图文本），南京，凤凰出版社，2010。

　　2. 何建章：《战国策注释》，北京，中华书局，1990。

　　3. 范祥雍：《战国策笺证》，上海，上海古籍出版社，2006。

　　4. 姜安：《战国说客双雄》，北京，社会科学文献出版社，2010。

第七章　兵　家

　　兵家系先秦诸子百家之一，是一个主要研究军事理论，从事军事活动的学派。兵家在继承前代军事思想的基础上，提出了计、谋、攻、战、争、诡、虚实、形势、奇正、变、用间等一系列思想范畴。据《汉书·艺文志》记载，兵家分为兵权谋家、兵形势家、兵阴阳家和兵技巧家四类。兵家的代表人物春秋时有孙武与司马穰苴，战国时有吴起、孙膑、尉缭和白起。兵家著作今存有《孙子兵法》《司马法》《孙膑兵法》《吴子》《尉缭子》等，各家学说虽有异同，但是其中包含丰富的朴素唯物论与辩证法思想。兵家的实践活动与理论，影响当时及后世非常大，是我国古代宝贵的思想遗产之一。

第一节　兵家简介

一、兵家的产生与发展

　　兵家是战争的产物。上古时期，氏族部落之间或部落联盟之间，为了争夺赖以生存的土地、河流、山林等天然财富，甚至为了抢婚、种族复仇而发生冲突，但冲突不具有政治性和阶级性。随着私有制的出现，使"古代部落对部落的战争，已经开始蜕变为在陆上和海上掠夺家畜、奴隶和财宝而不断进行的抢劫，变为一种正常的营生"。(《马克思恩格斯军事文集》第二卷)，因而掌握战争命脉的兵家，也就应运而生。先秦兵家，主要产生在春秋战国时期。

　　春秋战国时期是社会大动荡、大变革、大发展的时期，政治势力与社会力量一直处在重组与整合之中。随着社会的变动，必然要求政治制度随之变革，而政治制度变革的实质是新旧政治势力的角逐，政治斗争上升到一定阶段，必然表现为军事冲突。"战争——从有私有财产和有阶级以来就开始了的，用以解决阶级和阶级、民族和民族、国家和国家、政治集团和政治集团之间，在一定发展阶段上的矛盾的一种最高的斗争形式。"（《毛泽东选集》第一卷）因此，激烈动荡的社会变革是兵家产生的社会基础。

春秋战国时期，天子式微，诸侯强大。各诸侯国为了求得生存与发展，变法图强，对外扩张，因而战争不断，烽烟四起。春秋时期的战争主要是争霸战争，"春秋末年，齐并灭十四国，宋并灭十国，鲁并灭十三国，卫并灭八国，晋并灭二十五国，秦并灭二十余国，楚并灭六十余国，吴并灭六国，越并灭二国。"①战国时期的战争主要是兼并战争，战争的残酷和规模超过以往任何时代。这正是兵家产生的实践基础。

这时候，周王室宗法分封制已经瓦解，世卿世禄制逐渐解体，大批贵族失去原来的地位和权力，逐渐沦落为士，而随着私学的兴起，民间出现更多的士人。士是当时社会中最活跃、最有思想、最有知识和才干的一个群体。地主阶级在争夺政权的过程中需要大量的智慧之士为其出谋划策，排忧解难，故而一掷千金，争相养士，一时出现兴盛之势。由于士人出身、思想不同，造成观点、政治主张各异，必然形成不同的学术思想体系，故"百家争鸣"是兵家产生的思想和阶级基础。

先秦兵家就是在这样的文化背景下，经过战争实践的洗礼，在诸子文化的争鸣中继承西周前的军事文化而诞生的。

兵家作为具有完整理论体系的学术流派，正式形成于春秋末期，创始人是齐国人孙武。齐地是中国古兵器的发源地，春秋时铁兵器已经大量铸造："潍淄流域是齐文化的中心地区，经济比较发达，兵器铸造也十分先进。现已知的兵器铸造主要在齐城、淳于城、平寿、高密、计斤、昌城、莒、平陵等。"②齐地具有深厚的兵学文化传统，开国之君姜太公本是一位杰出的军事家，司马迁赞道："其事多兵权与奇计，故后世之言兵及周之阴权皆宗太公为本谋。"（《史记·齐太公世家》）先秦著名兵书《六韬》就是后人托姜太公之名而撰写的。齐人亦有变革创新的精神，能够兼容并蓄，这也是兵家形成于齐地的重要因素。

战国前期，齐国稷下成为当时学术文化中心，各派学者荟萃一时，对政

---

① 谢国良、袁德金：《中国古代军事思想概论》，42 页，北京，解放军出版社，1994。

② 仝晰纲：《青铜的战神——齐鲁兵家文化》，13 页，北京，学林出版社，1999。

治、经济、文化、军事展开大讨论。稷下学宫前后持续一百五十余年。"齐威王使大夫追论古者司马兵法,而附穰苴于其中,因号曰《司马穰苴兵法》。"(《史记·司马穰苴列传》)兵家根据当时兼并战争的现状和性质,不断总结战争的特点和规律,并由此深入探讨军事与政治、文化、经济、哲学之间的关系,撰写出兵家著作,吴起的《吴子》与孙膑的《孙膑兵法》均成为传世名作。

战国后期是先秦兵家的集大成时期。这时,地主阶级已经取得政权,战争的规模、频率更高,带来的破坏也更大。战国后期的战争主要是统一战争。经过长时间的争霸与兼并,秦国终于脱颖而出,军事力量和综合国力处于绝对优势地位,反映在兵家理论上,就是《尉缭子》的成书。

秦始皇统一中国后,先秦子学时代结束,兵家和其他诸子百家一样逐渐遭到遗弃和排斥,但兵家和诸子的最大区别是兵家具有很强的实用功能,因而其技艺特征和军事功能被完全保留,在不同的时代获得不同的发展,并成为历代统治阶级实施政治斗争和军事斗争的理论和方法。遗憾的是,兵家作为一个学术流派所具有的独特的思想体系、观点和方法却被统治者断然抛弃——这也是大一统时代的必然选择。

二、兵家的类型

先秦兵家的流派问题,学界至今少有人涉猎,李零在《吴孙子发微》(中华书局 1997 年版)中,曾对兵书的国别有所讨论;刘庆在《先秦齐国兵学的产生与发展》(《管子学刊》1994 年第 3 期)一文中对兵家流派也有涉及,但只记大略。其实,早在西周时期,就有《军政》《军志》等军事著作。《汉书·艺文志》更是著录兵书五十三家,七百九十篇,另有十二家,四百五十一篇或省去,或列入他类,如《司马法》就著录在礼类,总计六十三家,一千二百四十一篇。因此,兵家在先秦是有广泛影响的一个学派。

《汉书·艺文志》对兵家有清楚的分类:"汉兴,张良、韩信序次兵法凡百八十二家,删取要用,定著三十五家。诸吕用事而盗取之。武帝时军政杨仆捃摭遗逸,纪秦兵录,犹未能备。至于孝成,命任宏论次兵书为四种。"这"四种"就是"兵阴阳家"、"兵技巧家"、"兵形势家"与"兵权谋家"。目前,"兵阴阳家"与"兵技巧家"著作基本散佚,只剩下"兵形势家"和"兵权谋家",因而吕思勉在《先秦学术概论·兵家》中说:"阴阳、技巧之书,今已尽亡。权谋、形势之书,亦所存无几。大约兵阴阳家言,当有关天时,亦必涉迷信。兵技巧家言,最切实用。然今古异宜,故不传于后。兵形势之言,亦今古不同。惟其理多相通，故其存在，仍多后人所能解。至兵权谋，则专论用兵之理，凡无今古之异。兵家言之可考见古代学术思想者，断推此家矣。"

1. 兵阴阳家

《汉书·艺文志》描述道："阴阳者，顺时而发，推刑德，随斗击，因五胜，假鬼神以为助者也。"说明兵阴阳家注重天时、地理条件与战争关系的研究，多阴阳五行，甚至迷信内容，既包含了以往各种军事术数，诸如卜筮、占星、占云气、占梦、祭祀、禳祷、诅咒、厌胜和形形色色的杂占、巫术等，又与以往军术不同，兵阴阳家是阴阳五行化的军事术数，它的出现标志着中国军事术数史进入了新阶段。

《汉书·艺文志》"兵阴阳家"著有《太壹兵法》《天一兵法》《神农兵法》《皇帝》《封胡》《风后》《力牧》《鵊冶子》《鬼容区》《地典》《孟子》《东父》《师旷》《苌弘》《别成子望军气》和《辟兵威胜方》，共十六家，二百四十九篇，图十卷。这些著作现在大部分都散佚，有小部分未著录或已著录而前代未见之作，现考古界有零星发现：马王堆《五星占》《天文气象杂占》《刑德》《辟兵图》《阴阳五行》；银雀山《地典》《雄牝城》《天地八风五行客主五音之居》；擂鼓墩《五星》《星占》等，均是兵阴阳家的著作。

2. 兵技巧家

兵技巧家的特征是"技巧者，习手足，便器械，积机关，以立攻守之胜者也"。说明兵技巧家实际上是将器械使用和体质训练相结合的武术形式在军事理论和实践中的运用，注重军事装备与军事技术的研究。兵技巧家大多停留在技术层面，少有思想，并非严格意义上的兵家著作。

《汉书·艺文志》"兵技巧家"著有：《鲍子兵法》《伍子胥》《公胜子》《苗子》《逢门射法》《阴通成射法》《李将军射法》《魏氏射法》《强弩将军王围射法》《望远连弩射法具》《护军射师王贺射书》《蒲苴子弋法》《剑道》《手搏》《杂家兵法》《蹵鞠》，共十二家，一百九十九篇。现全部散佚。

3. 兵形势家

兵形势家的特点为"雷动风举，后发而先至，离合背乡，变化无常，以轻疾制敌者也"，注重战术研究，探讨军事行动的运动性和战术运用的灵活性。

兵形势家著作《汉书》记有《楚兵法》《蚩尤》《孙轸》(先轸)、《繇叙》(由余)、《王孙》《尉缭子》《魏公子》(无忌)、《景子》(景阳)、《李良》《丁子》与《项王》十一家，九十二篇，图十八卷。现仅存《尉缭子》一部。

4. 兵权谋家

兵权谋家，即战略家，其特点为"以正守国，以奇用兵，先计而后战，兼形势，包阴阳，用技巧者也"，注重军事战略研究，兼通形势、阴阳、技巧各派之长，实是兵家的魂魄所在。权谋家兵法是当时战争和治兵经验的总结，包含一系列战略战术原则和丰富的军事辩证法思想以及治兵作战的哲理。

兵权谋家《汉书·艺文志》著录有十三家，二百五十九篇，现存三部：《孙子兵法》《孙膑兵法》与《吴子》。未流传下来的权谋类兵书有：《公孙鞅》《范蠡》《大夫种》《李子》(李悝)《娷》《兵春秋》《庞煖》《兒良》《广武君》《韩信》十部。

这些兵书，从地域看，主要集中在齐、晋、秦、魏、楚、越、吴等国，但流传下来的只有吴国的《孙子兵法》，齐国的《孙膑兵法》《司马法》《六韬》，魏国的《吴子》与《尉缭子》。孙武本是齐国人，且其兵法早在见吴王阖闾之前已经成书，故也属齐国兵法。吴起虽是卫人，但其军事思想的实现主要在魏国，故应属魏国兵法。因此，先秦兵学的发源地是齐国，后沿着由东向西，由北向南的规律逐步发展。齐国深受儒家文化浸染，故兵法满含洒脱、飘逸。魏国利用法家思想治国，故兵法尽显严谨、雄浑。二者相比，齐国兵法语言优美，境界开阔。

三、兵家的著作

兵家主要著作现存有《孙子兵法》《吴子》《孙膑兵法》《尉缭子》四部①。《孙子兵法》是我国现存最早的一部较完整的兵家专著，代表了我国先秦时期军事思想发展的第一个高峰。《吴子》与《孙膑兵法》分别代表了战国早期和战国中期兵家思想的发展水平，可被称为先秦军事思想的第二个和第三个高

---

① 兵家还有一部重要著作是《司马法》，又叫《司马穰苴兵法》，"武经七书"之一。《汉书》记载有155篇，唐代编《隋书·经籍志》时录为3卷5篇，列入子部兵家类，称为《司马法》，即今本《司马法》3卷5篇的原型。《司马法》在战国初期已经散佚，现仅残存五篇。由于对该书的真伪、成书年代、作者等问题，历代学者均有各种不同的看法，特别是明清以来，辨伪成风，《司马法》成了一部争议极大的兵书，故本教材不做详细解读。《司马法》三卷本较好的版本是清代孙星衍《平津馆丛书》所收影宋本《孙吴司马法》中的《司马法》，《续古逸丛书》所收宋本《武经七书》中的《司马法》。今人李零著有《司马法译注》，石家庄，河北人民出版社，1992。

峰。尉缭是先秦兵家学派的最后一位大师,其《尉缭子》称得上是先秦兵家集大成的著作。

1.《孙子兵法》

《孙子兵法》,俗称《孙子》,《汉书·艺文志》著录为《吴孙子兵法》,是中国也是世界上最古老的军事理论著作,被尊为"历代兵家之祖","世界古代第一兵书","兵学圣典"。宋代时,被列为"武经七书"之首①。《孙子兵法》具有全面而完整的思想体系,体现了战争与政治、经济、文化等各方面的关系。

《孙子兵法》今存十三篇,即《计》《作战》《谋攻》《形》《势》《虚实》《军争》《九变》《行军》《地形》《九地》《火攻》与《用间》。1972年山东临沂银雀山汉墓出土《孙子兵法》残篇,其中,除与今存之十三篇同外,尚有《吴问》《四变》《黄帝伐赤帝》《地形》《见吴王》等五篇佚文。

《孙子兵法》的重要版本有:①竹简本,1972年临沂银雀山汉墓出土的汉初抄本,是现今为止最早的版本。②十一家注本,1961年中华书局上海编辑所影印《宋本十一家注孙子》。③武经本,如,1935年中华学艺社影宋刻《武经七书》本;丁氏八千卷楼藏刘寅《武经七书直解》影印本。④还有西夏文《孙子兵法》。

《孙子兵法》的注释本,最早的当属曹操的《孙子略解》,清孙星衍《平津馆丛书》著录的影宋本《孙吴司马法》中存有《魏武帝注孙子》。其后,有杜牧、陈皞的注释本。宋代吉天保《十家孙子会注》,十家指曹操、李筌、杜牧、陈皞、贾林、梅尧臣、王皙、何延锡、张预。近代中国的蒋百里,台湾的许诗玉,日本的服部千春等,对《孙子兵法》都有较深的研究。当代著名军事家郭化若更是长期致力于《孙子兵法》研究,撰有《孙子译注》一书,校勘释义,浅显易懂。

法国约瑟夫·J.阿米欧最先将《孙子兵法》翻译成法文《孙子十三篇》,列于《中国军事艺术丛书》中,于1772年在巴黎出版。此后,《孙子兵法》陆续有了英国、德国、捷克、俄罗斯、芬兰、美国等译本。《孙子兵法》现在有17

---

① 《武经七书》是北宋朝廷作为官书颁行的兵法丛书,是中国古代第一部军事教科书。它由《孙子兵法》《吴子兵法》《六韬》《司马法》《三略》《尉缭子》《李卫公问对》七部著名兵书汇编而成。它是中国古代兵书的精华,是中国军事理论殿堂里的瑰宝。它奠定了中国古代军事学的基础,对中国和世界发展近代、现代军事科学起了积极的作用。校定、颁行《武经七书》,是北宋在军事理论建设上的一个贡献。

种英文翻译本。

2.《吴子》

《吴子》，亦称《吴子兵法》《吴起兵法》，中国古代著名兵书，兵学经典"武经七书"之一，战国著名军事家、政治家和改革家吴起（约前440—约前381）撰，历史上常把他的兵法和孙武联系在一起，合称"孙吴兵法"。

在战国末期，《吴子》已经流行。《韩非子·五蠹》云："境内言兵，藏孙、吴之书者家有之。"《史记·孙子吴起列传》曰："世俗所称师旅，皆道《孙子》十三篇，吴起兵法，世多有。"这充分说明在汉代《吴子》流传很普遍。《汉书·艺文志》记载道："《吴起》四十八篇。"其后，《隋书·经籍志》和《新唐书·艺文志》所记《吴子》仅剩一卷，内容多有亡佚。《宋史·艺文志》记有《吴子》三卷，即今本《吴子》，共三卷六篇，即《图国》《料敌》《治兵》《论将》《应变》和《励士》。现仅存的六篇，个别地方还窜入汉、魏晋南北朝或唐代人的文字。

《吴子》现存最早的刊本是南宋孝宗、光宗年间刻《武经七书》本。后世众多版本大都源于此本，并多以丛书本行世。此外，尚有明吴勉学刊《二十子》本、明翁氏刊《武学经传三种》本、清孙星衍《平津馆丛书》本、清乾隆《四库全书》本和《四部丛刊》本等。

《吴子》重要的注释本有宋代施子美《施氏七书讲义》本、明代刘寅《武经直解》本、清代朱墉《武要七书汇解》本等。新中国成立后研究《吴子》的不多，比较重要的有1977年上海人民出版社注释本、1986年解放军出版社《吴子浅说》本和《武经七书注释》本等。

3.《孙膑兵法》

《孙膑兵法》又称《齐孙子》，中国古代著名兵书。《汉书·艺文志》著录有"《齐孙子》八十九篇，图四卷"。《汉书·陈汤传》引有《孙膑兵法》的"客倍而主人半，然后敌"，说明西汉时《孙膑兵法》尚在流行，但在东汉以后便失传了。

1972年，在山东临沂银雀山汉墓出土《孙膑兵法》，共有竹简44枚，简长27.5厘米，3道绳编。经过整理，现存十六篇：《擒庞涓》《见威王》《威王问》《陈忌问垒》《选卒》《月战》《八阵》《地葆》《势备》《兵情》《行选》《杀士》《延气》《官一》《五教法》《强兵》。其中，除了《擒庞涓》《见威王》与《威王问》三篇篇名根据内容所加，其余均为原书篇题。竹简本是汉初抄本，其中孙膑不以第一人称出现，所以学界普遍认为此书是由孙膑弟子记录而成。

《孙膑兵法》现有竹简本，即1972年在山东临沂银雀山汉墓出土，为汉初抄本，经银雀山汉墓竹简整理小组的认真发掘、整理和考证之后，由文物出版社先后于 1975 年 2 月和 7 月分别公开出版了普通本竹简《孙膑兵法》和线装大字本竹简《孙膑兵法》。1985 年，文物出版社出版精装本《银雀山汉墓竹简》，《孙膑兵法》列在第一辑（与 1975 年版有所改动）。此外，还有李均明的《孙膑兵法译注》、张震泽的《孙膑兵法校理》、邓泽宗的《孙膑兵法注译》和骈宇骞等人译注的《孙膑兵法》等。其中，骈宇骞、王建宇、牟虹、郝小刚四人译注的《孙膑兵法》，于 2006 年 9 月由中华书局出版发行，目前已经印刷 11 次。此本兼采众家之说，是较好的版本，也是本教材采用的版本。

《孙膑兵法》无论从广度和深度，都丰富和发展了早期兵家的军事思想。其中，有关于战争的作用、胜负因素、强弱转化、地形选择、兵力部署、阵法运用和将帅条件等许多精辟的论述。而战国时期社会生产力大发展、社会政治大变革，各种形式的铁器的运用和推广，各国地主阶级统治者的互相兼并以及兵器的改进，兵额的急增和多兵种的出现，无一不是孙膑军事思想形成和逐渐趋向成熟的客观基础。

4.《尉缭子》

《尉缭子》是中国古代著名兵书，兵学经典"武经七书"之一。班固《汉书·艺文志》中，列在"杂家类"的《尉缭子》有二十九篇，列在"兵形势家类"的《尉缭子》有三十一篇。由于班固没有对两者之间的关系给予说明，而流传至今的《尉缭子》仅有二十四篇，与上述两种《尉缭子》的篇数均不相符，故《尉缭子》的著录及其版本便成了历代学者研究该书的一个重要问题。有人认为"实际上就只有一种《尉缭子》"，"班固的《汉志》把这部书既分在杂家，又分在兵形势家内，就因为它用的是互助法"（徐召勋《互助与别裁》，载《学点目录学》，安徽教育出版社 1983 年版）有人认为"杂家《尉缭子》本是一部著作"，"却被《汉书》的作者班固分在'杂家'与'兵家'两大类中当成两部书，从而引起了误解，造成了混乱"，"今本《尉缭子》几是班固所说的《尉缭子》"（何法周：《〈尉缭子〉初探》，《文物》1997 年第 2 期）。也有人认为"兵家和杂家《尉缭子》显然是内容不同仅同署名的两本书"，杂家书没有流传下来，今本是兵形势家《尉缭子》（钟兆华：《关于〈尉缭子〉某些问题的商榷》，《文物》1978 年第 5 期）。还有人认为"今本《尉缭子》当是原杂家书"，"兵家书在隋以前就已亡佚"，"元丰年间编入《武经七书》的正是隋唐时的杂书《尉缭子》"（张烈：《关于〈尉缭子〉的著录和成书》）。众说纷纭。

我们认为徐勇的观点更有说服力：即今本《尉缭子》应是原杂家和兵家书的两个残本合编而成的一部古代兵书，前十二篇基本属于原杂家《尉缭子》的内容，后十二篇是原兵家《尉缭子》的内容。《尉缭子》同许多先秦子书一样，是由尉缭子或其弟子根据他的言论在不同时期撰写的作品的合编。《尉缭子》最初大约有六十多篇,其中二十九篇内容杂取其他学派的观点,具有杂家性质,于是被汉代刘歆、班固编入"杂家类"。另外三十一篇关于军事与文化的篇目,就被任宏、班固编入"兵形势家类"。

现存《尉缭子》版本主要有五卷本(《武经七书》本、《续古逸丛书本》等);两卷本(子书百种)、《二十五子汇函》等);一卷本(清代任兆麟选辑《续述记》);九卷本(宋代施子美讲义《施氏七书讲义》);《尉缭子直解五卷》(明代刘寅撰《苑委别藏》);《尉缭子》不分卷本(明代归有光辑评《诸子汇函》)。

1972年山东临沂银雀山汉墓出土《尉缭子》残篇以来,《尉缭子》的注释本有二十多种。其中,徐勇注译,中州古籍出版社于2010年1月出版的《尉缭子》是较好的版本。

今本《尉缭子》共分五卷。卷一包括"天官"、"兵谈"、"制谈"、"战略"、"攻权"五篇,主要论述政治、经济和军事的关系,攻城与作战的原则,主张行事不应依靠鬼神,而应依赖人的智慧。卷二包括"守议"、"十二陵"、"武议"、"将理"、"原官"五篇,主要论述战争的性质、作用和守城的原则。卷三包括"治本"、"战权"、"重刑令"、"伍制令"、"分塞令"五篇,主要讲述用兵的原则、军队的纪律和奖惩制度。卷四包括"束伍令"、"经卒令"、"勒卒令"、"将令"、"踵军令"五篇,主要叙述战场法纪、部队的编组、标志和指挥信号,以及行军序列。卷五包括"兵教上"、"兵教下"、"兵令上"、"兵令下"四篇,主要叙述军队训练的条例。

四、兵家的思想

兵家是在春秋战国的政治和实践背景中,在诸子百家争鸣中,在继承前代军事思想的基础上而形成的一个学术流派。兵家提出了计、谋、攻、战、争、诡、虚实、形势、奇正、变、用间等一系列思想范畴,具有独特的理论构架和思想体系。

1. 孙武

《孙子兵法》涉及战争规律、谋略、政策、经济、外交、天文、地理以及气象等多方面,内容博大精深,理论高度概括,逻辑缜密严谨,实践层出不穷,是我国和世界宝贵的古代军事文化遗产。李桂生将《孙子兵法》的军事思想总结为二十一条,可谓详尽。

(1)重战、慎战、备战论

孙武曰："兵者，国之大事。死生之地，存亡之道，不可不察也。"（《孙子兵法·计》）孙子把战争与国家命运、人民的生死紧密联系起来，不仅指出战争在国家事务中的重要地位和作用，而且也明确指出战争的政治目的在于确保国家的生存与发展。因此，一定要慎重决策，切不可意气用事，盲目出战。二是主张不要随便出战，但要积极备战，做到有备无患："故用兵之法，无恃其不来，恃吾有以待之；无恃其不攻，恃吾有所不可攻也。"

（2）知彼知己的知胜论

《谋攻》篇曰："知彼知己，百战不殆。不知彼而知己，一胜一负。不知彼不知己，每战必殆。"孙武指出战争建立在对敌我双方透彻了解的基础上。这也是战争的指导原则和普遍规律，具有朴素的唯物论和辩证法思想。

要做到"知彼知己"，就必须完全掌握敌方的军事部署、军事意图，就必须搜集可靠的军事情报，而情报的获得则靠间谍，故必须"用间"，即重视间谍的作用。用间有五："有因间，有内间，有反间，有死间，有生间。五间俱起，莫知其道，是谓神纪，人君之宝也。"这些军事经验，无疑具有理论价值和借鉴意义。

（3）诡道与全胜论

孙子曰："凡用兵之法，全国为上，破国次之；全军为上，破军次之；全旅为上，破旅次之；全卒为上，破卒次之；全伍为上，破伍次之。"战争的最高境界是"不战而屈人之兵"。要做到这一点，就必须使用谋略使敌国屈服。而上古尚礼，不进击未成列的军队。春秋以来，礼崩乐丧，诡道乍起。孙武第一个总结诡道的特点，并成为后世用兵的原则。孙武的诡道有十二法："兵者，诡道也。故能而示之不能，用而示之不用，近而示之远，远而示之近。利而诱之，乱而取之，实而备之，强而避之，怒而挠之，卑而骄之，逸而劳之，亲而离之，攻其无备，出其不意。此兵家之胜，不可先传也。"真假虚实，变幻莫测，故孙武的谋略概括起来就是"诡道"。

（4）先胜与速胜论

孙子云："故善战者，立于不败之地，而不失敌之败也。是故胜兵先胜而后求战，败兵先战而后求胜。善用兵者，修道而保法，故能为胜败之政。"即认为战争要取得胜利，必须处于先胜的地位，要胸有成竹，而对敌军事斗争应该速战速决。《作战》篇云："故兵闻拙速，未睹巧之久也。夫兵久而国利者，未之有也……故兵贵胜，不贵久。"强调主动进攻，深入敌国，用最短的时间夺取最大的胜利。并且要"乘人之不及，由不虞之道，攻其所不戒也。"

(5)令文齐武的治军论

这里的"文"是奖赏、鼓励,"武"是惩罚、法制。孙子认为对士兵要恩威并施,士卒才可用。而要做到赏罚分明,关键是有法可依、执法必严。因此,"凡治众如治寡,分数是也;斗众如斗寡,形名是也;三军之众,可使必受敌而无败者,奇正是也;兵之所加,如以石投卵者,虚实是也。""施无法之赏,悬无政之令。犯三军之众,若使一人。犯之以事,勿告以言;犯之以害,勿告以利。"

(6)五德兼备的将帅论

上古三代军政不分,文武合一,至春秋而一变,专门的将帅职业分化出来,军队指挥系统和参谋力量逐渐完备起来。《孙子》说:"凡军之所欲击,城之所欲攻,人之所欲杀,必先知其守将、左右、谒者、门者、舍人之姓名,令吾间必索知之。"这些守将、左右、谒者、门者、舍人,就是军事指挥的核心和成员,而将帅更是战争的指挥者、战争的实施者和作战过程的谋划者,故地位举足轻重。因此,孙子对将帅提出了"智、信、仁、勇、严"的五德要求。与此相对立的是"将有五危"(五种类型的将帅比较危险),即"必死"之将、"必生"之将、"忿速"之将、"廉洁"之将和"爱民"之将。同时,严肃地指出"将有六过"(带兵的六种过失):"故兵有走者,有驰者,有陷者,有崩者,有乱者,有北者。凡此六者,非天之灾,将之过也。"而"凡此六者,败之道",故要求将帅一定认真对待。

(7)朴素的唯物论和辩证法思想

孙子不信天道鬼神。孙武云:"天者,阴阳、寒暑、时制也",反对用迷信的方法去预测胜负,主张"禁祥去疑"(《九地》),"故明君贤将,所以动而胜人,成功出于众者,先知也"。"先知者","不可取于鬼神,不可象于事,不可验于度,必取于人,知敌之情者也"(《用间》),表现出鲜明的无神论思想。孙武认为自然界的天是物质的,天的运动是有规律的,是可以认识和利用的,"四时无常位,日有短长,月有死生"(《虚实》),且一切都处在运动、变化中。

《孙子兵法》有著名的"五事七计"论:"故经之以五,校之以计而索其情:一曰道,二曰天,三曰地,四曰将,五曰法。""故校之以计,而索其情。曰:主孰有道?将孰有能?天地孰得?法令孰行?兵众孰强?士卒孰练?赏罚孰明?吾以此知胜负矣。"(《计》)一个国家政治是否清明,民众与君主是否同心同德是进行战争的首要条件。"天"是昼夜、寒暑与四时节令的变化;"地"是地理条件,这二者是战争的自然条件。"将"、"法"是战争的主观条件。只要从这五方面去考察，就能预知谁胜谁负。而国力是决策战争的重要依据："凡用兵之法，驰车千驷，革车千乘，带甲十万，千里馈粮，内外之费，宾客之用，胶漆之材，车甲之奉，日费千金，然后十万之师举矣。"(《作战》)曹操对此注曰："购赏犹在外之也。"只有具备了充足的财力物力，军队才可能运转起来。立足于此，孙子提出"兵贵胜，不贵久"的战略原则。

战争是一种特殊的社会现象，具有实践性。孙子曰："故策之而知得失之计，作之而知动静之理，形之而知死生之地，角之而知有余不足之处。"(《虚实》)孙子认为通过战争实践，可以获取敌人的真实情况。毛泽东曾说："你要有知识，你就得参加变革现实的实践。你要知道梨子的滋味，你就得变革梨子，亲口吃一吃。""一切真知都是从直接经验发源的。"(《毛泽东选集》)这些观点，无疑继承了孙子的思想。

孙子分析事物强调"两点论"："是故智者之虑，必杂于利害。杂于利而务可信也，杂于害而患可解也。"(《九变》)孙武指出，无论攻守、强弱、劳逸、奇正、虚实、远近等战争中的对立双方，都是互相依存的，也是可以转化的。如防御作战时，"备前则后寡，备后则前寡，备左则右寡，备右则左寡，无所不备，则无所不寡"(《虚实》)，但如果避实击虚，敌人的主动地位就转化为被动地位了，故孙武坚持："敌逸能劳之，饱能饥之，安能动之。"(《虚实》)

孙武指出一切事物都处在不断变化中，"无穷如天地，不竭如江海"，"夫兵形象水"，"兵无常势，水无常形"——战争恰如流动的水，永远处于动势之中，水没有固定的形态，战争亦没有固定的格局，都在永恒地变化着。"乱生于治，怯生于勇，弱生于强"，治与乱、勇与怯、强与弱不是固定的，而是变化的。士气"朝气锐，昼气惰，暮气归"，也在随着时间的变化而变化。物资亦"五行无常胜，四时无常位；日有短长，月有死生"。矛盾也会相互转化："敌逸能劳之，饱能饥之，安能动之"(《虚实》)；"以碬投卵者，虚实是也"(《势》)。总之，战争及与战争相关联的一切事物，永远处在不断变动中。这正是孙子朴素辩证法思想的体现。

当然，《孙子兵法》博大精深，其军事、哲学思想远非上述七条能够详尽。它所揭示的战争的规律、战争指挥艺术以及战争与哲学的关系至今仍能给人以启迪。

2. 吴起

《吴子兵法》虽然现在仅存六篇，但也有一系列价值很高的军事思想。

首先，正确认识政治和战争的关系。吴起强调政治与军事并重，主张以政治为先的战争观念。《图国》说，要富国强兵，必须"内修文德，外治武备"。文德，指政治教化而言，是儒家的思想。武备，指军事战争而言，是法家的观点。吴起坚持两者必须并重，不可偏废。在此前提下，吴起重视政治教化："昔之图国家者，必先教百姓而亲万民"，"是以圣人绥之以道，理之以义，动之以礼，抚之以仁。因此四德者"。"道、义、礼、仁"四德关系国家兴衰，"修之则兴，废之则衰"。显然，这种战争观是正确的，也是具有很大进步意义的。

其次，探讨战争的起源与性质。《吴子》对各类战争的原因作了一个简约的概括："凡兵之所起者有五：一曰争名，二曰争利，三曰积恶，四曰内乱，五曰因饥。"（《图国》）由战争的五种起因出发，《吴子》又探索了战争的性质，也把它区分为五类："一曰义兵，二曰强兵，三曰刚兵，四曰暴兵，五曰逆兵。禁暴救乱曰义，恃众以伐曰强，因怒兴师曰刚，弃礼贪利曰暴，国乱人疲、举事动众曰逆。五者之数，各有其道：义必以礼服，强必以谦服，刚必以辞服，暴必以诈服，逆必以权服。"（《图国》）吴起第一次对战争的起源与性质进行总结与归纳，以探求正义性的战争。虽然他的认识还比较模糊，但是较《孙子》的认识又前进了一步。在战国初期，《吴子》能认识到战争因"争利"等经济原因而爆发，显得难能可贵。

最后，鲜明的治军思想。吴起认为治理军队必须做到赏罚分明，军纪严肃，见《尉缭子·武议》："吴起与秦战未合，一夫不胜其勇，前获双首而还。吴起立命斩之。军吏谏曰：'此材士也，不可斩！'起曰：'材士则是也，非吾令也。'斩之。"吴起强调军队的强弱不在数量，而在质量，即"不在众寡"，"以治为胜"（《治兵》）。因此，吴起重视将帅的选拔和士卒的训练。他主张将帅必须懂得和熟练运用"四机"之理，即气机（士气）、地机（地形）、事机（兵谋）和力机（用兵）。将帅还要具备"其威、德、仁、勇，必足以率下安众，怖敌决疑。施令而下不敢犯，所在而寇不敢敌"的素质。同时，也不能忽视士卒的训练和阵法的演习："用兵之法，教戒为先。一人学战，教成十人。十人学战，教成百人。百人学战，教成千人。千人学战，教成万人。万人学战，教成三军。"（《治兵》）只有这样，将帅"得之国强，去之国亡"，才可使士卒"将之所麾，莫不从移；将之所指，莫不前死"，从而达到将士同心的"和于阵"的理想治军状态。在此基础上，吴起发扬了孙武的知胜论思想，强调了解和分析敌情的重要意义，并且具体指出了处于六种情况的国家，不可轻易与其作战。在《应变》篇中，又具体论述了在仓猝间遭遇强敌、敌众我寡、敌拒险坚守、敌断我后路、四面受敌及敌突然进犯等情况下的应急战法和胜敌的策略。至于武器装备，马匹训练，旗帜统一，地形环境及经济、风俗、国情等状况的运用，《吴子》都有涉猎。因此，尉缭子称赞道："有提七万之众，而天下莫当者谁？曰，吴起也。"（《尉缭子·制谈》）

3. 孙膑

《孙膑兵法》是在继承《孙子兵法》《吴子》等的军事思想的基础上，总结战国中期及其以前的战争经验，提出了一些新的观点和原则。《孙膑兵法》曾失传千余年，但《史记》与《通典》等古籍中也保存有少量佚文，在历史上颇有影响。孙膑提出的"围魏救赵"，早已成为军事史上的著名战法。

第一，主张战争。《孙膑兵法》结合战国中期诸侯争霸的历史现实，在继承前人重战的基础上，强调战争关系社稷安危，"不可不察"；"乐兵者亡"、"利胜者辱"；必须做到"有义"、"有委"、"事备而后动"。同时，认为在割据混战的情况下，依靠仁义礼乐无法"禁争夺"，唯有"举兵绳之"才能解决问题。孙膑充分肯定统一战争在历史上的进步作用，明确提出"战胜而强立，故天下服"的思想，认为战争是结束诸侯争霸，实现天下统一的客观要求。这一观点，无疑具有进步意义。

第二，主张富国。孙膑认为"富国"才是"强兵之急者"，因而主张变法革新，发展生产，增强经济，提高综合国力，为建立强大的国防提供物质基础，最终达到统一天下的目的。强兵的关键是提高人的素质，"间于天地之间，莫贵于人"。因此，要求将帅"上知天之道，下知地之理，内得其民之心，外知敌之情，阵则知八阵之经，见胜而战，弗见而诤"；要求士卒"篡卒"和"篡贤取良"。同时，强调治军赏罚严明，"素听"、"素信"，并提出"五教法"："善教者于本，不临军而变，故曰五教：处国之教一，行行之教一，处军之教一，处阵之教一，隐而不相见利战之教一。"这不仅包括军队政治教育、队列训练、行军训练，也包括阵法训练与战法训练。孙膑试图全面提高军队的素质，以适应争霸战争的需要。

第三，主张进攻战。《孙膑兵法》曰："必攻不守，兵之急者也。"孙膑主张积极主动进攻，反对消极抵御防守。这比孙子"攻而必取者，攻其所不守"的观点又有变革。这不仅使战争的真正目的更明确，而且对指导战争也有普遍意义。

第四，重视"道"。孙膑认为正确指导战争的最高要求就是"达于道"，指出"先知胜不胜之谓知道"，"知道，胜"，"不知道，不胜"，"安万乘国，广万乘王，全万乘之民命者，唯知道"，"知其道者，兵有功，主有名"，"求其道，国故长久"。孙膑要求战争的指挥者必须重视对战争规律的把握和研究，必须全面掌握天文、地理、民心、敌情、阵法、战术等主导战争胜负的重要因素。只有这样，才能"知其道者，兵有功，主有名"。

第五，贵"势"。在《吕氏春秋·不二》篇云："老聃贵柔，孔子贵仁，墨翟贵兼，关尹贵清，……孙膑贵势。"孙膑认为要主动造成有利于己，不利于人的态势，最大限度地争取战争的主动权，从而达到克敌制胜的目的。因此，孙膑总结出一系列战术原则，如"我弱敌强，我众敌寡"时，要"赞师"，即示弱藏形，诱敌出战，聚而歼之。"我众敌寡，我强敌弱"时，要"让威"，"避而骄之"，即先退一步，疲敌困敌，后发制人。势均力敌时，要"营而离之"，"并卒而击之"，即迷惑、调动、分散敌人，然后集中兵力，消灭敌人。对待穷寇要"待生计"，虚留生路，瓦解其斗志，引而歼之。在各种复杂地形上要"料敌计险"、"居生击死"，即善于利用地形，使自己处于有利的"生地"，迫使敌人处于不利的"死地"。兵种运用要做到"易则多其车，险则多其骑，厄则多其弩"，布阵要灵活。总之，"势"的变化是多端的。通过造势，可以掌握主动，并最终赢得战争。孙膑与庞涓之间的军事争斗，无疑是对其兵法的最好注解。

4. 尉缭

《尉缭子》在总结和吸取前人思想精华的基础上，形成了自己的新的理论高度，不愧是先秦兵家最后一位大师。

第一，进步的战争观。《尉缭子》根据历代战争的特点，将其分为"挟义而战"和"争私结怨"性质截然不同的两类（《攻权》），赞成"诛暴乱，禁不义"的战争，反对"杀人之父兄，利人之货财，臣妾人之子女"的不义之战。一方面，尉缭强调战争是"并兼广大以一其制度"，认为"兵者，以武为植，以文为种，武为表，文为里"，进一步将政治和军事相联系，阐明军事是政治的发展和表现形式，战争的最终目的是实现大一统。同时，认为经济是决定战争胜负的关键，故注重耕战，鼓励商业："市者，所以给战守也"，"夫提天下之节制，而无百货之官，无谓其能战也。"另一方面，他认为军事的胜利也会促进国内政治的清明和经济的发展，即"战胜于外，福产于内"（《兵谈》）。

第二，鲜明的战争指导思想。《尉缭子》强调对战争要有全面的认识，指出胜利有"道胜"、"威胜"和"力胜"三种方法，上等是"道胜"，即孙膑之"道"。因此，尉缭认为必须知"道"，即认识战争的本质和规律，故尉缭重视战争准备，准确掌握敌我"兵有备阙，粮食有余不足"、"出入之路"等情况，并应该先发制人，"权先加人者，敌不力交；武先加人者，敌无威接。故兵贵先"。

第三，灵活的"奇正"战术。"出奇制胜"一直是兵家坚持的原则，而尉缭对这一思想进行了总结和升华，进一步阐明"奇正"的重要意义和具体运用方法："善御敌者，正兵先和，而后拒之，此必胜之术也"，"故正兵贵先，奇兵贵后，或先或后，制敌者也"（《兵令上》）。因此，他强调高度灵活地利用客观规律，"战权在乎道之所极"（《战权》），运用"有无"策略，并根据不同情况采取不同战略，如"地大而城小者，必先收其地。城大而地窄者，必先攻其城。地广而人寡者，则绝其厄"（《兵教下》）等。这些，无疑体现出"兵形势家"的运兵特点和作战规律。

第四，本领过硬的将帅。尉缭认为将帅身系国家生死存亡，"夫将，提鼓挥枹，临难决战，接兵角刃，鼓之而当，则赏功立名；鼓之而不当，则身死国亡。是兴亡安危，在于枹端，奈何无重将也"，故主张赋予将帅独立的决断权，"无天于上，无地于下，无主于后，无敌于前。一人之兵，如狼如虎，如风如雨，如雷如霆，震震冥冥，天下皆惊"，主张"举贤用能"、"贵功养劳"、"权敌审将，而后举兵"，要求将帅"为将忘家，逾垠忘亲，指敌忘身"，并把"心狂"、"耳聋"与"目盲"视为将帅修养的三大弊端，应坚决加以避免。同时，要求将帅与士卒关系要和谐，即"将帅者心也，群下者，支节也"。只有将士同心同德，军队才会成为一个有机整体。在此基础上，尉缭主张军队必须建立严密的制度，"凡兵，制必先定"，"明制度于前，重威刑于后"；坚持严明赏罚，"刑上究"，"赏下流"，并制定了诸如联保、军队营区划分、警戒、禁令及将吏实施惩罚权限、战斗编组、信号指挥等各种条令。他还强调法制必须与教化应该相结合，"先礼信而后爵禄，先廉耻而后刑罚，先亲爱而后律其身"，实施恩威兼施的原则，从而达到治军的目的。

第五，辩证的军事思想。"兵阴阳家"在先秦风靡一时，其所宣扬的"天官、时日、阴阳、向背"思想，对战国影响很大。尉缭与此针锋相对，坚持"天人相分"的辩证法思想，认为战争在于主观因素，而非客观条件。尉缭曰："先神先鬼，先稽己智者，谓之天官。以是观之，人事而已矣"（《天官》）"贤用能，不时日而事利；明法审令，不卜筮而事吉；贵政养劳，不祷祠而得福。故曰：天时不如地利，地利不如人事。圣人所贵，人事而已矣。"（《武议》）。尉缭认为求神鬼不如重"人事"，反对"考孤虚，占咸池，合龟兆，视吉凶，观星辰风云之变"（《武议》）的迷信做法。这和孙子、吴起与孙膑相比，有了质的突破。尉缭不仅承认宇宙的客观存在，还能运用辩证法思想，从进化论和无神论入手分析问题。这些，已经是其哲学思想的体现。"苍苍之天，莫知其极，帝王之君，谁为法则？往世不可及，来世不可待，求己者也。"

(《治本》)这段话大胆，深刻，体现出尉缭试图对宇宙在时间和空间的无限性方面的哲学思考。

《尉缭子》杂取法、儒、墨、道诸家思想而论兵，力图对先秦兵家进行总结。正如《吕氏春秋》是先秦哲学的最后一种著作一样，《尉缭子》也是先秦兵家的最后一朵奇葩，不仅在先秦兵书中独具一格，而且对后世有深远影响。日本研究《尉缭子》的著述约三十余种，朝鲜也有刊本。相信随着信息交流的日益紧密，《尉缭子》定会走向全球，向世界展示它的风采。

五、兵家的现实意义

先秦子学对中国社会发展、对中国人思维方式的影响，是后来任何一个年代都无法比拟的。在一定意义上，先秦子学正是中国传统文化的活水源头。作为诸子之一的兵家，自然也不例外。兵家思想的现实意义主要体现在三方面：

1. 军事价值

早在西周时期，就有《军政》《军志》等军事专著，《汉书·艺文志》更是著录兵书六十三家，一千二百四十一篇，但现在流传下来的只有《孙子兵法》《吴子》《司马法》《孙膑兵法》《尉缭子》和《六韬》。这些先秦兵书，首先是军事科学著作。军事科学是研究战争的本质和规律，并用于指导战争的准备与实施的综合性科学，包括武器装备、作战训练、战略研究、战术应用、物资储备、后备力量建设以及军事与政治、经济、技术、文化、外交和意识形态等各个领域之间的关系。

现代战争与先秦时期相比，形态已经发生重大变化，战争更加关注高科技，也更注重精密武器的使用。但是，战争的指挥者却没有变，依然是人，因而战争还停留在敌我双方智慧的较量上。因此，"诡道"与"谋略"依然是战争的原则和方法，重战、备战思想，也仍是每一个国家的基本战略思想，因为战争的威胁时刻存在。国外许多国家把《孙子兵法》作为培养军官的教科书，如英国名将蒙哥马利元帅，就积极主张世界各国的军事学院把《孙子兵法》列为学员必修课目，并在国外形成一种专门的学问，《孙子兵法》的精华已经被运用到核战略。早在二十世纪六十年代初，英国战略家李德·哈特就说："在导致人类自相残杀、灭绝人性的核武器研究成功后，就更需要重新而且更加完整地翻译《孙子》这本书了。"因此，先秦兵家的思想对我们迎接世界新军事变革仍然具有指导意义。

2. 经营管理价值

兵家管理领域主要在于军事，但其中蕴含的管理战略、策略、方略，对经济领域无疑也有借鉴价值，因为兵法理论与商业经营和企业管理之间有契合点，即二者关注的对象都是"人"，都是关于人的智慧的运用和潜能的发挥。

目前，国内外有许多企业家和经济学家对兵家的商战应用价值有深刻体会。最早将兵法引入企业管理的是日本人。日本学者村山孚认为日本企业的生存和发展有两个支柱，一个是美国的现代管理制度，一个是《孙子兵法》的战略和策略。日本企业家大桥武夫撰写了《兵法经营学》，具体讲述如何将兵法理论运用于商战。日本"经营之神"松下幸之助、麦肯齐公司董事长大前研一、美国著名管理学家乔治、美国营销大师菲利浦·科特勒、美国学者约翰·阿利、美国通用汽车公司董事会主席罗杰·史密斯、意大利埃尼公司总裁贝尔纳贝、我国著名企业家海尔集团董事张瑞敏、沃尔沃中国区首席执行官吴渝章等，都对《孙子兵法》有深入研究，将兵法运用于商场，并取得巨大成功。

"兵无常势，水无常形"，市场是瞬息万变的，即市场就是战场。不懂市场战争学的企业家，不可能带领企业在长期市场竞争中取得最终的胜利。不懂兵家思想的企业家，不可能是真正的成功者，故先秦兵法对商业经营和企业管理具有深远的指导意义和实际的使用价值。

3. 文化价值

兵家文化是先秦诸子文化的一个分支，具有独特的思想和文化价值。兵家以法家为本，兼采儒、道、墨等各家思想，形成自己独树一帜的谋略文化，故流传下来的兵书都是谋略著作。孙子提出"上兵伐谋"的思想，吴起继之以"气"，孙膑佐之以"权、势、谋、诈"，尉缭加之"奇正"，强调省时、度势、用间、料敌、用奇等权谋，共同组成先秦兵家谋略画卷，成为中国谋略文化的渊薮。

兵家也有哲学价值。虽然先秦兵家的哲学思想缺乏儒道诸家的系统性和深刻性，也没有对世界的本源做出形而上的思辨，但它更具实践性，是先秦哲学的有机组成部分。兵家朴素的唯物论和辩证法思想至今影响着我们的工作和生活。

兵家还有历史价值。兵家著作记载的兵器、旗帜、战服、军制、阵法、兵令等，是春秋战国特有的文化现象，对研究当时的文化提供了宝贵的材料。此外，兵家的法制观念、人格塑造在现在仍然有积极意义。

兵家产生于乱世，兴盛于乱世，沉寂于治世，在儒家文化为主流的封建正统社会屡遭排挤，作为其核心的谋略文化也被视作君子不为的诡诈之术，故在历代也命运多蹇。

第二节 兵家代表人物

一、孙武

孙武，字长卿，后人尊称其为孙子、吴孙子，春秋末期齐国乐安人（今山东广饶县），生卒年不详，大约与孔子同时代。孙武本是陈国公子陈完（陈厉公之子）后裔，陈完因陈国内乱逃祸至齐国，受到齐桓公的礼遇。后陈完隐姓避难以田为姓，娶齐大夫懿仲之女为妻，终成齐国望族，谥号敬仲。祖父田书，在齐景公朝官至大夫，后因景公赐姓孙氏，故改姓名为孙书，其子孙凭，即孙武的父亲，字起宗，在景

孙武画像

公朝中为卿。田无宇、田（孙）书、孙凭，祖孙三代同在朝中为官，且地位显赫，权倾一时①。

因此，孙家是一个精通军事的贵族世家，家中收藏的兵书甚多，《黄帝兵书》《太公兵法》《易经卜兵》《令典》《周书》《尚书兵纪》《管子兵法》及上自三代，下到春秋早中期有关战争的竹简，自是架上常册。孙武自幼聪慧睿智，机敏过人，善于思考，富有创见。在齐国的倡导和家庭的耳濡目染下，孙武自幼尚武，并逐渐显现对军事的爱好和特有的天赋。在学校开设的"五教"及"六学"诸课中，孙武也对"射"和"御"情有独钟，投入大量精力和努力，并很快成为同辈贵族少年中的佼佼者。

公元前512年，孙武从齐国出走至吴国，经伍子胥引荐，以《兵法》十三

① 也有人说孙武不是田完的后代，见李桂生：《诸子文化与先秦兵家》，72～78页，长沙，岳麓书社，2009。我们认为，在没有足够的资料证明之前，还是采用宋人欧阳修、宋祁《新唐书》的相关记载为宜。

篇见吴王阖闾，《史记·孙子吴起列传》记载道：

> 孙子武者，齐人也。以兵法见于吴王阖闾。阖闾曰："子之十三篇，吾尽观之矣，可以小试勒兵乎?"对曰："可。"阖闾曰："可试以妇人乎?"曰："可。"於是许之，出宫中美女，得百八十人。孙子分为二队，以王之宠姬二人各为队长，皆令持戟。令之曰："汝知而心与左右手背乎?"妇人曰："知之。"孙子曰："前，则视心；左，视左手；右，视右手；后，即视背。"妇人曰："诺。"约束既布，乃设鈇钺，即三令五申之。于是鼓之右，妇人大笑。孙子曰："约束不明，申令不熟，将之罪也。"复三令五申而鼓之左，妇人复大笑。孙子曰："约束不明，申令不熟，将之罪也；既已明而不知法者，吏士之罪也。"乃欲斩左右队长。吴王从台上观，见且斩爱姬，大骇。趣使使下令曰："寡人已知将军能用兵矣。寡人非此二姬，食不甘味，愿勿斩也。"孙子曰："臣既已受命为将，将在军，君命有所不受。"遂斩队长二人以徇。用其次为队长，于是复鼓之。妇人左右前后跪起皆中规矩绳墨，无敢出声。於是孙子使使报王曰："兵既整齐，王可试下观之，唯王所欲用之，虽赴水火犹可也。"吴王曰："将军罢休就舍，寡人不愿下观。"孙子曰："王徒好其言，不能用其实。"於是阖闾知孙子能用兵，卒以为将。

通过斩姬练兵这一具体实践，佐以惊世骇俗之宏论，卓越远见之谋略，孙武最终取得阖闾的信任，受任为将。

孙武与伍子胥共同辅佐阖闾经国治军，制定了以破楚为首务，继而南服越国，尔后进图中原的争霸方略，并实施分师扰越、疲楚的作战方针，使吴取得与楚争雄的主动权。同时，孙武主张改革图强，亩大税轻，"士少"、"富民"，鼓励发展小农经济，以求富国强兵。公元前506年，吴国攻楚的条件已经成熟，孙武与伍子胥辅佐阖闾大举攻楚，率兵六万打败楚国二十万大军，五战五捷，攻入楚国郢都（今湖北江陵），楚几灭亡。吴国从此强盛起来，开始了讨伐越国的战争。在一次与越国的战争中，阖闾受伤不久病死，由太子夫差继承王位，孙武和伍子胥整顿军备，以辅佐夫差完成报仇雪耻大业。

公元前494年春天，越王勾践调集军队从水上向吴国进发，夫差率十万精兵迎战于夫椒（今江苏吴县），在孙武、伍子胥的策划下，吴军大败越军，越王勾践不得已求和，从此拉开了吴越两国长达几十年的斗争。公元前485年与公元前482年，夫差联合鲁国，向北两次大败齐军。公元前482年，夫差率数万精兵到达黄池（今河南封丘），与晋、鲁等诸国君会盟，夫差代替晋国争得霸主地位。

小有成就的夫差渐有骄色，逐渐远离谋臣孙武与伍子胥，并重用奸臣伯嚭。而越王勾践为了灭吴，一方面亲侍吴王，卧薪尝胆；一方面选美女西施入吴。西施入吴后，夫差大兴土木，建筑姑苏台，日日饮酒，夜夜笙歌，沉醉于酒色之中。孙武、伍子胥力谏灭越，但忠言逆耳。刚烈的伍子胥一次次的劝谏令夫差恼羞成怒，他逼迫伍子胥自尽，甚至将其尸体装在一只皮袋里扔至江中。伍子胥的死，给了孙武沉重的打击，他意识到吴国已经不可救药，便悄然归隐。

孙武在吴三十年，战功显赫，使吴国强势崛起，夺取了晋国的霸主地位，"西破强楚，入郢，北威章、晋，显名诸候"（《史记》），取得赫赫战功。归隐后，孙武之事史无所记。有人说他回到了齐国，与家人团聚，共享天伦之乐。有人说他功成身隐，以尽天年而终，卒于吴国姑苏（今苏州吴县）——这些都是传说，无史可考。

孙武根据自己训练军队、指挥作战的经验，撰写《孙子兵法》十三篇。《孙子兵法》是我国最早的兵法，被誉为"兵经"、"兵学圣典"、"百世谈兵之祖"，置于"武经七书"之首，并被译为英、法、德、日等文，成为国际间最著名的兵学典范之书。

二、司马穰苴

司马穰苴与孙武同宗同族，均系陈国公子陈完之后裔，本姓田，名穰苴，年龄长于孙武。齐庄公时，田完的后代田桓子甚有宠，位高权重。公元前547年，齐景公即位后，田桓子又深受景公的信任，其家族亲信遍布朝野，在齐国形成了强大的家族势力。田穰苴虽属田氏宗族，但并非田氏嫡出，与田桓子一支较为疏远，故在田氏宗族中地位低下。

齐景公贪图淫乐，不恤民力，以至民不聊生、众怨沸腾。邻国晋、燕见齐国政治日益败坏，遂先后入侵。晋军侵犯齐国的阿、甄两邑，燕军则一路打过齐国境内的黄河，齐军大败，都城临淄岌岌可危。

齐国本有名将田开疆、古冶子和公孙捷，并称"三杰"，但三人仅有匹夫之勇，自恃曾立大功，骄横跋扈，连相国晏婴也不放在眼里，在齐景公面前亦无所顾忌。晏婴巧用"二桃"之计除掉三人。晋、燕强敌压境，齐国危难之际，相中田穰苴的晏婴建议齐景公任用田穰苴为将："穰苴虽田氏庶孽，然其人文能附众，武能威敌，愿君试之。"齐景公召见田穰苴，"与语兵事，大

"悦之"，遂任命田穰苴为将军，令之率军抵御晋、燕的入犯。田穰苴云："臣素卑贱，君擢之间伍之中，加之大夫之上，士卒未附，百姓不信，人微权轻，愿得君之宠臣、国之所尊，以监军，乃可。"田穰苴鉴于自己出身微贱，恐士卒不听，请求景公派一名宠臣到军中做监军，以正军威，故景公派出自己最宠爱的佞臣庄贾前往。

田穰苴辞别齐景公时，便与庄贾相约"日中会于军门"，庄贾应允。次日晨，田穰苴先到军中，集合部队，"立表下漏"以待监军庄贾。庄贾"素骄贵，以为将己之军而己为监，不甚急"，且亲戚左右设宴饯行，早忘记田穰苴之约。傍晚，醉醺醺的庄贾才来到军中。田穰苴大怒："将受命之日则忘其家，临军约束则忘其亲，援枹鼓之急则忘其身。今敌国深侵，邦内骚动，士卒暴露于境，君寝不安席、食不甘味，百姓之命皆悬于君，何谓相送乎！"田穰苴召军正问道："军法期而后至者云何？"军正回答道："当斩！"田穰苴立即喝令将庄贾推出斩首示众。庄贾的手下飞驰入朝，向齐景公求救，景公忙遣使者持节杖到军中赦庄贾之罪，但为时已晚——等使者赶到时，庄贾早已人头落地，并挑在竹竿上示众。面对景公使者的责问，田穰苴威严地回答："将在军，君令有所不受！"并厉声责问军正："军营中不能跑马。今使者在军营中奔驰，该当何罪？"军正回答："当斩！"使者闻言，吓得魂飞魄散。田穰苴道："国君的使者不可杀之。"乃令将使者的马夫斩首，将马车左边的马杀死，并砍下马车的左骖，算是代替对使者的处罚。然后，田穰苴令使者回朝，向齐景公报明。三军将士见状，不禁对田穰苴肃然生畏。

田穰苴用兵赏罚分明，威恩并施。司马迁云："士卒次舍，井灶饮食，问疾医药，（穰苴）身自拊循之。悉取将军之资粮飨士卒，身与士卒平分粮食，最比其羸弱者。"田穰苴对于士卒的营房和饮食以至生病医药之类的事都非常关心，亲自检查、询问，并将自己的粮食俸禄拿出来分给士卒，自己分到的粮食是全军中最少的。先人后己，身先士卒，这是何等可贵的品质！因此，当田穰苴与晋、燕开战时，连生病的士兵也要求上阵，而三军之士无不奋勇当先，"争奋出为之赴战"，晋军见状，不战而退；燕军闻讯，渡河而逃。田穰苴麾师追击敌军，夺回阿、甄二城，收复黄河两岸，凯旋回朝。由此，我们可以看出田穰苴治军的两个特点：一是立威，一是施恩，恩威并用，执法严明，故司马迁赞曰："闳廓深远，虽三代征伐，未能竟其义。"

田穰苴凯旋回朝，齐景公大喜，特意率朝中大臣迎出都门，拜田穰苴为大司马，掌管国家兵权，故世亦称其司马穰苴。

齐景公虽然荒淫无度，却能任用贤才。他执政四十余年，文有晏婴为相，武有田穰苴为将，竟使本已日趋衰败的齐国颇有振作之势。一次，齐景公深夜到相国晏婴的宅第夜饮，遭晏婴拒绝。后又到田穰苴家宴饮，谁料田穰苴接下来的回答与晏婴如出一辙："陪国君饮酒享乐，国君身边自有这样的人，此等事非臣之职份，臣不敢从命。"齐景公万万没料到在臣子家门前竟两次吃了闭门羹，无奈之下又到梁丘大夫家宴饮。梁丘名据，是个像庄贾之类的阿谀奉承之徒。听说景公深夜找他饮酒，跑出门来迎接。景公大喜，于梁丘据相携入室，把酒欢歌，通宵达旦。次日，晏婴与田穰苴不约而同进谏，劝齐景公不该深夜到臣子家饮酒。齐景公说："寡人无二卿，何以治吾国？无梁丘据，何以乐吾身？寡人不敢妨二卿之职，二卿亦勿与寡人之事也。"

此时，一些别有心思者认为时机已到。原来田氏已经权倾朝野，如今田穰苴掌管齐国军政，这就不能不让一直敌视田氏家族的鲍氏、高氏、国氏三大家族如芒刺在背。四家中，田氏势力最为强大，其核心人物田桓子颇有政治野心，趁齐景公对民众盘剥无度之机，用大斗出贷、小斗收进的办法来收买齐国人心，积累了大量的政治资本。其他三大家族见田氏甚得民心，政治势力迅速膨胀，纷纷向齐景公进谗言，欲驱逐田穰苴以削弱田氏势力。

田穰苴墓

齐景公也预感到田氏势力太盛，便采纳了鲍氏、高氏、国氏的意见，削去田穰苴之职。本来，田穰苴拜为齐国的大司马，并非凭借田氏家族的势力，依靠的是自己的才能和军功，但却无辜被免，成了四大家族争权夺利的牺牲品。田穰苴壮志未酬，抑郁成病，赍志而终。田穰苴死后葬于临淄城郊，其墓在今淄博市临淄区齐都镇尹家村南，保存完好。

田穰苴之死成了田氏发难的导火索，进一步激化了田氏与鲍氏、高氏、国氏的矛盾，使田氏加快了夺取齐国政权的步伐，鲍氏、高氏、国氏以及晏氏后来均被田氏所灭。公元前391年，田和将齐康公迁于东海之上。又过了五年，周王朝承认田氏为诸侯，姜齐遂变为田齐，史称"田氏代齐"。司马迁在《史记·司马穰苴列传》中评价道：

> 景公退穰苴，苴发疾而死。田乞、田豹之徒由此怨高、国等。其后及田常杀简公，尽灭高子、国子之族。至常曾孙和，因自立为齐威王。

齐国之政，最终归于田家。这一点，晏婴也有敏锐的预见。晏婴出使晋国时，与晋卿叔向私下谈起各自国家的政事，晏婴慨叹道："齐国之政，其卒归于田氏矣。"遗憾的是田穰苴，空有经国纬世之才，却抱恨而终！

三、吴起

吴起（约前440—约前381），战国初期著名的政治改革家，卓越的军事家，卫国左氏（今山东曹县东北）人，后世将其和孙武连称"孙吴"，著有《吴子》，《吴子》与《孙子》又合称《孙吴兵法》，在中国古代军事典籍中占有重要地位。

据《史记》记载，吴起本来家累万金，为了求仕，倾家荡产。吴起由于求官未遂而破家，遭到乡邻耻笑，竟然"杀谤己者三十余人"，与母亲诀别时曾发誓说："起不为卿相，不复入

吴起像

卫。"吴起逃到鲁国，师从孔子弟子曾参学习儒术。母亲去世时，吴起没有回家为母亲送葬守丧，遭到曾子鄙视，被驱逐出师门。吴起便改学兵法，在鲁国谋得一个闲职，并娶了齐国的一位姑娘为妻。

公元前412年，齐国进攻鲁国。吴起想出任大将军，但其妻是齐女的身份使鲁国国君犹豫不决。为了消除鲁君对自己立场的怀疑，吴起毅然亲手杀妻，并如愿以偿出任大将军。吴起率鲁军到达前线，没有立即同齐军开仗，表示愿与齐军谈判，先向对方"示之以弱"，以老弱之卒驻守中军，给对方造成一种"弱"、"怯"的假象，用以麻痹齐军将士，骄其志，懈其备，然后出其不意地以精壮之军突然向齐军发起猛攻。齐军仓促应战，一触即溃，伤亡过半，鲁军大获全胜。

吴起的得志引起鲁国群臣的非议，鲁人在鲁君面前将他杀邻止谤、母死不葬、杀妻求仕等不忠不孝、不仁不义之行统统翻起，并挑拨道：

> 夫鲁小国，而有战胜之名，则诸侯图鲁矣。且鲁卫兄弟之国也，而
> 君用起，则是弃卫(《史记·孙子吴起列传》)。

鲁君因而疑虑，最终辞退了吴起。

公元前409年，失望的吴起离开鲁国，来到魏国，在李克的举荐下做了魏文侯的大将。同年，吴起攻取秦国河西地区的临晋(今陕西大荔东)、元里(今澄城南)并增修此二城。次年，攻秦至郑(今华县)，筑洛阴(今大荔南)、合阳(今合阳东南)，尽占秦之河西地，使魏国的西线边界得以扩张千里，并在新开辟的土地上建立了西河郡，吴起任西河郡守。公元前408年至公元前406年三年之间，吴起又参加了魏文侯灭中山国的战争。吴起"与诸侯大战七十六，全胜六十四，余则钧解"，从而使魏国"辟地四面，拓地千里"(《吴子·图国第一》)，而且令"秦兵不敢东向，韩、赵宾从"(《史记·孙子吴起列传》)。同时，吴起积极协助魏文侯推行奖励军功的法家政策。应该说，魏国在战国中期以前的争霸中处于首强地位，吴起功不可没。

魏文侯死后，魏武侯即位。公元前388年，吴起伐齐，一直打到齐国的灵丘(现山西灵丘县)。公元前386年，吴起受到国相公叔的排挤被迫离开魏国，来到楚国。楚悼王久闻其声名，任吴起为宛(今河南南阳)守，一年后擢升令尹(相当于国相)，主持变法图强，因此得罪了楚国的宗室大臣。后吴起率军南攻百越，进至洞庭、苍梧(今广西梧州)一带，北胜魏，西却秦，使楚之兵威盛于一时。公元前381年，楚悼王死，变法因过于仓促、根基不固而夭折，吴起亦于同年受到宗室大臣的攻击而被乱箭射死并车裂，《史记·孙子吴起列传》云：

> 吴起说武侯以形势不如德，然行之於楚，以刻暴少恩亡其躯。悲夫！

司马迁批评吴起重法制而忽视德治，以杀伐为务，最终在杀伐中身败名裂。

其实，吴起性格复杂，是一位外法内儒的兵家。吴起治军，主张严刑明赏、教戒为先，认为如果法令不明，赏罚不信，虽有百万之军亦无益，曾斩一未奉令即进击敌军的材士以明法。吴起镇守西河郡23年，强调兵不在多而在"治"，首创考选士卒之法：凡能身着全副甲胄，执12石之弩(一石约今30公斤)，背负矢50个，荷戈带剑，携三日口粮，在半日内跑完百里者，即可入选为"武卒"，免除其全家的徭赋和田宅租税，并对"武卒"严格训练，使之成为魏国的劲旅。这是吴起法家和兵家思想的体现。

吴起治军严于己而宽于人，与士卒同甘共苦，因而军士皆能效死从命。《史记·孙子吴起列传》记载道：

> 起之为将，与士卒最下者同衣食。卧不设席，行不骑乘，亲裹嬴

粮，与士卒分劳苦。卒有病疽者，起为吮之。卒母闻而哭之。人曰："子卒也，而将军自吮其疽，何哭为？"母曰："非然也。往年吴公吮其父，其父战不旋踵，遂死于敌。吴公今又吮其子，妾不知其死所矣。是以哭之。"

文侯以吴起善用兵，廉平，尽能得士心，乃以为西河守，以拒秦、韩。

吴起和最下层的士卒同衣同食，睡觉时不铺席子，行军时不骑马坐车，亲自背干粮，和士卒共担劳苦。士卒中有人生疮，吴起就用嘴为他吸脓，深得军心。同时，文治与武备并行，整顿吏治，重视蓄积，使百姓亲附，卓有成效。这又是吴起儒家思想的一面。

当然，吴起杀妻求仕是不仁，但他抵御外辱，大破齐军，使鲁国的万千生灵免遭涂炭，况且爱兵如子，同甘共苦，却是至仁。母死不葬是不孝，但与对母所立的"起不为卿相，不复入卫"的誓言相比，却是至孝。因此，吴起的"仁"不是儿女情长，而是大丈夫之仁；吴起的"孝"不是小人之孝，而是大丈夫之孝。

另外，《史记·孙子吴起列传》记载了吴起劝谏魏武侯一事：

魏文侯既卒，起事其子武侯。武侯浮西河而下，中流，顾而谓吴起曰："美哉乎山河之固，此魏国之宝也！"起对曰："在德不在险。昔三苗氏左洞庭，右彭蠡，德义不修，禹灭之。夏桀之居，左河济，右泰华，伊阙在其南，羊肠在其北，修政不仁，汤放之。殷纣之国，左孟门，右太行，常山在其北，大河经其南，修政不德，武王杀之。由此观之，在德不在险。若君不修德，舟中之人尽为敌国也。"武侯曰："善。"

显然，修德政之劝，就是吴起儒家思想的具体外现。

因此，吴起是一个以追求个人功名为出发点、以富国强兵为归宿，性格复杂的兵家人物。他既残忍又仁义，既淡泊利禄又贪图功名，是一个忠孝矛盾的历史人物。

现陕西省延安市西北部有一个县城叫吴起县，该县北与榆林市的定边、靖边县毗邻，东南与志丹县相连，西南以子午岭为界和甘肃省华池县接壤。该县就因战国名将吴起曾在此驻兵戍边而得名。

四、孙膑

孙膑（？—前316年），战国中期著名军事家，齐国（今山东鄄城）人。孙膑是孙武之后。孙膑四岁丧母，九岁丧父，从小跟随叔父孙乔，后在逃难中又与叔父离散。长大后，孙膑显示出惊人的军事才能。著作有《孙膑兵法》，久已失传。1972 年山东省临沂银雀山出土残简，有一万一千余字。

齐军师孙膑

孙膑像

孙膑身长七尺，据说曾师从于鬼谷子，与庞涓同学兵法，但军事才能远在庞涓之上。学成之后，庞涓拜为魏惠王将军。庞涓嫉妒孙膑的才能，便骗孙膑到魏国，用刖刑（即砍去双脚）。庞涓以为受刑后的孙膑成了废人，再无法和自己抗衡。孙膑佯疯骗过庞涓，最后藏在齐国使臣的车子里，秘密回到齐国。

此时的齐国政权已归田氏，而孙膑和田氏本系同族。孙膑回国后，见到齐国大将田忌。田忌十分赏识孙膑的才干，待以上宾之礼。田忌喜欢赛马，却常输。有一次，他又与齐威王赛马，马分上、中、下三等，对等竞赛，三场全输。这时恰巧孙膑在场，便给他出了一个主意，见《史记·孙膑列传》：

> 孙子曰："今以君之下驷与彼上驷，取君上驷与彼中驷，取君中驷与彼下驷。"既驰三辈毕，而田忌一不胜而再胜，卒得王千金。於是忌进孙子於威王。威王问兵法，遂以为师。

田忌依孙膑之计行事，果然赢得齐王千金。齐威王大惊，问其故，田忌趁势引荐孙膑。孙膑被齐威王任为军师。

公元前 354 年，魏将军庞涓发兵八万，突袭包围赵国都城邯郸，赵国向齐国求救。齐威王拜田忌为大将，孙膑为军师，发兵八万，前往救赵。孙膑趁势上演了"围魏救赵"的军事传奇故事。待庞涓大军回救魏国行至桂陵时，陷入齐军包围，大败而逃，庞涓被活捉。魏齐议和，乖乖地归还了邯郸。孙膑不计前嫌，放虎归山。

公元前 342 年，庞涓又带领十万大军、一千辆兵车，分三路进攻韩国。韩国向齐国求救。齐韩两国唇齿相依，但魏国攻势正猛，立即出兵于齐国不利，故孙膑建议先答应韩国的请求，待双方元气大伤后再进攻。一年后，魏韩两军交战更为激烈，双方实力已大大削弱，齐威王采纳孙膑的建议派兵出战，仍以田忌为主将，孙膑为军师。这次，孙膑与庞涓又狭路相逢，开始了一场大规模的生死较量。

孙膑决定使用"减灶"法诱敌深入。当庞涓日夜兼程赶回魏国本土,欲与齐军主力决一雌雄。不料,齐军不肯交战,稍一接触即向东退去。庞涓挥师紧追不舍。头一天,见齐军营地有十万人的饭灶;第二天,还剩五万人的饭灶;到第三天,只剩三万人的饭灶了。庞涓见状自大地说:"我固知齐军怯,入吾地三日,士卒亡者过半矣。"他传令留下步兵和笨重物资,集中骑兵轻装前进,追歼齐军。

这时,齐军正好来到一个叫马陵道的地方。马陵道处于两座高山之间,树多林密,山势险要,中间只有一条狭窄的小路可走,是一个伏击歼敌的好战场。孙膑传令:就地伐树,将小路堵塞;另挑选路旁的一棵大树,刮去一段树皮,在树干上面写道:"庞涓死于此树之下!"。随后,命令一万弓箭手埋伏在两边密林中,吩咐他们夜里只要看见树边出现火光,就一齐放箭——"暮见火举而俱发"。傍晚,庞涓果然率领魏军骑兵来到马陵道,《史记·孙膑列传》云:

> 庞涓果夜至斫木下,见白书,乃钻火烛之。读其书未毕,齐军万弩俱发,魏军大乱相失。庞涓自知智穷兵败,乃自刭,曰:"遂成竖子之名!"齐因乘胜尽破其军,虏魏太子申以归。孙膑以此名显天下,世传其兵法。

马陵大捷后,孙膑名声鹊起,却引起齐相国邹忌的嫉恨。邹忌身高八尺,一表人才,却器具窄小,心胸狭隘。随着孙膑、田忌威望的不断提高,邹忌担心自己相位不保,欲除掉田忌、孙膑而后快。邹忌的亲信公孙阅说:"公何不令人操十金卜于市,曰:'我田忌之人也,吾三战而三胜,声威天下,欲为大事,亦吉乎不吉乎?'卜者出,因令人捕为之卜者,验其辞于王之所。"邹忌便派人到市中找卖卜者算卦,扬言是田忌派他去的。邹忌则随后派人将此人抓获,送到齐威王那里。齐威王本来就对田忌手握重兵心有疑惧,遂相信田忌真有谋反之意。于是,齐威王遣使召率兵在外的田忌回临淄。孙膑对齐国政局洞若观火,认为回去将凶多吉少,于是提醒田忌,说齐王一定是听信了邹忌的谗言,千万不要自己贸然回临淄。他建议田忌率军回临淄驱逐邹忌,说:"若是,则齐君可正,成侯邹忌可走。不然,将军不得入于齐矣。"田忌依孙膑之言,率兵攻打临淄,邹忌早已作好守城准备,眼见各地勤王之兵大集,只好弃军逃亡楚国。而孙膑于田忌攻临淄时就已不知去向。

据说孙膑后来在齐鲁边界蝎子城隐居起来,潜心撰写《孙膑兵法》,直到病逝。乡人将其厚葬,并建起孙膑陵墓,后演变为孙伯陵,墓地附近的村庄改叫孙伯。孙膑墓位于云蒙山修真观的西侧，三面环山，风景秀丽①。

五、尉缭

尉缭，生卒年不详，魏国大梁（今河南开封）人，战国时期著名的军事理论家。"尉"是姓，还是官名，众说不同。唐代颜师古注《汉书·艺文志》时认为："尉，姓；缭，名也。"而钱穆等人认为："尉乃其官名……而逸其姓也。"颜师古之说较早，可以采信。明人汪心修纂的《尉氏县志》确认尉氏的原籍在尉氏（今河南尉氏县）。尉氏战国时属梁地，距离大梁不远，故尉氏人亦可称为大梁人。

魏国曾经招贤，邹衍、淳于髡、孟轲皆至梁，尉缭也约于此后至梁并见到梁惠王，《尉缭子》一书即是他与梁惠王晤谈军事学的记录，但尉缭并未见用。从《尉缭子》的谈话内容看，尉缭不仅熟悉魏国国情，而且处处为振兴魏国着想，表现出他热爱故土的深情，以及对秦兵压境的忧虑。

在祖国既未见用，尉缭转而投秦。秦王嬴政十年（前 237 年），尉缭来到秦国。此时秦王嬴政已亲秉朝纲，国内形势稳定，秦王正准备全力以赴开展对东方六国的最后一击。当时以秦国之国力，单独消灭六国中的任何一个国家都没有问题，但是如果六国联合起来共同抗秦，情势就难料了，因而摆在秦王面前的棘手问题是如何破解六国的"合纵"联盟，让秦军统一天下。另外，秦国当时虽然战将如云，猛将成群，却没有真正谙熟军事理论的人才。

尉缭一到秦国，就向秦王献上一计："以秦之强，诸侯譬如郡县之君，臣但恐诸侯合从，翕而出其不意，此乃智伯、夫差、愍王之所以亡也。愿大王毋爱财物，赂其豪臣，以乱其谋，不过亡三十万金，则诸侯可尽。"这番话正中始皇下怀，他顿觉得尉缭非同一般，喜出望外，对尉缭恩宠有加："（秦王）见尉缭亢礼，衣服食饮与缭同。"（《史记·秦始皇本纪》）在不断接触后，尉缭以军事家的眼光敏锐地发现："秦王为人，蜂准，长目，挚鸟膺，豺声，少恩而虎狼心，居约易出人下，得志亦轻食人。我布衣，然见我常身自下

---

① 云蒙山白云庵西侧有孙庞古青檀，两棵檀树一脉相连，叶锁枝缠，相传是两人死后，玉帝怕他们灵魂再斗，便点化他们成为两棵同根青檀。庞涓化作的青檀，自知己错，低头无语，羞于对人，称无头檀；孙膑檀，虽歪脚扭腰为残疾之身，却浩然正气。清朝人留下两首谒诗，《孙膑檀》曰："寻师陌路入一门，争功骨肉自相拼。历尽人间纷争事，化作檀树警后人。"《庞涓檀》云："求学同窗手足情，贪心一动起纷争。纵使地府重言好，人间千古留骂名。"

我。诚使秦王得志於天下，天下皆为虏矣。不可与久游。"这一结论无疑是中肯的。尉缭看清了嬴政的本质，便萌生去意，并暗中逃跑，但被秦王及时追回。嬴政设法将尉缭留住，并将他破格提拔为国尉，使其掌管全国的军队，地位在李斯等人之上。为了报答秦王的知遇之恩，尉缭竭尽全力为秦王出谋划策，为秦统一六国做出了应有的贡献。

尉缭所著《尉缭子》，在古代就被列为军事学名著，受到历代兵家推崇，系"武经七书"之一。《尉缭子》继承并发展了前人的军事思想，且具有战国后期的时代特点，是先秦兵家集大成的著作。

六、白起

白起（？—前257年），芈姓白氏，名起，也叫公孙起，郿（今陕西眉县）人，是战国时期杰出的军事家，秦国名将。战国名将有四位，白起、王翦、廉颇、李牧，白起居其首。

秦国本是地处西陲的一个小国，秦孝公任用商鞅变法，遂使秦国国富民强。秦昭王时，任用白起为将。白起起于行伍，素以深通韬略著称。公元前294年，白起任左庶长，领兵攻打韩国的新城（今河南伊川）。次年，由左庶长迁左更，出兵攻韩、魏，全歼韩魏联军于伊阙（今河南洛阳），斩获首级二十四万，俘大将公孙喜、攻陷五座城池。白起因此被升为国尉，又渡黄河攻取韩安邑以东到乾河的土地。公元前292年，白起领兵攻陷魏国，占据大小城池六十一个。公元前291年，白起与名将司马错联合攻下垣城。公元前286年，白起攻赵，占取光狼城（今山西高平）。公元前279年，攻楚，拔鄢、邓等五座城池。次年攻陷楚国的都城郢，焚毁夷陵（今湖北宜昌），向东进兵至竟陵，楚王逃离都城，避难于陈。秦国以郢都为南郡。白起因战功卓著受封为武安君。又攻取楚国，平定巫、黔中二郡。公元前273年，白起率军攻赵魏联军以救韩，大破联军于华阳（今河南新郑），魏将芒卯败逃，掳获韩赵魏三国大将，斩首十三万。又与赵将贾偃交战，溺毙赵卒二万人。公元前264年，白起攻韩之陉城，攻陷五城，斩首五万。公元前263年，白起又攻打韩南阳太行道，断绝韩国的太行道。公元前262年，白起攻韩之野王（今河南沁阳）。野王降秦，上党通往都城的道路被绝断。这件看似寻常的小事，却直接导致了秦赵长平之战，也成就了白起战争生涯的最高点。

赵孝成王摄于白起的威名，对接受韩国上党之地心怀畏惧，便与平原君及平阳君商议。平阳君力阻，认为此举必招致秦国的嫉恨而对赵国带来战事；平原君从白起的外貌"小头而面锐，瞳子白黑分明，视瞻不转"(《世说新语笺疏·言语第二》)入手，对他的性格做出了正确的评价，认为白起是野战之将，而非守足之才，而赵国名将廉颇性格沉稳，恰好是白起的宿敌。于是，赵国接受了上党，封冯亭为华阳君。

秦国岂能罢休。公元前 261 年，秦攻下韩国缑氏、蔺两地。公元前 260年，秦派左庶长王龁攻韩，夺取上党，百姓纷纷逃往赵国，赵驻兵于长平(今山西高平)，以便镇抚上党之民。四月，王龁攻赵，赵派廉颇抵抗。廉颇根据敌强己弱、初战失利的形势，决定采取坚守营垒以待秦兵进攻的战略。秦军多次挑战，赵国都据守不出。廉颇果然是秦之劲敌。

秦军陷于被动，于是大行反间计。赵王轻信流言，便派名将赵奢之子赵括替代廉颇为将。秦秘密命白起为上将军，王龁为尉裨将，下令"有敢泄武安君将者斩"(《史记·蒙恬列传》)。白起采取了后退诱敌，分割围歼的战法。

八月，白起将贸然进军的赵军截为三段，使其首尾不能相顾，又断其粮道。赵军只得筑垒壁坚守，以待救兵。"秦王闻赵食道绝，王自之河内，赐民爵各一级，发年十五以上悉诣长平，遮绝赵救及粮食。"(《史记·白起王翦列传》)到九月，赵军已断粮四十六天，饥饿不堪，甚至自相杀食。纸上谈兵的赵括亲率精兵出战，被秦军射杀。赵军大败，四十万赵兵投降。白起与部下计议道："前秦已拔上党，上党民不乐为秦而归赵。赵卒反覆。非尽杀之，恐为乱。"于是使诈，把赵降卒全部坑杀，只留下二百四十个年纪小的士兵回赵国报信。长平之战，秦军先后斩杀和俘获赵军共四十五万人，赵国上下为之震惊。平原君托魏之信陵君救赵，但魏国摄于秦昭襄王的威胁，只在邺城(今河北临漳)待命。无奈之下，信陵君窃符救赵，在邯郸大败秦军。从此，赵国元气大伤，一蹶不振①。

秦国乘势追击。公元前 259 年十月，秦再次平定了上党，后军分二路：一路由王龁率领，进攻皮牢(今河北武安)；一路由司马梗攻占太原，白起自将围攻邯郸。韩赵两国惊恐万分，亦采用反间计，通过范雎劝说昭王最终与韩、赵割地求和。白起闻知此事深恨，从此与范雎结下仇怨。

---

① 现山西高平市城西五公里处，有谷口村，相传是白起坑杀赵军的地方，故又名杀谷、哭头、省冤谷，村子里有白起台、骷髅山、骷髅王庙等古迹。骷髅王庙内塑赵括夫妇像。明代诗人于达真在《长干吊古》一诗中叹道："此地由来是战场，平沙漠漠野苍苍。恒多风雨幽魂泣，如在英灵古庙荒。赵将空余千载恨，秦兵何意再传亡？居然祠宇劳瞻拜，不信骷髅亦有王。"

此后两年内，白起认为时机不成熟，又有病在身，不肯挂帅攻打赵韩，而在六国的还击下，秦军节节败退。秦昭王一怒之下免去白起官职，降为士兵，迁居阴密（今甘肃灵台）。后昭王又与范雎等群臣谋议，决定赐死白起。公元前257年十一月，白起自杀于杜邮，此地距咸阳（今陕西咸阳）十里。

白起一生征战沙场三十七年，指挥战役七十余次，攻六国城池大小约七十余座，从未败北：他攻楚三次，攻破郢都，烧楚祖庙，先后歼灭楚军三十五万人，迫使楚王迁都，楚国从此一蹶不振；伊阙之战歼灭韩魏联军二十四万，彻底扫平秦军东进之路；长平一战歼灭赵军四十五万人，开创了我国历史上最早大规模的包围歼敌战先例。加之其他各种战事，白起一生歼灭六国军队约一百余万人。据梁启超考证，整个战国期间共战死两百万人，白起据二分之一。白起也从最低级的武官一直升到封武安君，六国闻之胆寒。苏代离间秦相范雎道：

> 赵亡则秦王王矣，武安君为三公。武安君所为秦战胜攻取者七十余城，南定鄢、郢、汉中，北禽赵括之军，虽周、召、吕望之功不益于此矣。今赵亡，秦王王，则武安君必为三公，君能为之下乎？虽无欲为之下，固不得已矣（《史记·白起王翦列传》）。

《史记·范雎蔡泽列传》亦云：

> 楚地方数千里，持戟百万，白起率数万之师以与楚战，一战举鄢郢以烧夷陵，再战南并蜀汉。又越韩、魏而攻强赵，北阬马服，诛屠四十余万之众，尽之于长平之下，流血成川，沸声若雷，遂入围邯郸，使秦有帝业。楚、赵天下之强国而秦之仇敌也，自是之后，楚、赵皆慑伏不敢攻秦者，白起之势也。身所服者七十余城。

这些言论，恰好是对白起戎马一生，卓著战功的最好注解。据《后汉书》记载，白起死后，东方六国闻讯，诸侯皆酌酒相贺，由此可见其显赫战名。

司马迁对白起持批判态度，认为他不应该使诈术屠戮已经放下武器的士卒。但是，在弱肉强食的战国，如果放还四十万赵军降卒，将会招致赵国更猛烈的报复。况且，战争是战国时期由分裂走向统一的唯一选择，尽管战争中会有不计其数的无辜生命丧失。因此，白起为秦国的统一大业立下了不世之功，也创造了中国兵法的最高实战典范，不愧为兵家奇才，堪称"战神"！

白起的可贵还在于居功不自傲，对君国赤胆忠心。白起引剑将自刭，仰天长叹："'我何罪于天而至此哉？'良久，曰：'我固当死。长平之战，赵卒降者数十万人，我诈而尽坑之，是足以死。'"（《史记·白起王翦列传》）后来，秦国名将蒙恬之死与其如出一辙——蒙恬喟然太息曰："'我何罪於天，无过而死乎？'良久，徐曰：'恬罪固当死矣。起临洮属之辽东，城堑万馀里，此其中不能无绝地脉哉？此乃恬之罪也。'乃吞药自杀。"（《史记·白起王翦列传》）——都是因为自己功劳太大。白起无罪被诛，秦人哀之，乡人自发祭祀他。白起墓现在陕西咸阳市渭城区某军事厂内。据《异迹略》记载，陈仓（今陕西宝鸡）一带，只要疫病泛滥，乡人就会树立"克长平四十万士卒秦太尉武安君白"的旗号祭祀——欲借白起之威名来降服病魔。

据《宋史》记载，白起著有兵书《阵书》（一作《图书》）一卷和《神妙行军法》三卷，均已失传。

第三节　兵家作品选析

孙子兵法·谋攻

【解题】

本篇选自《孙子兵法》。谋攻，就是用计谋来征服敌人。孙武认为最理想的作战结果是"不战而屈人之兵"，而达到这一结果的最佳途径就是"谋攻"。本篇论证了"上兵伐谋"的思想、国君与将帅的关系、知胜的条件和致败的原因，最后提出"知彼知己，百战不殆"的光辉思想。

孙子曰：凡用兵之法：全国为上，破国次之[1]；全军[2]为上，破军次之；全旅[3]为上，破旅次之；全卒[4]为上，破卒次之；全伍[5]为上，破伍次之。是故百战百胜，非善之善者[6]也；不战而屈人之兵，善之善者也。

故上兵伐谋[7]，其次伐交[8]，其次伐兵，其下攻城[9]。攻城之法为不得已。修橹轒辒[10]，具器械[11]，三月而后成，距闉[12]又三月而后已。将不胜其忿而蚁附[13]之，杀士三分之一而城不拔[14]者，此攻之灾也。

故善用兵者，屈人之兵而非战也，拔人之城而非攻也，毁人之国而非久也，必以全争于天下[15]，故兵不顿[16]而利可全，此谋攻之法也。

故用兵之法，十则围之[17]，五则攻之，倍则分之，敌则能战之[18]，少则能逃[19]之，不若则能避之。故小敌之坚，大敌之擒[20]也。

夫将者，国之辅[21]也，辅周则国必强，辅隙[22]则国必弱。

故君之所以患于军[23]者三：不知军之不可以进而谓之进[24]，不知军之不可以退而谓之退，是谓縻军[25]；不知三军之事而同三军之政者[26]，则军士惑矣；不知三军之权[27]而同三军之任，则军士疑矣。三军既惑且疑，则诸侯之难[28]至矣，是谓乱军引胜[29]。

故知胜[30]有五：知可以战与不可以战者胜，识众寡之用[31]者胜，上下同欲[32]者胜，以虞待不虞者胜，将能而君不御[33]者胜。此五者，知胜之道也。

故曰：知彼知己者，百战不殆[34]；不知彼而知己，一胜一负；不知彼不知己，每战必殆。

【注释】

[1] 这句说是整个敌国屈服是上策，攻破敌国使之屈服就差一些。以下几个句式与此相同。

[2] 军：泛指军队，亦作为军队编制单位。据《周礼》一万二千五百人为军。

[3] 旅：古代兵制单位。据《周礼》"五百人为旅"。

[4] 卒：古代兵制单位，百人为卒。卒长为百夫长。

[5] 伍：古代最基本的兵制单位，五人为伍。

[6] 这句说百战百胜固善，然终有杀伤、耗损，故非善之善者。

[7] 上兵，最好的作战手段。伐谋：谋略讨伐。

[8] 伐交：以外交途径战胜敌人。

[9] 其，指示代词，其中。

[10] 修：备也。轒辒：古代攻城用的四轮车，用排木制作，外蒙生牛皮，下可藏十数人。

[11] 具：修置，准备。

[12] 距闉：为攻城而堆积的向敌城推进的土丘，堆积用来观察敌情，是古代攻城必修之工事。闉，通"堙"。

[13] 蚁，名词用如状语，意为"如蚁一样……"。

[14] 拔：破城而取之曰拔。

　　[15] 全：全国、全军。

　　[16] 兵：兵刃。不顿：兵锋未损。

　　[17] 此句"十"与以下几句"五"、"倍"皆言我与敌比较，我所处的力量地位。"十"即十倍于敌。

　　[18] 倍：比敌人多一倍。敌，即匹敌。

　　[19] 逃：与下文"避"异文同义，指主动地采取不与敌争锋的办法。

　　[20] 之：此为"若"义。

　　[21] 辅：国君的辅佐。

　　[22] 隙：缺也，疏漏之意。此言将领佐君不周，有疏漏。

　　[23] 患：为患、贻害。

　　[24] 谓："使"，见《广雅·释诂》。

　　[25] 縻：原义为牛辔，可引申为羁绊、束缚。

　　[26] 同：干预。政：政事，指军中行政事务。

　　[27] 权：权变，权谋。

　　[28] 这句说诸侯国乘其军士疑惑之机，起而攻之的灾难。

　　[29] 乱军：自乱其军。引胜：失去胜利。

　　[30] 知胜：预测胜利。

　　[31] 识：懂得。

　　[32] 欲：意愿。上下：君臣上下同心同德。

　　[33] 御：驾驭，为制约。

　　[34] 殆：危险。

孙子兵法·势

【解题】

　　本篇选自《孙子兵法》。势，指人为造成的一种事态。本篇主要论述了"势"的形成和利用以及"势"和作战的关系等问题。"势"是以"奇正"之术为主要内容，要正确运用"奇正"的变化，以出奇制胜，还要"择人而任势"，即强调充分发挥将帅的指挥作用。

　　孙子曰：凡治[1]众如治寡，分数[2]是也；斗众[3]如斗寡，形名[4]是也；三军之众，可使毕受敌而无败者，奇正[5]是也；兵之所加，如以碫[6]投卵者，虚实是也。

凡战者，以正合[7]，以奇胜[8]。故善出奇者，无穷如天地[9]，不竭如江河。终而复始，日月是也；死而复生，四时是也。声不过五[10]，五声之变，不可胜听也；色不过五[11]，五色之变，不可胜观也；味不过五[12]，五味之变，不可胜尝也。战势不过奇正，奇正之变，不可胜穷[13]也。奇正相生，如循环之无端[14]，孰能穷之？

激水之疾，至于漂[15]石者，势也；鸷鸟之疾，至于毁折[16]者，节[17]也。是故善战者，其势险，其节短。势如彍弩[18]，节如发机[19]。纷纷纭纭[20]，斗乱[21]而不可乱也；浑浑沌沌[22]，形圆而不可败[23]也。乱生于治，怯生于勇，弱生于强[24]。治乱，数也；勇怯，势也；强弱，形也。

故善动敌者，形之[25]，敌必从之[26]；予之[27]，敌必取之。以利动之，以卒待之。故善战者，求之于势，不责于人[28]，故能择人而任势[29]。任势者，其战人也如转木石。木石之性，安则静，危则动[30]，方则止，圆则行。故善战人之势，如转圆石于千仞之山者，势也。

【注释】

[1] 治：治理。

[2] 分数：军队的编制和定额。

[3] 斗众：指挥大部队战斗。

[4] 形名：泛指军队作战的工具和联络信号。

[5] 奇正：古代兵法常用术语。在人们意料之中为正，出乎人们的意料为奇。

[6] 碬：磨刀石，此泛指坚硬石块。

[7] 以正合：以正兵与敌正面交战也。

[8] 以奇胜：出奇制胜。

[9] 此句说出奇制胜之法如宇宙万物之变化无穷，而非言如天地之大。

[10] 声不过五：古代的五个音阶，官、商、角、徵、羽，合称五声。

[11] 色不过五：古代五种原色，指青、黄、赤、白、黑。亦称五色，其余为间色。

[12] 味不过五：古代味分酸、甜、苦、辣、咸五种，以此五味为原味。

[13] 不可胜穷：此言无穷无尽之意。

[14] 环：顺着环旋转。端：尽头。

[15] 漂：浮，漂移。

[16] 毁折：擒杀鸟雀。

[17] 节：节制。

[18] 犷弩：弩弓张满。

[19] 机：机关。

[20] 纷纷纭纭：旌旗纷乱。

[21] 斗乱：在纷乱状态中指挥战斗。

[22] 浑浑沌沌：形容战车转动，人马奔驰。

[23] 形圆：行阵形制为圆形，即圆阵。

[24] 治：能伪为乱。勇：能伪为怯。强：能伪为弱。

[25] 形之：以假象欺骗敌人。

[26] 从之：跟着采取相应的措施。

[27] 予之：给敌人以小利，引诱其上钩。

[28] 责：苛求。

[29] 这句说挑选合适人才，充分利用形势。

[30] 安：平。危：高险。

孙膑兵法·威王问[1]

【解题】

本篇选自《孙膑兵法》，用问答的方式记述孙膑与齐威王、田忌关于用兵作战的问答，孙膑阐明了用兵作战的一些原则和战略战术。前一部分就敌我兵力对比的不同情况，提出不同的作战方法。后一部分主要指出用兵最重要的是"必攻不守"这一积极进攻的战略主张。孙膑要求将帅必须通晓用兵之"道"，从而掌握作战的主动权，并最终赢得战争。

齐威王问用兵孙子[2]，曰："两军相当，两将相望[3]，皆坚而固，莫敢先举[4]，为之奈何？"孙子合曰："以轻卒尝[5]之，贱而勇者将[6]之，期于北[7]，毋期于得[8]。为之微陈以触其厕[9]。是谓大得。"

威王曰："用众用寡，有道乎？"孙子曰："有。"威王曰："我强适弱，我众敌寡，用之奈何？"孙子再拜曰："明王之问。夫众且强，犹问用之，则安国之道也。命[10]之曰赞师。毁卒乱行[11]，以顺其志，则必战矣。"威王曰："敌众我寡，敌强我弱，用之奈何？"孙子曰："命曰让威。必藏其尾，令之能归[12]。长兵[13]在前，短兵[14]在□，为之流弩，以助其急者[15]。□□毋动，以待敌能[16]。"

威王曰："我出适出，未知众少，用之奈何？"孙子曰："命曰险成[17]。险成，适将为正，出为三陈，一□□□□能相助，可以止而止，可以行而行。毋求……"威王曰："觳穷寇奈何？"孙子曰："……可以待生计矣。"威王曰："觳均[18]奈何？"孙子曰："营而离之[19]，我并卒[20]而觳之，毋令适知之。然而不离[21]，案而止。毋觳疑。[22]"

威王曰："以一觳十，有道乎？"孙子曰："有。攻其无备，出其不意[23]。"威王曰："地平卒齐[24]，合[25]而北者，何也？"孙子曰："其阵无锋也。"威王曰："令民素听[26]，奈何？"孙子曰："素信[27]。"威王曰："善哉！言兵势不穷[28]。"

田忌问孙子曰："患兵者何也？困适者何也？壁延[29]不得者何也？失天者何也？失地者何也？失人者何也？请问此六者有道乎？"孙子曰："有。患兵者地也，困适者险也。故曰，三里灊洳将患军[30]……涉将留大甲[31]。故曰，患兵者地也，困适者险也，壁延不得者蜃寒[32]也。……奈何？"孙子曰："鼓而坐之[33]，十而揄之[34]。"田忌曰："行阵已定，动而令士必听，奈何？"孙子曰："严而视之利[35]。"

田忌曰："赏罚者，兵之急者[36]邪？"孙子曰："非。夫赏者，所以喜众，令士忘死也。罚者，所以正乱[37]，令民畏上[38]也。可以益胜[39]，非其急者也。"田忌曰："权、势、谋、诈，兵之急者邪？"孙子曰："非也。夫权者，所以聚众也。势者，所以令士必斗也。谋者，所以令敌无备也。诈者，所以困敌也。可以益胜，非其急者也。"田忌忿然作色："此六者皆善者[40]所用，而子大夫[41]曰非其急者也。然则其急者何也？"孙子曰："缭敌计险[42]，必察远近，……将之道也。必攻不守[43]，兵之急者也。□……骨也。"

田忌问孙子曰："张军[44]毋战有道？"孙子曰："有。倅险增垒[45]，诤戒[46]毋动，毋可□前，毋可怒。"田忌曰："敌众且武，必战，有道乎?"孙子曰:"有。埤垒广志[47]，严正辑众[48]，辟而骄之，引而劳之，攻其无备，出其不意，必以为久[49]。"

田忌问孙子曰:"锥行者何也? 雁行者何也[50]? 选卒[51]为士者何也? 劲弩趋发[52]者何也? 飘风之陈者何也? 众卒[53]者何也?"孙子曰:"锥行者，所以冲坚毁兑也。雁行者，所以触厕应□[也]。篡卒力士者，所以绝阵取将[54]也。劲弩趋发者，所以甘战持久也。飘风之陈者，所以回□□□也。众卒者，所以分功有胜也。"孙子曰:"明主、知道[55]之将，不以众卒几[56]功。"孙子出而弟子问曰:"威王、田忌，臣主之问何如?"孙子曰:"威王问九，田忌问七[57]，几[58]知兵矣，而未达于道[59]也。吾闻素信者昌，立义……用兵无备者伤，穷兵者亡。齐三枼[60]其忧矣。"

【注释】

[1] 此是篇题，写在本篇第一简简背。

[2] 齐威王问用兵的道理于孙膑。

[3] 相望:对峙。

[4] 先举:先采取行动。

[5] 尝:试探。

[6] 将:率领。

[7] 期:预期。北:败北。

[8] 得:得胜。

[9] 微:隐蔽的。意谓以一部分隐蔽的兵力袭击敌军的侧面。

[10] 命:名。

[11] 卒:古代军队组织的一种单位。行，指队列。

[12] 臧:疑借为藏。意谓隐蔽好后面的部队，以便撤退。

[13] 长兵:长柄兵器，如戈矛。

[14] 短兵:短柄兵器，如刀剑。

[15] 弩:用机械发箭的弓。流弩:即机动的弩兵。

[16]《通典》卷一百五十九引《孙子》佚文:"敌鼓噪不进，以观吾能。""能"字用法与此相近。

[17] 险成:与"赞师"、"让威"一样，均系《孙膑兵法》中的军事术语。意谓"虽险而又能成之"也。

[18] 毄均:攻击势均力敌的敌人。毄，借为"击"，下同。

[19] 营:迷惑。离:分离。

[20] 并卒：集中兵力。

[21] 不离：谓敌人不分散兵力。

[22] 案而止：指我方按兵不动。毄疑：指打击敌之疑兵。

[23] 此二句见于《孙子·计》。

[24] 平：平敞。齐：严整。

[25] 合：交战。

[26] 素：平时，一贯。听：听从命令。

[27] 信：守信用。

[28] 一说此句应读作："善哉言！兵势不穷……"此简与下一简之间尚有缺简。意即太好了，你所晓的用兵方略，的确奥妙无穷。

[29] 壁延：壁垒沟堑。壁，即城墙、壁垒。延，指隧道，这里专指沟堑或护城河。

[30] 灇洳（jùrú）：沼泽泥泞地区。灇，借为"沮"。

[31] 大甲：疑指全副武装、铠甲坚厚的兵卒。

[32] 蜑寒，疑借为渠幐，即渠幨，亦称渠答，张在城上防矢石的设备。一说渠答就是铁蒺藜。

[33] 鼓而坐之：击鼓诱敌但却令士卒坐阵不前。

[34] 十而揄之：采取多种方法诱使敌人进攻。揄：引。

[35] 意谓要有严明的法纪，又要有奖励。

[36] 急者：最要紧的事情。

[37] 正乱：整饬军纪。

[38] 畏上：敬畏上级。

[39] 益胜：有助于取胜。

[40] 善者：指善战者。

[41] 子大夫：敬称，此处指孙膑。

[42] 分析敌情，审察地形。缭，借为"料"。

[43] 指以进攻为主，而不是以防御为主的战略。

[44] 张军：即陈兵。

[45] 倅险：倅，通"萃"，止、处的意思。凭借险要。增高壁垒。

[46] 浄：借为静。戒：戒备。意谓加强戒备，按兵不动。

[47] 坤：壁垒。广志：发扬士气。意谓增高壁垒，表示无所畏惧，以激励士气。

[48] 正：疑借为政。辑：团结。意谓严明法令，以团结士卒。

[49] 意谓必须持久。

[50] 锥行、雁行：皆阵名，参看《十阵》。

[51] 选卒：经过挑选的善战的士卒。原为："纂卒"。

[52] 劲弩：强弩。趋发：利箭。

[53] 众卒：与选卒相对，指一般士卒。

[54] 绝阵取将：破敌阵、擒敌将。

[55] 道：法则，规律。

[56] 几：期望，倚仗。

[57] 九和七疑指威王与田忌所问问题的数目。据上文，威王所问有"两军相当……"、"我强敌弱……"、"敌众我寡……"、"我出敌出……"、"击穷寇"、"击均"、"以一击十"、"地平卒齐……"、"令民素听"等九个问题，田忌所问有"患兵者何也……"、"……奈何"、"行阵已定……"、"兵之急者"、"张军毋战"、"敌众且武必战"、"锥行者何也……"等七个问题，与此处所说的数字正相符合。

[58] 几：接近，差不多。

[59] 这句说意谓还没能达到掌握战争规律的境地。

[60] 三枼：三作概数讲，几代。枼，借为"泄"。（照这样下去）齐国几代之后命运就很值得忧虑了。

吴子·图国

【解题】

本篇选自《吴子》，主要围绕"内修文德，外治武备"的战略主张，论述经国治军"必须先教百姓，亲万民"，修德行仁，明耻教战，任贤使能，"简募良材，以备不虞"，并对战争的起因和种类进行了初步探讨。

吴起儒服[1]以兵机见魏文侯[2]。文侯曰："寡人[3]不好军旅之事。"起曰："臣以见[4]占隐，以往察来，主君何言与心违？今君四时斩离皮革，掩[5]以朱漆，画以丹青[6]，烁[7]以犀象。冬日衣之则不温，夏日衣之则不凉。为长戟[8]二丈四尺，短戟一丈二尺[9]。革车奄户[10]，缦轮笼毂[11]，观之于目则不丽，乘之于田则不轻，不识主君安用此也？若以备进战退守，而不求能用者，譬犹伏鸡之搏狸，乳犬之犯虎，虽有斗心，随之死矣。昔承桑氏[12]之君，修德废武，以灭其国。有扈氏[13]之君，恃众好勇，以丧其社稷[14]。明主鉴兹，必内修文德，外治武备。故当敌而不进，无逮[15]于义矣；僵尸而哀之，无逮于仁矣。"

于是文侯身自布席，夫人捧觞，醮[16]吴起于庙，立为大将，守西河[17]。与诸侯大战七十六，全胜六十四，余则钧解。辟土四面，拓地千里，皆起之功也。

吴子曰："昔之图国家者，必先教百姓[18]而亲万民[19]。有四不和：不和于国，不可以出军；不和于军，不可以出陈；不和于陈，不可以进战；不和于战，不可以决胜。是以有道之主，将用其民，先和而造大事。不敢信其私谋[20]，必告于祖庙，启于元龟[21]，参之天时，吉乃后举。民知君之爱其命，惜其死，若此之至，而与之临难，则士以进死为荣，退生为辱矣。"

吴子曰："夫道[22]者，所以反本复始。义者，所以行事立功。谋者，所以违害就利。要[23]者，所以保业守成。若行不合道，举不合义，而处大居贵，患必及之。是以圣人绥之以道，理之以义，动之以礼，抚之以仁。此四德者，修之则兴，废之则衰。故成汤[24]讨桀[25]而夏民喜悦，周武[26]伐纣[27]而殷人不非。举顺天人，故能然矣。"

吴子曰；"凡制国治军，必教之以礼，励之以义，使有耻也。夫人有耻，在大足以战，在小足以守矣。然战胜易，守胜难。故曰：天下战国，五胜者祸，四胜者弊，三胜者霸，二胜者王，一胜者帝。是以数胜得天下者稀，以亡者众。"

吴子曰："凡兵之所起者有五：一曰争名，二曰争利，三曰积恶，四曰内乱，五曰因饥。其名又有五：一曰义兵，二曰强兵，三曰刚兵，四曰暴兵，五曰逆兵。禁暴救乱曰义，恃众以伐曰强，因怒兴师曰刚，弃礼贪利曰暴，国乱人疲，举事动众曰逆。五者之服，各有其道，义必以礼服，强必以谦服，刚必以辞服，暴必以诈服，逆必以权服。"

武侯[28]问曰："愿闻治兵、料人[29]、固国之道。"

起对曰："古之明王，必谨君臣之礼，饰[30]上下之仪，安集吏民，顺俗而教，简募良材，以备不虞。昔齐桓[31]募士五万，以霸诸侯。晋文[32]召为前行四万，以获其志。秦缪[33]置陷陈三万，以服邻敌。故强国之君，必料其民。民有胆勇气力者，聚为一卒。乐以进战效力以显其忠勇者，聚为一卒。能逾高超远轻足善走者，聚为一卒。王臣失位而欲见功于上者，聚为一卒[34]。弃城去守欲除其丑者，聚为一卒。此五者，军之练锐也。有此三千人，内出可以决围，外入可以屠城矣。"

武侯曰："愿闻陈必定，守必固，战必胜之道。"起对曰："立见且可，岂直闻乎！君能使贤者居上，不肖者处下，则陈已定矣。民安其田宅，亲其有司，则守已固矣。百姓皆是吾君而非邻国，则战已胜矣。"

武侯尝谋事，群臣莫能及，罢朝而有喜色。起进曰："昔楚庄王尝谋事，群臣莫能及，罢朝而有忧色。申公[35]问曰：'君有忧色，何也？'曰：'寡人闻之，也不绝圣，国不乏贤，能得其师者王，能得其友者霸。今寡人不才，而群臣莫及者，楚国其殆矣。'此楚庄王[36]之所忧，而君说之，臣窃惧矣。"于是武侯有惭色。

【注释】

[1] 儒服：儒者的衣服。

[2] 魏文侯：姬姓，名斯，战国初期魏国杰出的国君，公元前446—前396年在位。

[3] 寡人：我国古代国君的自谦语。

[4] 见：通"现"。

[5] 掩：掩盖，此为涂饰之义。

[6] 丹青：红色与青色颜料。这里泛指各种颜色。

[7] 烁：通"铄"，熔化。

[8] 长戟：古代用于车战的一种兵器。

[9] 二丈四尺：周制一尺合19.91厘米，二丈四尺约合4.78米。

[10] 奄：覆盖。户：同"护"。

[11] 缦轮笼毂：用皮革把车轮和车毂都包起来。

[12] 承桑氏：传说是神农时代的一个部落。

[13] 有扈氏：夏启时代的一个部落。

[14] 社稷：土神和谷神，古代国家的代称。

[15] 逮：及，达到。

[16] 醮：主人向客人敬酒，客人不须回敬的意思。

[17] 西河：今陕西东部，黄河西岸。

[18] 百姓：本义为百官族姓，古代对贵族官吏的通称。

[19] 万民：黎民。

[20] 私谋：个人的意见。

[21] 元龟：大龟。当时出兵打仗有先用龟甲占卜吉凶的习俗。

[22] 道：一指宇宙天地的本源和规律，二指人们在社会中应共同遵守的原则和规范。

[23] 要：纲要。

[24] 成汤：子姓，原为夏朝诸侯，后起兵灭夏，建立商朝。

[25] 桀：夏桀，夏朝末代君主。

[26] 周武：周武王，姬姓，名发，起兵灭商，建立西周王朝。

[27] 纣：商纣，商朝末代君主。

[28] 武侯：魏武侯，公元前395—前369年在位。

[29] 料人：料民，指清查户口。

[30] 饰：整顿。

[31] 齐桓：齐桓公，春秋时齐国国君，姜姓，名小白，春秋五霸之一。

[32] 晋文：晋文公，春秋时晋国国君，姬姓，名重耳，春秋五霸之一。

[33] 秦缪：秦穆公，秦国国君，嬴姓，名任好，春秋五霸之一。

[34] 卒：古代军事编制单位。这里泛指部队。

[35] 楚庄王：春秋时楚国国君，芈姓，名旅，公元前613至前591年在位。

[36] 申公：申叔时，春秋时楚国是申地大夫，屈姓，名巫臣。

尉缭子·武议

【解题】

本篇选自《尉缭子》，主要阐述战争的性质和作用，认为战争可用来禁止不义，讨伐和剪除暴乱，是政治的另一种手段的继续，故用兵不进攻无过失的城市，不杀无罪之人。这样，军队所到之处，农民不会离开土地，商人不会离开店铺，士大夫不会离开官府，兵不血刃，天下就能亲和归附。

凡兵不攻无过之城，不杀无罪之人。夫杀人之父兄，利人之货财，臣妾[1]人之子女，此皆盗也。故兵者，所以诛暴乱、禁不义也。兵之所加者，农不离其田业，贾不离其肆宅，士大夫不离其官府，由其武议在于一人[2]，故兵不血刃而天下亲焉。

万乘农战，千乘救守，百乘[3]事养。农战不外索权，救守不外索助，事养不外索资。夫出不足战，入不足守者，治之以市[4]。市者，所以给战守也。万乘无千乘之助，必有百乘之市。

凡诛者，所以明武也。杀一人而三军震者，杀之；赏一人而万人喜者，杀之。杀之贵大，赏之贵小。当杀而虽贵重[5]，必杀之，是刑上究也；赏及牛童马圉[6]者，是赏下流[7]也。夫能刑上究，赏下流，此将之武也，故人主重将。

夫将提鼓挥枹[8]，临难决战，接兵角刃。鼓之而当，则赏功立名；鼓之而不当，则身死国亡。是存亡安危，在于枹端，奈何无重将也？夫提鼓挥枹，接兵角刃，君以武事成功者，臣以为非难也。

古人曰："无冲笼[9]而攻，无渠答而守，是为无善之军。"视无见，听无闻，由国无市也。夫市也者，百货之官也。市贱卖贵，以限士人。人食粟一斗[10]，马食菽[11]三斗，人有饥色，马有瘠形，何也？市有所出，而官无主也。夫提天下之节制，而无百货之官，无谓其能战也。

起兵直使甲胄生虮者[12]，必为吾所效用也。鸷鸟[13]逐雀，有袭人之怀，入人之室者，非出生也，后有惮也[14]。

太公望[15]年七十，屠牛朝歌[16]，卖食盟津[17]，过七十余而主不听，人人谓之狂夫也。及遇文王，则提三万之众，一战而天下定，非武议安得此合也。故曰：良马有策，远道可致；贤士有合，大道可明。

武王伐纣，师渡盟津，右旄左钺[18]，死士三百，战士三万。纣之陈亿万，飞廉、恶来[19]身先戟斧，陈开百里。武王不罢士民，兵不血刃，而克商诛纣，无祥异也，人事修不修而然也。今世将考孤虚[20]，占咸池[21]，合龟兆[22]，视吉凶，观星辰风云之变，欲以成胜立功，臣以为难。

夫将者，上不制于天，下不制于地，中不制于人。故兵者，凶器也；争者，逆德也；将者，死官也。故不得已而用之。无天于上，无地于下，无主于后，无敌于前。一人之兵[23]，如狼如虎，如风如雨，如雷如霆，震震冥冥[24]，天下皆惊。胜兵似水。夫水，至柔弱者也，然所触丘陵必为之崩，无异故也，性专而触诚也。今以莫邪[25]之利，犀兕[26]之坚，三军之众，有所奇正[27]，则天下莫当其战矣。故曰，举贤用能，不时日而事利；明法审今，不卜筮而获吉；贵功养劳，不祷祠而得福。又曰，天时不如地利，地利不如人和。古之圣人，谨人事而已。

吴起与秦战战，舍不平陇亩[28]，朴樕[29]盖之，以蔽霜露。如此何也？不自高人故也。乞人之死不索尊，竭人之力不责礼。故古者甲胄[30]之士不拜，示人无己烦也。夫烦人而欲乞其死、竭其力，自古至今，未尝闻矣。

将受命之日忘其家，张军宿野忘其亲，援枹而鼓忘其身。吴起临战，左右进剑。起曰："将专主旗鼓尔，夫提鼓挥枹，临难决疑，挥兵指刃，此将事也；一剑之任，非将事也。"

三军成行，一舍而后成三舍[31]，三舍之余，如决川源。望敌在前，因其所长而用之，敌白者垩[32]之，赤者赭[33]之。

吴起与秦战，未合，一夫不胜其勇，前获双首而还。吴起立命斩之。军吏谏曰："此材士也，不可斩。"起曰："材士则是矣，非吾令也。"斩之。

【注释】

[1] 臣妾：奴役的意思。

[2] 一人：指国君。

[3] 乘：先秦时代车兵兵制的基本单位。

[4] 市：市场贸易。

[5] 贵重：指地位高贵的人。

[6] 马圉：养马的人。

[7] 下流：指地位卑下的人。

[8] 枹：鼓槌。

[9] 冲笼：指一种攻城的战车。

[10] 卧斗：量器。同"斗"。

[11] 菽：指豆类。

[12] 甲胄：指穿着铠甲、戴着头盔的士卒。虮（jǐ）：虱子的卵。

[13] 鸷鸟：凶猛的鸟。

[14] 出生：舍生就死。惮：惧怕。

[15] 太公望：指姜太公，姓姜名尚，帮助周文王和武王灭商，后封于齐，是齐国的开国之君。他七十多岁时，在渭水之滨遇到打猎的周文王，文王说："吾太公望子久矣。"故号为"太公望"。

[16] 朝歌：商纣的别都，在今河南淇县北。

[17] 盟津：孟津，今河南孟州市西南。相传周武王在此盟会诸侯，故又称盟津。

[18] 旄：古代用牦牛尾做装饰的旗子。钺：一种形状象斧的古兵器，是权威的象征。

[19] 飞廉、恶来：纣王之将。据传说，在商周牧野之战中，飞廉逃脱，恶来战死。

[20] 考孤虚：指古人根据年、月、日、时的不同而考察吉凶的一种迷信方法。

[21] 咸池：星名，主战事。

[22] 龟兆：古人烧龟甲现出裂痕，用以判定吉凶的一种方法。

[23] 一人之兵：指万众一心的部队。

[24] 震震：声响巨大。冥冥：昏暗。

[25] 莫邪：传说春秋吴国人，干将之妻，两人铸造了雌雄两支宝剑，锋利无比。此处泛指兵器。

[26] 犀兕：犀牛，雄性称犀，雌性称兕。皮质坚韧，可以做甲衣。

[27] 奇正：军事术语，指出其制胜的作战方法。

[28] 陇亩：有田埂的田地，指耕地。

[29] 朴樕：指丛生的小树林。

[30] 甲胄：动词，作"穿着盔甲"用。

[31] 舍：古时行军，以三十里为一舍。

[32] 垩：白色，这里用作动词。

[33] 赭：红褐色，此处用作动词。

思考与讨论

1. 兵家的思想具体表现在哪几个方面？
2. 试析兵家的类别。
3. 试析兵家思想的现代价值。

拓展阅读书目

1. 骈宇骞、王建宇、牟虹、郝小刚译注：《孙子兵法 孙膑兵法》，北京，中华书局，2006。

2. 徐勇译注:《尉缭子 吴子》,郑州,中州古籍出版社,2010。

3. 李零:《司马法译注》,石家庄,河北人民出版社,1992。

4. 李桂生:《诸子文化与先秦兵家》,长沙,岳麓书社,2009。

5. 谢国良、袁德金:《中国古代军事思想概论》,北京,解放军出版社,1994。

6. 仝晰纲:《青铜的战神——齐鲁兵家文化》,上海,学林出版社,1999。

7. 徐勇、乔国华、余新忠:《兵家文化面面观》,济南,齐鲁书社,2005。

8. 张少瑜:《兵家法思想通论》,北京,人民出版社,2006。

9. 解文超:《先秦兵书研究》,上海,上海古籍出版社,2007。

后 记

　　《诸子经典导读》是为普通理工科大学生编写的一本国学教育普及读物，供教学之用。

　　导读诸子，应先分疏诸子流别。论诸子流别者，当属《庄子·天下》《荀子·非十二子》《淮南子·要略训》以及司马谈的《论六家要旨》和班固的《汉书·艺文志》。《庄子》论诸子限于战国中期，主要论及儒、墨、道、名各家。《荀子·非十二子》列出它嚣、魏牟、陈仲、史鳅、墨翟、宋钘、慎到、田骈、惠施、邓析、子思和孟轲十二人。《淮南子》列道、儒、墨、法家，与《庄子》相比，独少名家一流。《论六家要旨》将诸子概括出阴阳、儒、墨、名、法、道六家，并以黄老学说为旨归。《艺文志》列出诸子十家，即儒、墨、道、名、法、杂、农、阴阳、纵横、小说，世称"九流十家"。

　　这是九流大旨。其中，有些流派著作全部散佚，如阴阳家，《汉书·艺文志》著录此派著作二十一种，现在已无迹可寻，只散见于后世《礼记·月令》《管子》《吕氏春秋·应同》《淮南子·齐俗训》《史记·秦始皇本纪》中保留的一些简单材料。再如农家，其有限的资料现仅见《孟子·滕文公上》和《吕氏春秋》中《上农》《任地》《辩土》《审时》等篇。小说家虽然位十家之一，但是因其采集民间传说议论，刘歆认为不足观。至于杂家，尽管号称"兼儒墨，合名法""于百家之道无不贯通"，实际上"及荡者为之，则漫羡而无所归心"（《汉书·艺文志》）。另外，兵家虽然没有列入九流十家，著述却较完整地保留下来。因此，先秦诸子中有独立思想、可观，并有著述流传至今的只有儒家、道家、墨家、法家、名家、纵横家和兵家七家。

　　本教材主要导读的即此先秦七家。我们重点选取七家中孔子、孟子、荀子、老子、庄子、列子、墨子、商鞅、韩非、李斯、惠施、公孙龙子、邓析、鬼谷子、张仪、苏秦、孙武、孙膑、吴起、白起等人，作为重点研读人物；选取《论语》《孟子》《荀子》《道德经》《庄子》《列子》《墨子》《韩非子》《商君书》《公孙龙子》《鬼谷子》《战国策》《孙子兵法》和《尉缭子》等著作作为重点教授内容，试图对先秦诸子博大精深的思想进行较为系统的勾勒与审视，以期开阔学生的阅读视域，培养他们对国学的热情，从而使学生自觉承担起弘扬与继承国学的历史使命。同时，我们希望通过学习这门课程，提高学生的人文素养，陶冶情操，让大学生学会怎样做人、为人和成人，并真正内化为自己的人生观和价值观。

编写时，为了便于教师讲授和学生阅读，我们将先秦诸子以学派归类，划归为七章，依次为儒家、道家、墨家、法家、名家、纵横家和兵家。同时，为了保持全书风格的统一，每一章大致划分为三个部分：一是对本学派历史渊源、主要思想及成就的概述，并本着科学、客观的态度，对此学派作出实事求是的评价。二是介绍能够代表本学派思想的重要学术人物之生平著述。三是作品选读，以理工科教学为背景，主要选取先秦诸子典籍中学生感兴趣的，其在初、高中阶段接触较少的优秀作品作为研读内容，从而循序渐进地培养学生对国学的阅读和鉴赏能力。

本教材第一章由王素负责编写。第二章、第五章由王凌负责编写。第三章、第七章由王晓鹃负责编写。第四章、第六章由孙雅芬负责编写。

本教材由陕西师范大学张新科教授审定。

抚乔木而念桑梓，睹文献而思旧邦。诚矣。

编者
2014 年 4 月